高等院校经济与管理核心课经典系列教材

▶ 市场营销专业

现代广告学

XIANDAI GUANGGAOXUE

（第八版）

韩光军 ◎ 编 著

首都经济贸易大学出版社

Capital University of Economics and Business Press

·北京·

图书在版编目(CIP)数据

现代广告学/韩光军编著. --8版. --北京:首都经济贸易大学出版社,2022.10

ISBN 978-7-5638-3391-7

Ⅰ.①现… Ⅱ.①韩… Ⅲ.①广告学 Ⅳ.①F713.80

中国版本图书馆 CIP 数据核字(2022)第 140895 号

现代广告学(第八版)
韩光军 编著

责任编辑	浩 南
封面设计	砚祥志远·激光照排 TEL: 010-65976003
出版发行	首都经济贸易大学出版社
地 址	北京市朝阳区红庙(邮编 100026)
电 话	(010)65976483 65065761 65071505(传真)
网 址	http://www.sjmcb.com
E-mail	publish@ cueb.edu.cn
经 销	全国新华书店
照 排	北京砚祥志远激光照排技术有限公司
印 刷	北京市泰锐印刷有限责任公司
成品尺寸	170 毫米×240 毫米 1/16
字 数	407 千字
印 张	24.25
版 次	1996 年 8 月第 1 版 **2022 年 10 月第 8 版** 2022 年 10 月总第 20 次印刷
书 号	ISBN 978-7-5638-3391-7
定 价	48.00 元

图书印装若有质量问题,本社负责调换
版权所有 侵权必究

第八版前言

近年来,我国广告市场发生了巨变。人口红利在持续消退,消费升级仍是未来社会发展不变的主题,存量市场竞争激烈,品牌的重要性日益显现;许多法律法规得以颁布并实施,《中华人民共和国个人信息保护法》《中华人民共和国数据安全法》《互联网信息服务算法推荐管理规定》等先后颁布与施行,iOS 隐私政策不断更新与完善,监管力度进一步加大,广告政策环境更加规范。

伴随着数字时代的到来,人们的生活方式也随之发生了彻底改变。新的媒体形式大量涌现,广告宣传方式也随之变化。受在线视频、短视频以及在线音乐等互联网媒体的冲击,以电视、报纸、广播、杂志为代表的传统媒体的市场份额持续缩减,互联网广告快速崛起。在此大背景下,我们对第七版的相关内容进行了更新与调整。

"请到这里来吧,这里有玫瑰花!"

作　者

2022 年 7 月　于北京

目录

第一章　现代广告理论概述　/1
　　第一节　现代广告的概念　/1
　　第二节　现代广告的功能　/4
　　第三节　现代广告的种类　/7

第二章　广告的产生与发展　/16
　　第一节　中国广告发展简况　/16
　　第二节　国外广告发展简况　/29

第三章　现代广告策划　/41
　　第一节　广告策划的概念与特征　/41
　　第二节　广告策划的原则　/45
　　第三节　广告策划的程序与内容　/48
　　第四节　广告策划的发展过程　/64

第四章　广告计划的制定　/72
　　第一节　广告计划的概念与特征　/72
　　第二节　广告计划的构成要素　/74
　　第三节　广告计划的编写要领　/86

第五章　广告预算的编制　/88
　　第一节　广告预算的概念与编制程序　/89
　　第二节　影响广告预算的主要因素　/92
　　第三节　广告预算的编制方法　/96
　　第四节　广告预算的分配策略　/103

第六章　现代广告媒体　/107
　　第一节　广告媒体概述　/107

　　第二节　广告媒体的选择　/126
　　第三节　广告媒体使用策略　/134

第七章　现代广告心理　/140
　　第一节　广告色彩与色彩心理　/140
　　第二节　广告的错觉心理　/150
　　第三节　广告的"性"诉求　/154

第八章　广告定位与创意　/157
　　第一节　现代广告定位　/157
　　第二节　广告主题的确定　/160
　　第三节　广告创意的性质与原则　/167
　　第四节　广告创意的程序与方法　/170
　　第五节　广告创意策略　/175
　　附：全美广告公司协会《创意守则》　/196

第九章　广告文案写作　/198
　　第一节　文案标题写作　/199
　　第二节　文案正文写作　/204
　　第三节　广告标语写作　/212

第十章　现代促销广告（SP活动）　/217
　　第一节　促销广告的概念与特征　/217
　　第二节　顾客促销广告　/221
　　第三节　中间商促销广告　/227
　　第四节　推销人员促销广告　/233

第十一章　现代广告制作（上）　/235
　　第一节　电视广告的制作　/235
　　第二节　广播广告的制作　/241
　　第三节　印刷品广告的制作　/244
　　第四节　DM广告的制作　/257

第十二章 现代广告制作(下) /262
- 第一节 海报(广告)的制作 /262
- 第二节 店面广告的制作 /270
- 第三节 路牌广告的制作 /276
- 第四节 包装广告的设计与制作 /279
- 第五节 网络广告的制作 /286

第十三章 广告效果测定 /298
- 第一节 广告效果测定概述 /298
- 第二节 广告的心理效果测定 /304
- 第三节 广告的经济效果测定 /314
- 第四节 广告的社会效果测定 /319

第十四章 现代国际广告 /322
- 第一节 国际广告概述 /322
- 第二节 国际广告调查 /327
- 第三节 国际广告策略 /331

第十五章 广告公司与广告代理 /335
- 第一节 现代广告公司的发展 /335
- 第二节 广告公司的机构设置与经营原则 /338
- 第三节 广告代理 /342
- 第四节 网络广告联盟 /348
- 附:广告经营许可证管理办法 /353

第十六章 广告的宏观管理 /357
- 第一节 广告宏观管理概述 /357
- 第二节 消费者组织与广告管理 /363
- 第三节 国外对广告的宏观管理 /367
- 附:ICC(国际商会)国际广告行为准则 /374

参考文献 /380

第一章 现代广告理论概述

本章关键词

广告(Advertisement) 广告主(Advertisers) 广告媒体(Advertising medium) 广告费用(Advertising expenditure) 广告信息(Advertising information) 诱导(to induce) 说服(to convince) 移动广告(Mobile Advertising) 互联网广告(Internet Advertisement) 社交媒体(Social media)

本章学习重点

☞ 广告的定义
☞ 广告的基本要素
☞ 广告的信息传播功能
☞ 广告塑造企业形象的功能
☞ 广告的诱导和说服功能

第一节 现代广告的概念

一、广告的定义

广告一词源于拉丁文"Adverture",有"注意""诱导"的意思。1300—1475年古英语时期,英语"Advertise"一词才开始出现,其含义为"某人注意到某事",后演变为"引起他人注意"。17世纪英国商业兴盛时期,"Adver-

tise"一词才广为通用。将静止的 Advertise 演进为动态的广告活动(Advertising),就具有了现代广告的含义。

据资料记载,我国广告一词最早出现于 1906 年(光绪三十二年)清朝的《政治官报章程》中。该章程规定:"……如官办银行、钱局、工艺陈列各所,铁路矿务各公司及经农工商部注册各实业均准送报代登广告,酌照东西各国官报广告办理。"

广告的定义多种多样。

我国《辞海》给广告下的定义是:"向公众介绍商品,报道服务内容和文艺节目等的一种宣传方式,一般通过报刊、电台、电视台、招贴、电影、幻灯、橱窗布置、商品陈列的形式来进行。"

《简明不列颠百科全书》给广告下的定义是:"广告是传播信息的一种方式,其目的在于推销商品、劳务,影响舆论,博得政治支持,推进一种事业或引起刊登广告者所希望的其他反应。广告信息通过各种宣传工具,其中包括报纸、杂志、电视、无线电广播、张贴广告及直接邮送等,传递给它所想要吸引的观众和听众。广告不同于其他传递信息的形式,它必须由登广告者付给传播信息的媒介以一定的报酬。"

著名市场营销专家菲利普·科特勒在《市场营销管理》一书中指出:"广告是公司用来直接向目标买主和公众传递有说服力的信息的四种主要工具之一。广告是由明确的主办人通过各种付费媒体所进行的各种非人员的或单方面的沟通形式。"

美国广告主协会给广告下的定义是:"广告是付费的大众传播,其最终目的是为传递情报,改变人们对广告商品的态度,诱发行动,而使广告主得到利益。"

格林沃尔德在《现代经济词典》一书中认为:"广告是为了达到增加销售额这一最终目的而向私人消费者、厂商或政府提供有关特定产品、劳务或机会等消费的一种方法。它传播关于商品和劳务的消息,向人们说明它们是些什么东西,有何用途,在何处购买以及价格多少等细节。"

笔者认为,广告是由可资识别的倡议者,有计划地通过公开偿付费用,取得可控制的任何形式的传播媒体,以劝说的方式向目标市场宣传有关产品(品牌)的优点及特色,唤起消费者注意,向消费者促销产品(品牌)的一种方式。这一定义不仅将非营利性的布告、启事、声明等与以营利为目的的商业广告区别开来,而且说明了广告的几个关键问题:

其一,广告是一种有计划、有目的的活动。

其二,广告活动的主体是可资识别的广告倡议者,广告的对象是企业根据经营状况选定的目标市场。

其三,广告活动是通过大众媒体有偿进行的。

其四,广告传递的信息是企业产品(品牌)的特点。

其五,广告活动的目的是为了增加产品(品牌)的销售,扩大企业的知名度,以提高经济效益。

二、广告要素

从广告的定义可以看出,广告包括以下几个要素。

(一)广告主

广告主也称为广告者,是指发布广告的主体,包括企业、个人或团体。任何广告都必须首先确定谁要向一定目标市场宣传产品(品牌),即谁向市场广而告之。在市场经济中,作为一个确定的广告主,不仅是能够支付一定的广告费用,同时还必须具备以下条件:

1. 拥有一定数量和质量的产品(品牌)。这是确定广告主体的重要标志。如果广告主不能保证向目标市场提供一定质量和数量的产品(品牌),广告主就失去了信誉。

2. 有明确的广告目的。这是衡量广告主真实动机的标准。广告的主要目的是促销和提高企业美誉度,树立企业形象。有了明确的目的,广告的效用才能充分发挥出来。

3. 明确广告活动是一种投资活动。广告同其他投资行为一样,不仅有效益,也有风险和损失。对此,广告主应有正确的认识,不能有任何不切合实际的偏执。

4. 对广告效果的客观预期。广告效果只有通过间接的方法才能衡量出来。既然广告主付出费用就希望有收益,他对广告活动有委托权或主动权,并负一定的法律责任。当广告效果较差时,广告主有权撤销广告。

(二)广告媒体

广告媒体是传播过程中用以扩大和延伸信息传递的工具。信息只有靠媒体才能传播。广告媒体是传播信息的中介物,它的主要形式有移动媒体、互联网媒体以及报纸、杂志、广播、电视等传统大众媒体。国外把广告业称为传播产业,因为广告如果离开信息的传播和交流其功能就停止了。由此可见广告媒体的重要性。

(三) 信息

信息是广告的具体内容，包括产品（品牌）信息、服务信息、观念信息等。商品信息包括产品的性能、质量、价格、购买时间、购买地点等有关情况。服务信息包括各种非商品实体买卖或服务性活动的有关情况，如交通、保险、旅游、疗养等行业的经营服务项目。观念信息主要是通过广告倡导某种意识，使消费者树立一种有利于推销产品（品牌）的消费观念，如旅游业侧重宣传景点的旖旎风光，诱发人们的旅游欲望等。

(四) 广告费用

广告费用即从事广告活动所需支付的费用。例如，购买报纸、杂志版面需要支付相应的费用；购买电台、电视台的播出时间也需支付费用；自己制作广告（如布置橱窗、印刷招贴画和宣传品等）也需要一定的制作成本。广告主支付费用进行广告宣传，目的在于扩大产品销售、开拓市场、增加利润。费用的多少由媒体的性质和效果决定，并摊入产品成本中。

第二节 现代广告的功能

随着市场经济的不断发展，国际一体化市场逐渐形成与完善，广告的功能在激烈的市场竞争中越来越明显。

一、传播信息的功能

现代广告活动，从市场调研入手，以广告刊播后的市场信息反馈结束。因此，广告对于生产者来说是了解市场信息的渠道，而对于消费者来说，则是商品信息的来源。

广告传递的信息不同于一般的商品信息，它带有一定的诱导性，诱导人们的态度和意见向其所推销的目标接近。广告活动传递信息的基本功能，表现为协助工商企业和科研单位宣传其产品（品牌）的品质、特性、形态、商标和包装；介绍产品（品牌）的创新与改进、对用户特别的贡献与满足之处、使用保养及维修方法等；说明生产企业、商业企业、饮食服务行业以及科研咨询机构的经营宗旨、开业情况、产品（品牌）的结构与特点、市场地位与发展、主要品牌与产品声誉，以及售前服务、售中服务和售后服务等；还可以将与产品有关的新的生活价值观或新的生活偏好、兴趣等向目标市场传达。

广告活动将以上有关产品(品牌)的经济信息在生产者、经营者和消费者之间迅速传递。传递信息的媒体主要有两大类:一类是大众传播媒体,如报纸、杂志、电视、网络、广播等;另一类是自筹式传播媒体,如广告牌、邮寄广告、产品目录册、海报等。但无论采用哪一类媒体,广告传递信息的过程都具有下列明显特点:

第一,广告传递信息准确度高、干扰小。不同地区的目标市场,在同一时间或不同时间接触到的都是同一信息含量的广告,不会出现朝令夕改的现象。如果失真,大部分原因是媒体质量问题引起的。

第二,广告传递信息迅速及时、覆盖面广。广告传递信息的这一特点是由现代媒体的性质所决定的。它有利于目标市场针对广告传递来的信息及时做出反应。

第三,广告传递信息的预期值高。同其他传递信息的方式相比较,广告传递信息的产出结果明显大于其他。广告通过强有力的形式将信息高保真地传输给目标市场上的消费者,其劝诱力越大,产生的预期效果也就越加明显。

二、塑造企业形象的功能

企业形象是指企业的产品(品牌)、服务、人员素质、经营作风以及公共关系等在社会公众中留下的总体印象。它是企业素质的综合体现,是企业文化的外在反映,是社会公众对企业的总体评价。通过广告活动,有利于塑造良好的企业形象。

(一)树立产品(品牌)形象

产品是企业生产的成果,是供应市场、满足消费需求的物质保证。可以说,产品(品牌)形象是企业最主要的实体形象。企业只有创造出优质、适用、新颖、美观、价格合理的产品,才能满足广大消费者日益增长的物质需求。如果是服务性企业,其所提供的服务质量则是该企业重要的形象。如一家咨询机构所提供的建议是否具有可行性,一家旅行社提供的服务是否经济实惠并周到,一家运输公司是否能安全、及时地完成运输任务,都是上述产品(品牌)形象的重要组成部分。

(二)树立员工形象

员工形象是企业全体员工在劳动热情、业务技能、劳动效率、服务态度、服饰仪表、言谈举止等方面给社会公众留下的印象。员工是企业的主人,是

生产劳动的创造者,也是企业形象的塑造者。可以说,员工形象是塑造企业形象的根本和保证。

(三)树立环境设施形象

环境设施形象是指企业为了进行生产经营活动而应具有的厂房设施、技术装备、店容店貌、场所环境等。环境设施是构建企业形象的物质基础,是企业必要的硬件建设。它不仅是保证职工进行生产和生活的必备条件,而且给社会公众以直接的物质感受。比如,一个装备优良、设施先进、环境优美的企业自然给人以现代企业的感受;而那种设施简陋、装备陈旧、环境脏乱的企业,给社会大众的第一印象即这是一个落后的企业。

(四)树立企业自身实体形象

企业是市场经济条件下的经济实体,是构成国民经济的经济细胞。在社会主义市场经济体制下,国有企业、集体企业、民营企业、三资企业、股份制企业等不同类型的企业竞相发展,它们都要在市场经济的大海洋中接受检验,接受社会公众的评价。企业的经营作风、经营成果、经济效益、社会贡献等,是社会评价企业的客观标准。企业只有不断开拓奋进,为社会创造更多的财富、更好的产品,才能获得社会的认可,提高自身的知名度和美誉度。

三、沟通供求、促进销售的功能

在市场经济条件下,生产和流通统一在流通过程中,企业生产出来的产品,只有通过流通领域才能进入消费领域,实现其使用价值。广告在沟通产、销渠道,疏通供求关系上,起着桥梁作用。市场经济的发展,不断打破地域界线,使货畅其流。现代广告已成为工商企业加速商品流通和扩大商品销售的有效工具。

四、诱导和说服的功能

消费者的需求开始一般处于潜在状态,即潜在需求,这种需求并不能直接形成现实的购买行为。通过广告宣传,可以使目标市场的消费者对某产品(品牌)感兴趣,使人们的潜在需求被唤起,从而形成显现的需求,并最终成为现实的需求。特别是在激烈竞争的市场经济中,在"消费导向"的现代营销观念下,广告活动的诱导与说服作用日益受到人们的重视。这种诱导与说服,有利于使消费者了解企业和产品,从而做出购买决策。

广告活动的诱导与说服功能,主要表现在以下三个方面:

第一,诱导人们接受一种新观念。这里所说的新观念是指与某产品相关联的价值观、生活观、新的生活方式和生产方式等。广告活动诱导说服消费者接受一种观念,可以不直接同某种具体产品或服务的销售有关,甚至可以不直接同广告主的利益直接联系。但是,通过宣传这一新观念,可以使消费者从态度上信任某一企业,在情感上偏爱某一品牌。

第二,陈述购买理由。广告的劝导作用还在于广告活动能以具体的事实,说明企业经营的特殊目标、产品的优异之处,或对买主特别的优惠、特别的服务,以及购买某商品所带来的精神满足等,或通过第三者也就是受益于产品的消费者推荐、名人推荐,或通过专家、权威的高度评价与市场调查中的良好反映等,这样就可令人心悦诚服,引发购买欲望。

第三,使受众相信受益承诺。广告宣传诱导和说服功能的发挥,还要抓住消费者的心理和商品的优点,进行有针对性的宣传。也就是说,广告活动要能吸引人们的注意和引起人们的兴趣。例如,可以用一个醒目的广告标题,配上富有魅力的图片,简洁、明快的文字,引起人们的注意。要想使消费者感兴趣,必须使广告的内容有吸引力,使人们在看和读的过程中,不知不觉地被吸引。若广告活动能抓住消费者的心理进行突出的宣传,就可以充分发挥广告活动说服消费者引起购买欲望的作用。反之,若广告活动针对性不强、特点不突出,这个作用就不能发挥出来,或者发挥不充分。

第三节　现代广告的种类

科学的广告分类是广告策划的基础,是整个广告设计和制作过程的依据。广告的种类可以根据不同的标准进行划分,如根据广告的性质、内容、对象、范围、媒体、广告主、诉求方式、效果以及广告周期等来划分。

一、根据广告媒体分类

根据广告媒体分类是最常见的划分方式之一。我们常讲的电视广告和报纸广告就属于这一类。

(一)视听广告

视听广告是以视频和声音为传播广告信息主题的传播形式,包括广播

广告、电视广告、网络广告、原生广告(Native advertising)、桌面广告、移动广告、电影广告、幻灯广告等。它具有生动、形象、突出等特点,但易消失,保持时间短,费用高,适用于日用品的广告宣传。其中,网络广告也称互联网广告,是指通过网站、网页、互联网应用程序等互联网媒介,以文字、图片、音频、视频或者其他形式,直接或者间接地推销商品或者提供服务的商业广告。网络广告的形式多种多样,具体包括:①社交广告、在线视频广告、短视频广告;②泛资讯平台广告,包括综合资讯广告、搜索下载广告、浏览器广告及垂直资讯行业广告;③电商类广告,包括电商类平台广告、生活服务平台广告。

移动广告是通过移动设备(手机、PSP、平板电脑等)访问移动应用或移动网页时显示的广告,广告形式包括:图片、文字、插播广告、链接、视频、重力感应广告等。移动广告具有即时性、精准性、互动性和扩散性等特点。在我国,移动广告的快速发展,是基于网民规模的快速增长,截至2021年12月,中国网民规模达10.32亿人。

移动通讯与互联网是紧密联系在一起的,人们习惯将二者结合产生的广告称为移动互联网广告。移动互联网广告在近年来的发展趋势不断攀升,深受广告主的青睐。2021年AppGrowing共监测到全网2亿多条广告在投,整体广告投放数呈波动上升趋势。2021年,从全网在投移动广告素材投放形式分布来看,视频投放是主要形式,投放占比高达55.16%,图片投放占39.41%,图标投放占3.40%,纯文案投放占1.39%。

(二)印刷广告

印刷广告包括报纸、杂志、挂历、产品目录、公园门票等广告。它具有信息发布快、可经常修改、费用低、可反复阅读等优点;缺点是时效性差,注目率较低,读者常对此熟视无睹。它适用于色彩影响较小的机械、电子、交通工具等产品的广告宣传。

(三)户外广告

户外广告是指在街道、车站、码头、建筑物等公共场合按有关规定允许设置、张贴的招牌、海报、旗帜、气球、路牌等宣传广告。这类广告的优点是成本低、持久性强;缺点是辐射范围小,不易更改,只有其色彩鲜艳、明快、和谐时,才能引起人们的注意。

(四)DM广告

DM(Direct mail)亦称邮寄广告、直接信函广告、通信广告、明示收件人广告等。根据美国 DM 广告联合会(Direct Mail Advertising Association)的定义:"所谓 DM 或 DM advertising,是针对广告主所选择的对象,以直接邮寄的方式,通过印刷及其他途径制成的广告作品,作为传达广告主信息的手段。"

因此,凡是信函、明信片、小型印刷品等,都属于 DM 范畴。甚至通过三明治人(Sandwich man,注:美国人的称呼)分发小礼品或传单都属于 DM 范围。所谓三明治人是指在身体前后挂上广告牌,在街道上行走的人,犹如三明治。更进一步而言,凡是经过邮寄并具有广告功能的,都属于 DM 范围。例如,实物样品亦属 DM 范围。再如,挨户推销产品的销售人员当场分发的广告品等,都属于广义的 DM。即使不借邮递人员之手,由广告主雇用临时人员分发的广告,也属于 DM 的范围,此种 DM 称为"手送 DM"。

DM 广告的优点是成本低,灵活性强;缺点是广告的关注率低,容易被人们忽视。

(五)店面广告

店面广告简称 POP(Point of purchase advertising),也称为售点广告,是指以产品陈列、布置、装饰为主要形式的广告。例如,商品柜台陈列、橱窗陈列、门面广告、模特广告、标语条幅广告等。其优点是形象、直观、持久、突出、费用低、见效快;缺点是影响面小,新鲜感容易消失等。这类广告适合商业零售企业经常使用,但在陈列、布置时要注意基准格调的艺术性与协调性。

(六)交通广告

交通广告是指在一些交通工具(如车船、飞机)上张贴的广告。例如,2010 年 7 月,美国加利福尼亚州为了缓解州政府巨大的财政赤字,将传统的汽车牌照更换为可以播放广告的数码车牌。数码车牌在车辆行驶过程中与普通车牌并无两样,但当车辆遇到红灯或者堵车时,停车时间超过 4 秒,数码车牌就会滚动播放广告。广告商如果想利用这个新平台进行广告宣传,需要向加利福尼亚州机动车辆管理局购买车牌广告权。车主经申请缴费,也可以用自己的车牌播放个人信息,比如为喜欢的球队做宣传等。它的优点是成本低、直观、醒目;缺点是清洁度要求高,流动性大,不易使人记忆。在进行此类广告设计时,要选择人们常使用的交通工具为宣传媒体。在英国剑桥的大街上,可以看到一些骑特殊四轮车的人,他们的车上载的是大幅广告。随着他们的行进,广告就在大街上移动着,他们停下来用餐喝水,广告牌也就停在街边,非常吸引人。剑桥的建筑古老而考究,很少有固定的广告牌,当地企业因地制宜,想出了这种广告宣传办法。

(七)其他媒体广告

其他媒体广告是指除上述媒体广告以外的其他广告,如包装广告、工商企业名录广告、黄页广告、水下广告、烟雾广告、人体广告、动物体广告,等等。例如,在荷兰的高速路旁边,人们经常能看到穿着广告衫的绵羊悠然漫步在田野。当地的旅游局为了促进本地旅游业的发展,利用当地的特产——绵羊进行广告宣传,见图1-1。图1-2是美国知名媒体哥伦比亚广播公司(CBS)为了吸引更多的电视观众,在鸡蛋上宣传该公司电视节目的鸡蛋广告。2006年7月,哥伦比亚广播公司(CBS)在3 500个鸡蛋上印上了广告语,宣传该公司的电视剧和新闻节目,这些文字由专门的厂商使用激光技术刻在蛋壳上。这项"鸡蛋广告"计划于2006年9月秋季收视高峰期开始实施,美国多家超市都出现了这种"CBS鸡蛋"。

图1-1 绵羊广告

资料来源:《北京青年报》,2006年4月13日

图1-2 哥伦比亚广播公司的鸡蛋广告

采用这类媒体广告成本低、使用频率高、能使人唤起记忆;缺点是容易被遗弃。

二、根据广告的内容分类

按照广告的内容分类,可分为产品(品牌)广告、企业广告和观念广告等。

(一)产品(品牌)广告

产品(品牌)广告是以扩大品牌知名度、销售产品为目的,诉求的内容着重突出产品(品牌)特性,宣传产品的魅力,使目标市场的消费者阅读或观看后产生购买欲望,进而达成交易活动。在广告中,以介绍商品的品牌、性质、特点、功能为主,述说该产品不同于同类其他产品之处。

(二)企业广告

企业广告主要以提高企业的知名度和声誉,树立企业形象为目的。例如,"夏季乘凉好去处,××商场,理想的购买场所"等。

(三)观念广告

观念广告是指向目标市场灌输一种观念的广告。例如,"发展循环经济""倡导低碳生活""家庭伦理观念""节约用水"等就属于观念性的广告。其目的在于形成良好的社会风气和良好的生活习惯。

三、根据广告的覆盖面分类

按照广告覆盖面的大小,可将广告分为国际性广告、全国性广告、区域性广告和地方性广告。

(一)国际性广告

国际性广告是指选择具有国际影响的媒体而发布的广告。例如,选择BBC、《华尔街日报》、《纽约时报》、《时代》和《朝日新闻》等媒体。国际性广告是伴随经济全球化,在国际市场逐渐形成的一种新型广告。这类广告通常宣传的是国际品牌的产品或企业,如美国的万宝路香烟、可口可乐饮料,日本的东芝电器,西门子的通信器材等。

(二)全国性广告

全国性广告通常是指产品(品牌)遍及全国,并采用全国性媒体的广告。例如,广东的格力空调,北海粮油股份有限公司的福临门色拉油,青岛的海尔电冰箱等在我国中央电视台做的广告。

（三）区域性广告

区域性广告的诉求对象限定在某个地区，如西北地区、东北地区、华北地区、华南地区等，通常选用地方性的电视台、广播电台、报纸杂志等媒体，如省、市、自治区、直辖市的报纸杂志、广播电台、电视台等。

（四）地方性广告

地方性广告是指产品（品牌）只遍及某地区，并采用该地区媒体的广告。这类广告多为零售企业或地方工业企业所发布的广告。广告宣传的重点是诱使人们购买本地区的某一产品（品牌），或认店购买。地方性广告可进一步分为综合性商店广告、专业性商店广告、旅游服务业广告和修理服务业广告等。

四、根据广告对象分类

根据广告对象分类，是指按广告的发布单位或部门来分类。按照这种分类，广告可以分为工业企业广告、农业企业广告、服务企业广告、外资企业广告等。

（一）工业企业广告

工业企业广告一般是指工业企业所做的，旨在宣传介绍产品的性能、特点、功用、商标、品牌以促进顾客购买的广告。这类广告可进一步细分为：家电企业广告、食品企业广告、纺织企业广告、机械企业广告等。

（二）农业企业广告

农业企业广告是指农、林、牧、副、渔等农业生产单位发布的广告。这类广告一般用来介绍农产品的历史、品种、加工、产地等内容，目的在于沟通产需信息，促进农产品的销售。

（三）服务企业广告

服务企业广告是指以促进服务产品销售为主要目的的广告。它可细分为航空广告、旅游广告、金融证券广告、餐饮广告、娱乐广告、商业零售广告等。

（四）外资企业广告

外资企业广告是指外国商人在我国境内所发布的各种类型、各种形式的商品广告和服务广告。随着我国市场经济的进一步发展，开放的市场必然吸引越来越多的外资企业广告，促使我国的广告市场更加繁荣。

五、根据广告的直接目的分类

广告的最终目的是推销产品，取得经济效益，而实现这一目的的途径却多种多样。根据其实现的途径,可以将广告分为旨在销售产品的广告、旨在塑造企业形象的广告、旨在树立新观念的广告等。

(一)旨在推销产品的广告

旨在推销产品的广告是直接推销某一产品,如海尔空调的广告,联想电脑的广告等。这类广告根据产品所处的不同生命周期,又可分为报道式广告、劝导式广告和提醒式广告。

1. 报道式广告。新产品刚上市,通过广告向目标市场介绍该产品的性质、用途、价格等,以求得到市场的认可。

2. 劝导式广告。当产品进入成熟期,目标市场的竞争对手增多,市场容量趋于饱和,这时的广告以说服为目标,使消费者加深对某种品牌产品的印象,以吸引保守的购买者,使原有购买者加快使用频率。

3. 提醒式广告。当产品进入衰退期,目标市场上竞争对手饱和,该行业利润已降至平均水平以下时,有的企业出于维持原市场地位营销策略的考虑,发出广告,提醒那些对本企业产品已有使用习惯和购买习惯的消费者,因为他们仍是本产品或企业至高无上的"上帝",促使其重复购买,以扩大产品销量,增加企业利润。

(二)旨在塑造企业形象的广告

旨在塑造企业形象的广告的主要目的不在于推销产品,而在于提高企业的知名度,增加产品的美誉度,沟通企业与社会公众的信息交流,宣传企业的经营宗旨和历史成就,以间接地实现推销产品的目的。

(三)旨在树立新观念的广告

人的观念在日常生活中主要表现为偏好与兴趣,在"消费导向"的市场营销中,它决定着企业的命运。偏好与兴趣有一定的持久性。通过广告宣传,可以帮助目标市场上的消费者树立新的消费观念。

六、根据广告的艺术形式分类

根据广告表现的艺术形式可以将其划分为图片广告、表演广告、文字广告、演说广告、情节广告等。

(一)图片广告

图片广告通常包括绘图广告和摄影广告。这类广告以诉诸视觉系统的写实或创作为形式。就世界趋势来看,摄影广告在这一类广告中的比重日渐加大。其主要原因是,摄影广告的写实性和传真程度虽然相当于手工绘

制,但比手工绘制更为迅速。

（二）表演广告

表演广告是用各种表演艺术形式达到广告目的的。销售现场广告和电视广告多采用这一形式。

（三）演说广告

演说广告主要是依靠语言艺术来推销产品。广播广告和销售现场广告常采用这种形式。

七、根据广告的表达风格分类

广告所提供的信息可以用多种广告风格来表达。

（一）生活片段型广告

生活片段型广告是用人们日常生活中的某一片段来宣传产品。例如,一家人坐在餐桌旁品尝某一新品牌饼干时的情景。

（二）生活方式型广告

生活方式型广告主要强调某一产品如何适合某种生活方式。例如,一则苏格兰威士忌酒广告,展示一英俊男士一只手握着一杯威士忌酒,另一只手驾驶他的游艇。

（三）幻想型广告

幻想型广告是就某产品及其用途造成一种幻想,以诱发人们对美好生活的向往。例如,美国露华浓公司推出的琼都(Jontue)牌香水广告：一个穿着丝质薄衫裙的赤脚少女,从一间古老的木制谷仓中走出来,穿过草地时,遇到一个骑白马的年轻美男子,于是两人结伴而行。

（四）气氛型广告

气氛型广告是为产品创造一种引人注意的气氛或形象。例如,展现一种恬静的气氛,创造一种优美的环境。在广告中除了暗示外,对产品本身并无只字片语。

（五）音乐型广告

音乐型广告是指应用背景音乐或展现一个或更多的人,或卡通人物唱着有关该产品歌曲的广告。许多饮料广告运用的就是这种形式。

（六）人物象征型广告

人物象征型广告是指使产品人格化的人物广告。人物可以采用动画形

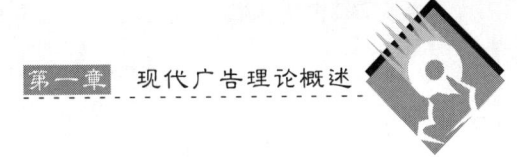

式,也可用真人、真物,如海尔电器的海尔兄弟、"万宝路"的牛仔等。

(七)专业技术型广告

专业技术型广告是指展示企业在制造产品方面的专门知识和经验的广告。例如,美国希尔斯兄弟公司(Hills Brothers)展示一位顾客在认真地挑选咖啡豆的广告;意大利—瑞士哥伦尔公司(Italian – Swiss Colony)强调在酿酒方面有多年经验的广告。

(八)科学证据型广告

科学证据型广告提出或说明某品牌之所以受人喜爱或优胜于其他一个或更多品牌的科学证据或调查结果。例如,两面针牙膏广告多年来强调科学证据,以"两面针"具有优越的防治蛀牙的特性说服消费者。

(九)名人型广告

名人型广告是由令人可信的、人们喜欢的社会名人来推荐某产品或服务。西方国家对名人广告有特殊的规定,本书后文将有所介绍。

八、根据广告的播放频率分类

广告的播放频率是指广告的间隔时间。一般有以下类型。

(一)高频率型广告

高频率型广告是指在一段时间内不间断地频繁地进行播放,每次广告的播放时间又分为水平式、上升式、下降式和交错式四种。

(二)低频率型广告

低频率型广告是在一段时间内虽然不间断地播放但频率较低。这种广告在广告"爆炸"的时代一般很难奏效。

思考与练习

1. 什么是广告?
2. 简述广告的几个要素。
3. 广告宣传如何塑造企业形象?
4. 什么是报道式广告?
5. 什么是提醒式广告?
6. 什么是高频率广告?

第二章 广告的产生与发展

本章关键词

广告活动（Advertising campaign） 广告传递（Advertising delivery） 视频广告（Video advertisement） 移动广告（Mobile advertising） 搜索广告（Search advertising） 广告公司（Advertising company） 美国广告协会（4A, The American Association of Advertising Agencies） 独特销售主题（USP, Unique Selling Proposition）

本章学习重点

- 中国古代广告的起源与发展
- 中国近代广告的发展
- 中国广告业发展的现状
- 4A 公司
- 国外广告的发展

第一节 中国广告发展简况

一、中国古代广告的起源与发展

据有关历史资料记载，我国的广告萌芽于 3 000 多年前的原始社会末期。那时，随着生产力的发展和社会分工的出现，产生了大量的剩余劳动产品,由于有了商品生产和商品交换,一部分人脱离了繁重的农业劳动,专门充当商品交换的媒介。商人的出现是广告产生的前提条件。当时最简单的广告形式是口头叫卖,即通过口头叫卖来兜售商品。据南宋《梦梁录》记载:距今900多年前的杭州城里,小商贩"各有叫声",卖糖果的人模仿河北汴梁"京师叫声",以引起人们的思乡之情从而购买糖果。南宋诗人范成大在《范石湖集》中有记载:"墙外卖药者九年无一日不过,吟唱之声甚适。"其中"吟唱之声"就是较原始的叫卖广告。清朝乾隆年间李讣在《扬州画舫录》中写道:"苏州人以五色粉糙状人形象,谓之捏像,鬻者如市,手不停做。"所有这些都表明,在我国古代,叫卖广告已成了一种有效的推销商品的方式。我国古代的广告除叫卖广告外主要还有以下形式:

实物广告。即通过商品陈列的方式进行宣传,让买者自由挑选。这是一种原始的广告形式。《诗经·氓》中记载:"氓之蚩蚩,抱布贸丝,匪来贸丝,来即我谋。"其中的"布"就是用来陈列展示的一种实物广告。

招牌广告。招牌广告是我国古代最常用的一种广告。其具体形式有招牌和幌子。招牌和幌子是各行各业、各店铺的标志。幌子中以酒旗为最多,又称为酒帘、青帘等。《韩非子·外储说右上》中记载:"宋人有沽酒者,升概甚平,遇客甚谨,以酒甚美,悬帜甚高。"据考证,招牌最初是一种无字的布帘,后来在布帘上写了店铺名号,继而又以木牌代替帘幕。闻名世界的《清明上河图》上就画有各种各样的招牌。元代李有在《古杭杂记》中写道:"挂起招牌,一声唱采,旧店新开。"在这里,招牌成了树立企业形象的有效工具。图2-1是我国古代常见的一些招牌幌子。

音响广告。即用工具或其他物品相撞击发出声音,以引起人们的注意。《诗经·周颂·有瞽》中记载:"应田县鼓,鞉磬祝圉,既备乃奏,箫管备举。"其意思就是说卖东西时吹响箫、笛。宋朝孟元老在《东京梦华录》中记载:"市人卖玉梅、夜蛾、蜂儿、雪柳、菩提叶、科头圆子、拍头焦锤。唯焦锤以竹架子出青伞上,装缀梅红镂金小灯笼子,架子前后亦设灯笼,敲鼓应拍,团团走转,谓之'打旋罗',街巷处处有之。"

彩楼广告。彩楼广告是一种门面装潢。它使某店形成自己的特色,便于识别,树立店铺的形象。《东京梦华录》中记载,当时汴京的酒肆"凡京师酒店,门首皆缚彩楼、欢门"。

悬物广告。即把商品悬挂起来做广告。例如,中药铺挂药葫芦,风筝店挂风筝,理发店悬挂三色柱等。据《梦梁录》记载:酒店有挂草葫芦、银马勺、

图2-1 中国古代常见的一些招牌幌子

资料来源:陈培爱著:《中外广告史》,中国物价出版社,1997年版。

银大碗的……到了明朝,已有悬羊头、鱼肉做广告的。名画《北吴夜市》中,就有悬挂的鱼肉广告。

印刷广告。纸张的出现,为印刷广告提供了丰富的载体。上海博物馆收藏的北宋济南刘家针铺的广告铜板雕刻,是我国现存的最早的印刷广告(见图2-2)。这张印刷广告图文并茂,具备了近代广告的特点。广告刻板四寸见方,商标为"玉兔捣药图";广告名称为:"济南刘家功夫针铺";店址为:"认门前白兔儿为记";广告正文是"收买上等钢条,造功夫细针。不误宅院使用,客转为贩,别有加饶。请记白兔儿标记"。南宋的《眼药酸》是我国现存最早的广告画。画面上一个着戏装的人用手指向右眼,意为有眼病,另一人手拿一瓶眼药酸示意他用这种药,形象风趣生动,给人留下深刻的印象。

图2-2 北宋济南刘家针铺的广告铜板雕刻

二、中国近代广告的发展

中国近代广告是指从1840年鸦片战争以后到新中国成立前这一时期的广告。

鸦片战争后,清政府在帝国主义的威逼下,签订了丧权辱国的《南京条约》,允许开放广州、福州、厦门、宁波、上海5大城市为通商口岸,并且准许中国商人将外国洋货从上述口岸运往全国各地销售。从此,外国货如破堤之水涌入内地,并在我国出现了专为外国资本家服务的买办商人。

由于外资的大量涌入,上述口岸市场呈现空前的繁荣,作为促销手段的广告业也就迅速发展起来了。在各种输入品中,使用广告最多的是香烟和药品。当时,上海的广告发展最快,广告形式主要有路牌和招贴广告。路牌广告是画在墙上的,蓝底白字,简单醒目。

(一) 多种媒体形式广告的发展

1. 彩印招贴广告。[①] 1840年鸦片战争以后,我国沿海沿江地区被迫开放,外国资本纷纷进入各个通商口岸。为了抢占市场,大力向中国倾销商品,一些外国洋行(包括药品公司、化妆品公司、保险公司等)在其所在国印制了大量的招贴广告,带到中国来。最先以上海为发源地,继而在广州、山东、香港、哈尔滨、澳门等地,将大量招贴广告免费赠送给市民,任其张挂。

1876年,天主教会在上海设立了石印书局,开始只能印刷一般书刊。

---

① 柏云:《再现逝去的世风民俗》,《北京青年报》,2002年10月17日。

1878年奥地利工程师阿洛伊斯·塞尼菲尔德创造发明了彩色印刷技术。1904年上海文明书局进口了彩色印刷机。到1915年,上海已经引进了可以用三色印刷,多达12种颜色的彩色印刷机。印出的广告与西洋原版广告几乎没有差别。那个时期彩色印刷技术刚刚起步,能够得到一张色彩艳丽的张贴广告确实不易。逢年过节,张挂起来,一方面增加喜庆气氛,另一方面企业也达到了宣传产品的目的。

上海是我国广告招贴画的发源地,也是广告招贴画发行量最大的地区。1937年上海沦为"孤岛"期间,是上海广告招贴画最黑暗的年代。当时不仅出版了大量海盗、色情、恐怖的广告,而且由于连年战火,国内市场萎缩、海外销路断绝,广告招贴画的刊印与发行几近停顿。抗日战争胜利以后,广告招贴画一度有所恢复,但由于当时彩印画片粗制滥造、抄袭拼凑之风盛行,广告招贴画的内容日渐颓废。

20世纪20年代初,美女图案开始出现在香烟招贴画广告中。美女图案源于中国古代的仕女画,它吸收了西洋画的环境布置和装饰效果。这些广告大都印制精美,深受消费者的喜爱。开始的美女图案很多都带有清朝时期的柔弱病态,有些也带有宋明时期柔美娇羞的风格;20年代后期,广告招贴画中的美女形象开始带有我国盛唐时期丰腴娇艳的风格;30年代,广告招贴画中的美女都以"时髦女郎"的形象出现:弯眉细眼、圆润光洁、甜媚世俗;40年代,广告招贴画制作者不仅选择了时髦女郎而且以其养尊处优的城市场景作为重要的表现内容,美女形象更为突出,是"唯美主义"艺术潮流在中国的体现。

有的设计者将商标、店标、年历、年画等融为一体,使广告招贴画充满文化意蕴和艺术性、实用性。例如20世纪30年代,梁新记双十牌牙刷在其广告招贴画上用"一毛不拔"作为广告词。反贬为褒,以说明其产品的耐用性。1931年上海华成烟草公司美丽牌香烟的广告招贴画上的"有美皆丽,无丽不臻",金鼠牌香烟广告招贴画上的"烟味好,价钱巧"的广告词。上海鹤鸣鞋帽商店的广告招贴画上有"天下第一厚皮""皮跟之厚无以复加""九本一利"等新颖别致的广告词,赢得了消费者的普遍好感,使鹤鸣鞋帽店成为上海一家知名度较高的专业商店。中国三星烟草公司的广告招贴画上有一绝色美女,并在画的左上角用楷书写有"闲情兼默语,支颐坐围边。身影重叶外,香度落花前"的佳句。美人配佳句,诱发了人们强烈的购买欲望。

2. 报刊广告。1853年,英国人在我国五大通商口岸销售香港刊物《遐迩贯珍》。该刊物经营广告业务。1854年该刊物刊登了一则广告:"若行商租船者等,得借此书以表白事款,较之遍贴街衢,传闻更远,获益至多。"

1858年,外商在香港创办了《孑孑剌报》。1861年,该报改为专门刊登船期物价的广告报。在此期间,外国人除了创办一些综合性报刊外,还创办了一些专业广告报刊。例如,《东方广告报》《福州广告报》,以及《中国广告报》等。当时的广告业务多以船期、价格为主,这主要与5个通商口岸有关。

1872年3月23日,英国商人美查创办了《申报》,这是我国历史最久、影响最大的报纸。1912年,《申报》发行量为7 000份,1917年达2万份,1920年达3万份。1893年,洋人丹福士在上海创办了《新闻报》,同期创办的还有《上海新报》《中国教会新报》。这一时期,机械设备广告开始出现。上述报纸大多数是将国外洋行、商行的拍卖告示、商品介绍直接翻译过来。

19世纪80年代以后,随着金融广告、药品广告、书籍广告的大量出现,我国的广告形式也出现了新的变化。中国风格的插图和文字说明取代了西洋式的插图和直译文字,同时,与日常生活有密切关系的广告也日渐增多。

从19世纪50年代起,先是在香港,后来在广州、上海、汉口、福州等地,出现了中国人自己办的一批报刊,它们是中国资产阶级报刊的萌芽。1895—1898年间,全国创办了32种主要报纸。辛亥革命前后,报纸一般不刊登商业广告。"五四"运动后,创办了一大批进步报纸,广告篇幅很大。到1922年,我国中外文报刊已达1 100多种,报刊广告也极为普遍。

3. 广播广告。1904年,中国人创办的第一家通讯社——中兴通讯社在广州开始工作。1923年1月23日,美国奥斯邦在上海建造了中国第一座广播电台,揭开了我国广播广告业的序幕。随后,又出现了美商新孚洋行和开洛公司合办的广播电台。1926年10月1日,哈尔滨广播无线电台开始播音,这是中国人建立的第一座广播电台。1927年,由中国人自己开办的广播电台也在上海出现了。当时的广播电台绝大部分是私营的,主要依靠广告业务来维持营运,因此花样翻新的广告层出不穷。到1936年,上海已有华资私人广播电台36座、外资4座、国民政府电台1座、交通部电台1座,这些电台主要依靠播放广告维持。

4. 霓虹灯广告。1926年,上海南京路伊文斯图书公司橱窗内,开始设置"皇家牌打字机"广告。其后,外商在上海建立霓虹灯厂,规模较大的有丽安电器公司、华资电器公司。1927年,上海开始出现霓虹灯招牌和露天霓虹灯广告。

5. 路牌广告。20世纪20年代路牌广告已经很盛行,在整个广告业务中占有非常大的比重。开始时,许多商人利用墙壁做广告,用油漆将广告内容刷在墙上。后来这种路牌广告逐渐多了起来,许多消费者常常对其熟视无睹,有的广告公司就将彩色招贴画贴在墙面上,后来又改用木支架支撑、铅皮装置、油漆绘制。路牌广告的内容主要以宣传药品、香烟、影剧为主。

6. 橱窗广告。随着商业的发展,一些大商店都利用橱窗做广告。据考证,我国第一个橱窗广告出现在1925年左右。当时,上海的先施、新新、永安、大新四大百货公司首先在商店门前设置大型橱窗广告,不惜重金从港澳等地聘请专业人士负责橱窗设计和商品陈列。

7. 空中广告。空中广告是指利用飞艇、气球、烟雾等空中媒体进行的广告宣传。1936年全国运动会期间,《上海新闻报》将写有"新闻报发行量最多,欢迎客选"的广告条幅用气球带入空中。这是我国最早的空中广告。

(二)对广告的研究与管理

1919年12月,北京大学新闻学研究会出版了徐宝璜的专著《新闻学》一书。该书对广告进行了较为系统的研究。1920年至1925年间,北京平民大学、燕京大学、上海圣约翰大学、上海南方大学以及厦门大学等都开设了广告学课程,有的还设立了广告专业。

1936年,在上海举行了全国性的商业美术展览会。这次展览会为提高广告的艺术水平,更加积极地发挥广告的社会效益和经济效益起了相当大的促进作用。同年,国民政府开始对广告实施管理。在旧民法、刑法、交通法、出版法中均有涉及广告的条款,并开始征收广告税。广告界也出现了同业公会。1927年,"中华广告公会"成立于上海,1933年,该组织正式改名为"上海市广告同业公会",对上海广告市场进行监督与管理。

三、新中国广告业的发展及现状

1949年5月15日,《人民日报》创刊于河北邯郸,1949年8月成为中共中央机关报。1949年10月,新中国成立。由于诸方面因素的影响,新中国广告事业经历了一个漫长而曲折的发展过程。

新中国成立后,政府首先对旧中国的广告业进行了改造,使其适应社会主义经济建设的需要。当时,整顿、解散了一批经营作风不正、管理混乱、濒临破产的广告社。各地方政府也先后发布了一些地方性的广告管理规则、条例。例如,1949年,天津市卫生局发布了《医药广告管理办法》;1951年,四川重庆市发布了《重庆市广告管理办法》。经过改造以后,一些报刊相继创刊、复刊,并刊登广告。同一时期,还举办过几次全国性广告展览会和国际博览会。但从总体上来讲,我国广告业在新中国成立后发展较缓慢。

1956年,刘少奇视察中央广播事业局,首次肯定了广告对社会主义经济建设事业所起的积极促进作用。但那时,对于广告性质的争论一直没有停息下来。当时的广告市场,以产品销售广告、药品广告、文艺广告的比例最大。

1957年,商业部派视察员参加了在布拉格举行的由13个国家参与的国际广告工作者会议。这是新中国广告界第一次与世界广告业发生联系。

1958年,在北京组织了传达国际广告会议精神的大会。会上,介绍了国外广告事业的发展状况,同时还就我国广告业的发展对策进行了讨论,总结出我国广告业的特点应该是:政策性、思想性、真实性、艺术性。这次会议为繁荣我国的广告业奠定了思想基础。

1958年9月,中国内地第一家电视台——北京电视台(中央电视台前身)开播。

1958年"大跃进"后,高度计划性的统购统销,使商业广告失去了存在的客观基础,我国广告业普遍萎缩。

"文化大革命"期间,我国广告业遭到了更大的劫难。广告被作为资本主义意识形态的产物而受到大批特批,广告管理机构被解散。由于实行计划经济,企业是行政机构的附属,完全脱离了市场,"生产什么""生产多少""如何生产"等,都以指令性计划为主,无须广告宣传。到了20世纪70年代中期,我国广告业的发展几乎是一片空白。

党的十一届三中全会以后,随着社会主义市场经济体制的逐渐确立,企业从计划经济的束缚中解脱出来,成为自主经营、自负盈亏、自我发展、自我约束的经济实体,广告业随之兴起,并蓬勃发展起来。1979年1月28日,上海药材公司所做的参桂补广告,是"文化大革命"后的第一个电视广告。同

年2月10日,《文汇报》开始刊登广告。同年4月,《人民日报》刊登了汽车、地质仪器等商品广告。1979年8月,北京成立了北京广告公司。1980年2月,湖南创办了长沙广告公司。1983年,中国广告协会成立。随着广告行业的迅猛发展,广告公司的种类也日渐多样化。不仅民营性质的广告公司大量涌现,而且国际知名广告公司自1988年起,也纷纷入驻中国,成为跨国广告公司开拓中国市场的先遣部队。提到跨国广告公司在中国的发展,不能不提到4A公司。

4A是指"美国广告协会",即The American Association of Advertising Agencies的缩写。该协会是20世纪初由美国各大著名广告公司协商成立的组织,其成员包括Ogilvy & Mather(奥美)、J. Walter Thompson(智威·汤逊,JWT)、McCann(麦肯)、Leo Burnett(李奥贝纳)、DDBO(天联)等著名广告公司。该组织最主要的协议就是关于收取客户媒体费用的约定,以避免恶性竞争。此后各广告公司都将精力集中在新奇的创意和优质的客户服务中,从而创造出一个又一个美妙的广告创意。在美国广告界逐渐树立了良好的形象,广告界渐渐了解了4A公司,4A公司便成为代理国际品牌广告公司的代名词。

中国内地目前只有广州成立了4A协会,全称为"广州市综合性广告代理公司协会",成员包括本土公司和外资企业。

1979年中国改革开放之初,第一家外国广告代理商——日本电通公司开始为日本家电产品在中国市场进行广告宣传。时至今日,日本电通公司在中国成立了三家合资公司。从20世纪80年代日本家电进入中国市场以来,越来越多的外国品牌进入中国市场,伴随着客户市场的开拓,跨国4A广告公司紧随而来。至1994年年底,国际著名广告公司入驻中国内地的已达300家。

自20世纪以来,随着广告行业的快速发展,国际4A广告公司已整合形成五大巨型国际传媒集团,在全球广告行业市场中扮演着重要角色。

(1)WPP集团。总部位于英国伦敦,主要服务于跨国及环球客户,提供广告、媒体投资管理、信息顾问、公共事务及公共关系、品牌及企业形象建立等专业传播服务。该集团旗下中国公司主要为群邑(上海)广告有限公司等公司。

(2)电通安吉斯。由日本的电通和英国安吉斯传媒集团于2015年合并而成,总部位于日本东京,为客户提供包括创意、数字、媒介、品牌体验和娱乐体育营销等在内的全方位产品和服务。该集团旗下中国公司主要为广东凯络、电通安吉斯、北京电通等公司。

（3）奥姆尼康集团（Omnicom）。总部设在纽约，为纽交所上市公司，为全球客户提供广告、战略媒体规划和媒介购买、直销和促销、公关等专业传播服务。该集团旗下中国公司主要为北京恒美广告有限公司等公司。

（4）阳狮集团（Publicis Groupe）。总部位于法国巴黎，在20世纪80年代即开始国际化和集团化运营，业务主要为国际市场营销服务及传播业发展。该集团旗下中国公司主要为阳狮广告有限公司、盛世长城等公司。

（5）埃培智（IPG/Interpublic Group）。总部位于美国，业务包括广告、直效行销、市场研究、公关、健康咨询、会议与活动、媒体专业服务、体育行销、促销、企业形象策略等。该集团旗下中国公司主要为麦肯·光明广告有限公司、盟博广告等公司。

2017全球最大30家媒体所有者排行榜中，中国有三家上榜，其中Google的母公司Alphabet位列第一名，该公司在2016年获得794亿美元广告营收。第二名是Facebook，其广告营收为269亿美元。康卡斯特位列第三，该公司凭借129亿美元的广告营收成为最大的传统媒体所有者。20家美国公司主宰了媒体排行榜，因为美国是全球最大的广告市场。这些企业同样也向海外扩张方面进行投资，而硅谷科技巨头则推动了互联网广告的发展。进入前30名排行榜的三家中国企业，分别是搜索引擎百度（第4名）、腾讯（第14名）和中央电视台（第20名）。中央电视台自2014年首次入选全球媒体30强见表2－1，百度在2015年和2016年全球媒体排名中分别位列第14位和第9位。

表2－1　2017年全球最大30家媒体所有者排行榜，中国上榜三家

排名	媒体主
1	Alphabet 美国
2	Facebook 美国
3	康卡斯特（Comcast）美国
4	百度（Baidu）中国
5	华特迪士尼（The Walt Disney Company）美国
6	21世纪福克斯（21st Century Fox）美国
7	哥伦比亚广播公司（CBS Corporation）美国

续表

排名	媒体主
8	iHeart Media Inc. 美国
9	微软(Microsoft)美国
10	贝塔斯曼(Bertelsmann)德国
11	维亚康姆(Viacom)美国
12	时代华纳(Time Warner)美国
13	雅虎(Yahoo)美国
14	腾讯(Tencent)中国
15	赫斯特集团(Hearst)美国
16	Advance Publications 美国
17	德高集团(JCDecaux)法国
18	新闻集团(News Corporation)美国
19	Grupo Globo 巴西
20	中国中央电视台(CCTV)中国
21	威瑞森(Verizon)美国
22	Mediaset 意大利
23	探索传播(Discovery Communications)美国
24	TEGNA 美国
25	独立电视台(ITV)英国
26	ProSiebenSat.1 Group 德国
27	Sinclair Broadcast Group 美国
28	阿克塞尔·施普林格(Axel Springer)德国
29	Scripps Networks Interactive 美国
30	推特(Twitter)美国

数据来源:公开资料整理

　　这些国际广告公司以传统国际客户服务为基础,依靠大客户进一步拓展在中国的业务。中国广告市场在它们的参与与竞争下,整个行业的创意、策划、制作水平与经营水平都得到了迅速提高,这有助于中国区域性品牌的提升和发展。

目前,我国广告业发展呈现以下特点:

1. 广告行业经营规模继续大幅度扩大。1993 年,国务院颁布了《关于加快广告业发展的规划纲要》,明确了广告业是知识密集、技术密集、人才密集的高新技术产业,我国广告产业实现跨越式发展,已成为世界第二大广告国。随着国家宏观经济的稳定发展,以及移动通信、互联网、社交媒体等新兴媒介的飞速发展,广告业进入了蓬勃发展时期,广告业年营业额从 1993 年的 100.00 亿元增长至 2017 年的 6 896.41 亿元,其中户均广告经营额 61.41 万元。全年广告业营业额占国内生产总值(GDP)的 0.84%,与同期 GDP 增长率 6.9% 基本持平,仍低于国际平均水平 1.5% 和发达国家水平 2%。

近年来,随着我国经济规模的持续增长,民族品牌的不断崛起,品牌意识的日益增强,互联网、社交媒体、移动通信等新兴媒介的飞速发展,我国广告业进入了蓬勃发展时期。数据显示,2013 年至 2019 年,中国广告行业营业额从 5 020 亿元增长至 8 674 亿元,平均增长率为 9.20%,我国广告经营额占 GDP 的 0.88%,相较于日本、美国等发达国家仍处于较低水平,发展潜力巨大。见图 2-3。

图 2-3 2016—2021 年中国广告行业营业额统计

数据来源:国家市场监督管理总局、中商产业研究院整理

2. 我国广告营销环境发生巨变。首先,人口红利持续消退,CNNIC 数据显示,2021 年我国净增人口仅有 48 万人,移动互联网用户增长率同比仅为 4.4%,存量市场竞争激烈,品牌的作用显得更为重要。消费连续七年成为我国经济增长的第一拉动力,消费升级仍是未来十年不变的主题。随着产业结构的不断优化与调整,数字经济获发展契机,数字化进入

社会生活的各个层面。2021年,中国数字经济规模达到了45万亿元,稳居世界第二。受在线视频、短视频及在线音乐等互联网媒体的冲击,以电视媒体、广播电台为代表的传统广告市场份额继续压缩,互联网广告快速崛起。2021年,我国互联网行业受益于内生需求的增长,整个行业实现了5 435亿元人民币的广告收入,相比2020年实现了9.32%的同比增长。受疫情影响,2021年,我国广告收入总额下降,只有互联网媒体和电梯媒体是增加的。

其次,许多法律法规得以颁布和实施,《中华人民共和国个人信息保护法》《中华人民共和国数据安全法》《互联网信息服务算法推荐管理规定》先后施行,iOS隐私政策更新,监管力度进一步加大,广告监管日益严格,广告政策环境更加规范。

3. 全媒体、全域服务能力日益重要,广告行业市场集中度逐步提高。随着互联网技术的发展和应用,户外媒体、电视媒体和互联网媒体的"多屏互动"成为现实,各种媒体相互影响、相互融合的趋势日益明显,从而为有效整合各种媒体资源,综合发挥各种媒体的优势和聚合效应,实现产品(品牌)的高效传播提供了坚实的物质条件和技术基础。面对种类繁多的传播平台和营销手段,广告主渴望能够得到从洞察用户到获取理想营销效果的全领域综合服务,以提升效率、节约资源。可视"屏"是互联网广告的操作和交互中心,手机APP是市场流量的主要入口。交互转化和交易转化属性的媒介类型广告收入在持续保持增长。其中,短视频广告、社交广告、信息流广告是2021年投放广告的主要形式。

4. 在大数据、多媒体、云计算等技术快速发展的背景下,综合型广告公司通过对各种市场数据的收集、整理和分析,可以获得定制化的客户需求数据,为以后的推广计划、广告策略等提供决策依据,因此,未来广告市场内综合型广告企业将在市场调研、消费者研究、媒体分析、广告效果评测等方面不断加大投入,提高广告计划和传播策略的有效性和精准度,推动广告市场技术水平的不断发展。

在新技术层出不穷的背景下,新的媒体形式大量涌现,营销方式也随之变化。互联网媒体从表现形式上可以细分为综合门户、垂直门户、搜索引擎、视频、社交、移动互联网等多种类型,随着技术、创意、模式的不断发展,各种新兴媒体形式大量出现。未来,新技术将逐步构建各种媒体无缝衔接,实现媒体受众海量的媒介接触机会,广告营销和策划模式也会随之变化。目前,从互联网媒体营销传播市场竞争格局来看,以内容营销为主的社交广告越来越受到广告主的青睐,成为广告主最看重的广告形式之一。

5. 头部媒体增长迅猛,马太效应显现。根据2020年的数据资料,广告投放均向头部媒体聚焦,流量型媒体头部公司如阿里、抖音、腾讯等增长幅度超过20%~30%,品牌广告头部公司分众传媒增长超过20%~30%。而整个中国广告市场下降10%,传统媒体下降幅度更大。见图2-4。

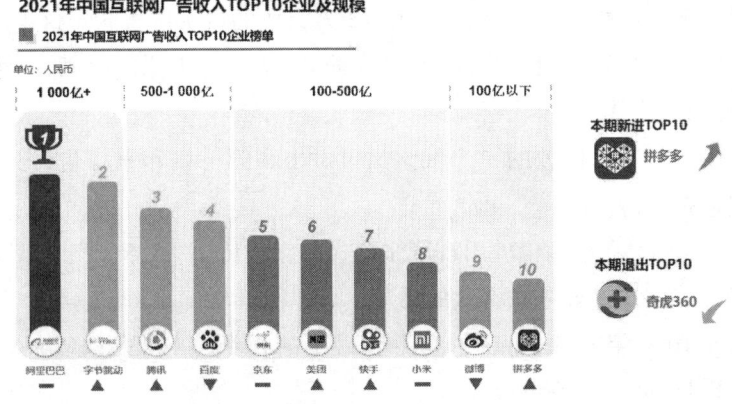

图2-4　2021年中国互联网广告收入TOP10企业及规模

数据来源:中关村互动营销实验室

第二节　国外广告发展简况

一、国外广告的产生

广告最早起源于何时何地这个问题,一直困扰着广告理论界。据有关资料记载,"叫卖"是最原始的广告形式。在古希腊的城镇里,人们通过叫卖来买卖奴隶、谷物和牲畜。古罗马的迦太基(carthage)城,商业非常发达,曾以喧嚣的叫卖声闻名于世。字号、店招、酒招、幌子早就风行于古代的欧洲,连角斗表演者和马戏团也用标记旗幌来招揽观众。据有关资料记载,品牌与商标产生于中世纪。当时就有一些行业用商标控制质量。奥斯纳布吕克(Osnabrück,德国西北部的一个城市)生产的亚麻就凭它醒目的标记以高于同类产品20%的价格出售。

古雅典的一首叫卖妇女化妆品的诗,可以算做有据可查的最早声响广告。诗中写道:"为了两眸晶莹,为了两颊绯红,为了老珠不黄,也为了合理的价钱,每一个在行的女人都会购买埃斯克里普托制造的化妆品。"

据考古发现,早在公元前 79 年,古罗马的庞培镇就已经有了相当发达的招牌广告。例如,用色彩在外墙上画一支水壶把儿,表示是茶馆,画有牛的地方表示牛奶店(或牛奶厂),画有常春藤的是油房,画有石磨的是面包店等。

1441 年,法国的贝里州有一支由 12 人组成的口头广告队。这支广告队与当地的酒店签订合同,在酒店里吹笛子,让顾客一边休闲喝酒,一边听宣传,招揽效果非常明显。

公元 1472 年,伦敦的一个教堂门口贴出了第一则印刷广告,内容是推销一本宗教祈祷书。

15 世纪末,在英国伦敦出现了张贴式的广告传单"喜求斯"。"喜求斯"是拉丁文,含义是"如果您喜欢的话"。

公元 1609 年,德国出现了世界上最早的报纸,叫《信息联络总汇报》(Aviso Relation ober Zeitung)。

公元 1622 年,第一张油印报纸《新闻周报》在英国问世。第一则报纸广告于 1650 年在英国伦敦出现。广告的内容是为找回 12 匹被盗的马而悬赏。以后,各种报纸大量涌现。大量推销咖啡、巧克力、茶叶、药品、房地产的广告也出现在人们的咖啡桌上。

公元 1712—1803 年,英国政府对报纸杂志广告开始征收税金。制定一则广告征税 1 先令。到 18 世纪、19 世纪,英国广告业仍持续发展,广告种类有报纸广告、大幅纸广告、招贴广告、(商人)名片广告等。

在欧洲广告业迅速发展时,美国广告业也得到了很快发展。1704 年,美国第一则报纸广告出现在《波士顿时事通讯》(Boston Newsletter)上。美国广告业之父本杰明·富兰克林(Benjamin Franklin)于 1729 年创办了《宾夕法尼亚公报》(Pennsylvania Gazette)。在创刊号头版上,他就把广告安排在报头与社论之间,还用大标题使广告变得醒目。本杰明·富兰克林也是在美国报纸广告中最先引进插图的人。《宾夕法尼亚公报》创刊几年后,发行量、广告版面和广告收入等方面均居北美报业首位。

公元 1833 年,B. H. 戴在纽约创办了《太阳》报。

公元 1839 年,J. G. 贝内特创办了《美国先驱报》。

第二章 广告的产生与发展

18世纪下半叶至19世纪上半叶,工业革命以迅捷之势席卷了欧洲,英国一夜之间成为最先进的资本主义国家,生产规模日渐扩大,国内市场日渐成熟,广告被广泛用于传播商品信息。例如,《泰晤士报》的发行量1815年为5 000份,1844年为23 000份,到1854年则发行了51 648份。1800年,该报每天平均刊登广告100条,到1840年已增至400条。

美国的工业革命始于19世纪初期。工业革命使大规模生产成为现实。产品市场的不断扩大,使广告的宣传作用日益受到制造厂商的重视。1844年,第一则杂志广告出现在由埃德加·爱伦·坡(Edgar Allan Poe)主编的《南方信使》杂志上。19世纪80年代照相技术的出现,有力地推动了杂志广告的发展,提高了杂志广告的可信度。像宝洁公司(P&G)这样的大公司,开始投入大量的广告费推销自己的产品。这一时期,横贯全美铁路的兴起,极大地促进了美国经济的发展。1896年,联邦政府开始实施乡村免费邮送业务(RED)。直接邮寄广告的邮购业务,随着市场的不断完善,逐渐发展起来。到了1900年,美国广告费达5.42亿美元,占当时GNP的2.9%。

随着报纸广告的繁荣,广告代理也随之应运而生。1786年,英国人威廉·泰勒(Willian Tagler)成功地为《梅德斯通杂志》(Maidstone Journal)揽来了一则广告业务,被公认为英国第一位广告代理商。1800年,英国人詹姆斯·怀特(James White)创立了第一家广告公司。1812年,现在的欧洲第十大广告公司集团查尔斯巴克(Charles Barker)成立,当时叫劳森暨巴克广告公司(Lawson & Barker),其开业不久改为现用名。

美国人沃尔尼·帕默(Volney Palmer)是美国最早的广告代理商。1841年,他的广告代理业务已闻名于美国广告界。1845年、1847年,他又先后在波士顿和纽约开办了分公司。由于他的知名度,他的代理佣金高达版面费的25%。乔治·罗威尔(George Rowell)是同时期另一位著名的广告代理商。他常从报纸、杂志社大量购进版面,随后加价转卖给广告主。由于他替广告主预付资金,深受出版界的欢迎。1869年,罗威尔精心编辑了一份报纸目录,详细列举了当时美国5 411家报纸名称以及发行量,极大地方便了广告活动和广告代理业务的开展。但当时的这种广告代理业务,实质上绝大部分是版面掮客,除倒卖版面以外,不再提供任何服务。1888年,罗威尔创办了美国第一家广告专业杂志《印刷者油墨》(Printers lnk)。

现代意义上的广告代理公司最早出现于1869年。美国人F.魏兰德·艾耶(F. Wayland Ayer)在费城开设了艾耶父子广告公司。艾耶一边作版面

转卖捎客,一边为客户设计、制作广告。艾耶父子广告公司被广告历史学家称为"现代广告公司的先驱"。

日本的广告业起步较晚,但发展较快。19世纪下半叶,《横滨每日新闻》、《东京日日新闻》、《读卖新闻》、《朝日新闻》和《每日新闻》等报刊相继创刊,广告业特别是报纸广告得到了迅猛的发展。到1890年,报纸广告收入已占报纸总收入的30%以上。1880年,第一家广告代理店"空气堂组"在东京开业,其后,"广告社"、"正喜路社"、"三成社"和"弘报堂"等代理公司相继成立。1901年7月,"日本广告株式会社"在东京成立,现已发展成为国际规模最大的广告代理公司之一。

二、国外广告的发展

到19世纪末,西方已有人从事广告理论研究了。1898年,美国人路易斯首先提出了AIDA法则,认为在广告的制作过程中必须有引起注意(Attention)、产生兴趣(Interest)、培养欲望(Desire)和促成行为(Action)这四个组成部分,广告才能引人注目并达到预期的经济效果。此后,其他人对AIDA法则进行了补充,增加了可信(Conviction)、记忆(Memory)和满意(Satisfaction)等内容,使广告成为一门较为完善的独立学科。

19世纪末20世纪初,资本主义从自由竞争走向垄断,广泛开辟海外市场。美国国内产业结构迅速得到调整,高产值行业异军突起,市场上的产品日渐丰富起来,消费者带有偏好的货币选票使各种广告蜂拥而至,但也难免泥沙混杂。有些广告言过其实、欺世盗名,严重地侵害了消费者的利益。美国联邦政府先后颁布了一系列广告管理条例。这一时期,随着竞争的逐渐加剧,广告在促销方面的诱导功能被人们进一步地认识。曾在洛德暨托马斯广告公司(Lord & Thomas)供职的约翰·E. 肯尼迪(John E. Kennedy)早在1904年就认为广告是"印在纸上的推销术",深刻地揭示了广告的本质。第一次世界大战后的20世纪20年代,美国广告业呈现出"推销术时代"的种种特色,杂志广告大量使用的全色印刷,更加富有吸引力和可信性。

这一时期,生产力的迅猛发展从另一个侧面推动了科学技术的进步。新发明、新创造不断涌现,使资本主义经济迈上了一个新的台阶。1902年11月,世界第一座无线电广播站在美国宾夕法尼亚州的匹兹堡建成。随后,大量无线电广播广告应运而生,广播很快成了当时大众传播的主要媒体。

20世纪30年代,英国广播公司在伦敦建立了世界第一座电视台。美国在1920年开始试验电视。第二次世界大战以后,广告费用支出进入新的快速增长期,广告业再次兴旺。

1941年,美国商业电视正式播出。20世纪50年代发明了彩电,电视广告急剧增多。由于电视广告集语言、音乐、画面于一体,因而在广告业中独占鳌头。这一时期的美国,人们热衷于提高自己的社会地位,在消费上攀比成风。广告主题集中在追求社会地位、风度举止、豪华舒适的享受和令人羡慕的成功上。

20世纪50年代,美国特德·贝茨广告公司(Ted Batos World Wide)的总裁罗瑟·瑞夫斯(Rosser Reeves)提出了"独特销售主题"(Unique Selling Proposition,简称USP),认为只有当广告能指出产品的独特之处时才能行之有效。这一新的广告策略立即引起世界广告界的注目。60年代,日本经济从战争的创伤中恢复过来,并呈现出繁荣的势头,消费品特别是家电产品层出不穷,家庭电器化成了社会追求的目标。在这一"新制品时代",品牌竞争愈演愈烈,广告导向也以陈述产品的特征为主。

20世纪60年代是美国企业形象(CI)的时代。在发达的"车辆文化"的影响下,企业形象作为广告的另一个功能产生了。一些企业主采用一些鲜明的标志来识别企业。例如,在美国,你开车时远远看到黄色的"M",就会联想到"麦当劳";如果看到蓝、红两色并排条状的招牌,就会想到加油站;看到方形红色招牌中有一条白色波浪曲线,就知道是"可口可乐"售卖点等。这一时期,"万宝路"粗犷的牛仔形象,吸引了成千上万个烟民;卡迪拉克轿车豪华气派的外表,使许多高收入家庭想往不已。

20世纪70年代是产品定位时代。在这个时期,许多广告公司运用了新颖的广告定位策略。美国七喜饮料、大众汽车堪称这一时期广告定位策略的典范。同一时期,美国由于越南战争的失败,许多人幻想破灭,"自杀"在青年人中就像时装一样被竞相追逐,加之能源危机,使消费者对现有社会制度产生了不信任、厌恶的情绪。这一情绪后来发展成为以自我为中心的价值观念。80年代初期,成功广告的诉求点几乎都是迎合了"自我为中心"的价值观。

进入20世纪80年代后,电子媒体迅速发展,录像机、有线电视的普及,卫星转播的运用,使广告媒体家族增添了更有效的成员。有人称,这是一个图像文学时代,图像是这一时代最受欢迎的艺术形式。1976年世界广告费

用为595亿美元,1980年为1 114亿美元,1986年为1 800亿美元,呈现强劲增长势头。

1984年,全美国的广告费用为890亿美元以上。登广告的不只是商业公司,而且还包括博物馆、基金筹集者,以及各种企图利用广告向各个阶层的目标群体宣传其宗旨的社会活动组织。1986年,美国广告业费用为1 021亿美元。1990年世界广告费支出2 800亿美元,其中美国支出为1 264亿美元,占45%。1992年,世界广告费支出为2 945亿美元,较1991增长了5.2%。

据美国广告学会的统计资料,2005年,美国的广告支出占到了全世界广告支出的一半还多,美国户外广告市场规模已经达到每年58亿美元。美国是世界广告业发展最快的国家,在世界各国总广告费、人均广告费以及广告费占国民生产总值的比率这三大统计指标中,美国居世界前三名之列。在全球100家大广告企业中,美国的广告企业占了将近一半。美国零售业、美国汽车业、美国IT产业的广告投入占据美国广告营业额的比例较高。

根据市场研究机构eMarketer发布的一系列关于2017年美国广告行业现状的数据,可以了解美国广告行业发展的概况。2017年全美广告支出(包括数字和传统广告)增幅达5.2%,规模达到2 050亿美元。其中数字广告支出总额达830亿美元,同比增长15.9%。

40.5%的美国媒体支出是通过数字端进行的。2017年社交广告支出增长34%,达到211亿美元,首次占据数字广告支出1/4以上。Facebook和Google的双寡头格局逐渐形成。美国42.2%的数字广告支出(高达350亿美元)流向Google,其中移动数字广告支出占33.1%(189亿美元);20.9%的数字广告支出(174亿美元)流向Facebook,其中移动数字广告支出占26.8%(153亿美元)。位列第三位的Microsoft只分到4.3%(36亿美元)的数字广告支出份额,相差之悬殊可见一斑。尽管eMarketer预测广告主在微软上的数字广告支出到2019年会有所上涨,但所占份额却将缩水至3.8%。见图2-5。

实践证明,美国企业的市场营销活动进一步向移动端转移。eMarketer统计显示,2017年移动数字广告支出增长22.1%,达到570亿美元的新高度;2017年移动数字广告支出将占全美数字广告支出的70.3%。此外,2017年电视广告支出增长0.5%,尽管与数字广告相比,增长颇为缓慢,但其规模仍然巨大,总额达717亿美元;其中可寻址电视广告的支出达12.6

Net US Mobile Ad Revenue Share, by Company, 2016-2019				
% of total and billions	2016	2017	2018	2019
Google	31.5%	33.1%	34.0%	34.5%
Facebook	22.5%	26.8%	28.3%	29.0%
—Instagram	3.5%	5.4%	7.9%	8.5%
Verizon (Yahoo)	2.6%	2.4%	2.2%	2.0%
Twitter	2.6%	1.9%	1.5%	1.3%
Pandora	1.8%	1.7%	1.5%	1.4%
YP	1.6%	1.3%	1.2%	1.1%
Snapchat	0.6%	1.1%	1.7%	2.5%
Amazon	0.5%	0.7%	1.2%	1.6%
Yelp	0.6%	0.6%	0.6%	0.6%
Microsoft (LinkedIn)	0.4%	0.4%	0.5%	0.5%
Other	35.3%	32.3%	29.5%	27.6%
Total (billions)	$46.70	$57.01	$68.55	$80.67

Note: net ad revenues after companies pay traffic acquisition costs (TAC) to partner sites; includes display (banners, rich media, video and other), search and messaging-based advertising; includes ad spending on tablets; numbers may not add up to 100% due to rounding
Source: company reports; eMarketer, Sep 2017
230276   www.eMarketer.com

图 2-5 2016—2019 美国移动和营收净份额（按公司划分）

资料来源：www.eMarketer.com

亿美元。2017 年，美国程序化广告支出增长 27.8%，达 326 亿美元；搜索广告支出增长 13%，总额 367 亿美元；展示广告支出增长 19.6%，总额达 417 亿美元；视频广告支出增长 15.9%，总额达 132 亿美元。eMarketer 还统计称，2017 年 12.3% 的美国公众（约 4 000 万），每个月至少会接触一次 AR（Augmented Reality），与去年相比增长 30.2%。

2018 年 10 月，eMarketer 发布了《美国广告市场研究报告》，对美国在线广告市场进行了统计与分析，从中我们可以看到一些趋势性的内容。

(一) 美国在线广告的市场份额

2018 年，全美在线广告占总体广告收入的 49.7%。其中移动占比 34.1%，PC 占比 15.6%。见图 2-6。

数字时代，电视依然是广大民众生活娱乐的重要途径和方式，而直到 2017 年，在线广告的市场份额才第一次超越电视。据 eMarketer 预测，2020 年，美国在线广告的市场份额将飙升至 64.9%，电视的份额下降至 23.5%。随着计算机技术、网络技术和多媒体技术的深入应用，这一趋势将更加明显。美国在线广告行业内,移动端和PC的比例也呈现了同样的趋势。预测到2020年,移动广告的市场份额将从34.1%增长到48.8%,而PC广告的市场份额将从15.6%增长到16.1%。见图2-7。

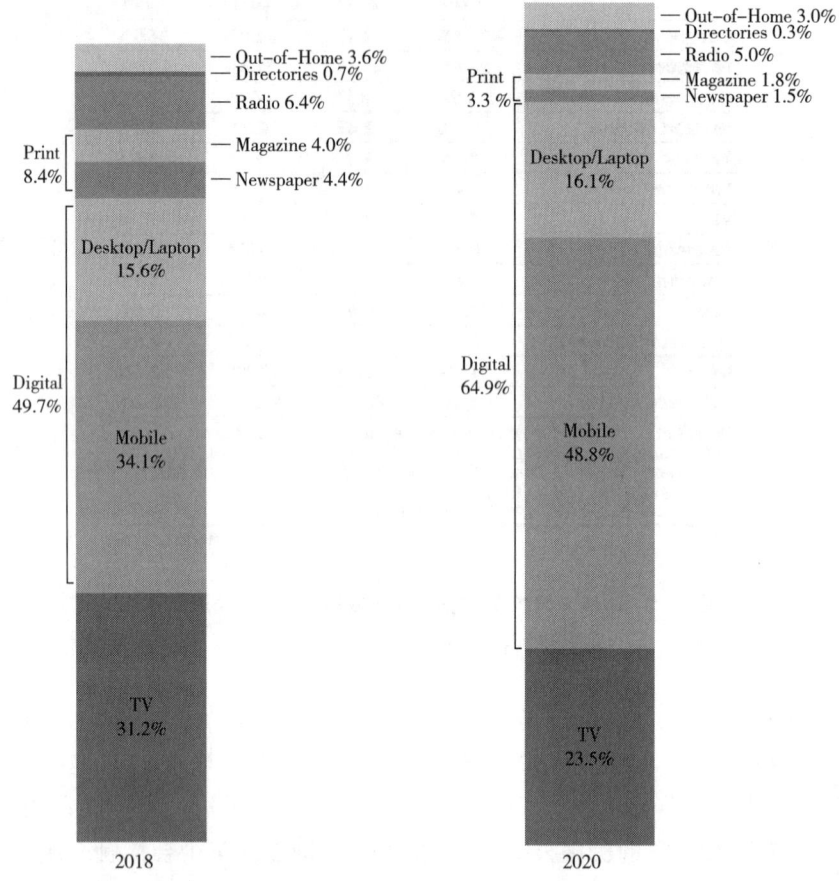

图2-6 2018年美国在线广告的媒体构成　图2-7 2020年美国在线广告的媒体构成

资料来源:www.eMarketer.com　　　　　资料来源:www.eMarketer.com

随着5G技术的广泛应用,这一趋势将会更加明显。另一方面,传统媒体报纸、杂志、广播等已经彻底被市场边缘化。

(二)APP内广告和Web端广告的趋势

全美在线广告市场份额在APP内和Web端在不断上升。原因就在于,在网络移动端已普及的情况下,原生应用确实比移动浏览器更能提供丰富的用户体验。其关键原因是智能手机在空间和时间上拓展了人们与互联网的联系。见图2-8。

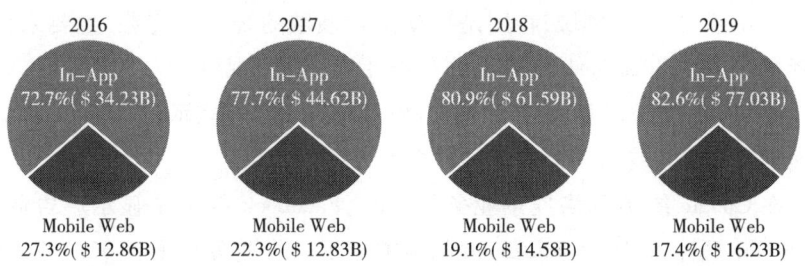

图2-8　全美在线广告在APP里市场份额和Web端相比的情况

资料来源：www.eMarketer.com

(三) 在线广告视频化趋势明显

在移动内容整体视频化的大背景下，视频广告的增长趋势明显。2018年，全美视频广告在广告整体中占比12.4%，预计到2022年，视频广告的比例将增长到17.5%，规模也将从278.2亿美元增长至506.3亿美元；与此相反，电视广告的份额预计将从31.2%下降到23.5%，收入总额也会相应下降。见图2-9。

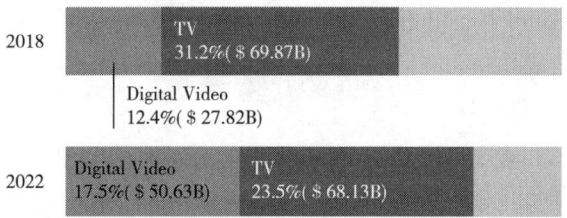

图2-9　2018年和2022年美国在线广告视频化的比例

资料来源：www.eMarketer.com

这背后的推动力量是移动内容视频化的发展趋势，所以Facebook将广告投放重点偏向视频，将主APP信息流权重向视频倾斜；Google旗下的YouTube在移动时代重新崛起，国内的快手、抖音迅速崛起，微博、头条、微信也将重心转向视频，等等。

(四) 美国广告在各媒体上的占比

eMarketer指出，2018年Google继续统治美国数字广告市场，市场份额将达到37.1%，为Facebook的一倍以上。eMarketer还预计，2019年Google将占据美国搜索广告市场78%的份额，搜索业务营收达到285.5亿美元，较2018年增长16.1%。见图2-10。

"Google 在搜索领域,特别是移动搜索领域的统治性优势,主要来自消费者越来越多的倾向使用他们的智能手机查找产品细节、方位等一切信息,"eMarketer 分析师莫妮卡·皮尔特(Monica Peart)表示。"Google 和其移动搜索业务仍将受益于消费者这种行为方式的转变。"

在 Google 统治网络搜索业务的同时,Facebook 统治了显示广告业务。eMarketer 预计,2019 年 Facebook 的美国显示广告业务将增长 32.1%,达到 163.3 亿美元,占据美国显示广告市场 39.1% 的份额。在 Facebook 市场份额继续提升的同时,Google、Yahoo 和 Twitter 在显示广告市场的份额均将出现不同程度的下滑。

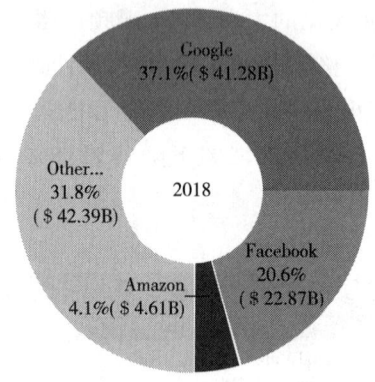

图 2-10　2018 年全美广告在各媒体上的占比

资料来源:www.eMarketer.com

　　Facebook 利用 Facebook、FB Message、WhatsApp、Instagram 等社交 APP 广泛吸引广告主,不断拓展广告市场。Facebook 的营收增长,主要得益于用户及用户花费时间的增长,这能够继续吸引到广告主更多的广告预算。图片分享网站 Instagram 同样推动了 Facebook 的营收增长。事实上,Instagram 2019 年广告营收将占到 Facebook 美国移动广告营收的 20%,比例高于 2018 年的 15%。与此同时,Google 2019 年的显示广告业务营收将达到 52.4 亿美元,但市场份额会降至 12.5%。

　　eMarketer 还预计称,在母公司 Snap 进行了首次公开招股之后,2019 年阅后即焚应用 Snapchat 将出现爆炸式的增长。2019 年 Snapchat 的广告营收有望增长 157.8%,达到 7.70 亿美元。Snapchat 的广告业务完全由移动显示广告业务构成。2018 年 Snapchat 将只占到美国移动广告市场 1.3% 的份额,到 2019 年该公司的份额将提升至 2.7%。

在更多的美国广告主加大移动广告投入的同时,Twitter 的市场份额可能会进一步出现下滑。eMarketer 预计,Twitter 2019 年在美国移动广告市场的份额将降至 2.0%,低于 2018 年的 2.6%。这意味着 Twitter 2019 年的移动广告营收大约为 11.5 亿美元,低于 2018 年的 12.1 亿美元。整体而言,eMarketer 预计,美国 2019 年的移动广告市场规模将达到 580 亿美元,较 2018 年增长 25%。

据 eMarketer 分析,全美市场上,Amazon 依靠自身庞大的交易业务,以及云服务、Echo 智能音箱等业务,其广告业务发展迅猛,到 2022 年,Amazon 的广告收入总额有望达到 7% 的市场份额。见图 2-11。

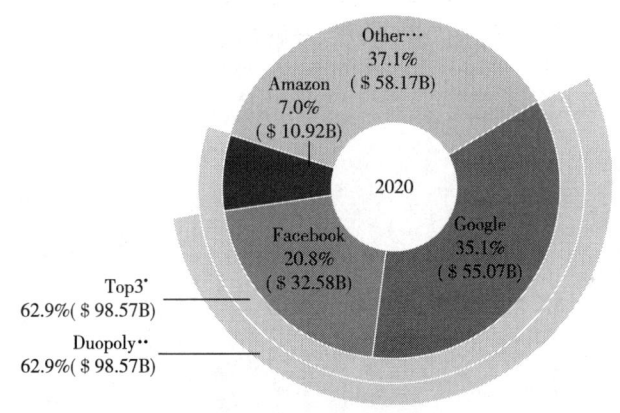

图 2-11　2020 年全美广告在各媒体上的占比

资料来源:www.eMarketer.com

Google、Facebook、Amazon 这三家加起来已占据美国在线广告总市场份额的 61.9%(以 2018 年数据计算),对我国广告经营者以及研究人员也许有一定的启示作用。

2020 年美国数字经济继续蝉联世界第一,数字经济规模达到了 13.6 万亿美元。根据美国互动广告局(IAB)和普华永道(PwC)最新的互联网广告收入报告,2021 年美国数字广告收入同比增长 35.4%,达到 1 893 亿美元,为该行业自 2006 年以来的最高水平。数字视频继续保持火热势头,同比增长 50.8%,达到 395 亿美元,而社交媒体同比增长 39.3%,达到 577 亿美元。搜索量也"大幅"同比增长 32.8%,但与其他领域相比没有增长,导致其在该类别总收入中所占份额下降了 0.8%。

美国互动广告局和普华永道预测,由于零售媒体、互联电视和游戏等领域的创新以及与 Metaverse 和 Web3 相关的实验,2022 年美国数字广告收入将保持继续增长势头。

思考与练习

1. 根据你掌握的历史知识,试举出我国古代 10 种以上形式的广告。
2. 在社会生活中,广告具有哪些功能?
3. 你怎样看待"质量 + 广告 = 名牌"这一公式?
4. 你经常上网吗?每次上网你是否都点击网上广告?为什么?
5. 试概括出目前我国广告市场的发展特征。

第三章 现代广告策划

本章关键词

广告策划(Advertising plan) 广告研究(Advertising research) 广告目标(Advertising objectives) 消费者行为(Consumer behavior) 消费者动机(Consumer motivation) 价值观念和生活方式分析(VALS, Values and Lifestyle Survey) AIDMA 模式(Attention–Interest–Desire–Memory–Action Model)

本章学习重点

☞ 广告策划的定义与必然性
☞ 现代广告策划的特征
☞ 广告策划应遵循的原则
☞ 广告策划的主要程序及内容
☞ AIDMA 理论
☞ DAGMAR 模式

第一节 广告策划的概念与特征

一、广告策划的概念与必然性

(一)广告策划的定义

策划又称筹划、规划,就是对各种活动拿主意、想办法,制定行动方案。

现代广告策划就是对广告的整体战略和策略的运筹规划。具体来说,是指对提出广告决策、广告计划以及实施广告决策、检验广告决策的全过程作预先的考虑与设想。因此,广告策划不是具体的广告业务,而是广告决策的形成过程。

广告策划一般有两种形式:一种是单独的,即对一个或两个广告进行策划。单个的广告经过策划以后,其主题会更加突出、更具诱导性。但是单独的广告策划通常是片面的,因为媒体受众的购买过程是一个复杂的系统,单独的广告策划很难使目标市场的消费者接近并购买促销的产品。

广告策划的另一种形式是系统的广告策划,即在较大规模内为同一目标进行的一系列各种不同的广告活动的决策与计划。随着广告专业水平的不断提高,专业化功能的不断完善和广告代理制度的不断发展,系统性广告策划已成为现代广告宣传活动的必然趋势。

第一次世界大战后,随着销售学的诞生,广告策划取得了显著的进展。1918年,哈佛大学销售学教授丹尼·斯达奇(Daniel Starch)开始研究检测广告文案的识别方法。印第安纳州立大学统计学教授乔治·盖洛普(George Gullup)几乎在同一时期也对文案检测的方法进行了研究和实验。1929年,盖洛普应雷蒙·罗必凯的邀请来到纽约扬·罗广告公司,建立了第一个广告公司内部的调研部。从此,广告策划系统逐渐完善。发展至今,这一系统的内容包括"市场调研—消费者动机和行为调查—细分市场和确定目标市场—产品调研和产品定位—广告目标和广告策略"这一完整过程。其中每一个环节都有其特定的含义。

(二)广告策划的必然性

进行广告策划,从根本上讲是商品生产、商品交换的必然结果,是市场经济逐渐成熟的标志之一。

1.广告策划是商品经济发展的要求。商品经济的发展过程大体经历了三个阶段,即企业本位阶段、产品本位阶段和消费者本位阶段。在企业本位阶段以著名政治经济学分类学家萨伊的"生产总能找到自己的需求"为典型代表。这一观点认为:经济社会中存在需求问题和生产问题,只要生产问题解决了,其他问题就可以迎刃而解。这一导向来源于对社会财富单纯数量方面增加的片面认识。在这一阶段,卖方市场的垄断使消费者不能利用货币的投向来客观表达其兴趣与偏好。在产品本位阶段,由于有了充分自由的市场,同一产品由许多厂家生产经营,新产品与优质产品是企业赢得竞争优势的利器。在消费者本位阶段,企业的生产经营活动以需求为导向,生产结构的调整以迎合消费者的偏好为出发点,货币选票决定着企业的生产经营决策。

在上述几个阶段中,广告作为商品生产与商品交换的产物也经历了漫长而曲折的发展过程。美国现代广告创始人大卫·奥格威(David Ogilvy)在20世纪70年代提出,现代广告经历了如下三个发展阶段:

(1)商品时代。20世纪50年代,当时西方社会普遍认为,只要商品好并配之以一定的经营方式,就能将商品销售出去。因而广告策划全神贯注地集中在商品的特点和顾客的利益上,并配之以各种有效的推销手段。

(2)印象时代。到了20世纪60年代,西方发达国家的生产力获得迅速发展,新产品不断出现,同类产品市场竞争激烈。美国奇异公司(GE)销售经理鲍奇曾评论说:"新产品的蜜月佳期越来越短,我们推出的奇异薄刀片,大约在一年前上市,如今正面临新冒出的竞争者,而准备好加入的厂商更不止此数。"在同类产品的竞争下,广告宣传进入所谓印象时代,即企业通过各种广告宣传和促销手段,不断提高企业声誉,开创名牌产品,使消费者根据企业的"名声"和"印象"选购商品。因此,大卫·奥格威评论道:"广告是品牌印象的长期投资。"

(3)位置时代。20世纪70年代,由于生产迅速发展,市场竞争更为激烈。据统计,70年代,美国食品工业70%的产品是10年前不存在的,药品的一半也是5年内才发展起来的。众多的厂家竞相追逐相对狭小的市场,导致了广告竞争越来越激烈。在此情况下,广告设计只强调商品的性能特点、顾客的利益或企业形象,已不能吸引消费者,于是大卫·奥格威提出了广告定位理论。这一理论是由市场营销中的"产品定位"演化而来的。广告定位的含义是指广告活动的效果不在于如何规划广告,而在于将广告宣传的商品放在什么位置。

广告定位理论认为,人们大脑的记忆功能以先入为主,同类事物中首先进入大脑的东西会占据稳固的地位。如人们往往能记住第一个恋人的名字、第一位登上月球的人、所看的第一本有趣的书。因此,要在广告竞争中取胜,只有突出广告商品的特性(即同类商品没有的优异之处),使用定位技艺,才能使所推销的产品在人们心中占有稳固的地位。如果能成为进入人们心目中的"第一个",其投放市场的量就会成倍地增加。

2. 广告策划是广告竞争的必然产物。广告市场的逐渐繁荣、竞争的不

断加剧,使广告策划应运而生。首先,随着社会生活水平的不断提高,人们的消费需求也从量到质发生了根本变化。如今的消费者已不再单一地追求量的消费,而把对质的要求放在了消费的重要位置。据有关调查显示,目前人们的消费需求有如下八大趋势:

(1) 健康化。现在人们对健康问题越来越关心,不仅要求吃得好,而且要求吃得健康。因此,各种保健食品、天然食品、营养食品受到越来越多的消费者的青睐。

(2) 多样化。目前人们不仅要求商品品牌要多,而且对商品的功能也要求齐全多样,以求一物多用,物超所值,对商品求好、求精。

(3) 情趣化。现代人讲究生活品质,因此也较注重情趣享受。在各种不同的节日里,鲜花等礼品能给消费者及其亲朋好友带来感情上的享受。

(4) 快速化。现代人生活节奏不断加快,所以各种快速化服务也应运而生。如快速冲印、快速修理、快餐等,能使消费者在尽可能短的时间内得到满足,其市场十分红火。

(5) 简便化。消费者除了购买商品以外,还要求商品在携带、使用、处理等方面尽可能省时省力、简便易行。

(6) 专业化。在日益丰富多彩的商品世界面前,消费者对商品知识的了解往往显得不足,信息滞后,他们迫切需要从有关专家那里得到咨询服务,减少购买商品的盲目性。

(7) 安全化。由于现代人对人身、财产安全保障有更多的要求,所以伴随着保险业的发展,保险、防盗等商品销售量的大幅度上升,也在情理之中。

(8) 外显化。随着经济的发展和人们生活水平的提高,消费者对高价值商品、名牌产品的需求量会大大增长,因为这些商品除了反映人们的生活水平外,还可以用来显示个人的身份、地位及其取得的某些成就。

正是由于我国消费市场的上述特点,广告要想真正发挥促销作用,就必须独树一帜,突破消费一体化的束缚,力求给人们留下耳目一新的感觉。而要做到这一点,离开了广告策划是根本行不通的。

3. 广告策划是我国广告市场规范化的重要内容。广告即广而告之,它要告诉人们的是产品的功能及特点。早在 1904 年,美国人约翰·E. 肯尼迪(John E. Kennedy)就认为广告是"印在纸上的推销术"。这一论断从根本上否定了广告创作过程中为艺术而艺术的错误倾向,对规范我国广告界目前过分美化宣传产品的错误倾向有一定的现实意义。

4.广告策划是经济全球化的要求。在未来10年里,新型工业化国家可望取得实质性进展,但最引人注目的将是经济越来越全球化。与之相适应,广告业也将发生相应的变化。

与国外广告业相比,目前我国广告业整体水平仍不高,不能适应社会主义市场经济进一步发展的需要。因此,搞好广告策划是我国适应世界经济全球化,国民经济发展再上一个新台阶的迫切需要。

二、现代广告策划的特征

现代广告策划具有以下几方面的特征:

第一,明确的目的性。广告活动必须围绕一定的广告目标展开,选择适当的广告媒体,设计创造出新颖别致、有吸引力的广告作品,选择恰当的时间和地点开展宣传活动,才能取得良好的效果。

第二,严谨的科学性。现代广告策划是在现代广告学原理的指导下,综合运用经济学、美学、新闻学、心理学、市场调查、统计学、文学等学科的研究成果,以较少的广告预算取得理想的宣传效果,以提高企业(或品牌)的知名度、美誉度。

第三,完整的系统性。现代广告策划从广告调研开始,根据目标市场的特点确定广告目标,在制定广告活动具体策略时,要以整体目标为出发点,使广告策划的各个环节相互衔接、密切配合,形成一个有机的统一体。

第二节　广告策划的原则

现代广告策划是一项科学而严肃的工作,它具有自身的内在规律,因此要遵循一定的原则。广告策划的原则是策划工作的行为规范,其目的是确保有效地实现广告目标。广告策划的原则既是各项广告活动的规范,又是每个广告人在广告创意、制作、广告效果测定中应遵守的准则。广告策划原则来源于对广告实践经验的归纳。概括地讲,在广告策划过程中,应遵循以下原则。

一、系统原则

广告策划的系统原则就是运用系统理论,对广告策划进行系统分析,从

系统的整体与部分之间相互依赖、相互制约的关系中,揭示广告策划的系统性特征和运动规律,以取得最佳的广告效果。

系统是普遍存在的。所谓系统,简单地说就是相互作用的若干元素的复合体。现代广告学是把广告策划作为系统来看待、来分析的,而系统理论的基本思想是整体性、综合性。其中,整体效应是系统理论最重要的论点。系统的整体具有其组成部分在孤立状态所没有的性质,整体大于部分之和。系统的规模越大,结构越复杂,它所具有超过个体性能之和的可能性就越大。因此,按照系统理论揭示的道理,在广告策划中仅仅重视各个单元、各个要素的作用是不够的,应该把重点放在整体效益上,放在策划对象的系统上。运用系统理论研究广告策划,就要对广告策划的过程进行系统分析。系统分析包括如下内容:

第一,了解广告策划的内容。即分析广告策划系统的内部组织如何,它的构成要素是什么,可以分成怎样一些子系统。

第二,分析广告策划系统的结构。即分析广告策划的内部组织结构如何,系统与子系统、子系统与子系统之间是如何联系的,组成系统的各要素相互作用的方式是什么。

第三,研究系统的联系。即研究此系统与彼系统在纵、横方面的联系怎样,该系统在更大的系统中的地位、作用如何。

第四,弄清系统的历史。即弄清系统是如何产生的,它经历了哪些阶段,它的发展历史如何。

第五,分析系统的功能。即弄清系统及其构成要素与各个子系统的功能有什么样的影响、制约关系。

在广告策划过程中,要遵循系统原则,关键要抓住系统理论的三个基本特征:

其一,系统的目的性。每个系统都应有明确的目的。不同的系统有不同的目的,应针对不同系统的不同目的,进行不同的广告决策与计划。目的不明确,或者混淆了不同的目的,都必然导致广告策划全过程的混乱。系统的结构要根据系统的目的和功能建立,即根据系统的目的和功能设置各子系统,建立各子系统之间的联系。同时,在组织、建立、调整系统的结构时,要强调服从系统的目的。应当看到,一个系统通常只有一个中心目的,否则,众多目的则相互干扰,无法优化。广告策划工作要围绕一个中心目的展开,才符合系统原则。

其二,系统的整体性。在社会经济生活中,局部和整体有着复杂的关系和交叉效应,局部与整体的利益并不总是一致的,从局部看来有利的事,从总体看并不一定有利。因此,广告策划必须有全局观点,必须统筹规划、全面安排,必须有一个考虑了尽可能多因素的优化模式。

其三,系统的层次性。任何复杂系统都有一定的层次结构。系统之间的运动能否有效及效率的高低,很大程度上取决于能否分清层次。广告策划系统也是分层次的,各层应做各层的事,这才是有效的广告策划。

二、动态原则

动态,是现代广告策划的重要特征。所谓动态原则,就是根据系统总是处于运动、变化的客观存在的特性,在动态过程中做好广告策划工作的一项原则。静止是相对的,运动是绝对的。系统的广告策划工作也是这样。任何系统的正常运转,不但受到本身的条件的限制和制约,还要受到有关系统的影响和制约,以及时间、地点、人们的努力程度等因素的制约。

关于系统目标的制定与选择也有同样的情况。随着系统内外条件的变化,随着事情的发展,人们对问题的认识也在不断地深化,不仅会提出目标的更新与变更问题,对目标的衡量标准也会截然不同。因此,在广告策划中,对广告计划、广告目标、广告创意、广告预算等都不能一成不变地对待,而应当重视收集信息,注意信息的反馈,随时进行调节,保持充分的弹性,有效地实现动态的广告策划。

三、创新原则

广告策划是树立良好企业(或产品品牌)形象的一项重要工作。创新原则,要求在广告创意、设计、制作过程中要善于创造,善于标新立异,避免一个模式、一种手法,更要避免盲目模仿。只有创新,广告才能有吸引力,才能给媒体受众留下深刻的印象,并影响其购买行为。

在广告策划中,广告语要有一定的新意,力求"语不惊人死不休"。要从生活中提炼警句、名言,使广告语富有趣味性、富有哲理性。例如,我国香港电视台曾播放过一则广告:一男士驾车闯过红灯,警察驾驶摩托车风驰电掣般地紧追其后,一场惊心动魄的汽车与摩托车大战之后,肇事司机交出了驾驶执照,执照上的人像是一秃头男士,望着司机浓密的黑发,警察气愤地说:"岂有此理,简直是无中生有!"司机立刻拿出一瓶"章光101"毛发再生精,

并说道:"101毛发再生精就是无中生有"。这则广告语言诙谐幽默,耐人寻味,给人留下了深刻的印象。

美国的一家糖果公司生产的泡泡糖味道与质量都非常好,它的广告词是:"本产品的名气是吹出来的。"其语言来自生活,意味深长,使媒体受众过耳不忘。

四、效益原则

广告策划可以说是一门促销艺术,它的效益性是由广告的营利性质所决定的。广告活动是一种经济活动,是以促销商品、增加利润为目的的。效益性是广告策划艺术与其他艺术的重要区别,也是衡量广告策划成功与否的标准之一。

广告策划的效益性,首先要在说服性和真实性上反映出来。广告作品说服力强,就能磁石般地吸引人的注意力,给人以逼真的感受与情绪上的感染,使人产生信任感,留下难忘的印象;其次,广告要令人信服,让受众相信广告所说的内容,以诱发其购买欲望和行为。有说服力的广告,离不开真实,而真实性的体现,又是通过广告的画面和语言来表达的。

说服力强的广告,与恰当的说服手段紧密相关。有一段时间,人们经常看到这样的广告:"××产品是您的最佳选择","有眼光的人都选择××产品"等。这些从广告主角度做出的结论性广告用语,未能很好地注意广告受众的心理反应,往往引起人们的反感,因而不是最好的说服方法。若希望广告受众改变看法,最好诱使受众自己下结论。

五、真实原则

广告策划的真实性,主要是指它的信息和文稿内容要真实准确,不要浮夸、伪造,这是广告策划的基本原则。真实是广告的生命。真实的广告宣传可以树立起良好的企业形象,相反,失真的广告宣传会使企业声誉扫地。为了保持广告的真实性,我国政府先后颁布并实施了《广告管理条例》,1995年2月1日又颁布施行了《中华人民共和国广告法》,为我国广告事业的健康发展奠定了法律基础。

第三节 广告策划的程序与内容

广告策划作为企业的一项营销活动,要按一定的程序、一定的步骤有计划地进行。广告策划的程序一般包括广告调研、广告策略分析、确定广告目

标和编制广告计划四个阶段。

一、广告调研

广告调研是广告策划的前提与基础。广告调研是为广告策划准备客观的资料,同时,要根据广告策划的要求来进行。因为广告调研的成果要为广告决策分析所用,所以它是广告策划的准备阶段。

有广告调研人员曾对我国上海和广州的年轻人群体进行了调查,结果发现,不同城市的消费者存在着不同的消费取向。上海的消费者对产品的先进功能有浓厚兴趣;广州的消费者则务实冷静,更注重实用。相似地区的人们对同种产品的不同态度折射出的地域差异,证明了人类学家及许多中国人所持有的由来已久的一个看法:中国十分复杂!

专家们认为,对于生意人和广告商来说,要在中国取得成功,广告商必须考虑语言、性格、收入、文化、气候、饮食、人口和历史等广泛的地域差异。虽然中国人共用一种书面语言,但语言学家将汉语划分为几种主要方言,这些不同方言的口语之间不能相互沟通。总部设在新加坡的高级技术研发部的一名主管说:"在中国,方言在广告中起着非常大的作用,你得让消费者听得懂广告里说的话。"目前,我国已经成为仅次于美国的全球第二大广告市场。对广告商来说,中国的经济繁荣无疑造就了商机,然而,这也使得现存的地域差异变得更加复杂。

经过20多年的高速经济增长之后,数以千万计的中国人摆脱了贫困,产生了对消费品的旺盛需求。但是这种消费能力并不均衡。中国大多数出手阔绰的消费者多在上海、广州和北京这样的一级城市,或像重庆、哈尔滨、武汉、南京和天津这样的二级城市。眼下,对国外品牌构成挑战的是那些较小的城市。来自奥美集团的约瑟夫·王说:"在三级或四级城市,外国公司的牌子不怎么响,而中国本地产品在这些地方很有影响力。"要吸引这些消费者有赖于体察入微的广告策略。

在中国这样幅员辽阔的国家,有时环境因素会对广告效果产生很大的影响。费卢格里奥说:"对初来乍到者,我能给出的建议是:调研,调研,再调研。中国市场太复杂了,别幻想在上海南京路上走一遭就能了解中国。"①

---

① 戴维·拉格著,汪析译:《卖在中国,哪个中国?》,《国际先驱论坛报》,2006年1月15日。

客观来讲,广告调研是市场调研的一个方面,但广告调研从内容和侧重点来说,又有自己的独特之处。从广告策划、设计和传播的实际需要出发,广告调研的主要内容如下。

(一)广告产品调查

广告的目的一般都是为了促进产品的销售,因此无论从哪一个角度做广告,都必须对该产品熟悉和了解。只有这样,才能准确地向媒体受众介绍产品的特征,打消他们的疑虑,达到促进产品销售的目的。广告调研的重要内容之一是全面掌握所宣传的产品的详细资料。在广告调研中,应当详细了解产品的外观、结构、功能、原理、材料、技术、质量、价格、制作工艺、使用方法以及保管养护措施等情况。对于一些产销历史较长的产品,还应当了解该产品的更新和发展的历史状况,并知道该产品在同类产品中所占的市场份额。

调研应当注重掌握产品的特征和优点,以从中挖掘广而告之的材料。同时也应当实事求是地了解产品的内在不足,以保证广告宣传的真实性,并做好向媒体受众解释疑虑的准备。

(二)广告主经营状况调查

搜集有关广告主经营现状的资料,是了解广告主声誉和产品销售量状况的关键。广告策划中的广告主状况调查,是利用定性分析和定量分析相结合的方法,全面地、科学地对广告主的生产经营现状与历史进行深入调查,找出广告主的特点、差距与不足。

1. 明确调查目的。广告主调查不同于市场调查。市场调查的目的,是调查消费者的需要,研究市场需求,开发新产品,占领和扩大自身的目标市场。广告主调查的目的,是通过对社会公众和企业内部职工的调查了解,掌握广告主自身经营现状,寻找差距和不足,为塑造成功的企业形象做好准备。

2. 明确调查对象。广告主调查的具体对象,既包括外部社会公众,也包括企业内部职工。外部社会公众是一个复杂的社会人的集合,它包括消费者(目标市场消费者,包括现实的消费者和潜在的消费者)、社会公众、政府机关、同行企业、代理机构、金融界、大众传播媒体等。企业内部职工包括管理人员、一般职工、股东等。由于调查对象数以万计,不可能进行普遍调查,因此,只能采取科学方法,择其典型公众进行调查。应针对该企业目标市场上的消费者和社区公众进行调查。

3. 选择调查方法。广告主调查必须选择科学的调查方法。常用的市场调查方法可以用于进行形象调查。比如,按照调查的形式有面谈调查法、电话询问法、问卷调查法等;按照调查样本选择的多寡有普查、典型调查、重点调查、抽样调查等。典型调查、重点调查是广告主或产品品牌形象调查中常用的几种方法。抽样调查可以分为随机抽样和非随机抽样。它是从众多公众中选择有代表性的公众进行调查。

4. 进行具体调查。广告策划中的广告主调查的具体内容可以归纳为以下几个方面:

(1)广告主形象要素评分调查。采用发放调查问卷的方法,设计出广告主形象要素评分表,邀请社会公众和企业内部职工评分,以了解企业现实形象状况。表 3-1 就是一份广告主形象调查表。

表 3-1 广告主形象调查表

形象项目	最高得分	实际分数	备注(最高分数由策划者定)
经济效益	15		
管理水平	10		
人员素质	10		
产品质量	10		
新产品开发	5		
服务质量	10		
营销环境	10		
公共关系	10		
知名度	10		
美誉度	10		
合 计	100		

经过对表 3-1 的统计汇总,可以了解广告主在社会公众中的总体形象,哪些项目是强项,哪些项目是弱项,以做到心中有数。

(2)广告主知名度、美誉度调查。广告主知名度是指社会公众了解广告主的比率或程度。美誉度是社会公众对广告主的赞誉程度。知名度高的广告主有两种情况:一是"双高"企业,即高知名度、高美誉度;二是高知名度,但美誉度低。只有"双高"企业才是广告主形象塑造的目标。知名度低的广告主也有两种情况:即知名度和美誉度均低的广告主以及知名度低而美誉度高的广告主。

知名度和美誉度两项指标,可以分别通过一定的调查方法测得。如果将这两项指标作为平面坐标的两个坐标轴,就可以构成一个广告主形象坐标图。

任何一个广告主的实际形象,都能在这个坐标图中定位。如图3-1所示。

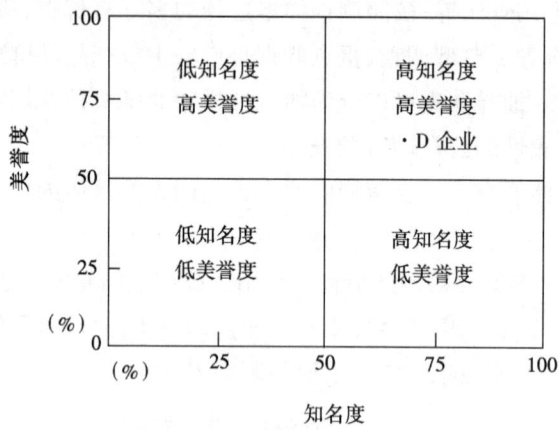

图3-1 广告主知名度、美誉度调查图

例如,D企业在广告策划活动中发出知名度、美誉度调查问卷100份,在100位媒体受众中有70位了解该广告主,其中有50位对该广告主持有好感。那么该广告主的知名度、美誉度分别为:

$$D广告主的知名度 = \frac{了解广告主的被调查者人数}{被调查者总人数} \times 100\%$$

$$= \frac{70}{100} \times 100\%$$

$$= 70\%$$

$$D广告主的美誉度 = \frac{对广告主持有好感的被调查者人数}{了解广告主的被调查者人数} \times 100\%$$

$$= \frac{50}{70} \times 100\%$$

$$= 71.4\%$$

(3)对媒体受众期望和意见的调查。为了搞好广告策划活动,可广泛征求广告主内部职工、消费者和其他媒体受众的意见。可采取个别访问,召集不同类型的媒体受众座谈会,以及问卷调查等方法,使广告主在广告策划中得到媒体受众的支持和帮助。

(三)媒体受众状况调查

广告策划中的媒体受众状况调查,主要是指对媒体受众市场情况的资料进行收集、整理、汇总和分析。媒体受众市场包括为个人消费而购买或取得产品和服务的个人和家庭。

媒体受众在年龄、收入、教育程度、生活方式以及偏好、兴趣等方面的差异极大。广告策划者应广泛收集媒体受众对广告产品的需求数量、品牌偏好、品种要求、购买能力、购买方式、使用习惯等方面的资料。这些资料的掌握有助于针对媒体受众的需求确定广告宣传的诉求主题,并根据不同媒体受众群体的特征选择适当的媒体形式。

作为互联网广告的核心目标人群,Y世代(80后及95前)、Z世代(95后及00后)触媒偏好有一定差异。市场调查显示,视频、短视频和购物平台是观看广告的主流渠道,但在其他渠道上,Y世代更偏好直播和媒体平台,Z世代更偏好社交和社区类平台。

对待广告推荐的陌生产品,Z世代比Y世代更为理智,"看到感兴趣就想试试"的比例更低,而"做做功课再决定"的比例更高。同时,Z世代则对搞笑类广告的偏好明显高于Y世代,他们可能会为"搞笑但没什么用"的产品付费。近几年,"算法"受到热议,其让用户更容易看到感兴趣的内容,却也可能在一定程度上制造"信息牢笼"。尽管超过七成的Y世代与Z世代都认为该类广告是符合自己需求的,但也有相当一部分的Y世代与Z世代认为平台一直推送相似内容过于单调。

根据我国台湾省东方消费者行销资料库所做的生活形态调查,人们可以分析出,现今我国大城市内Z世代青少年的生活价值观有以下几个特点:

1. 全新的两性婚姻观。Z世代人认为,女性可以主动地向男性表示好感,结婚以后不一定要小孩,营造一个快乐的家庭并不是女性婚后的主要任务,而人生目标也不在于一定要结婚生子和有安定的生活。

2. 颠覆传统规范。他们常常会挑战既定的社会观念,对传统艺术没有兴趣,不参加宗教活动,认为民间信仰、求神问卜等是非常可笑且劳精费神的迷信。

3. 十足的喜新厌旧。消费习惯是"与其修理旧的不如再买新的"的态度,喜欢购买最新的品牌。购买标准在于商品是否时髦新奇,而且很喜欢欧洲名牌、美国和日本的国际名牌,不在乎其价格是否会贵一些。

4. 个人主义随意生活。由内到外都希望能表现发挥出自我的特色并且与众不同,渴望过浪漫的生活。起居作息十分不规律,有深夜听广播的习惯,饮食也不定,常吃速食。对于社会活动并不热心,也不关心时事。

5. 崇尚流行。如果因为Z世代人不关心时事就以为他们不食人间烟火,那就大错特错了。正相反,他们对时尚高度灵敏,并且是流行的忠实信徒,身体力行着时髦的生活,并且能够不断地随着新的流行趋势快速地改变

生活方式。

对Z世代人来说,朋友对个人具有很大的影响力,能够吸引异性注意是其产生成就感的主要来源。他们会期待着别人来肯定自己存在的价值,但又常常觉得自己的能力不如别人,有点自卑。

Z世代人的特征是,一方面追求创新前卫,另一方面又快速地喜新厌旧。Z世代人需要创造一种可以信仰膜拜的生活主张;而这必须有一个强势的符号象征,可以是人物,也可以是符号图腾,或是两者的结合。

因为Z世代人有花钱比挣钱还行的本事,他们的消费形态近来成为国外营销专家的研究对象。

广告策划者如果想赢得Z世代人的市场,就必须充分发挥网络广告、电视广告和广播广告的作用,因为Z世代人喜欢花一定的时间上网、看电视或听广告。对此就要把Z世代人市场划分为几个细分市场,认真研究各个细分市场的特征,确定针对各个细分市场的广告目标。

需要注意的是,随着互联网的迅猛发展,全球广告信息收集技术发生了巨大的变化。在互联网的影响下,发达国家的广告行业主要通过两种方式获取媒体受众的数据信息,即"第一方"信息和"第三方"信息。

"第一方"信息由与受众产生直接关系的公司获得。广告商及出版商可通过要求受众进行网上注册而获取用户信息。这可以帮助企业通过各种操作终端进一步加深对受众的认知,了解他们浏览了本公司网站上哪种信息和购买了哪种物品。

"第三方"信息则是由互联网上成千上万的专业公司收集获得。为了收集足够的信息从而发布针对性较强的广告,许多公司网站为具备监测浏览网页用户并为用户建立数据文件能力的专业公司提供网络空间,供其使用。

互联网的存在大大减轻了信息收集工作的工作量,因为无论用户浏览哪种网站,其都会留下浏览痕迹。Facebook及Twitter收集了大量本网站注册用户以及浏览其网页的用户的信息,包括受众的年龄、性别、好友群以及他们的兴趣爱好。其中,不少信息是在用户毫无意识的情况下就完成了收集。用户在浏览不同网页时,第三方公司常常通过使用信息记录程序(Cookies)、网站信标标签等网络技术及其他网络工具,以达到正确识别用户的目的。广泛应用于台式电脑的Cookies(网络或互联网使用者发给中央服务器信息的计算机文件)是用于同客户服务端进行信息交换的代码片段。

根据美国 TRUSTe 公司提供的数据,访问量排名在前 100 名的网站,受到超过 1 300 家专业公司的监测,其中,有些公司会将该类信息与非本行业者分享,供其进行经营决策。

因而,上述技术及工具使得公司能够收集足够的受众信息,诸如他们浏览了什么网页、购买了什么商品、所在社区的邮编等一系列信息。通过这些信息,公司能够推断出用户的收入、他们住所的房屋面积以及他们的房子到底是租来的还是自己所有的,等等。通常来讲,网络用户在浏览特定网页时,会被网站赋予特定的标签,但是,各家公司获取用户信息的手段远不仅如此。有些广告技术公司就是如此,当网络用户点击其朋友发来的网络链接时,这些广告技术公司就会在用户通常不知情的情况下,在用户端生成 Cookies。帮助出版商进行实时广告空间销售的"第三方"信息公司,能够提供台式电脑用户的 50~70 个数据点,而关于手机用户,该数字为 100 个数据点,包括手机设备所在的精准方位数据。手机用户 90% 的时间都是通过不支持 Cookies 的手机应用(又称 APP)浏览网页内容,因此,广告商、应用开发商及中介公司会利用用户设备 ID 等工具来识别用户。

收集并处理大量的媒体受众的信息并非易事。数据代理公司帮助广告商以及出版商管理它们的第一手用户信息,同时,也向它们出售更多的用户信息。数据代理公司按照用户的所在位置、使用设备、收入状况、婚姻状态、工作类别、旅行计划、消费习惯及其他标准将用户信息进行分类,并将该信息分类即时提供给广告主。该信息分类能够非常具体。例如,美国数据代理公司 eXelate 出售"深处危机的男人"分类信息,该分类下的男人被认为恋爱关系出现了问题,因为他们正在网上购买巧克力和鲜花。另外一家数据代理公司 IXI 则在销售名为"深陷债务:小镇单身族"的分类信息。美国出版公司福布斯(Forbes)公司出售浏览其网站的读者的信息;竞选组织则将其广告分发对象名单出售给其他公司;美国婚恋网站 OkCupid 出售过其用户的酒类消费以及用药数量等信息;许多大型公司诸如维萨卡公司、万事达卡公司以及美国运通卡公司在内的信用卡公司都向广告公司销售其持卡人的匿名数据信息。

广告主可在万事达卡公司购买到大量的媒体受众的分类信息。例如,哪些用户需要特定的通信服务,而哪些用户又偏爱哪家连锁酒店等。曾在美国运通卡公司工作的业内人士表示,该公司在这方面是具有优势的,因为它能够直接发行信用卡(而维萨卡公司及万事达卡公司只是同银行合作,并无直接发卡权力),这就使得美国运通卡公司可以在信用卡用户登录查看其账单时,在用户端生成Cookies并查看用户其他的网上动态。

在西方发达国家,拍卖会也是重要的信息来源之一。不少公司都会经常去广告交易所,以获取用户及出版商的信息。以买卖广告为营业并被称为"网络广告商"的广告代理公司通过网络收集大量的信息。例如,美国媒体采购公司"分享传媒(Mediashare)"打算为其客户——纸巾制造商舒洁(Kleenex)选择最佳的广告宣传区域并进行宣传,其首先参加了搜索竞价以了解哪些地区的消费者正在搜索与流感、感冒药品有关的信息。在了解了相关信息后,在拍卖过程中该公司成功竞得。随后,分享传媒公司将关于舒洁公司的市场营销工作主要集中在了这些有人可能感冒的区域。

通常情况下,经销商常常借助消费者的出生证明、婚姻证明及房契等公共档案信息来了解消费者的信息,而产品目录邮购公司则会将其客户信息列表出卖给其他企业。但互联网技术大大扩大了数据采集的范围和规模。有些情况下,用户明确表示同意网络服务方可以追踪他们的信息,但更多时候,第三方服务方是不会征询他们的意见的,而且第三方信息公司在收集完信息以后以消费者以及政府监管机构所不知晓的方式对上述信息进行利用。

第三方信息公司收集用户的个人信息的常用的办法就是了解用户正在使用的终端设备,通过终端设备来收集、分类消费者信息。同时,各家公司亦积极使线上及线下世界产生联系。以Facebook为例,其已与得利捷(Datalogix)公司达成合作关系,以实现线上及线下消费的联系,以获取全面的市场信息。

(四)竞争状况调查

哪里有市场,哪里就有竞争,竞争同市场一样历史久远。广告策划者在开展广告宣传活动时,必须对市场上的竞争状况进行调查。将广告主的广告产品、广告计划、价格与竞争对手相比较,就可以分析出广告主在市场竞争中是处于有利地位,还是处于不利地位。

对竞争状况的调查应着眼于五个方面,即谁是竞争对手?他们的广告策略是什么?他们的广告目标是什么?他们的经营优势与劣势如何?他们的反应模式是什么?搞清这些问题,就可以制定出有针对性的广告计划,可以做到有的放矢,以提高广告策划活动的效果。

1. 确定广告主的竞争对手。一个企业往往有许多眼前的和潜在的竞争对手。眼前的竞争对手容易识别,而潜在的却防不胜防,难以察觉。通常用以下四个标准来识别广告主的竞争对手。

(1)凡是以相似的价格向相同的媒体受众推销同类或相似广告产品的企业,都是竞争对手。

(2)凡是生产经营相同或同类产品的企业,都是竞争对手。例如,生产"轩逸"牌轿车的企业认为所有生产轿车的企业都是它的竞争对手。

(3)凡是生产经营相关(替代)产品的企业都是竞争对手。例如,生产"轩逸"牌轿车的企业会将所有生产摩托车、轿车的企业都当作竞争对手。

(4)凡是与该广告主进入同一目标市场的企业都是竞争对手。例如,生产"轩逸"牌轿车的企业认为,所有想进入轿车消费市场的生活耐用品生产企业都是本企业的竞争对手。

2. 识别竞争对手的广告策略。一家企业的广告策略与另一家企业的广告策略越相似,它们之间的竞争就越激烈。在分析的过程中,可以将该广告主所处行业的竞争者分为不同的群体。一个策略群体就是在该行业里有相同或相似广告策略的一群企业。划分的标准可以是广告促销计划、广告产品质量、广告预算规模、广告使用媒体种类等。

假如有一家企业想通过电视广告进入家用电器市场(市场上有10家企业生产同类产品),首先必须识别出关键的竞争企业群。家电广告市场上的企业广告策略充分体现在广告规模和广告频率上。例如,广告策划者可根据广告预算规模和广告频率水平绘制图3-2,并识别出4个竞争企业广告策略群体。

以图3-2为依据,分析出群体A有3个竞争对手,群体B有4个竞争对手,群体C有2个竞争对手,群体D有1个竞争对手。通过上述鉴别可以看出,该广告主进入群体A比较容易,因为一家新进入某行业的企业无论是在广告预算规模上,还是在广告频率上都比较薄弱。相反,进入群体D是最困难的,不仅需要大量的广告投入,而且需要丰富的广告策划经验。

3. 判定竞争对手的广告目标。竞争者的广告目标是由多种因素决定的,其中包括企业的经营历史、规模、竞争能力以及财务状况等。但它可以概括地阐述为:竞争企业都要争取最大限度的利润并为此采取相应的行动。然而不同的企业,对长期利润和短期利润的重视程度是不同的。有的企业比较重视长远利益,兼顾眼前利益;有的企业寸利必争,认为眼前利益是企

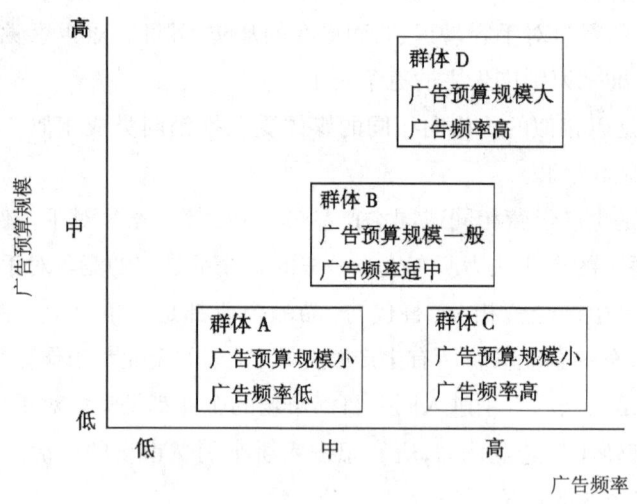

图 3-2 竞争企业广告策略群体

业发展的关键。

另一方面,每个竞争者都有其广告目标组合,但侧重点有所不同。广告策划者要了解竞争企业对它目前的获利能力、市场占有率、市场扩大率、现金流动、技术领先和服务领先等方面的满意程度。这样就可以了解竞争企业加权目标组合,也可以了解竞争企业对各种类型的攻击型广告做出何种反应。

4. 评价竞争者的优势与劣势。要评价竞争者的优势与劣势,广告策划者必须首先收集有关竞争者过去几年重要的广告宣传资料。这些资料包括历年的广告预算、广告效果、媒体使用情况、市场占有率、市场扩大率、广告产品销售额、广告创意与制作水平等。根据收集到的资料,对竞争者的优势与劣势进行排序。在排序时,也应当将本企业排列进去,进行横向比较。表3-2就是对某广告主的三个竞争对手A、B、C在五个方面的名次排列。

表 3-2 对竞争企业的比较分析

企业名称	品牌知名度	产品质量	广告预算	广告创意水平	广告效果
A 企业	E	E	P	P	G
B 企业	G	G	E	G	E
C 企业	F	P	G	F	F

注:E 为优秀,G 为良好,F 为一般,P 为劣等。

广告策划者根据上述调查内容,就可以对各个竞争企业的优势与劣势进行比较分析,以制定切实可行的广告宣传计划,确保预期效果的实现。

5. 预期竞争企业的反应模式。广告策划者在分析出竞争企业的广告策略与经营优、劣势以后,还要预期竞争者对本企业的广告宣传活动将会做出哪些促销反应。每个企业都有自己的经营哲学,都受内在的经营文化影响。它们的广告计划、广告目标反映了它们的经营理念。广告策划者在预期竞争对手的反应时,可以将它们分为不同的类型。

(1)从容型对手。这类企业对某一特定竞争对手的广告宣传活动没有反应,或者反应不强烈。原因有二:第一,因为它们认为,顾客对它们的品牌具有较高的忠诚度,在长期的经营活动中,它们已与媒体受众建立了深厚的感情;第二,也许由于它们缺乏迅速做出反应的资金。

(2)选择型对手。这类企业只对竞争者的某些广告宣传活动做出反应,对其他类型的广告促销熟视无睹,持冷漠态度。例如,如果 A 企业只对竞争对手在中央电视台的广告宣传做出反应。

(3)凶暴型对手。这类对手对其所拥有的目标市场受到的任何攻击都要迅速、强烈地做出反应。例如,如果 A 企业在《北京商报》上作 100 万元的广告宣传,那么它会在同样的媒体上进行规模更大的广告促销,也许会花费 1 000 万元买断《北京商报》的某个广告版面。

(4)随机型对手。这类企业对广告攻击行为往往相机而动,可能采取行动,也可能不采取行动。它们的反应一般是很难预料的。

二、广告策略分析

广告策略分析是在广告调研的基础上,明确广告主的经营优势和劣势,以便提出相应的广告策略。广告策略分析一般包括如下内容。

(一)广告策略目标分析

无目标或目标不明确的广告策划,都是低效的,或者是徒劳无功的。广告策略分析在广告策划活动中具有指导作用。广告策略目标分析主要包括以下内容:

- 做什么广告?
- 为什么做广告?
- 如何进行广告宣传?
- 达到怎样的广告效果?

(二)广告主体分析

广告主体分析是指对广告产品进行分析,它的主要目的是为了进行广告定位。广告定位是由营销中的产品定位演变而来的。产品定位是为了确定产品在市场上的位置,而广告定位的主要任务是:①确定广告诉求的目标消费者,即广告是针对哪些媒体受众展开的;②明确进行广告宣传的产品有哪些主要特征,从而确定广告的宣传主题。

(三)广告创意分析

广告创意是广告策划者的构思过程,它是一种"心智"活动。在广告创意的分析中,主要是对广告主题进行分析,要从广告目标、产品(或广告主)信息、媒体受众心理活动三个方面去分析广告应突出什么样的诉求点,采用何种形式将该诉求点具体表现出来。

广告策划者在分析广告创意时,必须注意创意要有突破,要有一定的新意,否则,就无法吸引媒体受众。创意的新颖与否直接关系到广告宣传的成败,下面是可口可乐的一则电视广告,内容非常新颖别致。

列车上,不同肤色的乘客。
一东方型少女似有所问,旁边的旅客插问:"英文?法文?"
少女失望地摇头。

这时,走廊上一推销员推车前来,边走边叫:
"可口可乐!""可口可乐!"
"可口可乐!"少女重复道。
"可口可乐!""可口可乐!"大家一齐会心地笑道。
画面上出现痛饮的场面,推出"可口可乐"品牌。

这部电视广告,以生活小景的实录性手法,有趣地告诉人们:"可口可乐"已成了"世界语言",它自然使人信服地认定:"可口可乐"已誉满全球了。

广告创意是一项艰苦的智力劳动,最忌一味地模仿。成功的广告创意一般具有以下几个属性:

1. 新奇。广告创意要给人一种新颖的感觉,使媒体受众第一眼见到就觉得此广告非常有个性,有一种扑面而来的新鲜感。图3-3是一则牛奶产品的杂志广告,曾获得美国比利广告创作奖,给人一种新颖别致的感觉。

图3-3 牛奶广告

2. 有理。广告创意中的有理是指其所表现的内容在人们的意料之外,又在情理之中,不是荒诞不经,而是合情合理。

3. 切中。即广告创意的内容要充分体现广告的主题,突出广告作品的某一方面的特征。一则广告只能有一个主题,广告创意必须围绕这个主题展开,通过一定的情节、画面、色彩等形式将中心思想表现出来,以调动媒体受众的购买欲望。

三、确定广告目标

广告目标是指特定的广告策划活动所要完成的沟通任务和所要达到的沟通程度。确定广告目标是编制广告计划的重要内容,也是开展广告策划活动首先需要解决的问题。广告目标必须以广告主的目标市场、市场定位、媒体组合决策为依据。美国著名广告专家柯里(Colley)在其著作《为估量效果而确定广告目标》(Defining Advertising Goals for Measured Advertising Results)中,列举了52个不同的广告目标。他认为不同的广告主,由于条件的限制,其广告策划的目标各有侧重。柯里提出一种将广告目标转化为可测量的具体目标的分析方法,并称之为DAGMAR模式。柯里列举了如下例子:

某则广告宣传活动,要把在3 000万拥有自动洗衣机的家庭主妇中,认识到A品牌产品为低泡沫洗涤剂并相信这种洗涤剂有较强去污力的人数,在一年中从10%提高到40%的水平。这则广告策划活动的目标由四个部分组成:①市场目标:3 000万拥有自动洗衣机的家庭主妇;②沟通目标:人们能够辨别A品牌产品为低泡沫洗涤剂,并且相信这种产品具有较强的去污力；③沟通程度目标：从10%提高到40%；④时间限制：1年。

上述目标构成了这则广告策划活动的整体目标。它们之间相互联系，相互影响，目标②是目标③的基础。只有实现了目标②，才能进一步实现目标③。可用图3-4表示。

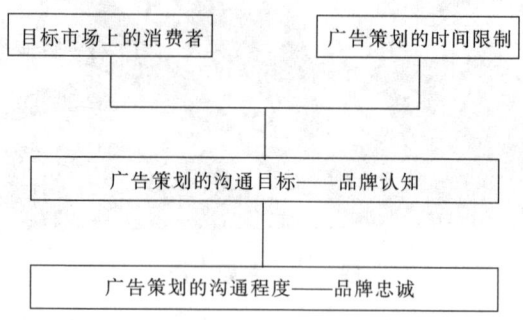

图3-4　某广告策划活动的目标程序

上述广告目标可以按照它们的目的是为了向媒体受众提供信息，还是说服媒体受众使其产生购买欲望，或者提醒他们某品牌产品的存在，即根据产品处于生命周期的不同阶段来分类。表3-3列举了这些目标的具体形式。

表3-3　不同阶段的广告目标

● 提供产品信息 　向受众介绍有关新产品的信息 　使消费者产生品牌认知 　建立品牌联想 　说明制作工艺	描述可提供的服务 改正错误的印象 减少媒体受众的疑虑 树立品牌形象
● 说服媒体受众 　培养品牌忠诚 　劝说部分顾客改用本品牌 　鼓励部分顾客试用本品牌	说服顾客现在就购买 鼓励顾客重复购买
● 提醒媒体受众 　提醒顾客注意本品牌 　提醒顾客本产品的质量特点 　提醒本产品便利的购买条件	提高品牌的市场占有率 提高产品的美誉度 提高品牌资产

1. 信息型广告。是产品在上市阶段最常用的广告形式。它的目的是为了将产品的功能、价格、产地以及使用状况等方面的信息告诉媒体受众,使他们对广告产品有个初步了解。

2. 说服型广告。当产品处于成长期时,广告主多用说服型广告形式。这时,市场出现了大量的竞争对手,消费者面对众多品牌难以取舍,说服型广告可以将产品的特征突出出来,帮助消费者将不同广告产品区别开来。说服型广告的诉求点是产品某一方面的特征,从而突出产品的品牌个性,为某一品牌产品培植选择性需求。例如,美国赤华斯·里格公司(Chivas Regal)在对威士忌酒进行广告宣传时,诉求点为公司的威士忌与众不同,具有独特风格,饮用此酒可以充分显示消费者高贵的身份。

说服型广告通过突出产品某一方面的特征,促使媒体受众产生特殊的品牌联想,从而形成一种有利于产品销售的品牌优势。这种品牌优势一般是通过将同类产品进行比较来形成的。所以,在产品的成熟期,广告策划者常用比较型广告策略来塑造产品品牌的个性。这种比较是将本品牌产品与其他同类产品品牌进行比较,侧重于某一方面的宣传。例如,产品的特殊制造工艺、产品的文化附加值等。

3. 提醒型广告。当产品处于成熟期或衰退期时,消费者由于消费习惯而对某品牌产品念念不忘,提醒型广告可以增强消费者对品牌的记忆,使媒体受众回忆起过去使用某一品牌产品的情景。

广告目标的选择不应是随机的,而应该建立在对目标市场调查研究的基础上。例如,当产品已经老化,广告主已开发出新产品,并且正在实施品牌延伸策略,此时广告宣传的目标,应该是帮助新产品赢得品牌认知,使消费者对老产品的品牌忠诚顺延到新产品上,为新产品上市打开方便之门。

四、编制广告计划

广告策划的完成,只是明确了广告决策,如果要具体实施广告决策,还必须编制广告计划。广告计划是广告策划的具体安排,它体现广告主进行广告宣传活动的计划性,是企业营销计划的组成部分。

广告计划规定了广告策划活动整体过程的先后顺序,它是确保广告策划有效展开的基础。广告计划要体现广告策划的具体内容,它是广告策划的书面安排。关于广告计划的详细内容,本书将在第四章全面阐述。

第四节 广告策划的发展过程

一、初期的广告调研

西方国家早在19世纪就开始了广告调研。1879年,美国有一个制造商向驻在纽约的W.W.艾耶广告公司索要一份全国有关脱粒机供求状况的资料,艾耶广告公司立刻用电报向全国各地的出版商询问有关脱粒机的市场供求状况,三天后就拿出了一份市场调查报告。这是最早的广告调研。

虽然早期的广告专家对广告调研褒贬不一,但多数人在实践中不知不觉地对广告主状况、产品状况和市场状况开展了调查研究。

20世纪20年代,美国劳德·托马斯广告公司承接了一项淡炼乳罐头的广告调研业务。该产品开始在美国印第安纳州的一个市场上进行试销,头几天,情况非常好,但后来几乎无人问津了。劳德·托马斯广告公司派调查员对该产品的目标市场上的消费者进行了广泛的调查,最终得知消费者不喜欢炼乳中的杏仁味。根据这一调查结果,炼乳厂很快改进了产品,使之又一次成为畅销产品。通过这次调查,劳德·托马斯广告公司创造性地认为:广告公司不是制造商的代表,而是目标市场上消费者的代表。

19世纪末20世纪初,资本主义社会逐渐由自由竞争向垄断过渡,较高的生产力水平与相对狭小的需求市场,迫使生产企业更加注重生产经营过程中的销售环节。销售学的诞生,极大地推动了广告调研的发展。1918年,哈佛大学销售学教授丹尼尔·斯达奇(Daniel Starch)开始对广告文案的测验方法进行研究;1933年,美国人乔治·盖洛普、埃尔默·罗博(Elmo Roper)以及阿奇博尔德·克罗斯利(Archibald Crossley)开始共同研究"随意选择技巧"。几乎在同一时间,世界首家调研公司——尼尔森公司开始对药店的销售进行调研。在调研中,该公司建立了一个全国范围内的相对固定的调研对象名单,以此来测量产品发展动向和市场规模。在实践中,该公司首次提出了"市场份额"的概念。这一概念已成为现代市场营销学中的重要概念。

同一时期,美国的智威·汤普逊广告公司开始调查消费者的购买动机。该公司于1939年建立了"消费者购买情况调查对象名单"。美国的一些家庭被选为具有代表性的调查样本,被要求每月汇报一次该月购买商品的情况。

二、消费者动机和行为调查

第二次世界大战后,西方国家的经济发展进入了一个高涨的阶段,产品的极大丰富有力地推动了销售学发生"革命性的变革"。以消费为导向的生产经营观念应运而生了。生产企业极力迎合消费者的兴趣、偏好,以市场需求决定生产的规模和结构。一些大企业往往借助于市场调研人员、广告公司,了解目标市场的消费趋势。

20世纪五六十年代,一些广告公司开始研究人们的购买行为和购买习惯,维也纳人厄尼斯特·迪西特(Ernest Dichtr)博士对消费者的购买动机研究取得了显著的成绩。他的研究可以概括为两个方面:①找出促使消费者产生购买行为的内在原因;②探求消费者从事各种购买活动时所采取的方式方法。

迪西特博士加盟康普顿公司以后,参与了美国宝洁公司的象牙牌香皂的广告策划。根据研究成果,他认为淋浴不仅是将身体洗干净,而且是一种摆脱心理束缚的方式。据此,他编写了象牙牌香皂的广告语:"用象牙牌香皂洗去一切困扰,使自己洁净清醒"。

英国人戴维·伯恩斯坦认为,人类有九种欲望或本性,即自我保养、爱他人、自我表现、羡慕、怠惰、纵欲、贪吃、自豪、贪婪等。广告中的许诺,只是上述九种欲望中的一种或几种。根据这一理论,一些同类产品生产企业都设法根据消费者的特定心理需求和生活方式设计产品的外观、式样,并通过广告加以宣传。有些服装公司,根据目标市场的特征把妇女划分为"朴素型妇女"、"时髦型妇女"和"仿男型妇女"等,根据她们各自的不同特征设计不同风格的服装。

20世纪60年代计算机的推广使用,极大地提高了数据处理的速度,使得调研人员在统计、汇总调研结果时,覆盖面更为广泛,工作更为简便。

20世纪80年代可口可乐新配方的失败,使广告调研人员侧重于市场调研中的定性分析。这一时期,广告公司经常用"深度面谈"、"核心小组讨论"等方法开展市场调研,了解消费者对相关产品的态度、兴趣。美国著名的奇阿特·戴(Chiat Day)广告公司将通过定性调研制定广告计划和广告策略的整个过程称为"广告策划"。后来,"广告策划"的思想迅速在西方广告界流行起来。

三、细分市场和确定目标市场

细分市场,就是根据消费者之间需求的差异性,将一个整体市场划分为两个或更多的消费者群体,从而确定企业目标市场的活动过程。每一个需求特点相类似的消费者群体叫一个细分市场。

细分市场的概念是在 20 世纪 50 年代中期,由美国市场学家温德尔·斯密在总结企业按消费者的不同需要组织商品生产的经验后提出来的。

由于消费者的需求千差万别,一个企业无论规模多么大,也无法满足全部消费者的所有需求,只能满足市场上部分消费者的某种需要。因此每个企业的经营者在进行广告策划时,必须回答本企业的市场在哪里,本企业的产品在什么地方能够畅销等类问题,以便确定本企业是为满足哪一类消费者的需求而从事生产经营活动的。这就是选择目标市场的过程。

对于如何选择目标市场,过去人们将市场看作是一个整体,认为所有的顾客对于产品的需求大体上是相同的,所以只要大量地生产同一品种、同一花色的产品,就可以依靠低价格占领市场了。到了 20 世纪 50 年代,人们的认识有了提高,许多企业认为,通过有针对性地提供不同的产品去满足不同消费者的不同需求,可以有效地占领市场,并取得良好的经济效益。

在任何一个统一市场,消费者的需求是不会完全相同的。以服装为例,有的人比较重视式样,有的人重视颜色,有的人重视结实耐用等。他们的不同偏好,就形成了不同的细分市场。

对市场进行细分,不是哪一个人的主观想象,它是有客观依据的。首先,市场是商品交换关系的总和,它由生产者、消费者、商业中介组成,其本身就是可以细分的,不同的地理环境就形成不同的细分市场;其次,市场的内涵具有差异性和同类性。消费者对产品的需求是千差万别的,这就形成了差异性。但总有相当数量的消费者对产品的需求是一致的,这又形成了同类性。这种同类性和差异性是可以细分的。市场细分就是通过求同存异,将具有同类性需求的消费者划分为细分市场。再次,构成市场买卖双方的企业和消费者都具有各自的"个性"。各个生产企业因其资源、设备、技术的差异,各有自己的优势,可以从事不同产品的生产经营;消费者则有各自的偏好兴趣与购买欲望。这样各企业可以根据消费者的需求进行自己的生产经营活动。

在这里需要强调的是,市场细分不是根据产品的分类来进行的,而是从消费者的角度进行划分的。消费者的需求、动机、购买行为的差异性等,都是市场细分的理论基础。同时,细分后的市场上的消费者需求的同类性只能求大同存小异,不可能达到完全相同。

企业根据目标市场的特征,决定何时、何地出售商品、进行广告宣传,用什么媒体做广告,以及如何做广告等。

20世纪80年代,美国斯坦福国际研究公司的阿诺德·米切尔(Arod Mitchell)以马斯洛的需求层次理论为依据,提出了"价值观念和生活方式分类体"(简称VALS),将美国大众分成九种价值观生活方式群体。这种分类是根据2 713名调查对象对8 000多项问题的回答分析而提出来的,如表3-4所示。

表3-4 美国消费者群体结构

类 别	具体名称	占美国总人口比例(%)
最高层	完善者	2
内向型	社会良知者	9
	体验者	7
	自我主义者	5
外向型	成功者	23
	竞争者	10
	归属者	33
最低层	支撑者	7
	幸存者	4

幸存者,是指一些社会地位低下的人,他们对生活常持有绝望的、沮丧的和退缩的态度。

支撑者,是一些努力拼搏以摆脱贫困的处于社会底层的人。

归属者,是一些传统的、保守的、怀旧的人,他们宁可迎合现状而不愿改变现状。

竞争者,是一些驾驭事物、有条不紊地工作并享受人生乐趣的国家领导人。

成功者,是一些事业有成的企业经营管理者。

自我主义者,是一些典型的自我执著且任性的年轻人。

体验者,是追求更丰富的生活,并且希望直接体验生活中所有事物的人。

社会良知者,是一些具有高度社会责任感,并想改变社会现状的人。

完善者,是一些兼有内、外在最佳行为品质和心理上臻于完全成熟的人。

为了根据VALS确定目标市场,一些研究所做了大量的定量和定性分析,美国斯坦福研究所国际部加利福尼亚分部,根据翔实的资料得出了如下结论:

● 喝速溶咖啡的人多为支撑者
● 晚饭前喝鸡尾酒的人多为成功者
● 购买个人电脑的人多为成功者
● 经常乘坐芝加哥中途航空公司的乘客多为成功者

鉴于此,个人电脑公司针对成功者的生活方式来进行品牌设计,将广告文案制作为与成功者生活方式相一致的广告:

"他住在现代化的高楼公寓里且房间色彩鲜明动人,他拥有现代化且昂贵的家具,但不是丹麦式的那一种。他在布鲁克斯兄弟公司(Brooks Brothers)购买服装,拥有高级音响和帆船。他喜欢滑雪,喜欢用比利时林堡干酪和其他名贵乳酪啤酒。他喜欢烹食许多牛排并为客人烹饪娇美的里脊肉。他的酒柜中有杰克·登尼尔斯(Jack Daniels)的波旁威士忌酒、比菲特(Beeferter)杜松子酒和上好的苏格兰威士忌酒。"

根据以上理论,芝加哥中途航空公司将美国社会的成功者确定为该公司的目标市场,并提出广告语为:

"您正在上进,创造最佳条件。您正在上进,乘坐一等舱。"

VALS理论的提出,使许多大公司如AT&T、爱芳、可口可乐、通用汽车公司、P&G、RJR等都根据市场调研结果确定了本企业的目标市场。VALS理论的提出,为西方广告业的现代化奠定了基础。

同一时期,除了VALS理论之外,还有AIO分类法。AIO分类法是由活动(Activities)、兴趣(Interests)和意见(Opinions)构成的。

AIO分类法要求调查对象填写一份含有许多问题的问卷,用以测验他们的活动、兴趣和意见。表3-5列举了运用AIO分类法进行测试的具体内容。

表 3–5 AIO 分类法的测试内容

活　动	兴　趣	意　见	人口统计因素
工作	家庭	自己	年龄
爱好	住宅	社会问题	教育
社会事务	职业	政治	收入
度假	社交	实业	职业
娱乐	娱乐	经济	家庭规模
俱乐部活动	时尚	教育	住址
社交	食品	产品	地理位置
购物	媒体	未来	城市规模
运动	成就	文化	生命周期阶段

AIO 分类法中的大多数问题都是以肯定或否定的形式来表示的。例如：

我喜欢观赏音乐会　　　　　　a. 是　　b. 否

我经常在晚饭前喝鸡尾酒　　　a. 是　　b. 否

上述资料经过电脑分析以后，就可以找出截然不同的生活方式群体。运用这种方法，美国芝加哥的尼汉（Needham）广告公司的研究员哈珀（Harper）和史底斯（Steers）已找出了 10 种主要的生活方式，并将它们分别命名。

1. 女性生活方式类别：

● 凯茜（Cathy）类，满意的家庭主妇（占调查人数的 18%）

● 坎蒂丝（Candice）类，漂亮的郊区居民（占调查人数的 20%）

● 埃利诺（Eleanor）类，风雅的社会名流（占调查人数的 17%）

● 米尔德丽（Mildred）类，主张男女平等的母亲（占调查人数的 20%）

● 西尔玛（Thelma）类，旧时尚的遵循者（占调查人数的 25%）

2. 男性生活方式类别：

● 本（Ben）类，白手起家的企业家（占调查人数的 17%）

● 斯克特（Scott）类，有建树的教授（占调查人数的 21%）

● 戴尔（Dale）类，奉献于家庭的男人（占调查人数的 17%）

● 佛雷特（Fred）类，萧条企业的工人（占调查人数的 19%）

● 赫尔曼（Herman）类，退休的以家庭为生活中心的人（占调查人数的 26%）

在开展广告策划活动时，策划者应说明其产品所瞄准的生活方式群体，并制作出能吸引媒体受众的广告作品。

四、广告目标和广告策略

当目标市场已经确定,产品的特征清楚明了之后,广告主就要协助广告策划者拟定广告目标和广告策略,然后写出策划书。广告目标和广告策略必须以企业的营销目标为指导。

如何表达广告目标,20世纪20年代,广告专家提出了AIDMA理论。这一理论认为从广告被刊登出来,到引起媒体受众注意,最终诱使他们产生购买行为,一般要经过五个阶段:引起注目(Attention)、提起兴趣(Interest)、激起欲望(Desire)、促使记忆加深印象(Memory)、产生购买行为(Action)等阶段。后来某些社会学家又提出分级模式,认为消费者在实施购买行为之前要经过知晓、感兴趣、评价、试用和采用五个阶段。随后,美国著名社会心理学家罗伯特·赖维奇和盖瑞·斯坦纳又提出了"六级模式",即消费者达到交易行为要经过知晓、认识、喜欢、偏爱、确信和购买六个阶段。

1961年,美国广告专家罗素·H.考列(Russell H. Colly)在美国广告主协会的赞助下出版了《为测试广告效果确定广告目标》一书。考列在书中提出了DAGMAR广告目标模式。该模式认为,广告活动是一项在特定时期内,向特定目标市场传播信息的工作或任务。在此基础上,广告效果可以细分为五个组成部分,分别为不知晓、知晓、理解、信任和行动,如图3-5所示。

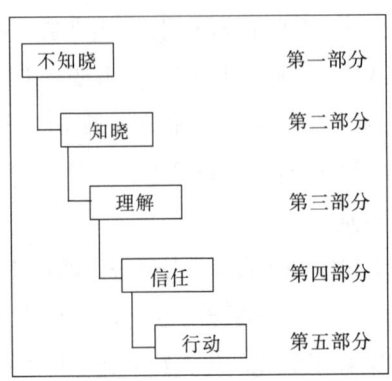

图3-5　DAGMAR模式中的几个阶段

DAGMAR模式将上述五个广告目标都用百分比加以量化,以便有效地衡量广告策划活动的效果。例如,广告实施之前"不知晓"为20%,广告目标为10%;广告实施之前,知晓人数为25%,广告目标为50%,等等。

美国爱克姆制鞋公司采用DAGMAR模式,将其新式休闲鞋上市前的第一年广告目标拟定如下:①通过广告宣传使得每年1 000万年龄在15~49岁女士休闲鞋消费者中的25%知晓"爱克姆"品牌;②努力使知晓"爱克姆"品牌的消费者中的50%了解:"爱克姆"鞋是高档鞋,只有档次较高的零售商店才销售;③使了解"爱克姆"休闲鞋的消费者中的50%相信,该品牌高质高价,穿着轻便舒适,款式新颖;④促使相信人群中50%的消费者试买一双"爱克姆"鞋;⑤促使有意购买产品的消费者中的50%真正采取行动,达成交易行为。

上述广告目标已明确化、具体化、数量化,不仅为广告策划指明了方向,也为广告效果的测定提供了有效的依据。

思考与练习

1. 什么是广告策划?
2. 简述开展广告策划的必然性。
3. 现代广告策划有哪些特征?
4. 简述开展广告策划应遵循的原则。
5. "露康"牌(虚拟的)水果型饮料是一种国产的中档时令饮品,如果要在中国内地开展广告宣传,请你简述一下对其进行广告策划的主要程序与内容。
6. 简述"DAGMAR"广告目标模式的主要内容。

第四章 广告计划的制定

本章关键词

广告计划(Advertising program) 市场分析(Market analysis) 市场细分(Market segmentation) 广告预算(Advertising budget) 广告媒体选择(Advertising media selection) 广告效果(Advertising effectiveness)

本章学习重点

- 广告计划的概念
- 广告计划的特征
- 广告计划的构成要素
- 编写广告计划书的要领

第一节 广告计划的概念与特征

一、广告计划的概念

广告计划是对广告目标、预期完成的指标体系、为达到目标的各项广告活动进行具体的确定,安排各项措施的时间进程,确定广告效果的评价方法、方式和时间。

广告策划的整个过程包括计划、实施、测定三个阶段,而计划是其中最重要的一环,它是广告策划整体过程的先导。广告效果测定是整个过程的最后阶段,又是下一轮广告计划的基础。广告策划的过程可以用图4-1来表示。

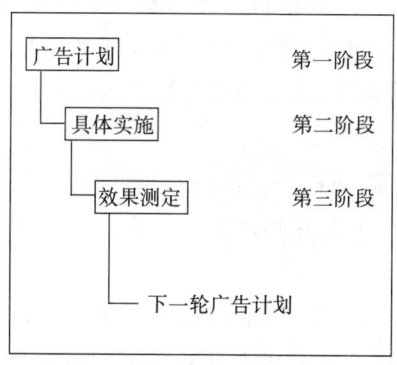

图4-1 一次广告策划的整体过程

计划是管理的首要职能,没有计划就没有管理。编制广告计划是开展广告策划活动的重要内容,也是确保广告宣传活动有序进行的基础。

广告计划有多种类型,按照完成计划的时间来划分,可以分为长期广告计划、年度广告计划和临时广告计划。长期广告计划是一些大型企业依据市场营销战略的要求,或原有产品开拓新市场的要求,以3~5年为期限的广告计划,具有长期性和系统性的特点。年度广告计划是一般企业在一年内按季、分月制定的系列广告活动计划。临时广告计划是一些大型企业为当时市场需求的需要,针对市场情况所作出的补充性或机动性的广告计划,或是小型企业的临时性广告计划。

如果根据内容进行划分,广告计划可以分为专题广告计划和综合广告计划。专题广告计划是为单向产品的广告宣传而制定的;综合广告计划则是为了整个企业或整个产品线而制定的。

二、广告计划的特征

广告计划具有以下几方面的特征:

1. 广告计划是一项行动文件。实施一项广告策划活动是非常复杂的,需要多方面的协同配合。广告计划正是将多方面的工作用文字的形式表达出来,它标明了所要采取的步骤以及每一步该由什么人来具体负责。因此,广告计划是广告策划活动的具体执行方案,广告策划者可以据此有条不紊地开展广告宣传活动。

2. 广告计划是对某一广告目标以及如何完成这一目标的一种解释。在广告计划中,规定了广告主对某项广告策划活动所要实现的目标,并对为什么要达到如此的广告目标进行具体的解释。在解释时,主要针对广告主或品牌目前所面对的问题以及市场机会,详细阐述通过本次广告策划活动,市场机会为什么能够抓住,面对的问题为什么能够得到解决,在多大程度上得到解决。

广告计划给广告策划者一个机会,去阐述如何将计划的各部分在一定时间内有效地结合在一起,并阐述在广告策划的整个过程中,如何完成这一计划。

3. 广告计划是企业开展营销活动的一项财务承诺。广告策划活动是一种投资行为,它获得的是增加产品的销售额或者是扩大企业或品牌的知名度。广告策划活动的规模越多,投入就越大,有些全国性品牌的广告宣传需要数千万甚至上亿元的投入。如此规模的广告预算只有通过广告计划才能进行详细的安排。另一方面,广告计划也是开展广告策划活动的财力保证。无论多大规模的广告宣传,只有通过了广告计划的合理性论证,才能具体执行。

广告计划是企业进行财务管理的一种有效手段。广告计划对已核准的广告预算提供了书面的控制,企业可以依此对广告策划的整体过程进行监督,有计划地考核广告宣传活动的阶段性效果。

4. 广告计划是企业进行市场营销活动的一种规划。企业或品牌的发展要经过一定的历史过程,而广告计划总结了企业或品牌的发展过程,提出了进一步发展的建议,并预测出合理发展所取得的成果。因此,广告计划是企业开展市场营销活动的一种规划,它分析了企业或品牌的发展历史,目前所面临的问题以及市场机会等,并提出解决这些问题或把握机会所需的具体策略,它是企业发展的一项近期规划。

第二节 广告计划的构成要素

一则完整的广告计划应由执行摘要、市场分析、广告促销目标、广告预算、广告建议事项、对广告媒体和促销活动的推荐、广告策划的评估等要素构成。

一、执行摘要

广告计划的执行摘要,是广告计划书的第一部分。它要简明地罗列广告计划的要点,如本次广告策划活动的费用预算、广告创意的概况、针对的媒体受众(或目标市场)、所使用的媒体种类等。

执行摘要是广告计划的要点概述,因此一定要简洁,使决策者在最短的时间内对本次广告策划的内容有一个大概的了解。在摘要中,要强调本次广告策划活动的独到之处,或最吸引人的促销措施,以激发决策者"读下去"的兴趣。

二、市场分析

市场分析是广告计划书的第二部分内容,主要包括:企业或产品品牌分析、产品分析、目标市场分析以及竞争状况分析等内容。

(一)企业或产品品牌分析

如果要对企业(即广告主)进行广告宣传,就应该对企业的发展历史进行详细的了解,从中发现企业的经营特色,为确定广告主题提供素材。广告策划者进行企业分析时,主要从以下方面着手:

- 企业的经营历史,是新型企业,还是"老字号"
- 企业的信誉
- 企业的经营特色
- 企业的经营文化
- 企业在消费者心目中的地位
- 近几年来,企业的经营业绩
- 过去所参加的公益活动
- 企业的形象(CIS)标志
- 企业的经营规模
- 企业的技术水平
- 企业的员工素质
- 企业在同行业中的地位,是领导型企业,还是挑战型企业、追随型企业
- 企业的专有技术
- 企业的新产品开发能力
- 企业的经营环境,包括店面广告的状况

- 企业过去的广告宣传状况
- 企业过去常用的广告媒体
- 企业过去的广告预算,包括预算规模以及分配使用情况
- 企业过去广告宣传的主题(或诉求点)
- 企业过去广告宣传的效果

如果广告主的广告宣传活动是针对产品品牌的,目的是为了扩大品牌的知名度,使消费者将该品牌产品与其他品牌的同类产品区别开来,从而增加产品的销售额,则广告策划者应从以下方面进行分析:

- 该品牌的名称
- 该品牌的标准色
- 该品牌的标识物
- 消费者对该品牌的认知状况
- 消费者对该品牌的联想物
- 消费者对该品牌的忠诚度
- 该品牌的定位状况
- 该品牌资产状况
- 该品牌与产品属性之间的联系
- 该品牌伞或品牌网的具体情况
- 该品牌包装的种类
- 老品牌与新品牌之间的关系
- 企业的品牌延伸策略
- 该品牌的历史背景
- 该品牌过去的广告预算
- 该品牌过去的广告创意
- 该品牌过去广告宣传的主题
- 该品牌常用的宣传媒体
- 该品牌目前面临的问题和市场机会
- 该品牌在企业其他品牌中的地位
- 有关该品牌的重大事件

(二)产品分析

广告计划中的产品分析,目的是为了了解产品的特征,例如:产品制作

工艺水平、产品的产地、效能、价格、售后服务、文化附加值等,具体包括以下内容:

- 产品的原材料特点
- 产品的工艺水平
- 产品的用途
- 产品的质量
- 消费者对产品的评价
- 产品的价格
- 产品的售后服务
- 产品的便携性
- 产品的技术含量
- 产品的文化附加值
- 产品的包装
- 产品的生产历史
- 产品的美学价值
- 产品使用与环境的关系
- 产品与现代生活的关系
- 产品的新用途
- 产品与时尚的关系
- 产品的分销渠道
- 购买产品的便利性
- 产品的更新换代
- 产品的市场占有率
- 近年来产品的销售状况以及销售趋势
- 产品的款式
- 产品的独特性能

(三) 目标市场分析

广告计划书中的目标市场分析,主要是指对目标市场上的消费者进行透彻的了解,掌握他们的消费习惯、媒体习惯以及情趣、偏好等。目标市场分析应包括以下具体内容:

- 目标市场的规模,即现在消费者和潜在消费者的人数

- 目标市场上消费者的人口统计方面的特征,例如:年龄、性别、职业、家庭规模、收入水平、宗教信仰、受教育程度、所处社会阶层等
- 消费者的地理分布区域
- 消费者的购买习惯
- 消费者的购买心理
- 消费者对产品的态度
- 消费者对品牌知名度的认识程度
- 消费者在家庭中的地位
- 消费者对新产品的态度
- 消费者对本品牌产品的认知程度
- 本品牌产品典型消费者的特征
- 消费者的媒体习惯
- 消费者对产品价格的态度
- 消费者对产品文化附加值的要求
- 消费者对产品的特殊要求,如对产品型号的要求、对产品功能的要求等
- 消费者的需求趋势
- 消费者对产品品牌的忠诚度
- 消费者在购买决策中的角色
- 广告对消费者的影响程度
- 消费者对时尚的态度

(四)竞争状况分析

广告计划书中的竞争状况分析,是确定广告宣传规模、广告使用媒体的基础。在市场经济中,任何产品都面临不同程度的竞争,对竞争对手的了解影响着企业广告计划的制定。广告策划者在分析竞争状况时,应着重分析以下内容:

- 企业的直接竞争对手有哪些?
- 企业的间接竞争对手有哪些?
- 它们的经营优势和劣势是什么?
- 它们的经营特色是什么?
- 它们的广告宣传的优点与缺点

- 竞争者的包装设计、品牌命名的特点或优点
- 竞争对手过去广告宣传的开支状况
- 竞争对手过去广告策划活动的效果
- 竞争对手常用的广告媒体
- 竞争对手的广告创意
- 竞争对手广告策划活动的费用预算
- 竞争对手广告宣传活动的地区策略
- 竞争对手广告宣传中的明显弱点
- 媒体受众对竞争对手广告宣传活动的态度
- 竞争对手近期内的广告宣传策略
- 竞争对手广告宣传的时间策略
- 竞争对手广告宣传的整体策划水平
- 竞争对手广告宣传的诉求点
- 竞争对手对广告促销的整体认识
- 同行其他企业对竞争对手广告宣传活动的反应

三、广告促销的目标

广告促销的目标可以直接取自于企业的市场营销计划，它必须包括本次广告策划活动的周期，广告后产品的销售额、毛利额或者要达到的利润额等具体内容。在这部分内容里，还应包括期望广告品牌达到的市场占有率、市场扩大率以及目标市场上出现的变化等。

广告策划者在撰写这部分内容时，应尽量用定量指标将本次广告宣传的目标具体化，以便于考核。广告促销的目标应包括短期目标和长期目标。短期目标多为1年内或1个财务年度应达到的目标，长期目标则是3～5年内实现的目标。长期目标具有战略性特点，也可以说它是企业的长远发展规划。在广告计划书中，不论短期目标或长期目标，都应用数量指标来表示，或者用可测量的图表来表示。

四、广告预算

广告预算也是广告计划书的重要组成部分。在广告预算中，广告策划者要将本次广告宣传活动所需的广告费用总额明确地列出来，并对它的分配情况进行较详细的阐述。

为了增加广告预算的可信度,有必要在此部分作一个备注。广告策划者可以对企业过去为该品牌的广告投入,作一个简明的注解。例如,本企业过去 5 年中的广告预算摘要,广告预算与产品销售额之间的关系,广告预算与产品经营单位数目之间的关系等。这些摘要是对广告预算的说明,可以使企业经营管理者对建议的广告支出总额有一个正确的理解。必要时,也可以将广告的各项开支标准罗列进来,用推算的方式证明广告预算的规模及其科学合理性。

五、广告建议事项

广告建议事项是广告计划的核心,它应该包括以下内容。

(一)目标市场

目标市场,即本次广告策划活动针对哪些消费者,他们在人口统计因素方面都有哪些特征,包括他们的平均年龄、职业、经济收入、家庭规模、文化程度、分布地区等。同时还要说明他们的心理活动特征,即他们的购买习惯、对新产品的态度、习惯性媒体、对品牌的忠诚状况等。

在这一部分中,还要说明为什么上述消费者是本次广告策划活动的目标对象,他们的群体有多大？他们是否是本品牌产品现实使用者？有多少人是竞争品牌的使用者？让他们转换品牌的可能性有多大？

(二)广告创意策略

广告创意策略,即在本次广告策划活动中将要说的是什么,通过什么样的"构思"来向目标市场传递有关信息。

广告计划书中的广告创意是广告宣传活动的整体构想,一般有以下形式:

1. 独特的销售主题。即在广告宣传中重点突出广告产品某一方面的特征,这一特征是其他品牌产品所不具备的,并且确实能给消费者带来一定的收益。例如:咖啡的制作工艺;咖啡豆对气候的特殊要求;法国白兰地酿造过程中对葡萄的特殊要求;"马爹利"干邑的文化附加值等。

2. 对比策略。通过与同类其他品牌产品的比较,来说明本品牌产品的特点;对比也可以是消费者使用本品牌产品前后情况的对比,以突出产品的效能。

3. 形象策略。通过广告主的形象、模特的形象、名人的形象或者动画人物的形象,将本品牌的个性活灵活现地表现出来。

4. 幽默化策略。通过幽默的语言或行为将有关本品牌产品的信息传输给媒体受众,使他们对本品牌产品有一个深刻的印象。

5. 戏剧化策略。通过故事或连续剧的形式,将特定品牌产品显示在消费者面前。该品牌产品在故事或连续剧中,也许是一个可爱的小玩偶,也许是促使故事情节发展的关键因素。

(三)设计制作

广告计划中的设计制作,是指将广告创意通过一定的形式表现出来。在这一部分,应包括以下内容:

- 广告的具体文案以及布局
- 广播广告的脚本
- 电视广告的故事版
- 广告的标题以及画面、色彩
- 广告产品的包装设计、插图等
- 宣传小册子或其他邮寄广告的具体载体
- 户外广告的广告牌
- 赠品广告的赠品
- 店面广告的各种饰物
- 交通广告的各种载体
- 海报的画面、布局
- 特殊广告的特制品

(四)设计制作计划

广告建议事项中的设计制作计划,主要概述如何设计、制作广告,分几个步骤进行,每个步骤的具体内容是什么,时间如何安排等。例如,某电视广告需要在外景地进行拍摄,在设计制作计划中就应写明:①在什么地方拍摄,为什么选用该地;②聘请什么演员,该演员的特点是什么,他的表演能否突出广告产品的特征;③计划用多长时间;④何时完成拍摄等。

六、对广告媒体的推荐

在对广告媒体的推荐这部分里,广告策划者必须用清晰、完整的语言将媒体计划简洁地表述出来。如果媒体计划比较复杂,就需要一定的说明材料;如果媒体计划比较简单,只需一个大纲就可以了;如果建议使用的媒体类型与企业过去使用的媒体差别非常大,就必须阐明如此建议的理由。除

上述内容外,对广告媒体的推荐还应包括以下内容。

(一)媒体所要解决的问题

媒体所要解决的问题是指在广告策划活动中,采用某媒体对实现广告目标的作用。例如,某一广告计划中写道:本次促销活动是针对所选定的遍布全国的 15 个大中城市进行广告宣传,目标市场上的消费者的习惯媒体是 A 媒体和 B 媒体,所以我们选择 A、B 媒体进行广告策划活动。

如果能够说明目标市场上的消费者对 A、B 媒体的习惯程度(经常接触 A、B 媒体的消费者人数或比例),则可以充分证明选择 A、B 媒体的正确性。

(二)媒体目的

媒体目的与广告策划活动的整体计划相关联。即用定量的指标规定广告媒体计划所要达到的目标,一般应包括:

- 广告媒体受众的人数;这些人是否与目标消费者的特征相一致
- 在广告预算上,可利用的预算额度
- 所需的到达率以及广告频率
- 所需的有效到达率
- 广告持续的时间
- 季度或年度内的持续形式
- 重点地区的覆盖权数
- 广告的暴露率
- 广告执行时的弹性
- 该媒体广告在整个广告策划中的比例
- 该媒体广告对销售总额的推广比例
- 广告创意的准确含义

(三)媒体策略

媒体策略包括广告策划者提议的每一种媒体,并说明为什么要采用该媒体,该媒体与其他媒体的关系是什么等。具体来讲,这一部分应包括:

- 所选择的媒体种类
- 广告预算的地区分配策略
- 广告预算在各媒体之间的分配情况
- 广告预算的时间分配策略,如每月的分配情况、每季度的分配情况
- 新产品上市时的广告费用安排

- 广告在每一个月内(代表月)的有效到达率、暴露频次
- 主要目标市场与次要目标市场的规模
- 地区目标市场广告预算的加权考虑
- 目标市场上消费者的加权考虑
- 每千份(人)的标准成本
- 本次所使用的广告媒体与以往不同的具体理由
- 所使用广告媒体的基本单位,如15秒、30秒的电视广告或广播广告,全页或版面不足一页的印刷广告等
- 选择媒体或安排媒体日程的具体标准
- 企业的媒体策略与竞争对手媒体策略的关系
- 选择每一种媒体的具体理由

(四)媒体计划

媒体计划主要是将建议媒体的具体内容以文件的形式罗列出来,通常用媒体流程图确切地表示出广告在每一媒体上的刊播日程。具体内容如下:

- 阐述选用各媒体的具体理由,即在众多媒体中为什么要选用该媒体
- 到达率、暴露率在各媒体的分配情况
- 暴露频次在各媒体上的分配情况
- 用每千份(人)成本标准来说明所选媒体的费用支出
- 用摘要表的形式说明每一广告媒体的名称、每月使用的次数、每次广告的刊播成本以及每月的总成本等
- 使用广告媒体的年度费用摘要
- 用年度流程表(或日程表)的形式说明每种广告媒体,刊播的周数、到达率、暴露频次以及本年度每月的总成本
- 陈述决定选择每个广告媒体的考虑因素

七、对促销活动的推荐

各种形式的促销仍然是产品推广的主要形式,它们的费用几乎占企业总推广预算的60%。因此在广告策划者编制的广告计划中,有关促销活动的内容应该占相当重要的地位。有的广告策划者将促销计划列入企业的营销计划中,我们认为,促销计划也应该是广告计划的一部分。对促销活动的推荐应该包括促销活动的目的、促销活动策略以及促销活动计划等内容。

（一）促销活动的目的

在广告计划书中要用简洁、清晰的语言描述本次促销活动应达到的目的。例如，本次促销活动在最初三个月内，使目标市场上消费者的20%使用该品牌产品。

促销活动的目的一定要明确，尽量用数量指标进行描述。类似"本次促销活动为了扩大某品牌的知名度"这种含糊不清的促销目的，最好不要在广告计划书中出现。常见的促销目的有：

- 某品牌产品的试用
- 保持现有消费者
- 鼓励消费者重复购买某品牌产品
- 建议更大量地采购或更多次地采购
- 介绍一种新产品
- 介绍某种品牌延伸的产品
- 介绍新包装的产品
- 介绍不同包装的产品
- 削弱竞争品牌的广告影响
- 削弱竞争品牌的促销影响
- 利用季节性的事件进行促销
- 利用地区性的事件进行促销
- 培养顾客的品牌忠诚感
- 鼓励消费者使用大包装产品
- 鼓励消费者使用新种类的产品

（二）促销活动策略

促销活动策略主要罗列在促销活动中所采用的具体形式，并阐述推荐这些促销形式的理由。促销活动策略主要有两种：针对消费者的促销活动和针对中间商的促销活动。如果是针对消费者的促销活动，常用的促销形式有：

- 兑换券
- 比赛或者抽奖
- 免加价大包装
- 包装内赠品
- 连续销售赠品计划

- 减价
- 赠品印花
- 包装上赠品
- 包装外赠品
- 采用可再使用容器
- 免费邮寄赠品
- 提供退款保证
- 赠送样品
- 销售地点展示品

针对中间商的促销活动,常用的促销形式有:

- 对经销商的各种优惠条件
- 对经销商的兑换券
- 与经销商联合做广告

(三)促销活动计划

促销活动计划是指本次促销活动的总体安排,主要包括:

- 本次促销活动的时间周期
- 本次促销活动的具体形式
- 本次促销活动的总费用
- 费用支出的具体分配
- 各种促销形式的比重
- 促销活动的时间分段安排
- 促销活动所用的各种资料
- 促销活动赠送的样品以及数量
- 促销活动的地区权数
- 促销活动的弹性幅度
- 选用某种促销形式的理由
- 与竞争对手常用的促销形式不同的理由

八、广告策划的评估

广告策划的评估是广告计划书的最后一部分内容,它包括如何评估本次广告策划活动。即评估时所用的方法,由谁来负责,谁来具体实施,评估

的时间安排,评估的依据、标准以及费用预算等。

第三节　广告计划的编写要领

不同的广告策划者由于实践经验不同,其阐述问题的方式以及写作风格各有特色,但在编制广告计划时,必须遵循广告计划编写的客观规律,才能确保广告计划具有较强的实用性。归纳起来,下列几点是编制广告计划时要求做到的:

第一,简洁明了。广告计划不是文学作品,不需要任何文学修饰。编制广告计划的目的是为了将广告策划者的构思用清晰、简洁的语言准确地表达出来,因而需要通过摘要、概述、分类等形式,阐述整个策划的具体内容。要删除多余的话、多余的字,使广告计划书言简意赅,易读、易懂。

第二,层次鲜明。广告计划内容繁杂,因此一定要层次分明。每一部分都是一个系统,每一个系统都要结构完整。特别是每一部分的具体目的,一定要清晰明了,要有针对性。整个广告计划要围绕一个主题展开,每个部分都是整体计划的构成部分,分目标是对整体目标的贯彻与落实,分计划是实现整体计划的必要环节。

第三,要归纳,不要推断。编制广告计划时,要用客观、真实的资料归纳出广告的建议事项,使决策者明白如此建议的理由。广告策划者提议某一项事物,都要对此进行解释,说明为什么这样做,这样做有哪些好处,不要在广告计划中留下悬念。

第四,说明资料的来源。广告策划者在编制广告计划时,要运用大量的相关资料,以证明建议事项的合理性。在运用相关资料时,必须注明资料的来源是通过调查取得的,还是其他途径搜集而来的。资料的可信度有多大,资料的时效性如何,资料的保密性如何等,也都要在广告计划中注明。

思考与练习

1. 什么是广告计划?广告计划有哪些特征?
2. 在广告计划中的市场分析部分,如果广告主是经营历史在百年以上的老字号企业,应该侧重分析它的哪些内容?

3. 在广告计划中的市场分析部分,如果广告主是一家新型企业,应该侧重分析它的哪些内容?

4. 如果广告产品是香水,在编制广告计划时应该侧重分析该类产品的哪些内容?

第五章 广告预算的编制

本章关键词

广告预算(Advertising budget)　广告费用(Advertising expense)　广告预算分配(Advertising appropriation)　广告主品牌(Advertiser's brand)　销售百分比法(Percentage – of – sales method)　销售单位法(Sales unit method)　目标任务法(Objective – task – method)　竞争对比法(Competitive parity method)　量力而行法(Affordable method)

本章学习重点

☞ 广告预算的概念
☞ 广告费用的确定
☞ 影响广告预算的主要因素
☞ 广告预算的编制方法
☞ 广告预算的分配策略

编制广告预算是制定广告计划的重要内容,二者要同时进行,不能截然分开。我们之所以分开叙述,完全是出于本书的整体安排。

第一节 广告预算的概念与编制程序

一、广告预算的概念

广告预算是广告主对开展广告活动所需费用的匡算,是广告主进行广告宣传活动投入资金的使用计划。它规定了广告计划期内开展广告活动所需的费用总额、使用范围和使用方法。

广告预算不仅是广告计划的重要组成部分,而且是确保广告活动按计划顺利展开的基础。广告预算编制额度过大,就会造成资金的浪费;编制额度过小,又无法实现广告宣传的预期效果。广告预算是企业财务活动的主要内容之一。广告预算支撑着广告计划,它关系着广告计划能否落实和广告活动的效果如何。

广告预算不同于企业的其他财务预算。一般财务预算包括收入与支出两部分内容,而广告预算只是广告费支出的匡算,广告投入的收益由于广告目标的不同而有不同的衡量标准。它或许反映在良好社会观念的倡导上,或许反映在媒体受众的心理反应上,也有可能体现在商品的销售指标上。有许多广告主错误地认为,广告投入越大,所取得的效果也就越好。广告策划者通过对大量广告活动效果的实证分析,得出的结论是:当广告投入达到一定规模后,其边际收益呈递减趋势。美国广告学专家肯尼斯·朗曼(Kenneth Longman)经过长期的潜心研究,也得出了类似的结果。他在对利润分析的基础上,创立了一个广告投资模式,如图5-1所示。他认为任何品牌产品的广告效果都只能在临限(Threshold,即不做广告时的销售额)和最大

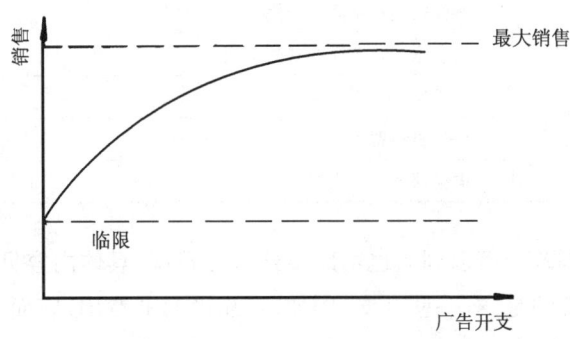

图5-1 广告效果与广告投入之间的关系

销售额之间取值。

肯尼斯·朗曼认为,任何品牌的产品即使不做广告也会有一个最低销售额,即临限。广告的效果不会超过产品的最大销售额,产品的最大销售额是由广告主的经营规模、生产能力、销售网络以及其他因素综合决定的。朗曼认为,理想的广告宣传活动应该是以最小的广告投入取得最大的广告效果。当广告效果达到一定程度时,广告投入就是一种资源的浪费。

二、广告费用的确定

广告预算如何确定,不同的广告主有不同的做法,但关键的是要确定预算中应包括哪些广告费用。有两项广告费用是任何广告主都必须匡算在广告预算中的。一项是广告媒体的购买费用,约占广告费用总额的 80%~85%;另一项是广告制作费用,约占广告费用总额的 5%~15%。

随着市场竞争的不断加剧,广告策划水平也日益提高,在编制广告预算时另有两项广告费用必须考虑:一项是广告的研究费用,约占广告费用总额的 5% 左右;另一项是广告与其他营销活动的协调费用,约占广告费用总额的 2%~7%。

目前,国际上公认的广告费用开支表,是由美国最权威的广告刊物之一《印刷者墨汁》于 1960 年刊出的,到 20 世纪 80 年代,由广告学专家帕蒂(Patti)和伯拉斯科(Blasko)给以验证。其中应列入广告预算中广告费用开支的项目如表 5-1 所示。

表 5-1　广告费用开支项目 I

	开　支　项　目
广告费用	媒体时间和空间的费用
	为争取消费者而花费的费用
	形象广告费用
	广告材料费用
	电话簿黄页广告费用

另外还有若干可以列入也可以不列入的费用,具体内容见表 5-2。

应该注意的是,有一些开支,例如,产品说明书费用、店面广告的材料费用、营销试验费用、产品新闻发布会费用、产品展销会费用等,都不可列入广告费用中,这些属于企业的经营费用或公关费用。

表 5-2　广告费用开支项目 Ⅱ

	开 支 项 目
广告费用	广告咨询费
	消费者手册编印费
	直接邮寄费用
	区域性广告协作费用
	参加广告协会的费用
	媒体受众研究费用
	定期出版物上的广告刊载费用
	企业广告部门的广告经费
	企业广告部门人员的工资

三、广告预算的编制程序

广告预算由预测、规划、计算、协调等一系列工作组成。广告预算的基本程序大体如下：

第一，确定广告投资的额度。广告策划人员要通过分析企业的整体营销计划和企业的产品市场环境，提出广告投资的计算方法和理由，以书面报告的形式上报主管人员，由主管人员进行决策。

第二，分析上一年度的销售额。广告预算一般一年进行一次。在对下一年度的广告活动进行预算时，应该先对上一年的销售额进行分析，了解上一年度的实际销售额、销售量是否符合上一年度的预测销售单位和预测销售额。由此分析，可以预测下一年度的实际销售情况，以便合理安排广告费用。

第三，分析广告产品的销售周期。大部分产品在一年的销售中，都会呈现出一定的周期变化，即在某月上升，某月下降，某月维持不变等。通过对销售周期的分析，可以为广告总预算提供依据，以确定产品不同生命周期的广告预算分配。

第四，广告预算的时间分配。根据前三项工作得出的结论，确定年度内广告经费总的分配方法，按季度、月份将广告费用的固定开支予以分配。

第五，广告的分类预算。在广告总预算的指导下，根据企业的实际情况，再将由时间分配上大致确定的广告费用分配到不同的产品、不同的地区、不同的媒体上。这是广告预算的具体展开环节。

第六,制定控制与评价标准。在完成上述广告费用的分配后,应立刻确定各项广告开支所要达到的效果,以及对每个时期每一项广告开支的记录方法。通过这些标准的制定,再结合广告效果评价工作,就可以对广告费用的支出进行控制和评价了。

第七,确定机动经费的投入条件、时机、效果的评价方法。广告预算中除去确定绝大部分的固定开支外,还需要对一定比例的机动开支做出预算,如在什么情况下方可投入机动开支,机动开支如何与固定开支协调,怎样评价机动开支带来的效果等。

第二节　影响广告预算的主要因素

编制广告预算时,除了确定广告费用的范围外,还必须了解有哪些主要因素影响广告预算。一般说来,影响广告预算编制的主要因素有产品的生命周期、行业市场的竞争状况、产品品牌的市场地位(或市场占有率)、广告频次、品牌的替代性等。

一、产品的生命周期

产品的生命周期是指产品从上市到衰退的整个过程。大多数产品在市场上都要经过导入期、成长期、成熟期和衰退期四个阶段。产品的生命周期是由市场需求的变化趋势所决定的。在产品生命周期的不同阶段,企业经营者应采取不同的经营策略,以取得最佳的收益。

(一) 导入期

导入期是产品进入市场的第一个阶段。在这一阶段,目标市场上的消费者还不了解产品的功能,产品的品牌还没有给大家留下任何印象,产品的销售量增长缓慢。由于前期投入较大(例如,产品的研制费用、开发费用、材料成本以及销售网络的建设费用等),企业基本上是无利经营,市场上还没有出现竞争对手。

企业经营者为了提高产品品牌的知名度,树立品牌形象,必须投入大量的广告费用,充分利用各种媒体进行广告宣传,以增加产品的暴露度。只有当产品的暴露度达到一定程度,媒体受众才能对产品产生初步的印象。导入期的广告宣传是一种典型的"信息型广告"。它主要是针对产品的基本情况向目标市场"广而告之",例如,将产品的价格、功能、品牌、产地、售后承诺等情况告诉媒体受众。

（二）成长期

在成长期,产品在目标市场上已有一定的知名度,一些消费者对产品已建立了初步的品牌认知。产品的销售网络已基本建成,销售利润逐步增加,市场上出现了竞争对手,一部分顾客由于产品的质量而成了企业的回头客,他们已形成了一定的品牌忠诚感。

企业在这一阶段的广告宣传,已由"信息型"转向"个性诉求型"。广告规模较导入期有所缩小,广告内容侧重于突出产品的特征,增加广告的艺术含量,以求通过良好的视听形式来促使媒体受众产生固定的品牌联想。

（三）成熟期

在成熟期,市场上观望类消费者也已购买了产品,企业的利润达到最大化。由于利润的诱惑,市场上涌现出大量替代产品或类似产品,竞争达到白热化的程度。由于竞争的加剧,企业的广告费用又开始增加,企业利用多种媒体进行广告宣传,以突出"人无我有,人有我新,人新我全,人全我精"的特征。

在这一阶段,企业进行广告宣传的目的主要有两个：

1. 维持市场份额。通过各种形式的促销活动诱使媒体受众购买本品牌产品。

2. 扩大产品的市场占有率。主要通过两种方法：

（1）开发产品的新用途。例如,杜邦公司生产的尼龙的每一新用途的出现,都为公司开拓了一个新市场。

（2）增加产品的使用量。消费者使用产品的次数增加了,产品的销售量也就扩大了；同样,消费者每次使用产品的数量增加了,也会扩大产品的销售规模。

（四）衰退期

衰退期的特征是产品销售额呈大幅度下降趋势,企业利润大幅度减少。许多竞争对手纷纷转产,即使增加产品的广告投入,市场也不会得到明显改善。如果企业的产品比较单一,那么企业将会处于困境。

针对以上情况,企业应该开发新产品,或者进行品牌延伸,将成功的品牌引用到新产品上。它可以将媒体受众对原有品牌的认知自然过渡到新产品上,从而为新产品打开市场奠定了基础。可口可乐就是利用这种策略,成功地开发了健怡可口可乐、樱桃可口可乐等新产品,确保了企业的市场地位。

在衰退期,企业如果进行广告宣传,其规模也一定非常小,属于"提醒式"广告。企业只是提醒媒体受众注意该产品的存在,某品牌产品依然是消费者忠实的朋友。提醒式广告主要突出产品的品牌,以唤起媒体受众对产品的回忆。同时也使对本品牌产品持有忠诚感的顾客感到欣慰。

产品生命周期与广告费用开支的关系可用图5-2表示。

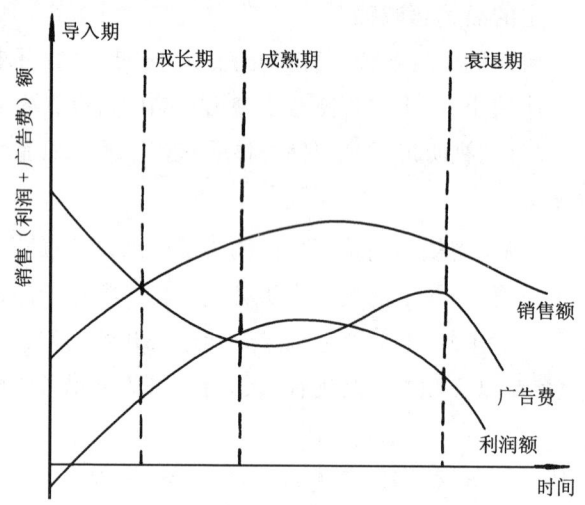

图5-2　产品生命周期与广告费用开支的关系

二、市场竞争状况

市场竞争状况是影响广告费用开支的一个主要因素。同类产品竞争者的数量与实力也影响企业的广告预算。如果竞争对手进行大规模的广告宣传,本企业必然要扩大广告宣传的规模,广告预算也随之增加。否则本企业的广告活动收效甚微,达不到预定的目标。

目标市场上的"广告拥挤度"的大小也影响企业的广告预算规模。广告拥挤度是指单位时间内,某一特定媒体刊播的广告数量。如果广告拥挤度非常大,较小的广告预算无法与竞争企业抗衡。只有在企业的广告是众多广告中最响亮的一支的情况下,才有可能引起媒体受众的注意,诱使他们产生购买欲望。比如在一间有30位同学的教室里,每一个人都向老师(只有一位老师)诉说,在这种吵闹、无秩序的环境里,作为学生的你如果想让老师听清你的话,你的声音只有比其他人的响亮,才会达到目的,而"响亮的声音"需要花费更多的体力、精力。这个道理在"广告爆炸"的年代里,同样适用。

三、品牌的市场地位

产品品牌的市场地位也影响企业的广告预算。一般而言,保持现有的市场占有率的广告费用远远低于用于扩大市场占有率的广告费用。如果品牌属于领导型品牌,由于它有成熟的销售网络,有较高的品牌知名度和美誉度,老顾客对产品品牌的忠诚是领导型品牌独具的一种经营优势,其广告宣传活动的目的只是为了维持老顾客的重复购买,这就决定了企业没必要进行大规模的广告推广。

如果品牌处于挑战型的市场地位,不太高的知名度与不太成熟的销售网络都迫使企业进行大规模的广告宣传,以提高目标市场上媒体受众对产品品牌的认同意识。据研究,如果维持一名老顾客需要花费1元钱,那么吸引一名新顾客则需要花费6元钱。对挑战型品牌的经营者来说,进行广告宣传是企业将挑战型品牌发展成为领导型品牌的主要手段之一,在这一发展过程中,较大规模的广告预算是必不可少的。

四、广告频次

广告频次是指在一段时间内,某一广告在特定媒体上出现的次数,次数越多,其广告频次就越大。广告频次与广告预算额成正比关系,较大的广告频次需要较多的广告费用,因为广告主需要购买广告时间。广告重复出现的次数越多,广告占用的时间也就越多,就需要花费较多费用。

五、品牌的替代性

产品的替代品牌越多,越需要进行较多的广告宣传来突出产品的个性,树立本企业品牌形象。

有些产品,例如酒、化妆品等,产品之间的同质性使消费者很难将它们区别开来,广告策划者必须通过艺术化的广告促销,将品牌中的文化附加值突出出来,使该品牌显得与其他品牌不同,为媒体受众识别产品创造条件。这一形象塑造过程,需要大量的广告投入,否则,产品品牌的个性不足以成为媒体受众辨别不同品牌产品的标志。

六、企业的财务状况

开展广告宣传是促进产品销售的一种非常有效的手段,但在确定其宣

传规模时必须考虑企业的经营状况,依据企业的财务承受能力编制适度的预算方案,决不能竭泽而渔,否则就会影响企业正常的经营活动。例如,2006年2月,中国"核桃粉"生产企业四川智强集团因拖欠巨额广告费,其总部被拍卖。该集团曾以6 760万元人民币巨资夺得中央电视台1999年第一季度、第二季度、第四季度广告黄金段位"A特段"。智强集团在鼎盛时期的年产值仅有1.6亿元,但每年的广告费就超过1亿元,企业经营被高额的广告费所困。短短几年时间,四川智强集团的经营每况愈下,出现了用贷款进行广告宣传的现象,而应付贷款一拖再拖,各种债务纠纷接踵而来,最终走上了被拍卖的末路。

第三节 广告预算的编制方法

编制广告预算不仅要分析其影响因素,按一定步骤操作,还必须采取正确的方法,以保证广告预算编制的科学性。目前,常用的编制广告预算的方法主要有以下几种。

一、销售额百分比法

销售额百分比法(Percentage-of-sales method)是企业以一定时期内产品销售额的一定比例计算出广告费用总额的一种方法。这种方法是最常用的一种广告预算编制方法,根据形式、内容的不同,又可以将其分为两种:

第一种,上年销售额百分比法。它是根据企业上一年度产品的销售额情况来确定本年度广告费用的一种方法。这种方法的优点是确定的基础实际、客观,广告预算的总额与分配情况都有据可依,不会出现大的失误。

广告策划者在运用这种方法时,可以根据企业近几年的销售趋势,按一定比例来调整下一年度的广告预算,以适应企业发展的需要。

第二种,下年销售额百分比法。该法与上年销售额百分比法基本相同,都是根据产品销售的情况按一定比例来提取广告费用总额。它们的区别在于下年销售额百分比法有一定的预测性,经营者在预测下一年度销售额情况的基础上来确定企业的广告费用。它以上一年度产品销售情况为基础,按照发展趋势预测出下年度的销售额,再以一定比例计算出广告费用总额。

这种方法适合企业的发展要求,但也有一定的风险。在市场上,有许多因素都是未知的,这些因素对企业经营活动的影响有可能是突发性的,预测在本质上是对事物发展趋势的一种理性推断,而突发性因素常常具有破坏性,它们改变事物的发展规律,使市场处于无序状态。例如,当经济不景气时,再多的广告宣传也无法阻止产品销售额下降的趋势,在这种情况下,执行预测计划就是一种"非理性"的经营行为。

二、销售单位法

销售单位法(Sales unit method)是以每单位产品的广告费用来确定计划期广告预算的一种方法。这种方法以产品销售数量为基数来计算,操作起来非常简便,适用于确定那些薄利产品的广告费用。通过这种方法也可以随时掌握企业广告活动的效果。它的计算公式如下:

$$广告费用总额 = \frac{上年度广告费用}{上年度产品销售数量} \times 本年度计划产品销售数量$$

或

$$= 单位产品分摊的广告费用 \times 本年度计划产品销售数量$$

销售单位法对于经营产品比较单一,或者专业化程度比较高的企业来说,非常简便易行。相反,对于经营多种产品的企业,这种方法比较烦琐,不实用,并且灵活性较差,没有考虑市场上的变化因素。

不论是销售额百分比法还是销售单位法,本质上都是依据销售实绩或销售预测来确定广告开支水平,而忽略了品牌的成长性和营利性。这两种方法可能会过高估算一些大的、已经建立起来的品牌广告费用。因为这些品牌已有了忠诚的消费者,公司即使减少了促销规模,消费者也会继续购买该品牌的产品。新产品或新品牌上市之初,其销售规模非常小,需要大量的广告投入,而按上述两种方法编制广告预算必然会影响产品的市场化进程。因此,销售额百分比法和销售单位法在下述情况下要进行调整。

第一种情况:在新产品或新品牌上市之初。当一个新产品或新品牌刚刚上市,需要从零开始逐渐树立起知名度时,在产品生命周期的第一年、第二年,需要进行大量的广告宣传。高露洁公司的方法是将广告开支建立在毛利(销售收入减去产品成本)的基础上。具体做法如下:

(1)产品或品牌上市的第一年,广告开支为产品销售毛利的两倍。

(2)产品或品牌上市的第二年,广告开支为产品销售毛利的1/2。

(3)以后的经营年度,广告开支为产品销售毛利的30%。

第二种情况:在品牌重新定位时。当一个品牌重新进行市场定位时,企业就需要增大其广告投入。这时,销售额百分比法和销售单位法就不再适用。

第三种情况:已经建立的品牌。当一个品牌的知名度已经很高、品牌形象完全建立起来时,再进行大规模的广告宣传不仅没有必要,而且是一种浪费,这时需要减少销售收入中分配给广告宣传的部分;相反,如果一个品牌需要努力提高知名度,建立有利于产品定位的、相对稳固的品牌联想时,企业经营者就应该将销售收入中相当大的一部分用于广告宣传。

三、目标任务法

目标任务法(Objective-task method)是指根据企业的经营目标,确定企业的广告目标,根据广告目标编制广告计划,再根据广告计划具体确定广告费用总额。它的操作过程如图 5-3 所示。

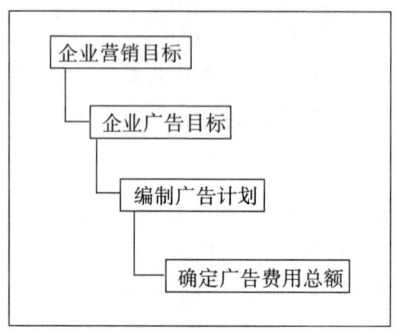

图 5-3 目标任务法的操作过程

目标任务法假定媒体受众的购买行为都受广告宣传的影响,即广告宣传对产品的销售会产生明显的促进作用。这也正是它的合理之处。

目标任务法是一种理想的编制广告预算的方法。在西方发达国家,2/3以上的大公司都采用这种方法。在运用这种方法时,首先要尽可能地用数量指标确定企业具体的广告目标,例如,A 公司在某一特定经营年度内的广告目标是将某品牌的知名度提高到40%,然后根据以往的营销经验,详细拟订实现这一广告目标所需完成的工作。可能要进行一系列的广告策划活动,对目标受众的广告展露频次平均为六次,达到这一展露频次的总成本就是广告预算。

美国市场营销专家阿尔伯特·费雷(Albert Fery)将目标任务法的操作程序归纳为以下几个步骤:

(1)确定企业在特定时间内所要达到的营销目标。

(2)确定企业的潜在市场并勾画出市场的基本特征,包括:①值得企业去争取的消费者对广告产品的知晓程度以及他们对产品所持有的态度;②现有消费者购买产品的情况。

(3)计算潜在消费者对广告产品的知晓程度和态度变化情况,以及广告产品销售增长状况。

(4)选择恰当形式的广告媒体,以提高产品的知名度,改变消费者对产品所持有的不利于产品销售的态度。

(5)确定广告暴露频次,制定恰当的广告媒体策略。

(6)计算为达到既定广告目标所需的广告暴露频次。

(7)计算实现上述暴露频次所需的最低广告费用,这一费用就是企业的广告预算总额。

目标任务法是在调查研究的基础上,确定企业的广告预算总额,它的科学性较强,但比较烦琐。在计算过程中,如果有一步计算不准确,最后得出的广告预算总额就会有较大的偏差。

四、竞争对比法

竞争对比法(Competitive parity method)是指企业根据竞争对手的广告费开支来确定自己的广告预算的一种方法。在市场经济条件下,企业面临的是开放的信息系统,企业必须与竞争对手开展竞争,以赢得竞争优势。企业开展广告宣传在一定意义上是为了赢得一定的市场占有率,因此企业在编制广告预算时,必须考虑竞争对手的广告规模。

运用竞争对比法的关键是要了解主要竞争对手的市场地位与广告费用额,计算出竞争对手各个市场占有率的广告投入,再依此来确定企业的广告预算。如果企业想保持与竞争对手相同的市场地位,则可以根据竞争对手的广告费率来确定自己的广告规模;如果企业想扩大市场地位,则可根据比竞争对手高的广告费率来匡算自己的广告费用总额。这种方法的计算公式如下:

$$广告费用总额 = \frac{主要竞争对手的广告费用额}{主要竞争对手的市场占有率} \times 本企业的市场占有率$$

或

$$= \frac{主要竞争对手的广告费用额}{主要竞争对手的市场占有率} \times 本企业预期的市场占有率$$

根据上述公式可以看出,竞争对比法的一个常用变量就是SOV(Share

of voice），即一个品牌的广告费用占整个产品类别广告费用总量的份额，这一份额要等于或接近该品牌的市场份额。假设市场营销组合中的其他因素都没有发生变化，某类产品的所有品牌经营者都采用相同的编制广告预算的方法，就可以认为该行业中各个品牌相应的市场份额也不会发生改变。但是在企业的经营实践中，领导型品牌的 SOV 略低于它的市场份额（Share - of Market，简称 SOM），而挑战型品牌为了获得较高的市场占有率，它的 SOV 往往高于相应的 SOM。

在跨国公司中，许多经营者习惯地认为，在新品牌的上市和成长阶段，它的 SOV 应该为其目标 SOM 的两倍；相反，已经建立了高知名度的品牌，其 SOV 可以大大低于相应的 SOM。但是，实践证明，这不利于领导型品牌保持其市场份额。领导型品牌应该使自己的 SOV 明显高于竞争对手的水平。而挑战型品牌在领导型品牌的 SOV 很低的地区市场上，应该努力提高 SOV，至少应提高 30% ~ 40%，以便赢得发展优势。

这种方法最大的优点是编制的广告预算具有针对性，适合市场竞争的需要，有利于企业在竞争中赢得主动权；其最大的缺点是竞争对手的广告预算的具体资料不容易取得。广告预算总额属于企业的经营秘密，大多数企业都不愿将它公布于众，这就为本企业编制广告预算造成了困难。更有甚者，有些企业会故意散布一些假情报，诱使竞争企业进行错误的决策。

三星电子有限公司 2014 年用于广告和市场营销的资金约为 140 亿美元，超过冰岛的国内生产总值，也高于 Google 公司购买摩托罗拉移动部门的支出。

三星公司试图让自己的品牌能与苹果公司相媲美，毫不讳言将继续斥巨资进行市场营销和宣传攻势，但花出的钱并非总能带来期望的结果。

首尔国立大学商学院副教授吴钟锡（音）说："三星公司的市场营销过分关注于表现出他们渴望塑造的一种形象：具有创新性以及领先于他人。他们未能有效缩小期望与消费者对推广活动的实际反应之间的差距。"

汤森路透公司的数据显示，在以销售额计的全球前 20 强公司中，三星公司的广告和宣传支出在年营收中所占比重是最大的，达到 5.4%，而苹果公司仅为 0.6%。

Interbrand 品牌咨询公司的韩国业务负责人文智兴（音）说："市场营销支出维持如此高水平从较长期来看不会带来更多好处。我对维持此种水平的投入是否有效持怀疑态度。"

三星公司在一份声明中重申该公司联席首席执行官申宗均最近的讲话,称"将继续借助品牌力量维持增长势头,同时专注于优化市场营销活动的效益"。

三星公司的市场营销活动强调该公司的产品采用最先进技术,甚至在其技术成熟前就吹嘘为"世界领先",例如,仅在韩国市场出售的曲屏手机和售价将近 1 万美元的曲屏电视。

Interbrand 品牌咨询公司和《广告时代》杂志称,三星公司去年的广告投入达 43 亿美元,但其全球品牌价值仅为 396 亿美元,不及广告投入仅 10 亿美元的苹果公司的一半。

巨额市场营销支出表明,三星公司仍需向消费者证明该公司位居顶级品牌之列。阿西姆科咨询公司创始人霍勒斯·德迪乌认为:"产品越强大、越有差异性,就越不需要借助广告予以支持。"[1]

五、量力而行法

量力而行法(Affordable method)是指企业根据自己的经济实力,即财务承受能力来确定广告费用总额。这种方法也称为"量体裁衣法",许多中小型企业都采用这种方法。

"量力而行"是指企业将所有不可避免的投资和开支除去之后,再根据剩余来确定广告费用总额。以下例子就可以充分说明量力而行法的具体运用。某企业在 N 年的经营情况见表 5-3。

表 5-3 某企业 N 年的经营状况损益表

项 目	金 额(元)
销售总额	2 000 000
销售成本	1 100 000
销售毛利	900 000
销售费用 + 管理费用	400 000
广告费用	300 000
销售纯利润	200 000

---

[1] 资料来源:《参考消息》,2014 年 11 月 28 日。

假如该企业$(N+1)$年的销售额预测为2 500 000元,并且企业的销售成本按比例同步增加,那么$(N+1)$年的销售成本为:

$$\frac{2\ 000\ 000}{1\ 100\ 000} = \frac{2\ 500\ 000}{X}$$

$$X = 1\ 375\ 000(元)$$

如果该企业的纯利润水平仍为10%,则$(N+1)$年的纯利润额应为250 000元。在销售总额扣除销售成本后的毛利中,企业财务部门核算得出企业正常水平的销售费用和管理费用总额应该是595 000元,那么,企业在$(N+1)$年度所要投入的广告总费用应该是28 000元。推算过程见表5-4。

表5-4 某企业$(N+1)$年的经营情况预测

项 目	金 额(元)
销售总额	2 500 000
销售成本	1 375 000
销售毛利	1 125 000
销售费用+管理费用	595 000
广告费用	280 000
销售纯利润	250 000

注:表5-4中的280 000就是该企业用量力而行法求出的广告费用总额。

六、通信订货法

通信订货法(Communication-order-act method)是企业在以邮购广告形式进行广告宣传时,常用的一种编制广告预算的方法。这种方法主要根据某一邮购广告所带来的订货数量来测算广告费用。它的计算公式如下:

$$单位产品的广告费 = \frac{产品目录印刷费 + 邮购广告印刷费 + 信件邮寄费}{已销售产品的数量}$$

根据单位产品的广告费用,就可以得出销售一定数量的商品需要支付多少广告费用。这种方法的优点是广告费用与广告活动的效果直接联系起来,既有利于确保广告预算的动态平衡,也有利于对广告活动进行监控。缺点是计算不够准确。邮购广告的反馈需要一段时间,这就为计算邮购广告的效果带来了一定的困难。

七、经验法

经验法(Experience-based method)是指企业决策者根据经验或其他方面的知识来确定广告费用总额的一种方法。运用这种方法编制广告预算时,不考虑广告活动所要达到的目标,而是完全根据决策者的判断力来确定企业的广告规模。

经验法是一种非科学的决策方法,它常被用于一些中小型企业。在这些企业里,独断式的经营管理代替了科学的经营决策。这种方法具有较大的冒险性,广告投入与广告效果不呈因果关系。

第四节 广告预算的分配策略

企业在确定了广告费用总额之后,就要按照广告计划的具体安排将广告费用分摊到各个广告活动项目上,使广告策划工作有序地展开,以实现扩大产品品牌的知名度、提高品牌资产、树立企业形象、增加商品销售的目的。

广告策划者在分配企业的广告费用时,可以采取时间分配策略、地理区域分配策略、产品(品牌)分配策略和广告媒体分配策略四种形式。

一、时间分配策略

时间分配策略是指广告策划者根据广告刊播的不同时段,来具体分配广告费用。根据时间来分配广告费用是为了取得理想的广告效果,因为在不同时间里,媒体受众的人数以及生活习惯是不同的。广告费用的时间分配策略包含两层含义:

第一,广告费用的季节性分配。在不同的季节里,由于市场需求情况的变化,而要求广告活动的规模有所侧重。以店面广告为例,在我国每年的12月到次年的2月是零售业的销售旺季,这时的店面广告可以营造一种节日的气氛,调动媒体受众产生购买欲望,其广告效果非常好,一份广告投入可能取得数倍的广告收益,这一段时间内广告策划者应该扩大店面广告的规模,提高店面广告的艺术品位,要多投入;6~8月是销售淡季,再多的广告投入也难以改变商品销售不旺的规律,这一段时间内,广告策划者应理智地缩小广告规模,否则就是一种非理性的经营行为。

第二,广告费用在一天内的时段安排。在一天的时间内,大多数消费者都表现出一个明显的生活规律:白天工作,晚上休息。广告策划者在选用电视媒体进行广告宣传时,应该侧重于 18:00～23:00 这一时段,因为大多数媒体受众在入睡以前,常常对电视节目流连忘返,这一时段的电视广告具有较高的注目率,因此,企业的广告费用安排也应侧重于这一时段。

二、地理区域分配策略

地理区域分配策略是指广告策划者根据消费者的某一特征将目标市场分割成若干个地理区域,然后再将广告费用在各个区域市场上进行分配。广告策划者可以根据不同区域市场上的销售额指标,来制定有效的视听众暴露度,最终确定所要投入的广告费用额。假如 N 企业在全国销售 M 品牌产品,根据产品销售情况可以将全国市场划分为 A、B、C 三个区域市场,N 企业计划投入的电视广告费用为 3 500 万元,N 企业电视广告费用的区域市场分配情况如下(见表 5-5)。

表 5-5　N 企业电视广告费用的区域分配情况

市场名称	占销售总额的比例(%)	视听众暴露度(千次)	每千人成本(元)	广告费用(万元)	广告费用比例(%)
A 区域	50	32 000	500.00	1 600	45.70
B 区域	30	28 000	500.00	1 400	40.00
C 区域	20	10 000	500.00	500	14.30
总计	100	70 000	500.00	3 500	100

表 5-5 就是 N 企业根据产品在不同区域市场上的销售比例,制定了有效的视听众暴露次数标准,再据此分配不同数额的广告费用。A 市场上的 M 品牌产品销售份额为 50%,其广告投入为 1 600 万元,占广告总费用的 45.70%;在 B 市场上,M 品牌产品的销售份额为 30%,计划投入广告费用为 1 400 万元,占广告预算总额的 40%;C 市场上的 M 品牌产品的销售占总销售额的比例最小,所以计划只投入 500 万元的资金进行广告宣传。

地理区域分配策略看起来简便易行,但操作起来很难兼顾各个市场的实际情况,通常的做法是:广告主将几个区域市场的广告费用拨付给某个选定的广告代理商,再由广告代理商根据各个市场的特点进行重新分配,以确保广告投资的效果。

三、产品(品牌)分配策略

产品分配策略与区域市场分配策略在本质上是相同的,它是指广告策划者根据不同产品在企业经营中的地位有所侧重地分配广告费用。这种分配策略使产品的广告费用与产品的销售额密切联系在一起,贯彻了重点产品重点投入的经营方针。分配广告费用的依据可以是产品的销售比例、产品处在不同的生命周期的阶段、产品的潜在购买力等。

品牌分配策略也属于产品分配策略。广告策划者根据经营品牌的某些特征将广告费用进行具体分配。以美国宝洁公司为例,该公司的洗涤类产品有汰渍、快乐、Gain、Dash、Bold、象牙、Dreft、Oxydol、Exa、Solo 等品牌,其中象牙品牌是一个成熟品牌,其广告投入可以相对少一点。Exa、Solo 等品牌是新品牌,需要大量的广告来推广,以提高品牌的知名度,其广告费用就需要多一些。一般说来,当产品或品牌处于上市期时,需要较多的广告投入。当产品或品牌处于成熟期和衰退期时,其广告费用应该少一些。如果企业使用的是统一品牌策略,如日本索尼电器公司,它的所有产品都只有索尼(SONY)一个品牌,公司在编制广告预算时,就应该采取产品分配策略。

四、广告媒体分配策略

广告媒体分配策略是指根据目标市场的媒体习惯,将广告预算有所侧重地分配在不同媒体上的一种分配策略。在运用这种策略时,首先要考虑产品品牌的特性,其次要考虑目标市场的媒体习惯,使所选用的媒体能够充分展现广告产品的个性,针对不同媒体,广告策划者要进行不同的广告投入。

思考与练习

1. 什么是广告预算?简述广告预算与广告计划的关系。
2. 简述广告预算的编制程序。
3. 当产品处于成熟期和衰退期时,应怎样对其广告预算进行调整?
4. 简述品牌替代性对广告预算的影响。

5. 如何用"目标任务法"编制广告预算?
6. 试分析运用"销售单位法"编制广告预算的优缺点。
7. 在运用"竞争对比法"编制广告预算时,应进行哪些调整?
8. 简述广告预算的时间分配策略。
9. 简述广告预算的地理区域分配策略。
10. 简述广告预算的品牌分配策略。

第六章 现代广告媒体

本章关键词

广告媒体(Advertising media) 广告媒体选择(Advertising media selection) 户外广告媒体(Outdoor advertising media) 手工广告媒体(Manual advertising media) 网络广告媒体(Internet advertisement media) 新广告媒体(New Ad media) 信息收视(听)率[Information viewing (listening) rate] 开机率(Homes using TV) 毛评点(Gross Rating Points,GRP) 每千人成本(Cost Per One Thousand Impressions,CPM)

本章学习重点

☞ 广告媒体的概念及基本功能
☞ 各种广告媒体的特点
☞ 确定广告信息传播的数量指标
☞ 选择广告媒体应考虑的因素
☞ 广告媒体使用策略的含义
☞ 广告媒体分配策略

第一节 广告媒体概述

一、广告媒体的概念

媒体,又称为媒介(Media),它是指将信息传播给社会大众的工具。广

告媒体是指借以实现广告主与广告对象之间联系的物质或工具。凡是能刊载、播映、播放广告作品,在广告宣传中起传播广告信息作用的物质都可称为广告媒体。例如,大众媒体(电视、广播、报纸、杂志)、网络、路牌、交通工具、计算机网络、霓虹灯、商品陈列、橱窗、包装物以及产品说明书、企业名录等。

二、广告媒体的基本功能

在广告宣传活动中,广告媒体具有以下基本功能:

第一,传播功能。美国著名传播专家施拉姆在《传播学概念》中写到"媒体就是在传播过程中,用以扩大并延伸信息的传播工具"。可见,广告媒体具有筛选、加工、扩散信息的功能。由于广告媒体不受时空的限制,它所传播的范围和对象具有广泛性和渗透性,不论受众在什么地方,广告媒体都会发生作用。

第二,吸引功能。由于广告媒体具有传播信息的功能,本身具有有用性,可以为广告主或媒体受众带来一定的经济收益和社会效益,因此,无论对广告主还是对广大受众,广告媒体都具有一定的吸引力。

第三,服务功能。广告媒体可以根据自身的特点,为广告主、广告经营机构、媒体受众提供有用的、真实的信息,满足不同层次的需要。对广告主来说,可以将企业的经营特色、产品等方面的供给信息提供给目标市场;广告经营机构可以通过广告媒体发布供求双方面的信息;广大受众可以通过广告媒体了解各种品牌产品方面的信息,为他们的购买决策提供依据。

由于广告媒体具有上述功能,使其成为现代企业开展市场营销活动的重要手段或工具。广告策划者应当根据广告主的实际需求以及各种广告媒体的特点,选择适当的媒体形式,发布广告信息,取得理想的广告效果。

三、广告媒体的种类

由于大量新媒体的不断涌现,使广告媒体的分类日益复杂起来。在现代企业的广告策划活动中,常见的广告媒体主要有以下几种。

(一)电视媒体

电视是视、听结合的先进的传播工具。从"符号学"角度考虑,电视媒体集视觉符号与听觉符号于一身。同其他广告媒体相比较,电视媒体所使用的传播符号在数量上要多得多。电视广告不但可以向媒体受众介绍广告产品的性能和特征,而且可以形象地、直观地将广告产品的款式、色泽、包装等特点展现在媒体受众面前,从而最大限度地诱使媒体受众产生购买欲望。

与其他广告媒体相比较,电视媒体具有以下特点:

1. 传播范围广。电视媒体传播信息的范围是非常广泛的。从世界范围来看,电视传播所到之处,就是广告所到之处。但就某一个具体的电视台或某一则具体的电视广告而言,其传播范围又是相对狭窄的。电视媒体传播信息范围的广泛性同时也就衍生出传播受众构成的复杂性。不论年龄、性别、职业、民族、受教育程度等,只要看电视就会成为电视媒体的诉求对象,但不可能全部成为广告产品的购买者。因此,电视媒体具有针对性不强、诉求对象不准确的缺点。

2. 媒体受众的被动性。绝大多数电视观众看电视节目的目的不是为了看电视广告,不是为了接受电视广告传播的信息。受众在看电视时往往会被动地接收信息,缺乏选择性,不像报纸、杂志那样,具有较大的选择性。

3. 传播效果的一次性。电视媒体在传播信息时,是以时间为结构的。一次传播,过而不返。不论看清、听清与否,在单位时间内都无法让其重返。因此,电视媒体的广告宣传具有一次性的特征,稍纵即逝,不可逆转。大多数电视广告都是重复播出的,以弥补一次性不易记忆的不足,起到加强印象的作用。但是,如果媒体受众第一次没有对广告留下什么印象,他多半因为种种原因不会第二次、第三次观看这则电视广告。

4. 视听效果的综合性。电视节目既能看,又能听,可以让媒体受众看到富于表情和动作变化的动态画面,生动活泼,因而对观众有广泛的吸引力。特别是电视可以突出广告产品的品牌个性,如外观、工艺水平、文化附加值等。

(二) 广播媒体

广播媒体包括无线电台和有线广播网。广播媒体通过运用语言、音响、音乐来表达广告产品或企业的信息。广播媒体的特点可以概括为:采用电声音频技术,按时传播声音节目,专门诉诸媒体受众的听觉。具体有以下特点:

1. 覆盖面广,受众多。目前,广播基本上不受时间和空间的限制。从电波所及的范围看,可以覆盖整个国土,不论城市、乡村都可以收听到广播节目。广播媒体的受众也非常广泛,只要有一定的听力,就是广播广告的诉求对象。

2. 以声带响,亲切动听。广播媒体是声音的艺术。广播广告最突出的特点就是用语言解说来弥补无视觉形象的不足。运用人的语言,通过绘声绘色的描述,可以造成由听到视的联想,从而达到创造视觉形象的目的。

3. 制作容易，传播迅速。广播广告是通过播音员的叙述，有时加上音响效果、背景音乐来播放的，有时则以文艺节目的形式出现。因此，制作起来简便灵活。与电视媒体、报刊媒体相比较，广播广告的制作工序比较简单。

广播广告是通过电声传播信息的，而电声传播的速度非常快。只要写好广告词，就可以马上播出去，听众就能立即听到。

4. 重复广播，不觉其烦。重复广播是广播媒体的一条规律。广播是通过声音来传播的，而声音又具有转瞬即逝的特点，听众听了一遍之后，留下的印象往往不深。为了加深印象，广播节目可以多次重复播放。

5. 经济实惠，收听方便。广播媒体与其他媒体相比较，节目制作成本低廉。广播广告更是如此，一般企业都能承受。目前，我国的广播收听工具已经普及到各个角落，人们收听起来非常方便。

> **小资料**
>
> **美国广播行业与汽车的结合**
>
> 广播是消费者最喜爱的媒体之一。以美国为例，2006年年初，全美有6亿台收音机，平均每个美国人拥有两台多，美国的广播电台更是数不胜数。根据美国广播收听检测公司2004年的统计，美国现有13 898家广播电台，94%以上的人每周听广播，77%的人每天听广播，平均每人每周收听广播20个小时。1920年，一位名叫康拉德的美国工程师用自己的实验电台播放录音唱片，他将自己的电台称为KDKA，这是世界上第一座广播电台。第二次世界大战期间，美国总统罗斯福的"炉边谈话"节目使得广播成为当时人们最信赖的朋友。20世纪50年代以后，随着电视大规模进入居民家庭，美国广播业逐渐步入低谷，许多著名广播明星纷纷转入电视行业，广播广告的营业额一度跌到30年前的水平。
>
> 从20世纪70年代开始，随着"车辆文化"在美国的逐渐兴起，汽车与广播实现了"幸福"的结合。大多数人习惯边开车边听广播，汽车制造商也将收音机作为汽车的标准配件。从此，美国广播业与汽车业结伴同行，共同步入繁荣。

（三）报纸媒体

在世界的广告业中，报纸仍然是广告的主力媒体。与其他广告媒体相比较，报纸媒体特点鲜明，其优点与不足如下：

1. 报纸媒体的优点：

(1) 覆盖面广，发行量大。除一些专业性很强的报纸以外，一般公开发行的报纸,都可以不同程度地渗透到社会的各个领域。尤其是全国发行的报纸,可以覆盖全国的各个层次、各个地方。同时,由于报纸的价格低廉,其发行量相当大。

(2)信息传递迅速。报纸大多是当日发行,出版频率高,读者通常可以阅读到当天的报纸,对于时效性要求高的产品宣传,不会发生延误的情况。

(3)选择性强,读者阅读时比较主动。广告主可以根据各种报纸的覆盖范围、发行量、知名度、读者群等情况,灵活地选择某种或几种报纸进行广告宣传。例如,选择单则广告或系列广告,头版广告或末版广告,以及广告专刊等。由于报纸的可读性强,读者阅读时可以自由选择喜爱的栏目。

(4)读者广泛而稳定。报纸能满足各阶层媒体受众的共同需要,因此,它有极广泛的读者群。不同的读者群,其兴趣、偏好各不相同,在一定时期,兴趣、偏好是不易改变的。这就使得报纸的目标市场具有相对的稳定性。

(5)表现方式灵活多样。报纸传播信息的方式多种多样,或图文并茂,或单纯文字,或诉诸理性,或诉诸情感,或情感交织。而理性说服是报纸广告的优点,所以比较适用于那些想充分展示产品品质、功能的广告。

(6)存留时间长,便于查找。报纸媒体不同于电视和广播媒体,读者不受时间限制,可随时阅读或重复阅读。时间长了,读者还可以查找所需要的信息资料。

(7)广告费用低。这是报纸媒体与电视媒体的主要区别之一。对大多数中小型广告主来说,是有能力承担的,并且广告投资风险也相对较小。

2. 报纸媒体的不足:

(1)有效时间短。报纸出版率高,每天一份。绝大多数媒体受众只读当天的报纸,很少有人读隔日的报纸,因此,报纸的有效期较短。它的有效期也只是报纸出版后读者阅读的那一段时间。对于广告策划者来说,应特别重视广告定位以及广告诉求点的准确把握,即精心思考"说什么"与"怎样说",尽可能在有限的时间内给媒体受众明确清楚和印象深刻的重点信息,不要过分地玩弄"噱头"。

(2)广告注目率低。通常报纸广告不会占据最优版面,读者阅读报纸时往往倾向于新闻报道和感兴趣的栏目,如无预定目标,或者广告本身表现形式不佳,读者往往会忽略广告,即便看了几眼,也会视而不见。

(3)印刷效果不好。由于纸张材料和印刷技术的局限,不少报纸广告的印刷常常显得粗制滥造。特别是图片摄影,其粗糙和模糊的印刷使媒体受众在潜意识中产生一种不信任感,往往产生副作用。因此,对图片的印制要尽可能精致些。

(四)杂志媒体

在大众化的广告媒体中,杂志媒体不像报纸、电视和广播那样具有很强的新闻性。杂志媒体具有延缓性、持续性和知晓性等特点。

1. 杂志媒体的优点:

(1)针对性强,具有明显的读者选择性。与报纸的地区选择性不同,杂志的读者有很强的选择性。杂志媒体的这一特点可以通过目标读者的类型、年龄、收入情况表现出来。这有助于广告策划者根据广告主的自身情况和产品的特点,选择那些最适合刊载广告信息,能最大限度地将广告信息传递给目标受众的杂志类型。

以日本杂志为例,几十年来,日本的出版商一直在绞尽脑汁,迎合那些似乎有花不完的钱,并对世界各地的奢侈品了如指掌的女性消费者。在一个流行趋势迅速变化的国家,对最新时尚信息的需求是永无止境的。

近年来,日本的女性杂志也赢得了市场信誉。日本的出版商成功地在中国推出了一些深受欢迎的时尚杂志。国际出版商也常常采用日本的编排形式。

最新的编排形式包括什么?经过日本出版商十多年的改进和完善,最吸引人的是版式中文字很少,大部分都是产品的照片,还详细地标注了价格、品牌和销售商。这种编排形式被称为杂志目录,即商品目录和杂志的混合体。东京上智大学比较社会学教授约翰·克拉默说:"东京是个过度消费的城市,这些杂志纯粹是娱乐性的,因为人们不想想得太多,活得太累。"

日本发行量最大的时尚杂志《更多》在编排上也体现了这种"杂志目录"的形式。20多岁的女性白领占其读者群的82%。约一半的读者年龄在21~25岁,她们最关心的就是时尚。这些年轻女子大多与父母同住,因此,每个月的大部分收入都用在时装、化妆品和社交上。

(2)信息的生命周期较长。由于杂志具有信息容量大、知识性强等特点,因此,媒体的生命周期明显地得以延长。

(3)印刷质量较高。杂志的纸张质量较好,印刷设备性能优良,因而广告制作与印刷质量远远高于报纸,其中最具优势的是彩色广告。印刷精美的杂志广告能够产生较强的视觉刺激,使媒体受众感到真实,并留下深刻的印象。

(4)编排醒目、灵活。杂志媒体版面小,每页编排较为整洁,不像报纸那样内容繁杂,因此,每则广告都显得醒目;同时,杂志媒体篇幅多,对广告主来说,其编排性和选择性都非常灵活。

2.杂志媒体的缺点:

(1)时效性差。由于杂志出版周期长,出版频率低,因而不像报纸媒体那样能够迅速及时地反映市场变化,不适于做时间性要求强的产品的广告,也不适于造声势的大规模推销活动。杂志广告的功效是延缓和持续而非即时的,不易很快使媒体受众产生购买欲望。

(2)影响面窄。由于杂志媒体的读者相对少,专业性强,因而接触对象不广泛,影响面相对比较狭小。

(3)广告费用较高。在杂志上刊登广告需要较多的广告制作费和刊物费用。加之杂志的专业性强,影响面窄,一般广告主会认为付出大量的广告费用而得不偿失。但是如果杂志的质量、知名度较高,且销售量稳定,如美国的《读者文摘》、我国的《读者》等杂志,上述缺点是可以弥补的。

(五)DM 媒体

DM 媒体就是广告策划者将广告信息在一定范围内直接寄送或递送给特定受众的一种媒体形式。与其他广告媒体将广告信息普遍地传递给受众不同,DM 媒体直接将广告信息传递给特定的目标受众。

在国外,DM 媒体是一种深受广告主青睐的促销媒体形式。近年来,DM 媒体由于受众目标明确、费用低廉、效果明显而得以迅速发展,已成为我国企业开展促销活动时经常使用的一种媒体形式。

1.DM 媒体的优点:

(1)广告信息的生命周期存留时间较长。如果依据媒体的载体形式进行划分,DM 媒体与报纸、杂志一样,都属于印刷媒体。在受众接收到 DM 媒体并且没有做出购买决策之前,可以反复查阅刊载的广告信息,了解所推销的产品的各项性能指标与交易条件,为购买决策提供理性依据。

(2)具有较强的灵活性。广告主在杂志、报纸、电视等媒体上刊载广告信息时,要充分考虑报纸、杂志的出刊日期、印刷质量以及版面的大小等因素,这就在很大程度上影响或限制了广告信息的容量和产品色彩的展示,而 DM 媒体则完全可以根据广告主的实际需要进行款幅、色彩设计和时间安排,将广告信息及时有效地传输给目标受众。

(3)针对性强。由于 DM 媒体是直接寄送或递送给目标受众的,所以,

可以事先根据产品定位的市场特征,对消费者进行细分和选择,以增强 DM 广告投放的针对性和有效性。

(4)费用低廉。与电视媒体、报纸媒体昂贵的广告费用相比较,DM 媒体的广告费用极为低廉。对一家每年的广告投入多达数千万元甚至上亿元的企业来讲,开展 DM 广告宣传的成本几乎可以忽略不计。

2.DM 媒体的缺点:

(1)文案效果比较差。DM 广告的文案就是指 DM 广告的文字内容。许多 DM 广告的文案写作水平比较差,文理不通、错别字连篇的现象也时有发生,在排版方面也不尽如人意,这必然影响到媒体受众对 DM 广告信息的接受程度。调查显示,许多消费者极易将非寄送式的 DM 广告(即街头小广告)与非法游医、皮包公司、劣质产品等联系起来。因此,DM 广告应以自身的优势、诙谐幽默的文案、明快协调的色彩、精美逼真的图片等来吸引、打动目标受众,使他们产生购买欲望。

(2)注目率较低。受多种因素的影响,大多数消费者对 DM 广告都不太重视或根本就不重视,在接到 DM 广告时,他们只是匆匆一瞥,便当做垃圾将其处理了。

(六)户外媒体

户外媒体的历史很悠久。随着商品生产和商品交换的发展,户外媒体作为一种古老的广告媒体,也呈现出蓬勃生机。

1.户外广告的类型。常见的户外媒体广告主要有以下几种:

(1)路牌广告。路牌广告是一种最常见的户外广告。广告主在购买某个地段路边广告牌的一段使用时间后,即可自行或委托广告公司将其产品(或服务)的信息以某种方式加以具体体现。路牌广告最大的优点是制作简单,留存时间长。但在实际运作时,广告主应随时注意广告招牌的损坏情况和剥蚀情况,以免画面或文字斑驳陆离而影响广告的效果。

(2)屋顶广告。指置于建筑物上面或墙面上的广告。由于这类广告距观众视线较远,因此要求广告信息醒目,使人能一目了然。所以屋顶广告只限于广告主的名称和产品的品牌(或商标)。

(3)霓虹灯广告。霓虹灯以其多彩多姿的特点,使广告信息在媒体受众的心目中留下深刻的印象。随着科学技术的发展,三维影像、电子信息牌也相继加入霓虹灯广告的队伍中。霓虹灯广告的优点是醒目、传播范围广。缺点是成本昂贵。

（4）招贴画广告。招贴画广告，是广告主购买事先固定好的框架版面，来放置事先印刷好的广告。招贴画是一种古老的广告。

2. 户外广告媒体的优点：

（1）具有良好的市场选择性。如果广告主选择了某些不同的地区性市场作为广告宣传的目标市场，那么，在这些市场区域内选择合适的地段或位置放置户外广告就可达到预期目的。

（2）成本费用少。与其他广告媒体相比较，户外广告的制作成本较低，传播的形式较固定。这对于在大范围内使用同一种招贴画广告的广告主来说，由于一次印量较大，有助于降低广告的制作成本。因此，从广告预算方面考虑，户外广告媒体是一种颇具吸引力的广告媒体。

（3）形式灵活。广告主及经营单位为了吸引过往行人的注意，通常将户外广告牌、招贴画等制作得很大，使行人在很远处就可以看清广告信息，了解广告信息的主要内容。

3. 户外广告媒体的不足：

（1）广告信息内容有限。通常，过往行人与户外广告放置位置之间有一定距离，因此，为了使过往行人能清楚地了解广告信息的内容，字体就不宜过小，否则就会影响广告的效果；而字体加大，广告的信息内容就要相对减少。此外，由于行人都是从户外广告前匆匆而过，若广告信息篇幅过长，过往行人就无暇细看。鉴于此，在运用户外广告这种媒体时，一般都只是简要地标明企业标记及产品品牌名称。据测算，只有能使行人在5秒钟之内读完全部信息内容的户外广告，才能产生良好效果。

（2）档次较低。那些高档、精美的商品如果也用户外媒体做广告一般不会取得显著效果，反而有降低档次之嫌。这是由于在许多人的心目中，户外广告媒体是一种档次较低的媒体，它适合宣传大众化产品，而对于高档、显示身份的产品极不适宜。

（3）杂乱无章。在发达国家的大城市，户外广告比比皆是，给人一种目不暇接的感觉。许多广告主为了使自己的广告牌在众多广告牌中显露出来，竞相采用一些新奇的手段来吸引过往行人的注意力，这都会给人留下杂乱无章的感觉，有时甚至影响市容市貌。

（七）店面广告媒体

店面广告也称为POP广告（Point of purchase advertising），是指在商品的销售场地设置的广告，如在商品销售地点的通道、墙面、橱窗、货架、天花板等地方进行的广告宣传。

店面广告是20世纪二三十年代才兴起的一种新型广告。它的发展与超级市场的普及有密切的关系。店面广告从诞生之日起,就默默充当"无声导购员"的角色。随着零售商业的不断发展,店面广告媒体在现代市场营销中逐渐赢得了一席之地。

1. 店面广告媒体的优点:

(1)美化购物环境,提高顾客的购买兴趣,促使顾客的购买欲望及时转化为购买行为。媒体受众的购买情绪对购买行为往往产生极大的影响。巧妙、灵活的店面广告可以将一般购物场所装点得既舒适、美观,又使之呈现出一种生意兴隆的景象,会提高顾客的购买情趣,调动他们的购买欲望,扩大产品的销售。

(2)可以加强广告信息对广告受众的影响。广告主可以借助各种媒体将广告信息传播给目标市场上的消费者。由于现代社会广告"爆炸",通常的媒体广告无法很快使媒体受众产生购买行为,而POP广告通过对购物环境的美化,通过别致的商品陈列,可以有效地使消费者尽快地确定购买决策,从而达到交易行为。

(3)可以使顾客就近观看商品。前述的各种广告媒体,一般不是表现商品本身,而POP广告无论是橱窗陈列,还是柜台、货架等,大都是将商品实物衬以相应的装饰,而且与顾客距离非常近,有助于仔细观看甚至接触,可直接提高顾客的购买兴趣。

2. 店面广告的缺点:

(1)设计要求高,成本费用大。要达到吸引消费者,促使其购买的目的,就要求在商品陈列上、设计上独特新颖,以一定的艺术风格为基调,使人百看不厌。这就要求设计人员有较高的水平,同时,还要有一定的物质保证,成本费用较大。

(2)清洁度要求高。商店的客流量大,灰尘多,由于POP广告大多是立体的,容易藏污纳垢,不易清理。如果不经常保持清洁,会影响广告的社会效果和经济效果,也会影响企业的形象。因此要求有一定的人力、物力来保洁。

(八) 交通媒体

交通媒体是一种机动灵活的广告媒体。广告主可以根据自身的特点,把广告信息附于某种载体上,而后将其安置在公共汽车站、火车站、飞机场或地铁车站,也可以利用车体作为媒体进行广告宣传。交通媒体广告主要有三种:①设置于交通场所的固定型广告。日常生活中常见的汽车站、火车站、飞机场、地铁站等场所的各种广告牌、灯箱、霓虹灯等均属于此类,它是交通广告中最常见的形式。②以交通工具为媒体的流动型交通广告,主要是指城市中的公共汽车、出租汽车等车体广告。由于它们在城市中穿梭不停,来往行人注目率高,传播信息的效果较好。③安置于交通工具内部的广告。如公共汽车车厢内、地铁列车车厢内的广告等。

1. 交通媒体的优点:

(1)印象深刻。据估计,在我国大城市里,平均每天有70%左右的人乘坐公共汽车。乘客在车站、码头等候车、船时,为消磨时间常乐意阅读张贴在那里的广告,有时会留意广告的每一个细节,因此,这种广告能给受众留下深刻的印象。正因如此,国外的广告主有时会买下某一线路公共汽车的广告权,请广告公司将汽车外形装饰成产品模型。

(2)地理位置选择性强。在汽车站、火车站、候机室、码头等地流动的人群,都有一定的内在规律性。企业可根据产品目标市场的特点选择适宜的广告位置,以达到有效促销的目的。

(3)成本费用低。交通广告与户外广告相似,其制作成本都非常低廉。对广大中小型广告主来说,交通媒体是比较理想的广告媒体。

2. 交通媒体的缺点:

(1)广告产品的形象不突出。交通广告只是一种中低档产品进行信息传播的方式,常用它会贬低产品的市场形象。在环保意识日渐强烈的现代社会,交通广告有时会破坏自然界的和谐美,从而引起部分群众的反感。

(2)影响范围有限。不论怎样,流动人口总是有限的,而且只有接触交通媒体才有可能注意到交通广告,因而它的影响范围较报纸、电视媒体狭窄得多。同时,因为交通路线一般是固定的,这就决定了交通广告的影响地域只是一个狭长的地带。

(九)电影媒体

以电影为媒体的广告本质上是一种隐性广告,它隐藏在电影的各个角落。广告产品或品牌在电影情节或场景中占据某个位置使观众能够记着该产品或公司的标志。如果你看过电影后说"007戴'欧米茄'手表可真帅",或者"奥迪TT跑车实在太漂亮了",那么,你无意中就成了电影隐性广告的受众。

常见的电影隐性广告主要有以下几种：

1. 特写镜头式。这是隐性广告最喜爱的栖身之地。当主人公和赞助产品同时出现时,往往有特写镜头,尤其是主人会喝饮料和使用手机时的特写镜头,产品品牌一清二楚。

2. 直呼其名式。即品牌名称出现在影片的台词中。代表例子是《阿甘正传》的一句经典台词——"见美国总统最美的几件事情之一就是可以喝足了'彭泉'牌饮料"。

3. 扮演角色式。此类广告无疑让广告产品出尽了风头。"007"电影里那些大显神威的"宝马"等名牌车就在片中扮演了重要的角色；电影《玩具总动员》里干脆让"弹簧狗"之类的名牌玩具过了一把主演瘾。

4. 海报式电影广告。在《电子情书》的预告片中,明显地出现了"美国在线"(AOL)的"笑脸"标志。电影自身的广告(预告片、海报)和产品标志同时出现,形成有趣的"背靠背"式隐性广告。

隐性广告能为赞助商带来丰厚的利润。在电影《外星人》中,主人公用一种"里斯"牌巧克力豆把外星人吸引到屋里来,这一镜头使该巧克力豆的销售量迅速增加了65%；《玩具总动员》中"土豆头先生"的出场使这一款玩具的销售直线上升；而电影《黄金眼》所带来的广告效益使宝马公司多卖出2.4亿美元的汽车。电影隐性广告的"双赢"效益近年来蒸蒸日上。洛杉矶联络隐性广告公司的总经理杰伊说:"如今在美国,产业公司和电影制片之间形成越来越多的伙伴关系……五六年前,产品隐性广告可节约10万到50万美元的广告预算,现在这个数字已经没有考虑的必要了。"电影媒体的优点是制作简单,成本费用低廉,信息含量大,可以充分展示商品的功能和特点。缺点是影响面小,单纯的电影广告容易引起观众的反感。

据心理学家分析,电影广告能产生积极的潜意识联系。因为当观众看电影时,观众会降低防备。据调查发现,电影观众在离场时,记得影片里的产品的高达85%。当然,在影视片中做广告,需要较高的费用。

（十）互联网媒体

互联网媒体是一种新型的广告媒体。随着科学技术进步与经济的不断发展,计算机网络已成为人们日常生活的一部分,人们普遍利用因特网这一载体在网站上进行广告宣传。互联网媒体的形式多种多样,常见的有:①社交媒体、在线视频、短视频;②泛资讯平台媒体,包括综合资讯、搜索下载、浏览器及垂直资讯行业;③电商类媒体,包括电商类平台、生活服务平台等。

1. 网络媒体的优点。与其他广告媒体相比,网络媒体具有如下优点:

(1)传播范围广泛。网上广告通过Internet将有关企业或产品的信息传递到全世界各地的网络用户。

(2)跨越时间、地域和文化的限制。传统的大众媒体通常都有一定的限制性特征,如果要将国内刊播的广告向国际市场发布,则会遇到目标市场上受众的文化性差异、地域性差异以及接触时间等方面的问题,同时还要涉及政府部门批准、在当地寻找广告代理人等复杂问题。而国际互联网则是以自由方式扩张,并且连通全球的媒体,只要受众的计算机连接在Internet网上,广告主传播广告信息的目的就可以实现,也就避免了大众媒体开发国际广告的上述问题。

网上广告可以储存在广告主的服务器中,媒体受众不必同时在通道两端出现,他们可在一年内的任何时间浏览阅读,在时间上具有更多的自由。

网上广告使用的是人们熟悉的国际通用文字,基本上没有文化和地域方面的限制,更易于被受众接受。

(3)形式多种多样。随着计算机程序技术和多媒体技术的不断发展,网络广告现在已可以采用多种形式,如文字、动画、声音、三维空间、全真图像、虚拟现实,将广告产品全面真实地提供给网络巡游者,使他们产生身临其境的感受。

(4)广告费用低廉。与大众媒体的购买费用相比,网络广告的费用非常低廉,仅为大众媒体费用的3%。任何规模的企业都有能力进行网络广告宣传。

(5)传播迅速。网络广告制作一经完成就可以同时传向国内、国际市场,能够使企业及时地捕捉到市场的时尚性,将产品尽快地推向目标市场。

2. 网络媒体的不足。网络媒体自身也有一定的不足,概括地讲主要有以下几点:

(1)广告效果难以评价。网上用户的规模及分布、网站的访问率、热门网页与栏目、访问繁忙时段等都是广告主进行网络广告决策的依据,但我国目前尚无统一的网站访问量统计和分析系统,也无一家专业审计机构能够公正、权威地评估诸多网站的访问量并提出一个通行可信的评估标准。这就使客户对网站的优劣难以辨别,很难评估其广告效果。

(2) 网络媒体技术要求高。网络媒体要求广告人员在英文、计算机、网络及广告等方面皆具备较高的素质,这就在一定程度上限制了网络广告的发展;另一方面,从广告主方面来看,习惯了传统媒体效益分析报告的广告主面对一份与过去迥然不同的数据报告一时很难适应,大量的新名词常常使他们眼花缭乱,不知所云。

(3) 受众不明确。网络广告具有匿名的特征,使广告主无法辨清媒体受众是男是女,是大人还是小孩,说的是真话还是假话,这也在一定程度上影响了资料搜集和调查分析的准确性。

广告随着承载媒体的不断演进,从早期传统媒体发展到互联网媒体,再到今天的WAP媒体时代,广告便进一步从平面、桌面向移动平台演化,各类移动应用(APP)成为移动广告全新的载体。受益于移动互联网整体产业的快速发展和移动终端的更新迭代,移动应用广告被广告行业视为新的蓝海,具备极大的战略意义。时至今日,互动广告已逐渐成为广告市场的主流。

(十一)包装媒体

著名市场营销专家菲力普·科特勒认为:"包装(packaging)是指设计并生产容器或包裹物的一系列活动。这种容器或包裹物被称为包装"。在这里包装有两方面的含义:①包装是指为产品设计包装物的活动过程;②包装即包装物。很明显,菲力普·科特勒将包装活动与包装物视为一体。我们认为,广告学中的包装媒体是指产品外在的包装物。产品生产企业希望通过产品外在包装将产品的属性特征和市场定位明确地传达给消费者,即对消费者而言,产品包装是其识别企业,形成企业形象的一种工具,是消费者在众多产品中进行选择,做出购买行为的依据。

产品包装一般分为三层:

第一层,基本包装,即产品的直接容器,如装有可口可乐的瓶子。

第二层,次级包装,它是产品基本包装的保护层,如用来包装瓶装可口可乐饮料的硬纸箱。

第三层,运输包装,它是指为了储存、运输和订货的外加包装。

广告学中包装媒体主要是指产品的基本包装和次级包装两部分。

1. 产品包装的构成要素:

(1) 品牌(或商标)。品牌(或商标)在包装上占据突出的位置。

(2) 包装的形状。包装形状不仅要有利于搬运、储存和陈列,而且还要有利于产品销售,要符合目标市场上消费者的审美习惯。

(3)包装的主要颜色。颜色是产品包装中与销售刺激联系最紧密的要素之一。颜色的选用要随社会意识而变化,要符合目标市场文化背景的要求,更重要的是使底色的运用、色调的组成和调配能突出产品的个性和品牌的特征。

(4)包装上的图案。包装好比产品的货架广告,而图案就如同该广告的画面。产品包装上的图案除了更清楚、易理解外,还要突出品牌定位。

(5)包装材料。开发和选用新型材料是包装设计中经常性的重要工作。一种新型包装材料的开发有时可以使处于衰退期的产品新生。

2. 产品包装的作用。有些营销人员将"包装"称为市场营销中的第五个P[前四个P分别为价格(Price)、产品(Product)、地点(Place)、促销(Promotion)]。但是,确切地说,包装是企业竞争策略中的一个要素,没有包装就没有品牌,没有品牌就无法开展市场竞争。营销策划者将处于符号化阶段的品牌名称、品牌标志物等表示在包装上,并使它们协调搭配,就有利于企业开展广告宣传,有利于企业进行市场竞争,有利于提高品牌的资产价值。

包装最初的作用是保护产品、方便运输。随着市场经济的不断发展,包装已成为企业强有力的广告促销方式。设计良好的包装不仅能为消费者提供便利,而且也能为市场营销者创造促销价值。具体表现在以下几方面:

(1)有利于顾客自我服务。一般来讲,在零售行业中销售人员对顾客的服务态度直接影响到顾客的购买行为。如果销售人员的态度过于冷漠,就会给顾客留下不良印象;反之销售人员过于殷勤,又容易使顾客产生逆反心理。如何恰当地掌握这一技巧,对许多销售人员来讲确实是一个经验积累的过程,而这必然会影响到零售店的销售业绩。二次大战后的美国,由于雇佣双方供求关系的不平衡,使零售行业的销售人员明显不足,面对这一问题,迫切需要零售行业的经营方式向"自我服务"式转变。因此,有人曾经这样认为:"包装被重视的主要原因,是营销制度逐渐走向自我服务的途径,这种发展趋势是不可避免的。"

昔日摆放在顾客与产品之间的柜台,已成为影响产品与顾客之间的关系更加密切的障碍。顾客喜欢自己动手挑选自己喜爱的产品,以便决定是否购买。换句话说:超级市场的生意逐渐兴隆,是因为自助服务的时代已经到来,所以包装所负的广告宣传的使命也愈益加重。有人说:"好的包装就如同出色的促销人员。"因此,包装应具备广告促销的职能。它应能吸引消

现|代|广|告|学

费者的注意力,说明产品特色,给消费者以信心,最终形成一个有利于产品销售的整体形象。

(2)有利于企业在市场竞争中树立良好的品牌形象。营销策划者已越来越意识到设计良好的包装能为企业在市场竞争中赢得竞争优势。以百事可乐为例,百事可乐公司除了在推出低卡路里、无咖啡因和颜色不同的可乐上下功夫外,最近几年又把重点放在新的纸箱、瓶子和罐子上。

美国的消费者现在可以买到新的24罐纸板包装"方块"、12盎司装开瓶后可再封瓶的"小百事",8盎司罐装的"迷你百事"和1 000毫升的"大开口"瓶装百事可乐。

饮料业的经营者习惯用低价促销来对付市场的不景气,但是要长期以低价维持高增长率,事实上是非常困难的。因此,包装在拥挤的市场中的重要性便越来越突出。在包装策略上,跨国饮料公司似乎英雄所见略同。百事可乐、可口可乐和其他饮料公司基本上都遵行两种策略:一种是"专属包装",就是经由饮料的容器来进行产品定位,树立产品形象,可口可乐曲线玲珑的玻璃瓶就是一个例子;另一种策略则是"特定形式的零售包装",例如,30罐和60罐包装的饮料。

百事可乐也从这两种策略入手,即供应几种不同容量的软包装饮料,然后分别给它们取名字,各赋予它们一种形象或独特的标识,以满足特定的消费者。例如,"大开口"有一个夸张的大罐口,其设计诉求是那些激烈运动后极为口渴的人;"迷你百事"则是针对无法一次喝完12盎司可乐的人而设计的。

过去的14罐包装不但不好拿,纸盒一旦开封后,罐子便会滑出来,而且在搬运途中容易损坏纸盒表面的印刷。"方块"包装则是把罐子垂直叠起来,而非水平排列,这样可以有效防止罐子滑出,同时,纸盒还附有较窄的提把,方便提起和携带。据百事可乐公司说,88%接受调查的人喜欢这种新的包装。

创立于1828年的法国娇兰化妆品,一百多年来始终为家族式企业经营模式。当年由年轻的医师兼化学家皮纳·弗朗索瓦·帕斯卡尔从一家小店制卖香水开始发展,由于对品质的坚持及完善的追求,迅即获得耀眼的成绩。一百多年来,总计推出300多种香水,至今仍在销售的还达100多种。同时,娇兰的彩妆也有不错的成绩,其主要的原因,除了娇兰彩妆的绚丽多彩外,还特别讲究包装的精致设计。幻彩流星粉盒及唇膏以及景泰蓝包装,衬托了色彩的绚烂及使用者的尊贵。其他系列的彩妆产品,也十分注重由包装到质感的整体设计,使化妆品看起来如同珠宝锦盒般的精致华丽。

设计良好的包装有助于消费者迅速辨别出哪家企业或哪一种品牌。例如,要购买胶卷时,人们可以立即识别出大家所熟悉的黄颜色包装的柯达品牌。

(3)为市场营销者提供了创新的机会。包装的创新可给消费者带来极大的好处,也可为市场营销者带来利润。例如,牙膏的气压式配量器已占领了美国12%的牙膏市场,因为对许多消费者来说,使用这种包装可减少挤牙膏把手弄脏的次数,并且操作方便。美国切斯布拉夫—旁斯公司(Chesebrough – Pouds)在推出了新包装的爱指甲(Aziza)牌指甲上光笔后,指甲上光笔的总销售额提高了22%。

(十二)自媒体

自媒体(We Media)也称为个人媒体。是指私人化、平民化、普泛化、自主化的传播者,以现代化、电子化的手段,向不特定的大多数或者特定的单个人传递规范性及非规范性信息的新媒体的总称。包括 Blog(博客)、Podcasting(播客)、BBS(电子布告栏系统)、Group Message(手机群发)等。

美国新闻学会的媒体中心于 2003 年 7 月出版了由谢因·波曼与克里斯·威理斯两位联合提出的"We Media"研究报告,里面对"We Media"的定义为:"We Media 是普通大众经由数字科技强化、与全球知识体系相连之后,一种开始理解普通大众如何提供与分享他们本身的事实、他们本身的新闻的途径。"

目前,常见的自媒体平台包括但不限于个人微博、个人日志、个人主页等,其中最有代表性的托管平台是美国的 Facebook 和 Twitter,中国的 QQ 空间、新浪微博、腾讯微博、微信朋友圈、微信公众平台、人人网、百度贴吧等。

还有众多科技博客(主要指专注互联网和科技的新闻资讯网站),有的脱胎于门户;有的是传统媒体人出来做的;有的脱胎于传统媒体,但是因为团队的局限,所以特色并不明确。

概括起来,自媒体具有以下特征:

1. 媒体平民化、个性化。

美国著名硅谷 IT 专栏作家丹·吉尔默给自己的专著《自媒体》起的副

标题是"草根新闻,源于大众,为了大众"(We the Media:Grassroots journalism by the people,for the people)。这就是自媒体最根本的特点,即平民化。

自媒体成为平民大众张扬个性、表现自我的最佳场所。媒体受众从"旁观者"转变成为"当事人",每个受众都可以拥有一份自己的"网络电视"(播客)、"网络广播"或"网络报纸"(博客)。人们自主地在自己的"媒体"上"想说就说"、"想写就写"利用互联网来表达自己想要表达的观点、兴趣与爱好,搭建个人的社交网络。

2. 搭建门槛低,运作简单。

对报纸、杂志、电视、广播等传统大众媒体而言,媒体的运营是一件极其复杂的事情。需要花费大量的人力、财力和时间去维系。并且,创立新媒体,需要经过国家相关部门严格的审核与批准,难度之大超出想象。在互联网文化普及的时代,平民大众成立一个属于自己的媒体成为可能。

在微信朋友圈、抖音、新浪博客等自媒体平台上,用户只需要通过简单的注册申请,就可以利用版面管理工具,在网络上发布图片、视频、文字、音乐等信息,创建属于自己的"媒体"。拥有自媒体,不需要投入过多的成本,也无需要特定的专业技术知识,其进入门槛低,操作运作简单方便。

3. 与受众交互性强,传播迅速。

自媒体得益于数字科技的快速发展,其运作没有了时间和空间上的限制,对社会大众而言可在任一时间、任一地点。经营自己的"媒体",能够迅速传播信息,张显自己的个性。这一特征是传统大众媒体无法企及的。自媒体能够迅速地将信息传播到受众中,受众也可以迅速地对信息传播的效果进行反馈。

目前,自媒体在我国已经成为一种潮流,赢得了广告主的普遍青睐,其广告费用也是水涨船高。以自媒体平台"咪蒙"为例,2019年7月,其软文广告价格已经涨到了头条刊每条65万元,二条刊每条35万元,其背后的粉丝的大流量群让投入者的话题性和传播性都获得了很大的提高。咪蒙的广告价格是省级卫视黄金时段15秒广告均价的7倍左右。这说明品牌经营者开始关注并且重视自媒体广告,它们投放的广告预算在传统广告媒体上的比例逐渐下降,自媒体广告却日益增加。这一发展趋势表明,自媒体广告将会取代相当一部分传统媒体的广告业务。例如,2019年年初,瑞士顶级腕表品牌"积家"在其官方公众号上发布了一条跟Papi酱合作的视频广告,大品牌广告投放开始转向自媒体的趋势初见端倪。

在广告投放自媒体选择上,广告主越来越倾向把广告预算投放在中高端自媒体上,即强 IP 上。因为这些强 IP 聚集了大量粉丝,即便广告费用标准高,品牌经营者也认可。

(十三) 新媒体平台

新媒体平台是指一种在互联网时代新兴的信息传递平台。新媒体平台有但不限于:手机短信、数字电视、数字报纸、数字电影、数字广播、触摸媒体、网络、桌面视窗、移动电视。例如今日头条、快手、抖音、百度 APP、一点资讯等。新媒体行业平台是针对某个行业专门打造的新媒体平台,如餐饮类新媒体平台、旅游业类新媒体平台。专门面向一个行业而打造的新媒体平台,称为新媒体行业平台。

平台多起来,工具的使用就显得尤为重要,易媒助手就是便利新媒体运营的工具,它支持多个平台一起登陆,一个后台看到所有账号信息,还能一键发布上传视频、软文等形式的广告。近年来,我国涌现出大量的新媒体广告平台,按照活跃用户人数多少排序,主要有以下几个平台:

1. 微信平台。2021 年微信月活跃用户数量达到 12.682 亿人次,巨大的用户群体,对市场来讲就是一座巨大的金矿,引来众多淘金者。在微信平台上,企业常用的新媒体工具和资源包括:微信公众平台、微信个人号、微信群、微信广告资源。

2. 新浪微博平台。根据微博发布的 2021 年第四季度及全年财报,微博 2021 年来自广告和营销的收入为 19.8 亿美元,占总营收比重的 87.6%,在美妆个护、食品饮料、3C 数码、汽车等行业保持了可观的收入增速,重点开拓的奢侈品、鞋服行业也贡献了较高的收入增长。截至 2021 年底,微博的月活跃用户数为 5.73 亿人,同比净增约 5 200 万人。

3. 问答平台(知乎、分答、百度问答、360 问答)。常用于新媒体广告推广的问答平台有知乎、分答、百度问答和 360 问答。百度问答、360 问答被运用于网络广告已久,知乎和分答出现时间虽晚,但营销势能十足。

4. 头条号平台。国内 2021 年上半年互联网广告收入排名第二的是字节跳动控股公司下的今日头条,占据 2021 国内上半年互联网广告收入市场总份额的 16.4%,可以说,目前在国内资讯领域,今日头条基本已经碾压大多数门户网站和搜索引擎。依托今日头条这个内容、流量巨无霸,头条号成了仅次于微信平台的第二大广告信息发布渠道,头条号上广告经营者可以

选择发布图文(今日头条)、视频(西瓜视频)、微头条(翻版微博)、小视频(抖音)、悟空问答(翻版知乎)等形式的广告。

5. 搜狐号平台。为搜狐旗下自媒体内容平台,数据更新和今日头条类似。2021年搜狐总收入为8.36亿美元,其中,品牌广告收入为1.35亿美元,依然赢得许多汽车、房地产广告主的青睐。

第二节 广告媒体的选择

广告媒体是传播广告信息的手段和工具,离开了广告媒体,广告信息就无法传播。在广告活动中,选择的广告媒体不同,广告策划的内容、广告费用以及广告效果等也就不同。

广告媒体的选择是指根据广告目标的要求,以最少的成本选择合适的传播媒体,使广告信息传达给预定的目标消费者,并保证接触者的数量和接触的次数。其中心任务就是比较广告目标与媒体之间的差距,并根据广告目标的要求来选择广告媒体。

一、确定广告信息传播的数量指标

选择广告媒体时,必须首先确定广告信息传播的数量指标。常用的数量指标主要有以下几种。

(一)信息收视(听)率

信息收视(听)率[Information viewing(listening)rate]通常是指在一定时间内,目标市场上收视(听)某一特定的电视节目或广播节目的人数(或家庭数)占总人数的比例。

信息收视(听)率是广播电视媒体最重要的数量指标。广告主和广告公司根据该指标购买广播节目和电视节目,以判定他们的广告信息将能达到多少人,以及计算这些人将会有多少次暴露于广告信息之中。西方国家的广播电视经营者,常用该指标来评价节目的普及情况。如果某一节目的收视(听)率高,该节目就可继续播放。反之,就有可能被停播。信息收视(听)率也是广播电视经营者确定广告刊播收费率的标准之一。通常,节目收视(听)率高则刊播广告的单位费用就高。

(二)开机率

开机率(Homes using TV)是指在一天中的某一特定时间内,拥有电视机的家庭中开机收看节目的户数占总户数的比例。例如,某一目标市场上有1 000户家庭拥有电视机,在2019年5月24日14~18时,有125户在收看A节目,100户在收看B节目,50户在收看C节目,25户在收看D节目,此时的开机率为30%。

开机率的高低,因季节、一天中的时段、地理区域以及目标市场的不同而不同。这些变化反映了目标市场上消费者的生活习惯和工作状态。早晨因人们去工作而开机率低;傍晚当消费者回家时则开机率高;深夜人们逐渐入睡,开机率又降了下来。

经调查发现,电视与广播的开机程度又有互补性,即当电视开机率较高时,广播的开机率则较低,反之亦然。

(三)节目视听众占有率

节目视听众占有率(Programs share)是指在一定时间内,收看某一特定电视节目的消费者家庭数目占总开机家庭数的百分比。依照上例,节目B的视听众占有率为33.3%。节目视听众占有率并不表示拥有电视机的户数,而只是说在某一特定时间那些正在看电视的家庭数。

收视率、开机率与节目视听众占有率之间有密切关系,它们相互间的计算公式如下:

$$收视率 = 开机率 \times 节目视听众占有率$$

节目视听众占有率主要由以下因素决定:

(1)何时播映。

(2)该节目播映时与其他有关节目的竞争状况。

(3)该节目前后播出的节目。如果在该节目前播出的节目非常有吸引力,观众就不会立即转换频道;同样,如果在它之后播出的节目很精彩,观众就会非常留意该频道。

(4)节目内容,是纪录片还是电视连续喜剧。

(5)节目的发展情节等。

(四)毛评点

毛评点(Gross rating points)是某一特定的广告媒体所刊播的某广告信息的收视率总数。毛评点等于每一插播播出次数与每次插播的收视率的乘积。如果一个收视率为30%的节目播出两次广告,毛评点为60(30×2)。表6-1为13次通过4个插播广告的具体情况,说明送达的毛评点为200。

表 6-1 毛评点计算表

节目名称	家庭平均收视率	插播次数	毛评点
节目 A	20	2	40
节目 B	15	4	60
节目 C	25	2	50
节目 D	10	5	50
合计		13	200

(五) 视听众暴露度

视听众暴露度(Impressions)是指全部广告暴露度的总数。视听众暴露度与毛评点相同,但以个人数目(或家庭数目)来表示,而不是用百分数来表示。

视听众暴露度有以下两种计算方式:

(1) 以目标市场中的广告接触人数与毛评点计算,计算公式如下:

$$视听众暴露度 = 广告接触人数 \times 毛评点$$

(2) 将广告插播计划表中的每一插播(或杂志刊出的广告)所送达的视听众人数累计加总。

如果表 6-1 是对中国全部有电视家庭的插播广告计划表,同时假定中国有 8 500 万户家庭拥有电视机,运用第一种计算方法得出视听众暴露度为 1.7 亿(8 500 万 × 200)。

视听众暴露度和毛评点一样,都表示广告信息送达给媒体受众的"毛额",在上例中,该广告播出以后,有 1.7 亿户家庭收看了广告节目,其中有些家庭重复收看了该广告节目。表 6-2 是根据第二种方法计算视听众暴露度的具体过程(假定家庭基数:8 500 万户)。

表 6-2 视听众暴露度计算表

节目名称	家庭数目	广告计划插播次数	视听众暴露度
节目 A	17 000	2	34 000
节目 B	12 750	4	51 000
节目 C	21 250	2	42 500
节目 D	8 500	5	42 500
合计		13	170 000

(六) 到达率

到达率是(Reach)指不同的个人或家庭在一段时间内暴露于某一媒体

特定广告信息中的人数,一般以百分数表示。

在计算到达率时,一位观众不论他暴露于特定广告信息多少次,都只能计算一次。到达率适用于一切广告媒体,唯一不同之处是表示到达率的时间周期长短各异。一般而言,电视、广播媒体到达率的周期是4周,这是由于收集、整理电视、广播媒体的有关资料需要花费4周的时间;杂志、报纸的到达率通常以某一特定发行期经过全部读者阅读的寿命期间为计算标准,以美国的《读者文摘》为例,平均每期的阅读寿命为11～12周,就是说,从杂志开始发行需经过11～12周才能到达最后一位读者;户外媒体与交通媒体到达率的周期,通常是1个月。

(七) 暴露频次

暴露频次(Frequency)是指消费者个人或家庭暴露于广告信息中的平均次数。暴露频次与到达率指标一样,在所有广告媒体中都可以使用。需要强调的是暴露频次指标是指平均暴露频次。

到达率、暴露频次和毛评点三个指标常用百分数表示(但没有百分数的记号),都是用以衡量一则广告计划送达的人数或家庭数。"到达率"表示广告策划者希望多少媒体受众能接触到该广告信息;暴露频次说明该广告信息将达到媒体受众的"平均次数";毛评点是到达率和暴露频次的产物,表示该广告信息将达到媒体受众的重叠百分数"毛额"。

广告策划者可用到达率与暴露频次指标来分析、选择广告刊播日程计划表,以决定哪一个媒体实施计划能够产生最好的效果。表6－3说明了两个可选择的、不同的广告刊播计划表,这两个计划表的广告费用都在预算范围内。

表6－3 到达率和暴露频次的比较

具体项目	刊播计划1	刊播计划2
电视联播网特级时段	10	5
电视联播网日间时段	20	53
到达媒体受众	80%	75%
平均暴露次数	2.2	4.2

计划1的广告要在电视联播网特级时段插播10次,并在电视联播网日间时段插播20次。计划2的广告要在电视联播网特级时段插播5次,并在电视联播网日间时段插播53次。根据到达率和暴露频次指标,广告策划者

就能基于两个广告计划到达多少人,以及每个人到达的平均频次来比较这两个计划。如果以到达率为唯一评判标准,广告策划者就会选择计划1;如果认为在广告刊播中暴露频次更为重要,就应选择计划2。

(八)每千人成本

每千人成本(Cost per one thousand impressions)是指对指定人口送达1 000个视听众产生暴露度的成本。其计算公式如下:

$$CPT = \frac{广告费用(元)}{视听众暴露度或人数(以千为单位)}$$

广告策划者可以用每千人成本这一指标来选择广告媒体,以每一节目送达的视听众来衡量要付的价格。表6-4就是用每千人成本来选择广告媒体的一个实例。广告策划者面临着杂志A或杂志B两种选择。

表6-4 A,B杂志每千人成本计算表

项 目	观众(千人)		每千人成本(元)	
30秒/成本(元)	家庭	男士	家庭	男士
节目A 100 500	11 500	6 880	8.74	14.61
节目B 96 500	16 700	9 660	5.78	9.99
每页/成本(元)	读者(千人)		每千人成本(元)	
(彩色)	全体妇女	18~49岁妇女	全体妇女	18~49岁妇女
杂志A 64 600	17 460	11 900	3.70	3.70
杂志B 46 940	12 680	9 110	5.43	5.16

通过比较可知,杂志A与杂志B的送达人数和广告成本都不相同。如果以全体妇女计算,杂志A和杂志B的每千人成本相同。如果媒体计划的目标强调送达18~49岁的妇女,杂志B比杂志A的每千人成本低,就说明杂志B更有效率,应选杂志B。

(九)有效到达率

有效到达率(Effective reach)也称有效暴露频次,是指在一特定广告暴露频次范围内,有多少媒体受众知道该广告信息并了解其内容。有效到达率是用来解答"多少广告才够"这一问题的。

产品的有效到达率是由多种因素决定的,主要包括产品的购买周期、广告信息的复杂程度、产品的市场地位、品牌的知晓度以及广告媒体的传播特性等。西方广告专家对最佳程度的广告频次作了大量的研究,以下是一些公认的结论:①广告宣传暴露一次没有任何价值;②第二次暴露才会有一些效果;③在一个月或一个购买周期中需要 3 次暴露,才能产生预期的广告效果;④广告宣传在达到一定的暴露频次以后,宣传效果递减;⑤广告宣传在达到某一程度的频次时,广告效果为零,甚至会产生负效果。

在图 6-1 的理论模式中,暴露 3 次以下的广告没有任何价值。最佳的暴露频次是 6 次。当暴露频次超过 8 次,媒体受众对广告信息感到厌倦,其后的广告暴露将没有任何效果还有可能产生负效果。

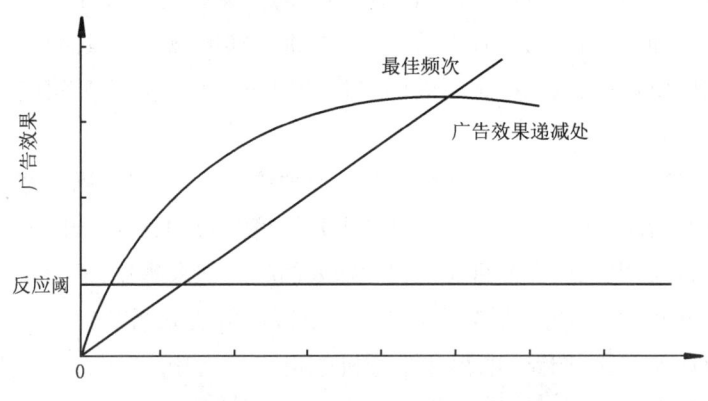

图 6-1　广告有效到达率与频次

二、选择广告媒体应考虑的因素

广告策划者在选择广告媒体时,除考虑上述广告信息指标外,还应考虑不同媒体在广告接触、频次和效果等方面的差异。概括地讲,在选择广告媒体时还应考虑以下因素:

第一,媒体的性质与传播效果。不同的广告媒体有不同的优点和局限性,都会影响到广告目标受众的人数。广告媒体社会声望的高低,严重影响着广告的影响力和可信度。媒体信息生命周期的长短及媒体是否有某些方面的限制等,都会在一定程度上影响广告效果。例如:宣布近期一项大型销售活动的信息,需要利用广播媒体或杂志媒体;一项包含大量技术资料的信息,就需要选择专业化杂志媒体和邮寄媒体进行宣传。广告策划者在选择广告媒体时,要在了解上述情况的基础上,根据广告主的实情进行科学的选择。

第二,广告对象的特点。广告策划者传播广告信息时,大都以宣传企业或产品(服务)所具有的各种特点为主要内容,因此,在选择媒体时,必须考虑企业或产品自身的特点。因为各种广告媒体类型在示范、形象化、说明、可信度和色彩等方面的潜力各有不同。例如,妇女时装广告最好刊登在印刷精美的彩色杂志上,照相机最好在电视上进行广告宣传。

第三,目标市场的媒体习惯。选择广告媒体,要充分考虑目标市场上消费者的职业、年龄、文化程度、收入水平、宗教习惯等特征,因为其生活习惯不同,经常接触的媒体也就不同。例如,青少年喜欢看电视、听广播,而中老年知识分子则习惯于读报纸等。

第四,媒体成本费用。在总的广告费用开支中,媒体的发布费用占相当大的比重。不同媒体的费用支出各不相同,同一类型的广告媒体也会因为广告时间、版面等的不同而有不同的收费标准。如电视广告极为昂贵,而报纸广告则较便宜;在电视黄金时间的广告费用往往又是其他时间广告费用的数倍。

长期以来,电视在广告媒体中占有主导地位,而其他媒体则被忽视。广告策划者开始注意到,由于电视节目越来越拥挤混杂,电视广告的效果已开始下降。目前,电视广告节目在电视中播放的时间越来越短,但数量却越来越多,观众的注意力和广告效果正在日益下降。电视联播节目的观众逐渐被其他媒体如有线(闭路)电视和录像机夺走了。此外,一些企业已发现采用印刷广告和电视广告相结合的方法,通常比单独使用电视广告节目的效果要好。这说明广告主必须隔一段时间就要对不同的媒体进行检查评估,以决定购买最好的广告媒体。

三、选择广告媒体的具体方法

西方广告专家为选择广告媒体建立了许多数学模型,下列几种是广告策划者最常用的。

(一)线性规划法

线性规划法是指在一定限制条件下,通过媒体组合以使广告有效暴露频次最大化的方法。利用线性规划法选择广告媒体的实例如下:

求:$3\,100X_1 + 2\,000X_2 + 2\,400X_3 = E$ 的最大值。

限制条件: $15\,000X_1 \geq 250\,000$

$$0 \leq X_1 \leq 52$$

$$1 \leq X_2 \leq 8$$

$$6 \leq X_3 \leq 12$$

式中:X_1, X_2, X_3——三种广告媒体;

$3\,100X_1$——媒体 X_1 每发行 1 次可得到 3 100 个有效暴露频次;

$2\,000X_2$——媒体 X_2 每发行 1 次可得到 2 000 个有效暴露频次；

$2\,400X_3$——媒体 X_3 每发行 1 次可得到 2 400 个有效暴露频次。

广告策划者将设法购买某一媒体的适当发行量，以便使有效暴露频次 E 达到最大化。广告策划者的广告预算为 50 万美元，不许超支。媒体 X_1 每发行 1 期的成本是 1.5 万美元，媒体 X_2 为 4 000 美元，媒体 X_3 为 5 000 美元。此外，广告策划者想在媒体 X_1 上至少支出 25 万美元。媒体 X_1 一年发行 52 期，X_2 为 8 期，X_3 为 12 期。广告策划者至少想购买 1 期媒体 X_2 和 6 期媒体 X_3。

最佳的有效暴露频次的媒体组合，可以通过以上方式求出，但这种方法也有一定的局限性：①线性规划法的前提是假定重复暴露的边际效果保持不变；②假定媒体的成本是固定不变的；③该方法不包括视听者重复的情况；④该方法无法安排广告的具体刊播时间表。

（二）顺序探索法

顺序探索法，是指根据广告媒体有效暴露频次的大小顺序来依次选择媒体的一种方法。该方法每次只选择一个媒体，先购买该媒体的第一周，对于其余可供选择的媒体则根据媒体受众重叠和可能的媒体费用折扣情况而重新予以评估。如果上一周的有效暴露频次低于最佳水平，则在下一周进行第二次选择。有效暴露频次的最佳值是几个营销变量和媒体变量的函数。此过程继续下去，直到达到最佳的有效暴露频次。达到这一点，再考虑下周新媒体的选择。这个循环过程一直继续到完成全年的广告计划为止。

顺序探索法与线性规划法相比，有如下优点：①制定广告刊播时间表与媒体选择可同时进行；②可解决媒体受众重叠的问题；③可解决媒体费用折扣问题；④这一方法结合了诸如品牌转换率和暴露系数等重要变数。

（三）模拟模型法

模拟模型法用以估计任何已知的媒体计划的暴露价值。例如，假设某媒体有 2 944 个使用者，他们代表按性别、年龄、社会阶层、就业状况和教育程度划分的某国家或地区人口的横截面。每个人的媒体选择是由该人的社会经济特征和所处地点的媒体分布概率所决定的。把特定的媒体时间表暴露给假设的人口，电脑就会列出暴露在任何人面前的广告数目和类型。在假设年度的经营结束后，即可绘制出简明的图表，用以表示该广告时间计划表可能达到的效果的概况，使广告策划者可判断拟议中的广告媒体时间表的受众特征与接触人数、频率特点等方面是否令人满意。

模拟模型法是对线性规划法、顺序探索法的补充。它自身也有一定的不足,如假定人口的代表性特征在通常情况下是很难把握的。

(四)媒体计划运算模型法

媒体计划运算模型法是运用一定分析方法处理细分小市场、销售潜力、暴露概率、媒体受众边际反应递减率、遗忘、季节性和广告费用折扣等实现媒体问题中出现的大量营销和广告变量的计算机模拟法。这种模型提出问题,而由广告主提供有关数据,随即在几秒钟内就能得到最佳的媒体安排表。广告策划者可以变换输入计算机的资料,就可发现不同变量对广告效果的影响。

用电脑选择媒体,只能作为广告策划者进行判断决策的一种辅助手段,不能取代决策本身。因为计算机模型不可能包括所有广告策划的变量,最终的媒体计划应是电脑的超逻辑智力和人的想象力与判断力的共同产物。

第三节 广告媒体使用策略

一、广告媒体使用策略的含义

广告媒体使用策略是指广告策划者根据广告对象(企业或产品)的特点确定广告媒体的目的,并确定实现这些目的的途径。它是广告策划者运用各种媒体进行广告宣传活动的指导方针。

根据定义可知,广告媒体使用策略的主要内容包括:①确定广告媒体的目的;②确定实现该目的的具体途径,如在该广告活动中要使用哪些媒体,每种媒体要使用多少次,每种媒体的广告开支是多少,在一年中的什么时期用该媒体等。

广告策划者在制定媒体使用策略时,要对媒体特性有深入的了解,知道媒体如何发生作用、媒体怎样被消费、怎样使用媒体才能产生理想的效果等。

二、确定广告媒体的目的

确定广告媒体的目的是指广告媒体在预算一定的情况下,送达给目标市场消费者的是什么。在通常情况下,确定广告媒体的目的要回答以下问题。

第六章 现代广告媒体

（一）确定目标视听众

目标视听众即广告传播的目标受众。广告产品潜在的顾客一般以他们的社会经济特性（如年龄、性别、收入、教育、种族、家庭规模以及职业、社会阶层等）来加以确定。另外两种确定目标视听众的方法是以广告产品的购买者、使用者和消费者的心理特征、生活形态的特性为标准来确定的。如果确定一种以上的目标视听众，就要明确指出相对于该广告媒体而言，不同目标视听众的重要程度。例如，广告策划者已确定该产品广告的目标视听众是大公司白领职员，其中白领男士占60%，白领女士占40%。在选择广告媒体时，就要落实这一比例。

（二）确定媒体信息的目的

确定媒体信息的目的是指通过广告媒体向目标视听众传播有关企业或产品的信息的目的是什么。常见的媒体信息目的主要有以下几种：①提高产品（或劳务）品牌的知晓度；②促使消费者改变不利于本品牌产品的某种态度；③向消费者介绍一种新产品；④加强广告主的促销推广活动；⑤提醒老顾客，以建立他们对该品牌的忠诚感；⑥与一种新上市的产品展开竞争；⑦鼓励该产品的推销人员。

（三）确定广告何时出现

媒体目的中应包括广告在特定媒体上出现的时间，常见的广告出现时间有以下几种：①在产品销售旺季之前出现，以引导销售旺季；②在一年内平均出现，以顺应每月的产品销售；③在企业开展促销活动时出现，以支援企业的产品推广活动；④当竞争产品进行广告宣传时出现；⑤在新产品上市前出现；⑥当季节变化，节假日来临之际，在媒体上刊播广告。

（四）确定广告在何地出现

广告媒体开支的大小与产品销售额的高低、配销状况等密切相关，因此，要确立在不同地区广告出现的先后顺序。在决定广告出现的地域时，要考虑以下问题：①全国性、区域性与地方性广告的相互配合；②人口密度；③产品在不同地区的销售状况；④产品销售种类的特性；⑤各个地区市场上同类产品的竞争状况。

（五）确定应安排多少广告

应安排多少广告是指在一段时间内为达到预期的广告效果，某一广告应该有多少到达率与平均频次才够。企业的营销目的、媒体目的、市场地位与竞争压力、品牌的市场地位等都会影响广告宣传中所需要的到达率与平均频次的标准。表6-5和表6-6是强调到达率和平均频次的情况。

表6-5 强调到达率的情况

强调到达率的情况	新产品
	扩展中的类别
	副品牌
	竞争力强的品牌的加盟
	广泛的目标市场
	不经常购买的产品

表6-6 强调平均频次的情况

强调平均频次的情况	竞争者强大时
	产品信息复杂时
	经常购买的产品
	品牌忠诚度弱时
	目标市场狭窄时
	消费者对品牌或产品类别抗拒时

三、广告媒体分配策略

广告媒体分配策略是实现媒体目的的途径，用以说明媒体目的如何实现。广告媒体分配策略主要包括广告媒体在地区上的分配策略和在时间上的分配策略。

（一）地区分配策略

广告媒体使用的地区分配策略主要有三种类型：①广告预算完全投入到全国性媒体上；②全国性媒体与地方性媒体结合使用；③只使用地方性媒体，或者在国内相当大的部分使用地方性媒体。为了正确地选择媒体地区分配策略，广告策划者要对品牌销售和产品类别销售的情况进行分析，常用的方法有：

1. 品牌发展指数法（Brand development index）。该方法用来说明某品牌产品销售与某类别产品销售的关系，以显示在整个市场中该品牌在何处销售多，在何处销售少。其计算公式如下：

$$品牌发展指数 = \frac{某品牌产品销售比重}{某类产品的销售比重}$$

例如,某品牌2010年在北京地区的销售比重为24%,该类产品的销售比重为25%,其品牌发展指数为0.96,这表明在北京地区该品牌销售与类别销售相配合。如果品牌发展指数大于1,则表明某品牌产品的销售比重大于该类产品的销售比重;指数小于1,则表明该类产品的销售比重大于该类产品的某品牌销售比重。

品牌销售如果配合类别销售,广告费用可与产品在目标市场上的销售状况相一致。如果品牌销售与类别销售之间有较大的偏差,广告策划者就应慎重考虑。通常的做法是,先确认有成长潜力的地区市场,再对其进行广告投资。

2. 品牌与类别对比法。将不同地区某品牌产品的销售趋势与该类产品的销售趋势进行比较,以确定广告媒体在地区上的使用情况。通常,将不同的目标市场根据图6-2的标准进行分类,以决定是否在该地区进行广告宣传。

	低　　　　产品类别发展　　　　高
品牌发展　高	●品牌强但消费者花费低　　●品牌销售与类别销售已达饱和 ●增加的广告投入无效果　　●增加广告投入无效果 ●寻求增加类别购买频次　　●维护市场地位的广告投入 　　　　　　　　　　　　　　●保持市场需求的广告投入
品牌发展　低	●销售旺季限制广告　　　　●竞争激烈,品牌相对疲软 ●无销售潜力,品牌疲软　　●增加广告投入可能有效果 ●支援推广活动以避免配销损失　●在销售旺季增加广告频次 　　　　　　　　　　　　　　●寻求密集的广告推广活动

图6-2　目标市场划分类别图

(二)时间分配策略

广告媒体使用的时间安排策略可以划分为长期安排策略和短期安排策略:

1. 长期安排策略。广告策划者必须决定将一年的广告按季节和预期的经济发展来安排时间。假如,某产品销售量的70%产生于5月到10月的温暖月份,则广告策划者可有三种选择:①广告主可顺着季节的变化调整广告支出;②可按产品季节变化的相反方向来安排广告支出;③全年平均使用广告预算。

与上述三种选择相适应,常用的确定广告媒体使用进度的方法有先多后少法、滚雪球式渐次加强法和水平支出法三种。

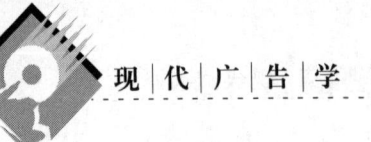

(1)先多后少法(Big early, little late method)。它的字面意思是先投入较多的广告媒体费用,租用或选定刊载广告的场地或版面,在一个时期内展开猛烈的广告攻势。当产品(或服务)在市场有一定知名度以后,再逐渐缩减广告媒体开支。

(2)滚雪球式渐次加强法(Snow balling or crescendo method)。采用这种方法选择广告媒体,开始是探测性的,先在某一特定的市场范围内运用几种接近目标市场的媒体,将产品的特点逐一、渐次进行广告诉求认知,以加强人们对某品牌产品市场竞争能力及其在同类产品中的差异性的了解。在探清市场不同层次的消费需求之后,逐渐扩大广告媒体的影响范围,采用媒体的次数逐渐增多,使广告信息的影响范围越来越大,声势越来越大,直至产品随着需求量与日俱增,生产规模日益扩大,产品从单一品种生产发展到系列化产品生产,市场由国内市场扩展到国际市场。

(3)水平支出法(Level expenditure method)。采用这种方法选择广告媒体,每次广告活动所投入的广告费用都基本相同。例如,日常生活用品广告,除节假中可能增加一些费用,采用多种媒体展开广泛的广告活动外,一般在一定年度、季节内,每月用于某种媒体的广告费用都基本不变,其广告传播信息的特点是只起"提醒"注意的作用。

2.短期安排策略。短期安排策略是指将一组广告展露分配在一段时间内。以达到最大效果。短期安排必须考虑以下因素:

其一,购买者频率。指新的购买者在市场上出现的频率。该频率越高,则广告接触这些新顾客的次数就应更加连续。

其二,购买频率。指在一定时间内,一般购买者购买某产品的次数。购买频率越高,则广告也应更加连续。

其三,遗忘率。指购买者忘记此品牌的速度。遗忘率越高,则广告就应更加连续。

推出新产品时,广告策划者必须在连续性广告、集中性公告、时段性广告和脉冲性广告之间做出选择。

(1)连续性广告。指在一定时间内均衡地安排广告展露时间。事实上,由于广告成本高和季节性的变化,广告难以连续。连续性广告常用于以下情况:

● 产品扩展市场时

● 经常购买的产品

● 产品的消费者有明显的特征

(2) 集中性广告。它要求把所有的广告预算集中用在一段时间内。当产品集中在某一季节和节假日里销售的情况下,可采用这种形式。

(3) 时段性广告。也称为闪动性广告,它要求在某些时间播放广告,接着是一段时间的间歇,然后继之以第二时段广告。在广告预算有限、产品购买周期不频繁或出售季节性产品的情况下,可采用这种广告形式。

(4) 脉冲性广告。它是连续以低重要度的水平开展广告活动,但不是以间歇性的大量广告活动来加强其广告攻势。

这种形式是吸收连续性广告和间歇性广告的长处而创造出来的。那些赞成脉冲式广告的策划者认为,通过这种形式媒体受众会更全面地掌握信息,并且可节省广告经费。美国安休斯·布什公司的研究表明,布达威士公司(Budweiser)在一年内在某一特定目标市场上停止广告宣传,销售没有受到任何影响。

思考与练习

1. 什么是广告媒体?简述广告媒体的基本功能。
2. 简述电视媒体的特性。
3. 简述报纸媒体的特性。
4. 简述杂志媒体的特性。
5. 简述广播媒体的特性。
6. 户外媒体都有哪些?简述它们的特性。
7. 简述交通媒体的特性。
8. 简述国际互联网络媒体的特性。
9. 简述 POP 媒体的特性。
10. 什么是产品包装?产品包装有哪些作用?
11. 选择广告媒体时应考虑哪些因素?
12. 什么是品牌发展指数?它说明了什么问题?

第七章 现代广告心理

本章关键词

广告色彩(Advertising color) 广告色彩特征(Characteristics of advertising colors) 广告色彩运用(Application of advertising colors) 色彩感觉(Sense of color) 色彩联想(Color association) 心理错觉(Psychological illusion) 广告的性诉求(Advertising sexual appeal)

本章学习重点

- 广告色彩的有关概念
- 色彩感觉
- 色彩联想
- 大类产品形象色
- 广告的错觉心理
- 广告的"性"诉求

第一节 广告色彩与色彩心理

广告中的色彩运用,在一定程度上决定着广告的促销效果。通过对各类赠品广告的调查发现,如果是彩色广告,其回报率就非常高。从视觉科学上讲,彩色比黑白色更能刺激视觉神经,因而更能引起媒体受众的注意。每逢节日,各报报头套红,色彩夺目,使人顿觉眼前明亮,精神为之一振,就是这个道理。

通过不同商品各自独特的色彩语言,媒体受众就更易辨别商品和产生亲近感。这种作用,在超级市场里特别明显:暖色系列的货架,放的是食品;冷色系列的货架,放的是清洁剂;色调高雅素净的货架上,放的是化妆用品,等等。这种商品的色彩倾向性,可体现在商品本身、销售包装及其广告上。有经验的人,一看广告的色调,就知道是哪一类商品的广告。

一、广告色彩的有关概念

广告色彩是广告主和广告策划者经过特别设计选定的反映企业经营理念的特殊颜色。广告色彩一般为 1~2 种,不宜超过 3 种。广告色彩不仅应用于广告图案,还应用于产品的包装、品牌等。

色彩是由光的作用所产生的一种感觉。不同的非原色配合可以生成几百万种色彩。但是大体上可以将它们划分为无色彩和有色彩两种。

第一,无色彩,即白、灰、黑色系。

第二,有色彩,除无色彩以外所有的色彩都称为有色彩。具体包括红、黄、绿、青、紫、橙等明色,以及暗色、清色、浊色全部。

不论是无色彩还是有色彩,都具有三种属性:色相、明度和彩度。

第一,色相,即彩色的种类,将彩色加以分类,例如,赤味、橙味、黄味等色味。无彩色就没有色相。

第二,明度,也称为色度,是指色彩的明暗程度。明色明度高,暗色明度低,中明度的色彩称为中明色。

第三,彩度,即色彩的鲜艳程度。澄清的色彩,它的彩度高,称为清色;混浊的色彩,彩度低,称为浊色;无彩色则无彩度。

只有掌握了这些有关色彩的基本知识,广告策划者才能设计出具有个性的与产品相符的广告色彩。

二、色彩的混合与重叠

在设计广告色彩的过程中,设计人员会遇到"混色"这一概念,有的人将其称为调和色,即两种以上色彩混合后形成的色彩。混色可以分为两种,即加色混合和减色混合。两种等量色彩混合,随混合成分的增加,其色度逐渐加强,因接近白色,称之为加色混合;两种等量色彩混合,逐渐减少它们各自的色彩量,越减越暗,接近灰黑色,将其称为减色混合。

将两种以上的颜色重叠印刷,可产生三种颜色的效果,例如,红色与黄色重叠印刷时,会产生橙色。图7-1是有关色彩的一些基本知识,对广告策划者来说是非常有帮助的。

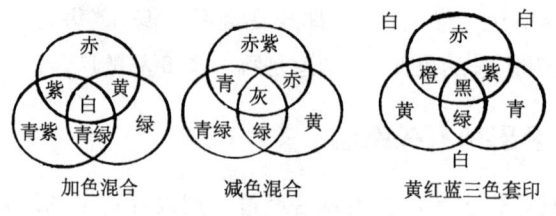

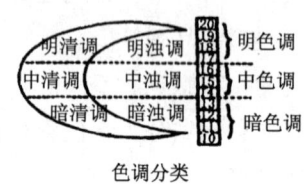

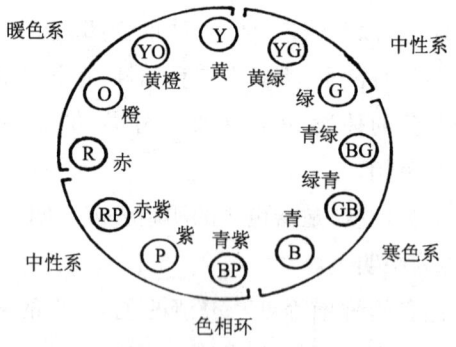

图7-1 有关色彩的基本知识

资料来源:樊志育著:《广告制作》,上海人民出版社,1997年版。

人们通常认为,色彩漂亮、强烈和带有装饰风味是广告设计或品牌设计的要求,其实绝非如此,无锡惠山泥人、苗族布背袋、手工编制的地毯等都非常讲究色彩。以各国国旗为例,其色彩的运用可称典范。运用最多的也是穿透力最强的是红、绿、黄三色。在广告画面或产品品牌中也可常见到这三种颜色,如劳斯莱斯的飞翔女神是金黄色的,麦当劳标志是黄色与红色的组合,可口可乐是红色与白色的组合,雪碧的标志是绿色的,等等。

色彩还是企业经营者的竞争手段。据调查,各种颜色对人的感觉、注意力、思维的个性都会产生不同的影响,可为品牌识别提供基础,成为企业经营者开展市场竞争的有效手段之一。

广告色彩,不仅影响着视觉识别和传播,而且影响着社会认同心理,它最直接地表现在经营者的营销活动上,因为它能直接影响消费者的感觉。

三、色彩感觉

媒体受众对色彩的感觉来自于物理的、生理的、心理的和感情的几个方面。在各种不同的色彩之中,以红色最能引人注目,因为红色看起来比较有靠近的感觉。根据光学研究,当光通过棱镜,各种不同的颜色呈现不同波长的折射,日光通过棱镜途中分解,造成所有颜色的辐射波长。同理,红色通过眼睛水晶体,较其他颜色的折射少,结果红色的刺激,看起来似乎更靠近媒体受众,而靠近与引起注意有密切的关系。

晴空万里,阳光普照,使人感到心旷神怡;天昏地暗,风雨欲来,使人感到心情郁闷。色彩对感官的刺激,令人产生不同的感受。媒体受众由于从火和太阳那里获得温暖,便自然形成一种直觉的心理反应。

- 红色,给人以温暖的感觉
- 蓝色,给人以清凉的感觉
- 白色,使人想到冰天雪地,给人以冷清的感觉
- 黑色,能够吸收光热,给人以暖和的感觉

色彩的冷暖,是最基本的心理感受之一。

掺入了媒体受众复杂的思想感情和各种生活经历之后,色彩就成为一定的象征,变得十分富有人性和人情味儿。不同的色彩在媒体受众眼里代表不同的情感,具体情况见表7-1所示。

表7-1 广告中的色彩感觉与色彩情感

色彩种类	色彩感觉	色彩情感
红 色	热	刺激
绿 色	凉	安静
青 色	较冷	较刺激
紫 色	中性	少刺激
橙 色	暖	较刺激
黄绿色	中性	较安静
青绿色	冷	很安静
紫青色	较冷	较刺激
紫红色	稍暖	较刺激

日本的色彩学家认为,广告中的色彩除了有色彩感觉与色彩情感以外,还有阴阳和动静的属性:暖色系列的红黄色,代表阳气,有向外、坚实和质重感;冷色系列的青色、紫色,代表阴气,有内向、柔和、质轻和流动感。

一般说来,暖色系列给人以温暖、快活的感觉;冷色系列给人以清凉、寒冷和沉静的感觉。如将冷暖两色并列,留给媒体受众的感觉是:暖色向外扩张,前移;冷色向内收缩,后退。广告经营者了解了这些规律,对广告设计制作中的色彩处理、图文关系等,都有很大的帮助。

四、色彩联想

色彩联想是指媒体受众在接触到不同的广告色彩时,立即想到的感情形态与物体。对不同广告色彩,媒体受众有不同的潜意识反应,这种反应就是广告的色彩联想。不同目标市场,由于文化背景不同,媒体受众对广告色彩的联想也不尽相同。但有一些是广告经营者在广告创意与制作过程中,应遵循的基本规律。其具体内容如下:

第一,白色:纯真,清洁,明快,洁白,欢喜;中国民间以白色志哀。

第二,黑色:神秘,绝望,恐怖,沉默,罪恶,死亡;黑色礼服则给人以权贵、高尚的感觉。一些珠宝首饰的包装底色与广告底色,常用黑色,以体现它的高品质。

第三,灰色:中庸,平凡,温和,谦让,中立;灰色常被视为知识分子的专用色。

第四,红色:太阳,火焰,鲜血,热情,激动,爱情,激情,活力,积极,势力等;相反,则有危险和恐怖的感觉。

第五,橙色:阳气,元气,积极,乐观,热烈;相反则为欺诈,嫉妒。

第六,黄色:权贵,辉煌,愉快,智慧,快活等;相反,使人感到病态。

第七,绿色:草木,和平,自然,安全,旅行,健全,成长等;相反则为有毒。

第八,青色:广大,沉静,诚实,沉着,海洋,智慧,消极等。

第九,紫色:神秘,优雅,高贵,永远,气魄,壮丽等。

第十,金色:忠诚,名誉,富贵等。

第十一,银色:纯洁,信仰,富有等。

色彩除了有上述抽象情感和具体联想的特点以外,有关色彩经由视觉器官引起的各种知觉现象,色彩学上称为"色彩的共感性",主要是色彩在视觉、听觉、味觉、触觉、嗅觉上所引起的联想,这些知觉器官的反应,对于广告设计中色彩的运用具有非常大的影响力。表7-2至表7-5就是"色彩共感性"的具体内容。

表 7-2 听觉以及以外的相关感觉

	听觉以及以外的相关感觉			
	纯 色	清 色	暗 色	浊 色
红	1. 吼叫 2. 热闹 3. 呐喊	1. 震动 2. 情语 3. 轻松旋律	1. 低沉 2. 嘶哑声	1. 噪音 2. 苦闷声 3. 嗡嗡声
橙	1. 高音 2. 嘹亮声 3. 隆隆声	1. 悠扬 2. 明朗声 3. 呱呱声	1. 浑厚 2. 悲壮	1. 咽 2. 沉重 3. 哄哄声
黄	1. 明快 2. 响亮 3. 尖锐	1. 悦耳 2. 悠扬 3. 哈哈声	1. 回声 2. 沉闷 3. 喃喃	1. 昏沉 2. 沙哑
黄绿	1. 清晰 2. 轻快 3. 清脆	1. 轻柔 2. 明细 3. 婴儿声	1. 迟钝 2. 昏沉	1. 沙沙响 2. 慢板 3. 唠叨
绿	1. 平静 2. 安稳	1. 清雅 2. 柔和	1. 沉静 2. 稳重 3. 叨叨	1. 阴森 2. 低沉
蓝绿	1. 清畅 2. 安逸	1. 清脆 2. 飘逸	1. 泉 2. 松风	1. 闷溪流 2. 嘿嘿
蓝	1. 嘹亮 2. 和谐 3. 优美	1. 优雅 2. 轻松 3. 柔美	1. 幽远 2. 深远 3. 稳重	1. 沉重 2. 超脱 3. 呼呼声
蓝紫	1. 刺耳 2. 响亮 3. 高远之声	1. 尖叫 2. 澎湃 3. 呼叫	1. 惨叫 2. 严肃 3. 恸哭	1. 悲鸣 2. 轰轰声
紫	1. 哑铃 2. 幽深 3. 古韵	1. 柔美 2. 含蓄的乐曲	1. 咕咕声 2. 喳喳声 3. 重响	1. 磁性声 2. 呻吟 3. 老人声
红紫	1. 咽啾 3. 娇艳声	1. 嘻嘻声 2. 娇柔声	1. 呷呷声 2. 咀嚼 3. 呼啸	1. 咽 2. 唏嘘
白	1. 宁静 2. 休止 3. 肃静			
灰	1. 沙沙声 2. 消沉声 3. 无声			
黑	1. 沉香 2. 深厚 3. 幽深			

表 7-3 触觉以及以外的相关感觉

	触觉以及以外的相关感觉			
	纯 色	清 色	暗 色	浊 色
红	1. 烫 2. 热	1. 温暖 2. 酥松 3. 丰满	1. 铿锵 2. 牢固	1. 粗糙 2. 坚硬 3. 干燥
橙	1. 温热 2. 发烧 3. 有弹性	1. 暖和 2. 平滑的 3. 酥	1. 厚 2. 仿古 3. 干枯	1. 绒毛 2. 砂土 3. 不光滑
黄	1. 光滑 2. 光亮	1. 柔弱 2. 流动 3. 绵绵	1. 滑腻 2. 垃圾 3. 痒痒的	1. 温湿 2. 污粘 3. 脏
黄绿	1. 细软 2. 平滑	1. 细微 2. 薄 3. 柔嫩	1. 粗糙 2. 嗟磨	1. 温湿 2. 粗
绿	1. 清凉 2. 凉爽	1. 轻松 2. 平坦	1. 生硬 2. 阴凉	1. 脏湿 2. 阴森

续表

	触觉以及以外的相关感觉			
	纯 色	清 色	暗 色	浊 色
蓝绿	1. 滑溜溜 2. 活生生	1. 清爽 2. 细腻	1. 潮湿 2. 冷	1. 滑润润 2. 黏稠
蓝	1. 流动 2. 冰冷	1. 舒松 2. 凉爽 3. 舒畅	1. 滑滑的光泽 2. 硬	1. 黏滑 2. 粗硬 3. 泥浊
蓝紫	1. 柔润 2. 滑润	1. 柔软 2. 轻软	1. 坚硬 2. 硬板 3. 厚实	1. 黏板 2. 泥泞 3. 粗糙
紫	1. 绒绒的 2. 丰润	1. 细润 2. 软绵绵	1. 毛绒 2. 皱皱的 3. 粗皮	1. 灰尘 2. 钝 3. 垢泥
红紫	1. 毛刺 2. 温润 3. 玫瑰	1. 滑嫩 2. 粉粉的	1. 地毯 2. 痒痒的	1. 铁锈 2. 酥软 3. 温暖
白	1. 清洁 2. 光亮 3. 平坦			
灰	1. 灰灰 2. 粗糙 3. 无光泽			
黑	1. 摸不着 2. 失落感 3. 厚硬			

表7-4 嗅觉以及以外的相关感觉

	嗅觉以及以外的相关感觉			
	纯 色	清 色	暗 色	浊 色
红	1. 浓香 2. 酸鼻 3. 野香	1. 艳香 2. 幽香	1. 腌味 2. 浓郁 3. 烧焦	1. 恶臭 2. 霉味 3. 腥味
橙	1. 浓郁的 2. 奇香	1. 温香 2. 淡香 3. 酪香	1. 腐臭 2. 焦味 3. 烤味	1. 泥土味 2. 香
黄	1. 芳香 2. 纯香 3. 甜香	1. 清香 2. 飘香 3. 橄榄	1. 浓香 2. 酸楚 3. 氨味	1. 腐臭 2. 异味
黄绿	1. 芬芳 2. 清香	1. 轻香 2. 香嫩儿香	1. 干霉味 2. 腐臭	1. 臭霉味 2. 乏味 3. 药味
绿	1. 新鲜 2. 草香味	1. 薄荷香 2. 青草香	1. 毒气 2. 窒息	1. 污臭 2. 恶臭
蓝绿	1. 香凉 2. 果香	1. 薄荷香 2. 青草香	1. 气闷 2. 腐臭	1. 发霉 2. 呛鼻 3. 腐朽
蓝	1. 原野之香 2. 烈香	1. 淡酸 2. 药味 3. 凉湿味	1. 鱼腥味 2. 臭气	1. 霉湿 2. 煤气味 3. 锈味
蓝紫	1. 浓烈的幽香 2. 芬郁	1. 娇香 2. 骚香	1. 火药味 2. 焦炭味	1. 烂臭 2. 霉气
紫	1. 娇香 2. 浓烈的香气	1. 兰花香 2. 香霉	1. 蚊香 2. 五香	1. 腐酸 2. 狐臭
红紫	1. 妖香 2. 艳香	1. 玫瑰香 2. 雅艳之香	1. 腌泽味 2. 腥味	1. 腐臭 2. 酱味

续表

	嗅觉以及以外的相关感觉			
	纯色	清色	暗色	浊色
白	1. 桂花香 2. 无臭 3. 清香			
灰	1. 灰尘 2. 夜来香 3. 瘴气			
黑	1. 煤炭 2. 黑烟 3. 黑香			

表7-5 味觉以及以外的相关感觉

	味觉以及以外的相关感觉			
	纯色	清色	暗色	浊色
红	1. 辣 2. 甜蜜 3. 糖精味	1. 甜蜜蜜 2. 3. 醇类	1. 焦味 2. 涩 3. 茶	1. 巧克力 2. 五香 3. 腐朽
橙	1. 酸辣甜 2. 3. 胡椒	1. 甘甜美 2. 3. 蜂蜜	1. 苦涩 2. 烟味 3. 焦味	1. 硷 2. 杂味 3. 反胃
黄	1. 甘甜 2. 甜腻	1. 淡甘味 2. 清甜 3. 乳酪	1. 硷 2. 酸苦 3. 醋	1. 涩 2. 酸苦味 3. 醋酸
黄绿	1. 酸 2. 未熟	1. 酸甜 2. 涩涩	1. 酸醋 2. 甘涩	1. 酸醋 2. 干腐
绿	1. 涩 2. 酸涩	1. 微涩 2. 淡涩 3. 香油	1. 涩涩的 2. 干涩	1. 苦 2. 苦涩
蓝绿	1. 清凉可口 2. 很涩	1. 新鲜美味 2. 甜辣	1. 苦涩 2. 腐烂 3. 咸	1. 恶心 2. 酸臭
蓝	1. 生涩 2. 酸脆	1. 清泉 2. 淡水	1. 油腻 2. 呕吐	1. 怄气 2. 脏腻
蓝紫	1. 甘苦 2. 酸辣	1. 碳酸 2. 酸	1. 硷 2. 艰涩 3. 晦涩	1. 苦臭 2. 腐坏 3. 发酵
紫	1. 酸甜 2. 酸醋	1. 淡酸 2. 甘涩	1. 臭油味 2. 烟味 3. 佳酿	1. 焦 2. 泥土味
红紫	1. 甜蜜 2. 甘蜜 3. 香甜	1. 花蜜 2. 蜜乳	1. 香醇油 2. 酱油	1. 酱 2. 椒 3. 略咸
白	1. 味精 2. 无味 3. 平淡			
灰	1. 水泥味 2. 烟味 3. 铅味			
黑	1. 焦苦 2. 焦味			

五、产品形象色

产品形象色是指在不同大类产品的广告上,经常使用的能促进销售和便利使用的色彩和色调。产品形象色虽没有强制性的规定,也称不上标准色,但广告经营者在广告制作中也不应轻易违反。有些色彩会给人以酸、甜、苦、辣的味觉感受,从而形成不同的嗅觉反应。如淡红色、奶油色和橘黄色,点缀少量的绿色,就能促进媒体受众的食欲,因而在食品类的广告中通常采用暖色系列的配色,如果硬要标新立异,用青绿色设计饼干的广告,用银灰色设计午餐肉的广告,必使媒体受众初看就产生误解,细看之后便产生厌恶感,食欲随之大减。

在媒体受众的印象中,不同名称的产品有不同的色彩形象,它们代表了产品的不同个性。广告经营者在制作广告时一定要慎重对待,具体内容如表7-6所示。

表7-6 广告中习惯性的产品形象色

产品命名的方式	广告中的习惯色彩
以水果命名的产品	橘子色、柑橘色、李子色、桃红、苹果绿、葡萄紫、柠檬黄
以植物命名的产品	咖啡色、茶色、豆沙色、柳绿色、嫩草色、玫瑰色、郁金色、花青色
以动物命名的产品	鸨色(粉红色)、鹦鹉色、黄鹂色、银鼠色、鼠灰色
以金属矿物命名的产品	铁锈色、银灰、煤黑、金铜色、紫铜色、青铜色、铜绿色、宝石蓝、石绿、石青、钴蓝

大类商品的习惯色调基本情况如下:

第一,服装:讲求款式与适合。除大路货与童装外,均取高雅的色调。男性服装常用明快的色调,以显示活力强,有气魄,粗犷有力;女性服装常用和谐、柔和的色调,烘衬女性的温柔美。

第二,食品:讲求安全与营养,多采用暖色系列。其中早餐食品多采用黄色和橙色。

第三,宝石:讲求光泽与价值,多采用黄色与紫色。

第四,咖啡:讲求口感与提神,多采用黄色与橙色。

第五,学生用品:多采用黄色与橙色。

第六,饼干:讲求营养与口感,多采用红色与黄色。

第七,夏季饮料:多采用黄色与绿色。

第八,化妆品:讲求美容护肤,多采用中性色调和素雅色调。例如,淡淡的桃红色,给人以健康、优雅与清香感。

第九,儿童玩具与文具:讲求兴趣与活泼感,多采用鲜艳活泼的对比色调。

第十,药品:讲求效用与安全,多采用中性色彩系列。偏冷色调给人以安宁不躁的感觉;蓝色、银色给人以安全感;浅红、金红色给人以元气、阳气、健康与活力的感觉。

第十一,工矿机电产品:讲求科学、实用与效益。多用稳重、沉静、朴实的色调,稍加有活力的纯色,如用红、黑、蓝色,给人以坚固耐用的感受。

六、受众的个体特征与色彩

广告色彩的运用与媒体受众的性别、年龄、文化状况等有着密切的关系。一般说来,文化教育水平较低或经济不发达的国家或地区偏爱比较鲜艳的原色,尤其是纯色,配色也多为强烈的对比色调;经济发达或文化教育水平较高的国家或地区,则比较喜欢富丽、柔和的色调和浅淡的中间色。当然,这也不是绝对的,因为媒体受众的习惯偏好是由多种因素综合决定的。在一定的文化水平下,不同年龄段的媒体受众,对色彩的兴趣偏好也不尽相同,通过调查归纳如下(见表7-7)。

表7-7 不同年龄段的受众偏爱的色彩

年龄段	偏爱的色彩
幼儿期	红色、黄色(纯色)
儿童期	红色、蓝色、绿色、黄色(纯色)
青年期	蓝色、红色、绿色
中年期	紫色、茶色、蓝色、绿色
老年期	深灰色、暗紫色、茶色

七、色调与情调

情调是指由一定的色调表现出来的情绪与感情,如愉快的情调、轻松的情调、伤感的情调以及神秘的情调等。情调是由色调表现,而一定的色调,则是通过运用色彩对比与调和的规律实现的。色调通常由以下三种方法构成:①同一调和(亲和色)。由同一色相、明度、彩度的色彩调配而成的颜色。②类似调和(融合色)。由一些色相、明度、彩度相近的色彩调配而成。③对比调和(对比色)。由色相、明度、彩度等相差很大的色彩调配成。如补色关系:暖色对冷色、明色对暗色、清色对浊色等。

不同的色调在媒体受众眼里会表现出不同的情调。在广告策划中,常

见的色调主要有以下四种：

1. 软色调。由相近的明度、彩度或高明度、低彩度的配色，给人以明亮柔和的感觉。

2. 硬色调。由明度、彩度相反的色彩的调配。给人以强烈夺目的感觉，充分表现出广告产品的个性。

3. 清色调。一般是在纯色里加白色调配成中明度以上的配色。如果使用寒色系列进行调配，会使人觉得更加清澈透明。该色调能使人感到优雅的气氛。在广告宣传中（尤其在夏季中）使用该色调，往往使美丽的广告模特显得更加秀丽。

4. 浊色调。一般是在纯色里加黑色的配色。浊色调都是中明度、中彩度的配色，很少使用对比强烈的对比色。浊色调给人以柔和、素雅、从容、稳重的感觉。

彩色广告，非常讲究色调的运用与情调的表现。广告经营者只有掌握了上述色彩心理的基本知识，才能设计出成功的广告作品。

第二节 广告的错觉心理

除了色彩心理，媒体受众对广告图案的错觉心理也是广告经营者应该了解的心理学内容。广告的错觉心理主要包括媒体受众对广告图案的错觉心理与线条心理两部分内容。

一、错觉心理

广告错觉是指媒体受众的知觉被广告图案中的内容所蒙蔽的现象。在广告错觉中，以视觉所产生的错觉最为常见。在媒体受众对众多广告的认知中，视听觉是首要的，而在视听觉方面，由于存在心理现象，常会产生错觉。媒体受众产生的错觉主要有长短、距离的远近、物体的大小、黑白等。

一般说来，媒体受众在接触某一物体时，如果眼球的运动量大，则物体看起来较长一些；如果眼球的运动量小，则物体看起来就显得短一些。图7-2中的两条线的实际长度相同，但看起来 AB 比 CD 似乎长一些。图7-3中的两个正方形是一样大小，可是看起来左边的似乎大一些。这是因为左边的正方形中有许多纵横线条，由于复杂的眼球运动，所以左边的正方形显得较大。图7-4中有3只同样大小的灯泡，但是最上面的一只似乎大一些。

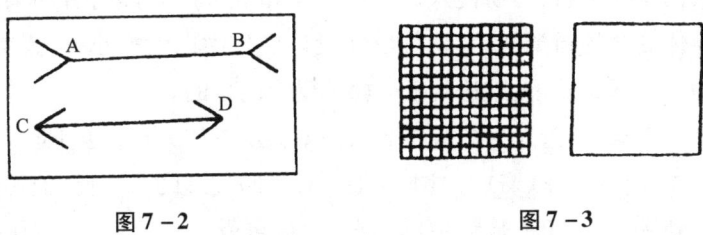

图 7-2　　　　　　　　图 7-3

资料来源:樊志育著:《广告学原理》,上海人民出版社,1996 年版。

在图 7-5 中,水平线与垂直线是相等的两条线,可是大多数媒体受众都认为垂直线较长,这是由于眼球运动的难易所产生的错觉,因为相对来说眼球左右活动容易,上下活动难些。对图 7-6 产生的错觉是同样的道理,两图中央的黑圈大小完全相同,但大圆中的,看起来较小。

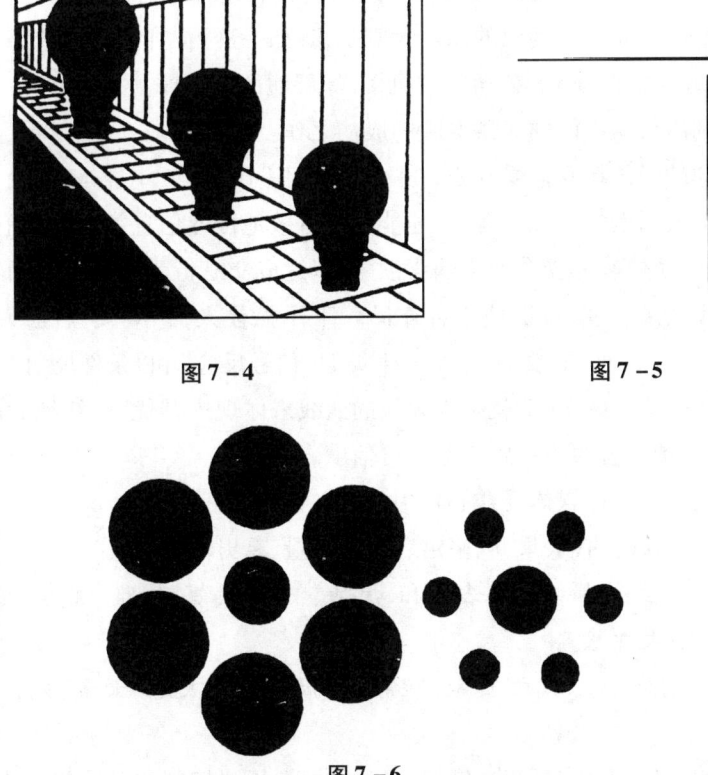

图 7-4　　　　　　　　图 7-5

图 7-6

资料来源:樊志育著:《广告学原理》,上海人民出版社,1996 年版。

在广告图案中,白的东西比黑的东西看起来较大一些,这是因为白的东西受较多的光线反射,容易使媒体受众产生错觉。广告经营者如果能灵活地掌握媒体受众的错觉规律,就可以在设计广告中以大变小,以柔克刚,突出广告图案的视觉效果,以达到吸引媒体受众的目的。

据心理学家研究,大多数媒体受众都不喜欢正四方形,他们觉得正四方形过于拘泥,所以房屋、窗户、书本等很少有正四方形的。相反,他们认为圆形使人感到愉快,三角形显得生动活泼、敏锐可爱。由此可见,媒体受众对形式的好恶,直接影响到广告的传播效果。广告经营者不仅要掌握广告方面的专业知识,而且还要具备一定的美学素养。

二、线条心理

广告图案由点、线、面、体和色彩构成。不同形状的"线"在媒体受众心目中有不同的含义,它也影响着广告的效果。另外,由于市场竞争的加剧,进一步强化了追求表现形式与众不同的趋势。这种趋势不止于广告,建筑艺术也如此。如澳大利亚的悉尼大剧院,犹如一群雪白的船帆,造型奇异动人;纽约航空港的TWA公司的候机楼,像展翅欲飞的鸟,风格独树一帜。这些都是利用与众不同的线条取胜的成功之作。

不同的线条在媒体受众心目中代表着不同的含义,广告经营者只有熟悉这些形式因素的象征性含义,才能用来有效地传递信息,渲染有利的情调气氛,最终诱使媒体受众产生购买欲望,以达成交易行为。在广告图案中巧妙地运用线条心理,可以使广告作品一下子抓住人、感染人、启迪人,起到"心有灵犀一点通"的效果,甚至发生类似"信号反应"和"条件反射"一样敏捷的传播效果。图7-7就是用柔长的曲线来体现皮鞋优雅、纤细的产品个性,增强了消费者对该品牌产品的可信度。

不同的线条在媒体受众心目中的含义大体如下:

第一,直线。代表果断、坚定、刚毅、力量、有男性感。

第二,曲线或弧线。代表柔和、灵活、丰满、美好、优雅、优美、抒情、纤细、犹豫、有女性感。

第三,水平线。代表安定、寂静、宽阔、理智、大地、天空、死亡、有内在感。

第四,斜线。代表危险、崩溃、行动、冲动、无法控制的感情与运动。

第五,垂直线。代表崇高、肃穆、无限、宁静、激情、生命、尊严、永恒、权力、抗拒变化的能力。

第六，参差不齐的斜线。代表闪电、毁灭、意外事故。

第七，锯齿状折线。代表紧张、压抑、痛苦、不安。

第八，螺旋线。代表升腾、超然、脱俗之感。

第九，圆形。代表圆满、简单、结局、给人以平衡感和控制力。

第十，圆球形。代表完满、持续的运动。

第十一，椭圆形。代表妥协、中庸、不安定。

图 7-7

第十二，等边三角形。代表稳定、牢固、永恒。

在广告图案中，曲线比直线更能引起媒体受众的快感，不同的曲线产生不同的情感。美国广告心理学家博福珀格(A. T. Pofinbaga)对500名媒体受众进行了心理测试，结果得出，媒体受众心目中的曲线由形状、节奏和方向三种要素构成。例如：形状是弯曲的还是棱角分明的；节奏是快的、慢的还是一般的；方向是水平的还是上下倾斜的等。曲线的构成要素不同，广告图案所渲染的情调气氛也就各异，广告产品（或服务）的诉求点也不同。

表7-8归纳了广告图案不同的气氛特征和用以表达该特征的曲线要素的情况。

表7-8　广告图案的特征与曲线要素的关系

图案的气氛特征	需要的曲线要素
伤感的气氛	曲线的节奏、方向
快活的气氛	曲线的方向
严肃的气氛	曲线的方向
戏谑的气氛	曲线的方向
沉静的气氛	曲线的方向、节奏
动摇的气氛	曲线的方向
温和的气氛	曲线的方向及某种程度的形状
无力的气氛	曲线的方向

续表

图案的气氛特征	需要的曲线要素
强有力的气氛	曲线的节奏、方向、形状
死寂的气氛	曲线的节奏
怠惰的气氛	曲线的节奏
狂暴的气氛	曲线的方向、形状
严酷的气氛	曲线的节奏、形状

第三节 广告的"性"诉求

广告的"性"诉求是指广告经营者在广告表现中,通过多种形式的、健康的"性"暗示,促使媒体受众采取某种行为的过程。20世纪70年代,女权运动开始在美国兴起,男女之间的传统关系出现了全新的变化。在此背景下,为了增加产品的诱惑力,许多广告公司在进行广告创意时,不再注重解释产品的独具特性或购买产品的适当理由,而是通过"性"诉求来向消费者暗示:购买和使用某品牌产品会带来某种新奇和梦想。

"卡尔文·克雷恩迷你"牌香水的电视广告运用了"性"暗示的诉求方式。在一个蓝色的游泳池边,一位妙龄女郎脱掉长袍坐了下来,当她躺下时,从幻境中突然出现了一英俊男士,女郎迎向他……与此同时,电视中传来女郎的画外音:"我是由蓝天和阳光融合而成的,我将永远拥有这种奇妙的感觉。"随后,"卡尔文·克雷恩迷你"牌香水出现在电视画面上,向人们暗示一个新奇美妙的世界在等待着你。这则花费了1 700万美元的电视广告,使名不见经传的"卡尔文·克雷恩迷你"牌香水一夜之间家喻户晓,一年之内其销售额就达到了4 000万美元。

据统计,日本杂志的内容的55%与"性"有关,9%是运动保健,13%是思想哲理,23%是其他内容。

广告中的"性"表现,在不同的国家由于风俗习惯的不同,对"性"暴露程度有不同的规定。美国从前有一个不成文的规定,广告中不许有女性吸烟的镜头。但是,随着女性在公共场合吸烟的日益普及,这一禁令也就不复存在了。在美国,当人们公开在公共场合饮酒之后,大卫·奥格威才将女性饮酒的画面搬上了广告。

在法国,人们普遍认为性别歧视与种族歧视都是违法的,广告中如果有裸露或性感的表现,就可能被视为性别歧视或损害女性尊严而惹上法律纠纷。

美国的"性"观念比较开放,广告里的女性胴体画面司空见惯,而带有性爱的电视节目更是泛滥成灾。美国盖洛普民意调查表明,65%的观众认为电视中性爱节目太多,奇怪的是一般观众并不将此归咎于节目提供者。而且大部分观众并未留意提供"性"节目的广告主,或者认为广告主应该对此负责。继前几年单调的服饰风尚和中性诉求的广告风格后,美国的媒体受众如今开始追求尝试一点"出轨"的感觉。曾经一度流行的传统服装,如今已被一些色彩艳丽、卖弄风情的超短裙和露肩低胸的上衣所代替。美国心理学家兼广告策划师卡洛·姆格认为:"我们有好一段时间以非常严肃的心情来探讨'性',谈论各种层面的'性感'和'性'带来的痛苦。如今从一种轻松、诙谐的角度来看待这个问题,有助于疏解这种沉重的感觉。"

时装界的"性感"潮流,与女性逐渐取得社会地位、家庭地位的特征相吻合。芝加哥大学的一项研究表明:"美国人的性关系实际上比一般人想象的单纯。大部分美国人对建立在爱情基础上的婚外恋并不反对,这就是为什么'性'可以用来推销商品,吸引人的道理。但是强调过火或暗示过火的广告都会倒人胃口。"也有人认为:目前这种风尚虽然露骨,但是一种成熟的关系,与过去直接公开的表现方式是不同的。

需要强调的是,广告中的"性"诉求与低级趣味的色情有着本质的区别,广告中的"性"诉求是一种健康的促销艺术。对带有"性"意识的广告要进行合理的评判,评判的标准应该视不同国家的不同习俗而定。中华民族是一个古老的民族,在长期封闭的传统文化中,人们往往谈"性"色变。广告策划中运用媒体受众的"性"心理来促销产品,不仅是一项艰辛的工作,而且是一项危险的工作。

在我国广告法中,对广告中的合法"性"表现没有明确的规定。以下是我国台湾制定的对广告中"性"表现的有关规定,以供广告经营者在设计、制作广告时参考。

1. 广告表现不应涉及男女"性"方面之效能,并不得有猥亵、暧昧之意识。

2. 广告画面、文字和旁白应力求净化,不得有诲淫意识,足以影响儿童、青少年身心健康,如裸露半身、拥抱接吻等。

3. 内衣裤类商品广告,内容应高尚典雅,避免暧昧、煽情之表现方式。

并注意下列原则：①广告中不得有异性着内衣裤出现于同一画面；②广告必须以商品之介绍为主；③必要时，视广告内容限制其播放时段；④卫生棉类广告，不得有涉及"性"的内容表示。

思考与练习

1. 什么是无色彩？
2. 什么是有色彩？
3. 什么是色彩的色相？
4. 什么是色彩的明度？
5. 什么是色彩的彩度？
6. 在中华民族传统文化中，你认为灰色、红色、黑色、黄色、紫色、橙色、白色等都有哪些寓意？
7. 你喜欢什么样的线条？它（或它们）代表什么含义？
8. 你认为化妆品的保护性包装最好使用什么样的线条？

第八章 广告定位与创意

本章关键词

广告定位(Advertising positioning)　广告主题(Advertising theme)　广告主题决策(Advertising theme decisions)　广告创意(Advertisement creativity)　头脑风暴法(Brainstorming)　广告创意策略(Advertisement originality tactics)　独特销售说辞(USP,Unique Selling Proposition)　品牌形象(Brand image)　名人广告(Celebrity advertising)

本章学习重点

☞ 广告定位的概念与作用
☞ 广告主题的基本要求
☞ 广告主题的范畴
☞ 广告创意的特征及原则
☞ 头脑风暴法(Brainstorming)
☞ 水平思考法
☞ 广告创意策略的主要类型

第一节　现代广告定位

一、广告定位的概念与属性

"定位"一词是由美国人艾尔·莱斯和杰克·特劳在1972年首先提出

并加以推广应用的。他们写了一本关于定位的书,名为《心战》。莱斯和特劳认为,定位是针对现有产品的创造性的思维活动。其定义如下:

定位始于产品。定位并非对产品采取什么行动,而是指要针对潜在顾客的心理采取行动。这就是说,要将产品定位在潜在顾客的心中。

根据上述定义,我们认为广告定位是勾画品牌(产品)形象和所提供价值的行为,以此使细分市场上的消费者理解和正确认识某品牌产品有别于其他品牌产品的特征。广告定位,是指建立一个与目标市场有关的产品品牌或企业形象的过程与结果。

决定在某个广阔市场上开展业务的任何一个企业,都会意识到它无法为该市场的所有顾客提供产品(或服务)。因为顾客不仅人数太多、分布太广,而且购买要求差异也很大。总会有一些竞争者在为该市场某些特定顾客细分市场服务方面,处于优势地位。因此,企业不应该到处与人竞争,不应与优势力量抗衡而使自己总是处于不利地位,而应该确定最有吸引力的、本企业可以提供有效服务的细分市场,这就要求进行广告定位。广告定位是市场营销发展的必然产物。市场营销的发展大体上经历了四个阶段:

第一阶段:大众市场时代(20世纪50年代至60年代初期)。这一阶段认为顾客都是大众化顾客,需求具有一般性或相似性。生产企业只提供有限度的产品。亨利·福特概括了这种市场策略,他向所有的顾客提供T型福特汽车,顾客可以买到"任何一种颜色的汽车,只要他要的是黑色的"。

第二阶段:区隔市场时代(20世纪60年代后期至70年代初期)。这一阶段认为顾客具有有限度、可辨认的需求,可用价格与特性加以区别。生产企业提供有限层次的产品。这一时期,通用汽车公司生产的汽车有不同的品牌,如庞迪克(Pontiac)、别克(Buick)和欧兹莫比尔(Oldsmobile)等,但其特点和风格却大同小异。

第三阶段:区分区隔时代(20世纪70年代后期至80年代初期)。这一阶段认为顾客的需求不断在增长,尤其是较低层次的消费群,增长速度更快,生产企业致力于扩充产品线,或放弃低层次顾客群。

第四阶段:利基或矩阵行销时代(20世纪80年代后期至今)。这一阶段认为顾客的需求是价格、特性及应用导向。生产企业把注意力集中于开发各种利基组合的产品上。利基行销主张将市场分割为许多小区隔,针对各小市场的特性与需求,分别采用不同的行销策略,提供更符合顾客需要的产品与服务。利基行销的原理和大量行销的原理并无不同,但在应用上却致力于宣传产品(或服务)的差异化,即要进行广告定位。产品(或服务)的差异化并不仅仅指功能方面的差异化,而且也包括产品文化附加值方面的差异化,这两方面都是广告定位的依据。

二、广告定位的意义和作用

认真进行广告定位是取得成功广告的基础和前提,没有定位的广告就如一条没有方向的航船,它驶得越快,可能离目的地越远。所以从一般规律来讲应该是:产品还未投入市场,广告先行;制作广告,广告定位先行。

正确的广告定位有利于进一步巩固产品定位。在某些情况下,错误的产品定位能被正确的广告定位所挽救,但需要说明的是,在产品生产之前必须有正确的产品定位。

美国 RCA 公司是拥有百亿美元资产的,在传播业中具有领导地位的著名大公司。1969 年后,RCA 进军电脑市场,试图与当时在电脑市场上占领导地位的 IBM 公司一决高低。但仅两年时间,就以 2.5 亿美元的损失败下阵来。从逻辑上看,一个实力雄厚的公司要开拓一个新市场似乎应该很容易,但事实并非如此。其主要原因是这种"逻辑"是从公司本身出发,即"从内向外"的思维方式,而忽视了消费者因素。比如你是一个消费者,购买电脑时首先想到的是处于领导地位的 IBM 而不是 RCA,所以即使像 RCA 这样的大公司也不可能从"正面"打垮 IBM,RCA 的电脑只可能在市场上有很小的占有率。这里既涉及产品定位,又涉及广告定位,是值得深思的。就如同在我国市场上,谁想从"正面"打垮"茅台酒""雀巢咖啡"等产品几乎是不可能的。这些产品有的在产品定位上,有的在广告定位上已获得很难被推翻的、极稳定的地位。

正确的广告定位是说服购买的关键。消费者并不会因为你广告做得动听、漂亮就买你的商品;消费者并不愚蠢,决不会因为你自吹自擂就买你的商品;消费者不会自觉拿出时间、花费精力去猜那些故弄玄虚的广告。定位要分析的是消费者为了什么理由才可能买你的产品,他们想知道什么,在什么时间,在什么地方想听到或想看到你的广告。所以,一个广告能否起到促销作用,首先是你有无正确定位。

正确的广告定位有利于商品识别,尤其在我国整体消费水平还较低的情况下,消费购买需要更多信息,商品之间的差异有时很重要。在这种情况下,强调商品区别的广告也会显得很有效。

正确的广告定位为广告的创作提供了最基本的题材。广告不是搞文字游戏,不是单纯的绘画、摄影、摄像艺术。从目前我国播出的广告看,把广告单纯当作艺术作品的倾向很严重,包括广告评述也把"艺术"放在首位。正如很多消费者评价的:"广告的可看性强了,可不知所云的广告更多了。"我们认为这是亟待改进的。

正确地进行广告定位也是企业对广告进行科学管理的重要内容。目前,我国有很多广告公司、广告媒介单位在市场调查、广告定位、策划等方面做得还很不够,有的甚至没有。所以一个企业在进行广告活动的过程中,有的工作还要靠自己来做。因此,我们认为,定位理论不仅对专业广告企业是重要的,而且对于所有要进行广告的企业都是重要的。

有无准确的定位是评价一个广告作品好坏的重要标志。现在,虽然我国的广告评选越来越多,但评价广告作品的标准却非常含糊。科学地确立广告的主要评价标准是应认真研究的重要课题。广告必须从单纯的艺术殿堂中走出来,真正进入市场。

第二节 广告主题的确定

广告经营者进行广告定位的目的之一就是确定广告主题。广告主题就是广告的诉求点,即广告作品向目标市场受众传输的主题信息。广告主题是广告的中心思想,是广告作品的核心与灵魂。任何一项广告策划活动必须首先确定广告的诉求点,即确定向目标消费者"说什么"。否则媒体受众就不明白广告所要表达的信息内容,就不会被广告所吸引,也就不可能产生共鸣。如果广告经营者不明确在广告中要表达的是什么,就不可能设计出一则具有很好促销力的广告作品。

一、广告主题的基本要求

广告主题的基本要求是:

1. 鲜明,即观点表达明确,能使人立即抓住问题的实质,正确地领会。
2. 新颖,即能以新的角度和层次表达,富于新意,不落俗套。
3. 深刻,即要表达客观事物的某些本质,使主题深刻隽永,富于哲理性。

具体来讲,广告主题的基本要求包括以下几个方面。

（一）鲜明、突出

广告主题必须观点明确、概念清晰、重点突出，使人一目了然，鲜明地表达销售的概念。为了使主题的表达能鲜明有力，首先必须使主题的表达单纯化，即在意念上简洁集中。成功的主题应该是简单的，结构上不复杂，表达单一明确，不力图表达更多的销售概念，目标集中，重点突出，才能具备思想性与统一性。

隐晦和不明确的广告主题，概念模糊，繁杂松散，销售重点不明确，在信息传达中不仅不能鲜明有力地给人以清晰的概念，反而会使消费者产生认识上的混乱，甚至会产生误导。

美国福乐速溶奶粉广告，主题十分简洁鲜明，即诱导新的消费者尝试它的品牌，尊重消费者的选择，间接地表达它是世界流行的商品。其广告标题概念清晰、直截了当："百闻不如一试，喝过方知福乐好。"表达十分单纯集中，能激发未饮用过福乐奶粉的消费者试一试的购买欲望，促成即时购买行动。在激烈竞争的商品市场里，鲜明有力的广告主题对消费者有很好的心理冲击力，能增强商品的竞争力。

（二）新颖、独特

广告主题要有自己独特的新意，即广告传达的信息要有不同一般的个性，要与同类产品的其他广告有不同销售重点的表达。只有在主题表达中强化信息个性，才能突出广告的产品（或服务）与众不同的特点，在市场竞争中让消费者发现自己，认识自己，给人留下深刻的印象。

主题的新颖性要求广告经营者对客观事物有独特的感受和发现，以新的视角发现问题和提出问题，给人以新颖别致、独创一格的心理感受。

要使广告主题具有新意，重要的在于差别化策略的运用。要善于发现同类产品之间的任何差别，可以从产品的质地、制作工艺、效用、心理价值等方面进行挖掘，使广告主题具有个性化的色彩，不同一般的表达重点。

在我国台湾宝露化妆品的一组杂志广告中，策划者避开了一般化妆品追求化妆后形象美的主题表现，别开生面地把展示化妆品的气质美作为广告的主题，创造了一种美的新格调，把消费者对美的追求引入了一个新的境界。三幅广告以三种著名的花卉借题发挥，赞颂一种气质之美、风采之美、脱俗之美，为消费者树立了三种不同类型的气质美的典范。

第一：主标题：成熟之韵
　　副标题：宝露的气质，高贵含蓄，一如风中之夏荷
第二：主标题：个性之韵
　　副标题：宝露的气质，俊秀飘逸，媲美空谷中的幽兰
第三：主标题：脱俗之韵
　　副标题：宝露的气质，清新脱俗，宛如水仙出落

（三）寓意深刻

广告主题对于客观事物的揭示，重要的一点是思想深度。广告经营者必须具有敏锐的洞察力，能从平凡生活中的细节中挖掘出让人激动不已的意蕴来，使之具有深邃的思想价值和生活哲理。这种哲理有助于加深广告主题的思想深度及感情深度。它不是逻辑抽象思维的产物，而是一种艺术概括的结晶，能使广告作品具有较强的艺术感染力和较高的审美价值，增强其打动人心的力量。

广告主题的哲理性，可以借助不同的艺术手段来实现，如通过戏剧冲突暗示哲理，隐喻形象暗示哲理，象征手法暗示哲理等。

这种哲理化的趋向在广告主题中一般表现为两个方面：一是它所提出的问题和它所表现出的哲理，是为社会消费大众关心的，而且是以渗透人性的生活观察展开的，因而能使目标消费者引起感情上的强烈共鸣；二是哲理的表现依附于一定的广告形象，通过特定的情节和场景表现出来，而且一般是以象征和隐喻的手法进行折射，间接含蓄地予以表达。

德国爱迪达运动鞋的广告常选用消费者的不同生活画面作为广告主题的设定，其中一则广告以"爱迪达运动鞋是消费者长期信赖的商品"为主题，将人生岁月的流逝与商品形象联系在一起。广告的主标题是："走过一半人生路，年轻时候的一切也都该过去了。而今，依然信实如妻者，还有爱迪达。"广告通过一个老人穿用爱迪达运动鞋的事实，说明爱迪达是人生道路上值得长期信赖的产品，其可信度甚至可以和患难与共的结发之妻相比。这种比喻不仅充满了人生哲理的意味，而且间接而深刻地表达了爱迪达运动鞋就是经过长期时间考验的优质产品，实现了企业开拓中老年消费者市场的目的。

现代广告策划中一个重要的问题，也是一个不易解决的问题，就是对广告主题的设定。如何根据对客观事物的认识对素材进行提炼,获得正确的广告主题,关键在于策划者对广告目标市场和消费者需求的认识程度。

一则广告或一组系列广告的主题,是广告表现的基础,是一种贯穿整个广告并具有支配力的内涵,也是被反复运用和强调的要素。

为了使广告主题有统一的明确性与特定性,给人以深刻的印象,需要把设定的广告主题有层次、有轻重地展开在广告主要的构成要素中,使之成为一个完整统一的、贯穿始终互为呼应的有机整体,即在标题、副标题、主要广告画面和形象,广告正文的第一段到最末段,都按照广告主题限定的内涵进行表达,由重点到全面,由感性到理性地逐步展开,形成一个由各个方面表达信息意念的完整统一体。

广告主题的展开要把握两点,一是要注意统一,二是要强调反复。

注意统一就是从主题思想衍生出来的一切意念,必须与主题思想吻合一致,不能相互冲突和分散,一定要服从和统一于主题的中心思想。这样才能发挥其整体的诉求机能,使广告宣传概念明确集中。如一种产品的一组系列杂志广告或电视广告中的每一则广告,都可以在主题中心思想的制约下进行一定的发挥,产生某种表现角度的分主题,但分主题必须是在中心主题的基调上衍生出来的,并且与中心主题吻合与呼应,不能各行其是,作不受限制的自由表现。

要达到统一,还必须在主题展开的过程中,尽可能地排除与主题思想无关或关系不大的一切事象,使之单纯凝练,集中有力。

主题的展开还需要运用反复的手法,将主题思想在广告构成要素的不同部分予以反复出现,使之环环相扣、前后呼应,不断加强对消费者的心理冲击,造成印象的积累和感情上的共鸣,犹如交响乐曲以不同的变化反复展现主旋律,主题思想也应该在广告的不同部分反复出现,造成完整统一的心理感受。

二、广告主题的范围

确定广告主题要从媒体受众的心理需求出发,选定广告要传输的信息内容,打动媒体受众,诱使他们产生购买欲望,实现增加产品销售、树立企业形象的目的。广告主题的范围主要有以下几种类型。

(一)健康类

健康是消费者赖以生存发展的基本欲求,是为维持生命和发展生命所

必需的外界条件的欲求。增强体质、身心健康、获取营养、防病治病等都可以选择健康作为广告主题的题材，如医药、卫生用品、营养食品、体育器械等商品都可以以此进行诉求。

（二）食欲类

食欲是消费者最基本的需求之一，是消费者肌体生存的根本所在，它不仅解决消费者生理饥渴的需求，还满足消费者追求营养、讲求口味等心理方面的需求，是食品、饮料、饮食服务业常选用作为广告主题的题材，通过食品的美味芳香吸引消费者，刺激其食欲的需要，可以取得良好的促销效果。

（三）安全类

保障自己的生命和财产不受侵犯和掠夺，是消费者基本需要的一个层次，是保证消费者正常工作、生活和社交活动的重要因素，是消费者十分关注和敏感的问题。某些广告，如交通工具、防盗设备、银行信托、卫生用品等方面的广告，可选择其作为广告主题的题材，诉求如能吻合消费者的关心点，就可以发挥良好的促销作用。

（四）爱美类

消费者对某些产品的选择往往是以其欣赏价值为主要目的，注重产品本身的美感和对人体的美化作用以及对环境的美化功能，目的不仅在于产品的使用价值，而且还为了从中得到美的享受。随着社会生产的不断发展，物质和精神文明的不断提高，消费者对自身的美化和产品美感的渴求会越来越强烈。爱美常是化妆品、服装、饰品等广告主题的题材，突出美的风采与格调，渲染美给消费者带来心理上的满足，刺激消费者对美的事物的追求。

（五）时尚类

在消费品市场上，尤其是在一些高文化附加值商品的消费市场上，消费者的购买潮流对消费者的心理有很大的冲击力，表现出一种以追求商品新颖为主要目的的需求，成为时髦流行的消费趋向。它刺激和诱发消费者产生一种同步的心理欲望，在购物时特别注意商品的款式和社会流行样式，而不太注意商品本身的实用价值和价格高低，追求变化，追逐潮流，表现出凭一时兴趣而产生的冲动性购买。时尚常是化妆品、服装、饰品等广告主题选择的表现题材，能创造非常成功的促销效果。

（六）爱情类

爱情是消费者精神的一种最深沉的冲动，是在传宗接代的本能基础上产生于男女之间,使消费者能获得强烈的肉体和精神综合享受的(既是生理的,又是精神的)、互相倾慕和交流之情。爱情是令人激动的回忆,是明快亲切的期待,爱情创造了美,使消费者的感受力敏感起来,使两性关系具有美感。

爱情是艺术家灵感的源泉,由于它的非凡的魅力,扩大了多种艺术形式的优美与神奇。爱情是人类追求的一个目标,渗透了个人的理想与情趣,可以说,爱情不仅是艺术的永恒主题,也是艺术的永恒题材。选用爱情题材来作为广告诉求,能产生亲切动人,感人心扉的心理号召力,能有效地表达广告主题。

(七)荣誉类

消费者通过发挥自己的潜在能力和聪明才智,在事业上获得一定的成功,对社会有所贡献并期待能得到社会承认和社会的尊重与赞赏,从而得到精神上的慰藉和满足。这种心理需求是在社会发展过程中逐渐形成的一种社会性的高级欲求,是一种文化的、道德和名誉上的精神需要。

一些消费者为了显示个人的成功或成就而购买某种特殊产品,以满足一种荣誉感的心理需求。广告如能针对这种欲求进行诱导性的诉求,就能很有效地唤起消费者的需求欲望。

(八)母爱类

母爱是消费者情爱中最为诚挚的一种感情,也是消费者情爱中天性的自然流露,具有震撼人心、感人肺腑的力量,是人类的一种古老的艺术表现题材。纯真高尚的母爱动人心弦,催人泪下,具有不可抗拒的心理感召力,这种出于天性的母爱之情,对消费者有很强的感染力,在广告中作为某些主题的题材,运用得好能产生很好的移情共鸣作用,儿童用品、食品、玩具、衣物等均可选择母爱作题材。

(九)地位类

一些消费者有一种显示自己地位和声望的欲求,这种心态在具有一定的社会地位、经济实力的人士中较为多见。他们往往产生一种"扬名"和"炫耀"的购买动机,在购买商品时特别注重商品本身的象征意义,以此显示自己超过其他人的社会地位和富裕生活,或表示自己卓越的生活能力,从中得到心理上的满足。消费者在购买中具有很强的感情因素,出发点往往是为了领先,超过他人或赶上他人,以维持或提高自己的社会地位,从而获得一种自豪感、优越感。

(十)社交类

作为"社会人",消费者有希望得到社会团体重视与接纳,希望得到和给予别人友谊、关怀和爱护的要求,并期待交朋友,获得友情,进行感情交流,参加社会活动,使自己了解社会和别人,也使自己被社会和别人了解,从中得到精神上的满足。社会越发展,物质文明、精神文明越进步,消费者的这类要求也会越强烈。食品、化妆品、服装、家用电器等常将社交作为广告题材,运用得好可产生良好的诱导说服效果。

(十一)快乐类

追求生活的欢快与乐趣,是消费者重要的心理趋势,也是消费者的生活水平向高层次发展的必然需求。消费者在解决了生理上生存的基础需求后,必然转向精神上的追求与满足,以适当的刺激来调节生活节奏,使身心得到一定的放松与调整,让生活变得丰富多彩而又充满情趣。针对这种心理欲求,广告在旅游、轿车、摩托车等类产品(或服务)上多以快乐为题材进行创意表现,以期获得理想的促销效果。

(十二)效能类

效能是广告运用最广泛的题材,强调产品(或服务)与众不同的特殊功能,突出地表达产品(或服务)能给消费者带来的某种利益和好处,满足消费者某个方面的要求,以此差别化的策略来建立产品(或服务)的定位,塑造独树一帜的产品(或服务)的形象,激发消费者的购买需求。效能通常是化妆品、清洁用品、药品、家电产品等的广告题材。

(十三)方便类

在生活节奏很快的现代社会中,消费者十分珍惜时间与体力。在购买产品时消费者都希望能获得方便快速的服务,购买方式明确简便,售货效率高,能在很短的时间内完成购物的全过程,同时还希望提供产品携带方便、使用方便、维修方便等方便措施,以满足消费者在购物后的不同需要。家用电器、轿车、摩托车等广告常选用方便作为表现的题材。

(十四)保证类

在市场营销中,企业为了在消费者中建立良好的信誉,使消费者对企业和产品产生良好的信任感,解除消费者在购物过程中的心理障碍,对广告的产品予以认可,需要在广告中针对消费者的心理特点,在某个方面做出具体的许诺与保证,以增强产品在市场上的竞争力,刺激消费者购买广告宣传的产品,这样常常可以取得理想的促销效果。家用电器、装修材料、精密仪器等常选用保证为题材来表达广告主题。

（十五）经济类

消费者在购物活动中，产品的物美价廉常是其选择的重要标准，尤其在一些收入不高的消费者阶层中，产品的经济实惠更是首先要考虑的因素。另外消费者通常还有一种爱占便宜的心理，力图以较少的支出换取较多的产品（或服务）。因此，中、低档的产品，突出价格上的优势，能很有效地刺激一些消费者的购买欲望，产生良好的促销效果。日常生活用品、食品、家用电器等常选用经济为题材来表达广告主题。

第三节　广告创意的性质与原则

一、广告创意的性质

（一）广告创意的概念

美国广告专家格威克（Albert Szent Gyorgri）认为："创意就是你发现了人们习以为常的事物中的新含义。"芝加哥 Marvin H. Frank 广告公司的创意总监说："创意人员的责任是收集所有能帮助解决问题的材料，如产品事实、产品定位、媒体状况、各种市场调查数据、广告费用等，把这些材料分类、整理、归纳出需传达的信息，最后转化为一种极富戏剧性的形式。"美国广告专家施瑞·波克夫（Shirey Polkoff）认为："创意就是用一种新颖而且与众不同的方式来传达单个意念的技巧与才能，即所谓客观的思索，然后天才的表达。"美国最权威的广告杂志《广告时代》总结出："广告创意是一种控制工作，广告创意是为别人陪嫁，而非自己出嫁。优秀的广告创意人员深知此道，他们在熟悉商品、市场销售计划等多种信息的基础上，发展并赢得广告运动，这就是广告创意的真正内涵。"

创意，要突破常规，它体现一种思维方式。它超越了在处理周围环境与自身问题时所采取的通常方式，扩大了那些合乎意愿的心理体验。它采取了一种与众不同的方式。因此，广告创意是广告经营者的一系列思维活动，它是对题材的选择、主题的提炼、形象的典型化、文字的精练、图画的意境，以及载体、表现方式和风格的总和思考和想象。所以，广告创意的实质是对创作对象进行想象和创造，使现实美与艺术美能够融合起来。

（二）广告创意的特征

尽管不同领域的创意显示的每个阶段的侧重不同，但有一点是共同的，

即创意是艰辛而严密思考后的超越性产物,最后的思索导致创意的产生。

广告创意不同于广告制作。广告创意是通过艺术手段将广告主题淋漓尽致地表现出来,从而使广告所宣传的产品形象、企业形象更加醒目、突出,给媒体受众留下深刻的印象。广告创意具有以下特征:

1. 以广告主题为核心。广告创意要以广告主题为核心,不能随意偏离或转移广告主题。广告主题是广告创意的出发点与基础。只有主题明确,才能创造出引人入胜、新颖别致的广告。如果不以广告主题为核心,即便是新颖独特的创意,在广告宣传中也无法充分表达主题思想,甚至干扰主题思想。

2. 追求新颖独特。在广告"爆炸"的时代,没有特色、没有亮点的广告不会有任何感召力和影响力,起不到广而告之的作用。

3. 意境优美,情趣生动。广告创意创造优美的意境,能将媒体受众带到一个妙趣横生、难以忘怀的艺术境界中去。法国的一则席梦思床垫广告以其反常规的创意,创造了销售奇迹。它不是像往常广告一样营造浪漫情调或名人效应,而是在广告中展示了一只瞪着眼睛的毛毛虫。为了表达席梦思床垫的舒适与安全,他们采用了让毛毛虫存活的原材料。广告的旁白说:"也许,这只喜欢温暖的毛毛虫,今天就与您共眠呢!"

4. 形象化。广告创意是以真实为基础的艺术创造。广告创意不同于绘画,不同于文学创作。广告创意要在坚持客观事实的条件下,升华凝练出主题思想与广告语,并且从表象、意象、意念、联想中获取创作的素材,形成形象化的妙语、诗歌、音乐和富有感染力的图画、摄影,并能融会贯通,成为一副完美的广告艺术作品。

二、广告创意的原则

进行广告创意要遵循一定的原则,否则就会天马行空,脱离了中心主题。大量策划实践说明,广告创意要遵循以下原则:

第一,促销原则。促销是广告的目的,也是广告创意的出发点。广告创意是在客观的基础上以艺术的形式向媒体受众传输产品或企业信息,使他们产生兴趣,以达到促销的目的。广告创意不是完全意义上的美的艺术,而是促销的艺术。大卫·奥格威曾说过:"我们的目的是销售,否则就不是广告。"一语道破广告创意的目的。

第二,简洁原则。简洁明快的广告,常给媒体受众留下耳目一新的感觉。世界广告市场的经典之作,几乎都是创意独特,简单明了的。简洁原则要求广告作品的情节要简短,突出诉求主题;广告语要精练,没有一个多余的字;广告构图在符合美学原则的基础上,要简明扼要,"疏可跑马"。

第三,印象原则。广告创意不仅要简洁明了,而且还要生动逼真,给媒体受众留下深刻的印象。美国广告界权威杂志《广告时代》曾经邀请97位广告专家对"至今为止最杰出的广告"进行评选。可口可乐公司的"高山之巅"广告片获得24票,名列第三,被作为真正具有全球行销意义的国际广告片。名列第二的是开创品牌形象时代的"万宝路广告运动",代表鲜明而强烈的美国牛仔精神的万宝路的品牌形象自1946年至今,历时几十年,经久不衰,它得了28票。最令广告专家们推崇的荣获桂冠的广告作品是美国DDB广告公司制作的"大众汽车广告",它获得了60票。这则广告的特征是清晰、准确地传达了诉求主题,以简洁、逼真的风格带来了震撼人心的创意效果。黑白色彩的鲜明对比,大片空白的简洁直视,"小甲壳虫"趣味无穷的逼真形象,使媒体受众难以忘怀。

第四,关注与理解原则。广告作品要能引起媒体受众的注意,进而激发他们的好奇心,产生购买欲望以达到促销的目的。当然,关注原则的运用要禁止哗众取宠。在蜂拥而至的广告信息潮中,如何引起媒体受众的关注,正是广告经营者必须解决的问题之一。广告创意的内容要使媒体受众容易理解,如果让媒体受众去理解晦涩难懂的广告,只会浪费广告主宝贵的资金。

第五,尊重文化传统的原则。不同民族在其各自漫长的发展过程中,形成了独特的文化传统,具体包括:价值观念、宗教信仰、风俗习惯以及语言习惯等。这些文化传统是不同民族文化的具体反映,是民族文明的历史沉淀。广告创意人员必须尊重各民族的文化传统,否则,会招来不少麻烦,甚至重大损失。

20世纪末,《世界知识》第20期发表了一篇题目为《一则广告差点毁了索尼公司》的文章。文章说日本索尼公司为了在泰国推销收录机产品,竟然用佛祖释迦牟尼做广告。在这则电视广告中,释迦牟尼双目紧闭,安详侧卧,进入物我两忘的境界。不一会儿,索尼收录机播放出了美妙的音乐,佛祖失去定力为音乐所诱惑,竟然全身随音乐有节奏地摆动,最后睁开了慧眼。日本企业的广告创意,无非是用夸张的手法来说明其产品的魅力。岂料佛教是泰国的国教,佛祖释迦牟尼更是举国崇拜的偶像。这则广告则是对泰国国教的极大不敬,是对泰国人民的公然挑衅。在举国的愤怒声中,泰国当局向日本政府提出了强烈的抗议。此时,索尼公司才醒悟过来,立即停

播这则广告并向泰国人民公开道歉。

第四节 广告创意的程序与方法

一、广告创意的程序

广告创意没有固定不变的模式,但大量的策划实践证明,可以将广告创意的程序划分为以下几个阶段。

(一)准备资料阶段

在准备资料阶段,广告经营者要根据广告主的委托及要求,了解广告产品(或服务)的特点,收集有关资料。收集的资料可分为一般资料和特定资料。一般资料是指与目标市场上受众有关的资料,如生活方式的变化、情趣的变化、公众关注的事件或事物等;特定资料是指直接与广告产品(或服务)有关的资料,如广告产品的特性、价格水平、质量特征、市场占有率、产品在媒体受众心目中的形象以及产品的经营历史等。

准备阶段所需的资料根据收集的方式不同,可以划分为第一手资料和第二手资料。广告经营者通过调查取得的资料称为第一手资料,该资料真实、客观,可信度高。现成的资料称为第二手资料,它的特点是获取成本低,由于已经过他人的加工,所以可信度低。

(二)酝酿阶段

酝酿阶段实质上是一段心智检索的过程。美国广告策划专家詹姆斯·韦伯·杨将这一过程比喻为食用食物的过程,广告经营者为了消化而咀嚼材料,在心智中深思熟虑所搜集到的一切材料。他说:"你把已收集到的不同资料,用你心智的触角到处加以触试。"在这一阶段,广告经营者要对搜集到的各种信息资料进行综合,认真分析和研究,用各种思维方式点燃智慧的火花,从中寻找创意的线索。

(三)孵化阶段

在孵化阶段,广告经营者经过综合分析、思考和酝酿,把获得的启发、灵感、意念变成构思,并使这些构思成为反映广告目标的较为具体的形象。詹姆斯·韦伯·杨说:"在第三阶段,你要完全顺乎自然,不作任何努力。你把题目全部放开,尽量不去想这个问题。"换言之,广告经营者把问题置于下意识的心智中,让它去发挥作用。这时通常会产生一种顿悟和预感,由此勾勒出清晰的思路,顺延下去就会产生一个美好的构想。

（四）求证阶段

詹姆斯·韦伯·杨称求证阶段为："此一阶段可名之为寒冷清晨过后的曙光。"在这一阶段，要对孵化阶段所获得的构想进行检验和求证，利用科学的分析和对比方法，检验构想的合理性和严密性，因为并非每一个构想都是完美无缺的。

下面介绍几位广告专家对广告创意过程的划分，见表8-1、表8-2和表8-3。

表8-1　（美国）奥斯本博士的七阶段论

广告创意的系统过程	1. 定向：确定问题
	2. 准备：收集有关信息
	3. 分析：信息的分类、整理、归纳
	4. 观念：由信息促燃起火花
	5. 沉思：心智的运动
	6. 结合：各部分的有机综合
	7. 成形：构思的评价与修补

表8-2　（美国）詹姆斯·韦伯·杨的五阶段论

广告创意的系统过程	1. 资料收集：如蜜蜂采蜜
	2. 品味资料：反复咀嚼以吸取养分
	3. 孵化资料：对资料进行多次排列组合
	4. 创意诞生：形成较清晰的构思
	5. 付诸实用：对构思进行验证

表8-3　（加拿大）G.塞利尔教授的七阶段论

创意以及生殖的系统过程	1. 恋爱与情欲：指对真理、创造追求的愿望与热情
	2. 受胎：指发现和提出问题及资料准备
	3. 怀孕：开始孕育新思想
	4. 痛苦的产前阵痛：独特的答案临近感
	5. 分娩：使人愉快和满足的新思想诞生
	6. 查看和检验：像检查新生婴儿一样，使新观念受到逻辑和实证的验证
	7. 生活：新观念受到考验并证明了自己的生命力后，便开始独立生存，有可能被接受

二、广告创意的方法

广告经营者在进行广告创意时,不仅要有创造性的思维,而且要掌握一定科学的创意方法。在国际广告市场上,被人们认可的、常用的创意方法主要有以下几种。

(一) 头脑风暴法

头脑风暴法(Brainstorming)又称为集体思考法,原意为"Using the brain to storm a problem",即让头脑像风暴一样地运行起来,以捆击问题。

头脑风暴法是由美国 BBDO 广告公司的前副总经理奥斯本于 20 世纪 70 年代提出来的,是通过发挥大家的创造性,集思广益进行创意的一种方法。在韦氏国际大字典中,头脑风暴法的定义是:"一组人员运用开会的方式将所有与会人员对特殊问题的主意,聚积起来以解决问题"。目的是以集思广益的方式在一定时间内大量产生多种主意,主意越多,获得有价值的创意的可能性就越大。

1. 头脑风暴法产生的基础。头脑风暴法自被奥斯本提出来以后,就获得了广告经营者的普遍认可,在美国广告界风行一时。头脑风暴法发轫于广告经营者的小组讨论,体现了一定的科学性。

(1)广告创意的思路大多产生于联想。小组中的一个成员得到一个主意,更多的主意可能相继而出,因为他的主意会刺激其他人的灵感,使他们展开联想的翅膀。

(2)许多心理实验表明,一般人在小组讨论中比单独思考更能发挥其想象力、创造力,因为这些人很适应高密度的信息环境。

(3)心理实验也表明,脑力劳动的工作效率在竞争的环境下将增加 50% 左右,这种增加尤以灵感为甚。

(4)在小组讨论中,个人的好主意会很快得到他人的鼓励,由此会激发更多更好的主意产生。一个好主意就像一朵火花,会点燃其他人的灵感之火。

2. 头脑风暴法的原则。在运用头脑风暴法时,要遵循以下原则:

(1)不批评他人的主意。在小组讨论中,不容许对他人的主意进行评价,任何消极的批评只能在小组讨论之后进行。采用中止判断策略是快速联想的一个重要方面。在自由发言期间,热烈的气氛会使不同的创意源源不断地涌现出来。

（2）欢迎"百花齐放"式的自由发言。策划主持人应该善于调动小组成员踊跃发言的积极性，鼓励大家逆向思维，主意越怪异、越荒诞越好。

（3）求量为先，以量求质。主意越多，得到好主意的可能性就越大，因为没有量的积累，就没有质的飞跃。

（4）在综合的基础上对创意思路不断改进。小组成员除了提出自己的主意外，也可将他人的主意变得更好，或将几个人的主意综合起来产生一个新想法。

3. 小组成员的构成。在运用头脑风暴法进行广告创意时，首先要组织讨论小组。小组成员的构成情况大体如下：

（1）头脑风暴法的小组成员以 10~12 人最为理想。人员过多则没有畅所欲言的机会；人员过少则场面冷淡，造不成热烈的气氛，很难调动起大家思考的积极性。

（2）每个小组成员最好专业相近，对创意主题普遍抱有浓厚的兴趣。小组中最好有一两位创造力特别强、非常活跃的成员，以诱使大家展开联想，激发其他人的灵感。

（3）小组主持人不仅要有深厚的广告专业知识，而且还要有一定的市场营销知识和文学知识，对所讨论的问题有深刻透彻的理解，能巧妙地调动大家的积极性，使会场活跃起来，而且善于捕捉创意灵感的火花。

4. 头脑风暴法的操作过程。

（1）会议开始，由小组长叙述创意主题，要求小组成员贡献与该问题有关的主意。如果小组成员过于拘束，小组长可以先组织一些比较轻松的话题展开讨论，以创造轻松的气氛。

（2）若有人批评他人的意见，小组长应立即予以制止。如果集体思考变成自由讨论，则会产生发言不平均的现象，又可能变成一场辩论会，少数人会争得面红耳赤，浪费时间。这时小组长要及时制止，引导会议顺利进行。

（3）提倡轮流发言制。该制度是美国广告专家鲍查德（Borchard）于1971年提出来的。应用该法时，如果有人一时想不出主意，他可以放弃这一轮的机会，等下一轮再发言。如此循环，每个人都有机会贡献自己的主意。

（4）当会议进行到每个小组成员都面临穷途短计、殚精竭虑之时，小组长必须继续坚持轮流发言，务必使每个人都焦心竭虑，尽出妙计。奇思妙计往往在挖空心思的压力下产生。

（5）创意小组必须设立一名记录员。记录时要按照小组成员发言的先

后顺序,用数字表明,以便查找。

(二)垂直思考法

垂直思考法,是指按照一定的思考路线进行的,即在一个固定范围内向上或向下进行的纵向思考。它所以成为垂直思考法,是因为广告经营者的思路从一种状态直接进入另一种状态。它就像挖洞,在已挖好的一个洞的基础之上,深挖下去,形成一个更深的洞。

垂直思考法与下文的水平思考法都是由英国心理学家爱德华·戴勃诺博士发明的。这种思考法就像一间书屋,屋内有大量书籍,人们就利用这些书籍及传统的经验与观念,进行创意的思考,思考的范围比较狭窄。垂直思考法的优点是思路清晰,比较稳定。缺点是思考范围有一定的局限性,容易使人故步自封,脱离实际。

(三)水平思考法

水平思考法又称横向思考法,是指广告经营者在创意思考时向着多方位、多方向发展。水平思考法可认为是一种不连续的思考,或"为改变而改变的思考"(爱德华·戴勃诺语)。

垂直思考法的最大缺点就是容易形成偏执,如果广告经营者习惯于凭经验办事,其创造性就比较差,新颖的创意就很难产生。因此,戴勃诺博士主张在广告创意中利用水平思考法,即围绕广告主题,离开固定的方向,突破原有的框架,朝着若干不同的方向去努力。

为了便于广告经营者理解与掌握,我们概括出了垂直思考法与水平思考法的主要区别:

(1)垂直思考法是有选择性的;水平思考法是生生不息的。

(2)垂直思考法的移动,只有在确定了一个方向时才移动;水平思考法的移动则是为了产生一个方向。

(3)垂直思考法是分析性的;水平思考法是激发性的。

(4)垂直思考法是按部就班的;水平思考法是间断性的,可跳来跳去。

(5)运用垂直思考法,必须每一步都正确;运用水平思考法则不必。

(6)运用垂直思考法,必须排除不相关的因素;水平思考法则非常欢迎展开。

(7)在运用垂直思考法中,思考问题的类别、分类与名称等都是固定不变的;而在运用水平思考法中,则没有固定的模式。

(8)运用垂直思考法要遵循最可能的途径;而水平思考法则不必。

(9) 在垂直思考法中, 思维过程是无限的; 在水平思考法中, 思维过程则是有限的。

总之, 水平思考法是为了寻求在各种情况、要素、事件中的新关系, 以产生新的、独特的构想; 是在力求突破传统的垂直思考下的定型模式的基础上, 寻求新的或前所未有的创新思路的可能性。

在广告策划过程中, 由于水平思考法有利于产生新的创意, 越来越多的广告经营者乐于接受并在实践中加以运用。但是, 水平思考法不能完全代替垂直思考法, 垂直思考法有其自身的优点。前人的经验是一种宝贵的财富, 应该借鉴, 所以应将两种方法结合起来运用。

第五节　广告创意策略

近年来, 随着我国经济的持续高速增长, 商品经济得到了进一步的发展。绝大部分商品的市场供求基本平衡, 并且形成了一定规模的资本垄断和生产能力垄断, 买方市场的出现使我国广告业得到了迅猛发展, 广告宣传越来越多。但是, 据统计, 在被收看的广告中, 只有1/3能给媒体受众留下一些印象。这1/3中只有半数被正确地理解, 仅有5%能在24小时被记住。因此, 如何使媒体受众记住广告传输的信息, 即广告创意采取什么策略就显得非常重要了。

一、运用广告创意策略时应注意的问题

广告创意策略是为使广告作品产生更好的效果而采用的方法与手段。策略的方法和手段很多, 但总起来说, 就是要根据广告的内容, 市场需求的变化, 宣传对象的差异, 针对不同的具体问题采取不同的创意策略。

1. 不同的广告目的, 应采取不同的创意策略。广告目标, 即是广告在特定的时期和范围内要达到的目的。广告策划活动要想达到预期的目的, 必须有明确的广告目标。广告的目标很多, 如为在消费者中建立企业和产品的形象, 促使消费者产生直接的购买行动等。广告目标不同, 其内涵的差异度是很大的。为了实现预定的广告目的, 就要采取与之相应的创意策略, 根据具体的广告目标进行创意, 确定与广告目标一致的广告主题与创意表现, 才可能获得良好的宣传效果。

2. 产品不同的生命周期, 应突出不同的诉求点。任何商品进入市场,

并占有一定的市场份额,都要经过几个不同的阶段。这一过程就是产品的生命周期,它包括:导入期、成长期、成熟期、衰退期四个阶段。产品生命周期长短变化常受到技术革新、市场变化、流行时尚和同类产品之间竞争的影响,每个时期都会面临不同的问题。因此,广告创意表达的重点也应随之不同,应按照"推出—竞争—维持—新推出—新竞争"的市场竞争的各个阶段,采取不同的创意对策,以帮助商品开拓市场,扩大市场,站稳市场。

产品进入市场时,消费者对产品不熟悉、不了解,广告宣传的重点应是着重介绍产品的品牌、商标和包装,以扩大产品的知名度。

在产品的"成长时期",是产品的竞争阶段,要在与众多的同类产品竞争中取胜,则需要在广告创意策略上采取"差别化战略",用消费者论证的方式,强调和突出广告产品与众不同的特质或优点,树立独具一格的产品形象。经过长时期的不断竞争较量后,巩固产品特定的市场位置。

在产品的"成熟期",消费者对产品的各个方面都已比较熟悉,产生了较高的信任感,产品在市场上已有很高的知名度和信誉,就不必要再进行过多的介绍宣传,只需在创意上采取提示性的策略,着重提醒消费者不要忘了该品牌产品,并让广告有节奏的出现,加强消费者的印象积累,防止同类的其他产品乘虚而入。美国可口可乐百年来的广告活动,就是随着其产品在市场上的不同阶段,基本上采取这种创意策略的。

3. 不同的宣传对象,应采取不同的表现方式。现代广告创意都是针对特定的消费层次的,要取得良好的效果,必须根据目标消费者的年龄、性别、职业、文化、社会地位等不同的特点,采取不同的表现方式和语言,才能达到预期的目的。

如摩托车广告的宣传对象是年轻人,就要按照年轻人的心理特点和生活方式来进行创意,采用新奇刺激的方式,如用"新潮·个性——阳光野火充满魅力的新车"的广告标题,使广告富于诱惑性和挑逗性。

女用化妆品的宣传对象是女性,则要根据年轻女性爱美求美的心理特点,采用美女式的诉求方式,运用浪漫抒情的情趣和优雅清新的画面来诱发女性消费者的需求。如力士香皂的电视广告,就采用世界著名影星为广告模特,极力渲染其产品给人带来的舒适和增添的魅力,不仅展示了产品的品位,同时诱发女性消费者产生很强的认同心理,刺激其产生需求的欲望。

4. 不同的广告主题,应采取不同的表现形式和手段。使表现形式与商品品质相一致。有些主题可着重于感情诉求,造成消费者一时冲动性的购买;有些主题则需要侧重于理性诉求,说服消费者进行购买。

如香烟、饮料等商品多采取甜美欢快的生活片断作题材,表达美好的生活离不开美好的商品的主题,在表现上多采用旅游、休闲、爱情、社交等场景,抒发一种悠然自得的享受气氛和情调。药品和日常家庭用品则要采取展示使用效果的手法,来证明和强调产品的优点和性能,引导消费者进行购买。儿童用品的广告主题,要采取以儿童为主角或以漫画卡通的形式进行表现,以取得好的宣传效果。

5. 不同的商品类别,广告创意的侧重点应该不同。商品从人们的传统观念上来进行分类,大致可以分下列五大类:①软性商品(流行商品):如女性的服装、装饰品、衣料等;②硬性商品(器具商品):如汽车、家用电器、家具等;③包装商品(日常用品):如香烟、饮料、化妆品、冷冻食品等;④服务:如银行、保险等;⑤生产用品(非消费品):如工业机械、运输机械等。

以上五类商品和服务,由于其商品特性各异,在创意策略上应有所侧重。

软性商品属于流行的、时尚的、装饰性的商品,其创意侧重点应以商品价值为中心,因此,在广告创意上要极力突出商品对消费者的心理价值和企业印象,多作感性的诉求,加强其感染力。

硬性商品属于理性诉求的、金额较大的非消耗性商品,具有贵重的特征,应以加强服务来促进销售,这里企业的信誉至关重要。

包装广告本身是心理促销的一种手段,是无声的推销员,由于竞争对手众多,冲动性购买较高,消费者自我选择购买较多,在广告创意上应着重提高商品的知名度、记忆度,引导消费者进行购买。

服务属于第三产业,本质上是非制品的商品,是无形的抽象商品,消费者购买服务主要是通过代办行为来获取自己能力以外所能得到的劳力或智力,因此服务要以专门知识来进行销售,广告创意也应根据这些特征进行。

生产用品是投资性产品,一般不依靠广告等大众传播手段开展销售,而主要采用人员推销、示范操作等,即使做广告也需详细介绍产品的特点和性能,使用户彻底了解,取得用户绝对信任,方可促使用户进行购买。

6. 运用心理策略突出产品领先地位。广告宣传产品要能长期受到消费者的欢迎和信赖,与其在市场上所占据的地位有很重要的关系,在广告创意中运用心理策略突出产品品牌的市场领先地位,建立独特的市场形象,就能使广告产品从众多同类产品中脱颖而出,便于消费者识别和选择,久而久

之会产生一定的消费行为模式,从而确保市场的销售地位。

许多产品广告在创意上都极力标榜销量第一,宣扬其在市场上的领先地位,证明其质量是受消费者信赖和欢迎的。万宝路香烟在广告上一直宣传世界销量第一、美国销量第一;生力牌啤酒在广告上宣传香港销量第一;而蓝带啤酒却在广告中标榜"香港最畅销的美国啤酒,香港最畅销的罐装啤酒"。以上都是力图以突出在销售市场上的领先地位,来塑造商品在市场上的形象,赢得消费者的青睐。

此外,广告中强调其产品最好也是这种心理策略的一种手法。如美国皇后洗衣机强调:"最早和最好的洗衣机,都是美国皇后";摩卡咖啡强调:"世界之最,当礼不让";雅戈尔衬衫强调:"这个标志,引导衬衫130年";索尼电器强调:"世界第一部'无唱针'唱盘"。这些都是从另一个侧面突出产品在市场上的优势地位,诱导消费者产生购买行为。

7. 注重感情因素,加强心理攻势。在广告创意中对于某些软性商品和包装商品,宜采用感性诉求的策略,加强其心理攻击力,尤其是针对女性消费者的广告,更要注意创意中的感情因素。女性的心理特点是感情细腻,有较强的自我意识和自尊心,她们对于商品的外形十分敏感,往往以感情来决定其购买行为,感情容易受到气氛的左右。在广告创意中与其强调商品本身的特色,不如转为强调使用该商品能使她们更为出色,更能刺激她们的消费需求。在广告中创造令人羡慕的消费者形象,容易吸引她们的视线,使她们产生时代感,就能把她们从心理上推向商品,为了认同该形象而不断朝憧憬的方向消费,达到预期的广告目的。

小资料

一句"Just do it",让更多人认识了 Nike,也使得这句 slogan 成为全球最知名的广告标语之一。Campaign 杂志将其形容为"20 世纪最好的广告标语",声称它"打破了各个年龄段与阶层之间的壁垒,使得消费者愿意相信穿上 Nike 的产品能够成功"。

在开普敦举办的 2015 南非设计大会上,Wieden + Kennedy 广告公司联合创始人 Dan Wieden 在接受 Dezeen 官网采访的时候,讲述了"Just do it"背后令人惊讶的起源故事。"我想起来一个在波特兰的人,"Dan Wieden 告诉 Dezeen,"他做过很多违法的事情,甚至在犹他州杀害了一个男人和一个女人,之后被送往监狱。"这个凶手名叫 Gary Gilmore,自小生活在波特兰,Nike 与 Wieden + Kennedy 广告公司的总部都在这里。在被执行枪决之前,行刑人员问 Gary Gilmore:"你临终前有什么想法吗?"他说"Let's do it"。

一开始,耐克联合创始人 Phil Knight 对此持怀疑态度,他拒绝了这个提案。Phil Knight 说:"我们不需要那些东西。"但 Dan Wieden 回应说:"请你相信我这一次。"最终,Phil Knight 决定相信 Dan Wieden,"Just do it"这一口号也连同着耐克的 Swoosh 小对勾 logo,帮助其超越了当时的竞争对手锐步,推动品牌成为全球运动品牌巨头,并将这一口号与标识沿用至今。

在 Campaign 杂志看来,这句伟大的标语,胜在既简单又令人难忘,它蕴藏着比自勉含义更广阔的东西,人们愿意把它解释为一种希望,并在这一过程中,建立与品牌的个人联系。

第八,不同的媒体,应发挥不同的特点。广告媒体是用来进行广告活动的物质技术手段,是沟通广告者与消费者的信息桥梁。不同的广告媒体有不同的适应性和心理效果。广告选择媒体的目的,在于获取更大更好的效益,实现广告的预期目的。为此,在创意时要充分重视各种媒体的不同特点,并根据其特点进行创意,充分发挥其不同的优势,避免其不足之处。

电视广告要充分发挥其视听兼备的特点,突出其直观形象性的活动画面的诉求效果,精心创意表达广告主题的画面,尤其是给人印象深刻的中心画面,配以简练的广告语言,才有利于记忆,发挥联想作用。

广播广告是诉诸人们听觉的,要充分发挥其听觉的诉求作用,具备简明、易听、生动、有力等要素。

报纸广告中的文案部分,是最基本的传输信息的手段,应突出其能详细介绍商品或劳务的特点。为了吸引受众注意,还要发挥其图文并茂的作用。

户外广告为保证其远距离的诉求效果,必须意念明确,语言简洁,造型别致,才能在短暂的视线接触中给人留下深刻印象。

杂志广告要充分发挥精美印刷的感染力,给人以美的感受,发挥其独特的诉求力。

二、广告创意策略的类型

在广告创意中常用的策略主要有独特销售说辞策略、品牌形象策略、定

位策略、对比策略、幽默策略、戏剧化策略、共鸣策略。

(一)独特销售说辞策略

独特销售说辞策略(Unique Selling Proposition,USP),是指广告创意以一个独特的、富有竞争力的销售主题为主的策略。该策略是由美国达彼思广告公司(Ted Bates Company)的广告创意师罗瑟·瑞夫斯(Roseer Reeves)在其《广告实效奥秘》(Reality in Advertising)一书中首先提出来的。他在书中概述了该广告代理公司发展广告信息的概念,并称之为"独特销售说辞"。该策略在创意产品处于生命周期前期的广告时尤为重要。1954 年,瑞夫斯接受 M&M 糖果公司的委托,为其生产的糖果创意广告。在调查中,瑞夫斯了解到 M&M 糖果是当时美国唯一用糖衣包着的糖果,他的构想很快形成:在电视广告片中只见到两只手,旁白道:M&M 巧克力,只溶在口,不溶在手。该广告创意体现了该产品独特的优点,简单清晰,广告词朗朗上口,很快就家喻户晓。

在运用独特销售说辞策略时,要求每一个产品都应该只发展一个代表产品个性的销售说辞,并通过大量的重复刊播,将该广告信息传递给媒体受众,以使该品牌产品成为同类产品的代表者。

独特销售说辞策略非常适用于科技类产品和药品,因为这类产品变化快,当增加一种新功能时,它又是一种新产品,新的生命周期又从此开始。在广告创意中运用独特销售说辞策略时,必须注意以下几点:①在广告主题中,应该包括广告产品一个具体的好处或效用;②这一好处或效用必须是独一无二的,没有被其他竞争者宣传过,甚至其他品牌的产品也不具有;③这一广告主题必须能够推动产品销售,必须是能够影响媒体受众购买决策的重要承诺。

为了加深对独特销售说辞策略的理解,下面列举一些名牌产品运用该策略的情况:

第一,高露洁公司的棕榄牌香皂。在其广告宣传中主要强调可以使皮肤更加娇嫩。在广告中旁白道:如果每天坚持用这种香皂一分钟,就能改造皮肤的外观。它的广告词是:棕榄牌香皂使皮肤更加娇嫩。

第二,高露洁公司的高露洁牙膏。该牙膏含有一种独特的清香味,产品上市之初,广告公司的策划人员就以此写出了广告语:"高露洁清刷牙齿的同时,净化您的口气"。

第三,克莱罗尔小姐牌(Miss Clariol)染发剂。该产品的特点是天然成分多,发色自然。根据这一特点,康福贝丁广告公司创意了一幅广告画,画中显示了一位正在校对打字文稿的"克莱罗尔"小姐的侧面倩影,金黄色的头发卷曲而整洁,广告画的上端有一句主标题:"她染发了吗?"。广告画下面有一句副标题:"发色如此自然,只有她的理发师才能说得清"。以下的广告正文又对此进行了详细的说明。这些内容详细地反映了该品牌产品保持自然发色的特征。

第四,宝丽莱一次成像照相机。根据宝丽莱照相机一次成像的特点,广告经营者拍摄了一部主题为"一次成像照相机可以做其他照相机做不到的事"的广告片。片中的场景是医院产房的休息室内,一个小男孩想跟随父亲去产房看望刚刚出世的妹妹,但医院规定:除了产妇的丈夫外,其他人一律不许进入产房。男孩的父亲用宝丽莱一次成像照相机从产房拍了婴儿的照片后,立刻回到休息室,男孩看后高兴异常。画外音即起:为了那些不能共度重大时刻的人。

(二)品牌形象策略

广告创意中的品牌形象策略,是指通过塑造独特的品牌形象,建立起商品与媒体受众之间的感情需求关系,使媒体受众联想起产品的独特之处,并由此产生愉快感。经过多次的品牌联想、品牌识别,独具的欢愉形象会使媒体受众产生对品牌的忠诚感,从而激发他们对广告品牌的兴趣、偏好和欲望,最终使他们产生购买行为。

1. 品牌形象策略的种类。广告创意中的品牌形象策略主要有:广告主形象策略、专业模特形象策略、名人形象策略和标识物形象策略四种。

(1)广告主形象策略。这种策略是指在广告创意中,以直接塑造广告主的美好或独特形象为创意主题,即广告品牌被赋予生产经营者自己的形象。

美国克莱斯勒汽车公司的前总裁李·艾柯卡曾一度是美国汽车工业的风云人物。他曾在美国国会听证会上力挽狂澜,为克莱斯勒争取到了宝贵的救济金,就此引起了全社会的关注。1992年9月,李·艾柯卡在退休之前以董事长的身份亲自为克莱斯勒进行广告宣传,并很快赢得了媒体受众的普遍认可。此后在鲍泽尔广告公司的策划下,他的个人形象不断地出现在广告中。有时他脱口而出的广告词比事先拟好的还要得体漂亮。正是由于他的宣传,克莱斯勒生产的家庭用 LH 型汽车和 K 型汽车在美国曾风靡一时。李·艾柯卡成了克莱斯勒汽车的象征,他的形象代表了克莱斯勒公司的自信和实力。

(2)专业模特形象策略。这种策略是借助合适的专业模特,来间接地塑造产品的品牌形象。最具代表性的是李奥·贝纳(Leo Burnett)创造的"万宝路"牛仔形象。广告画面中,那深具美国英雄主义价值精髓的牛仔形象被许多男同胞竞相效仿,也使不少女烟民为之魂牵梦绕。表现这一粗犷豪放、成熟刚强的牛仔形象的模特,显然是经过精心挑选的。

有人对美国和欧洲的烟民做了一次测试,测试者将万宝路香烟装在不标品牌的棕色烟盒里,然后放在其他香烟之中,插上标明"万宝路"的标价牌(降价50%),以供参加测试的烟民选购。尽管销售人员一再申明棕色烟盒的万宝路与正常包装的万宝路在质量上没有任何区别,但对棕色万宝路感兴趣的人仅占测试人数的21%。由此可见,大多数人不但要买香烟,而且要买"万宝路"的品牌形象。

(3)名人形象策略。这一策略是指借助名人的社会效应来间接地树立产品的品牌形象。早在20世纪20年代,美国智威·汤普逊公司就率先在力士香皂的印刷品广告中运用国际明星的照片。80多年来明星虽有更换,但名人形象策略未见有大的变化。从1926年起,美国烟草公司开始持续不断地邀请名人推荐它的"红光"牌香烟(Lucky Strike,又翻译为幸运财)。

20世纪80年代最引人注目的名人广告是摇滚巨星迈克·杰克逊为百事可乐公司作的电视广告。1984年,美国BBDO广告公司受百事可乐公司的委托,以极大的耐心和高额酬金聘请了杰克逊进行广告宣传。由于杰克逊在年轻人心目中有极高的声望,他作的题为《比利金》的电视广告获得了极大的成功。1989年,百事可乐公司再次邀请杰克逊拍摄广告片。在播放杰克逊新拍的《追捕》广告片之前,百事可乐公司特意在电视节目报上刊登杰克逊新片的预告,以吸引广大媒体受众。在广告片《追捕》中有一连串杰克逊唱歌的精彩的镜头,记录了杰克逊如何机智地闯过记者的包围圈,登上直升机,最后又跳伞逃生的过程。该广告片诙谐离奇,给人留下了深刻的印象。

名人形象策略的广告创意是非常昂贵的,迈克·杰克逊在1984年因拍了两部广告片,用那张随时可以塌方的脸举行了一次巡回演出,就获得了550万美元。1991年夏天,有"芝加哥公牛"之称的迈克·乔丹与美国夸克麦片公司签订合同,为该公司生产的盖妥瑞德牌运动饮料作10年广告,报酬为1 800万美元。日本的广告主通常付给为他们拍30秒广告片的外国明星50万~100万美元不等。名人广告的价格尽管昂贵,但这种广告的收视率或受读率却高于一般广告,能给企业带来丰厚的经济效益。美国烟草公司依靠名人形象策略的广告宣传,使其幸运财(Lucky Stirke)牌香烟的销售额在短短的两个月内增长了47%。日本松下电器公司的松下牌(Panasoni-c)收录机经过美国"R&B 土风火演唱团"的广告宣传,该品牌在美国市场的份额很快从末位上升到首位。

世界一级方程汽车大赛4次冠军获得者米夏埃尔·舒马赫是非常受赞助商欢迎的名人。法拉利汽车公司每年向他支付5 400万美元的薪水,赞助商每年还让他增加9 600万美元的财富。他做的"真正男子汉"广告使欧米茄手表迅速热销。现在印着这位车手签名的手表已经顺利地销往全世界,该品牌手表的销售收入平均每年递增15%~25%。

广告商激烈地竞争着舒马赫赛车服装上的每一厘米。头盔或袖子上的任何一个小装饰物都会立即增加公司的收入。舒马赫的固定赞助商壳牌公司和万宝路异口同声地承认这一点。非常说明问题的是,舒马赫将头盔上的标志 Dekra 换成 Deutsche Vermogensberatung(德国财产咨询股份公司)。世界上成千上万的崇拜者在看到自己的偶像换上新装扮后,立即冲到商店购买这种头盔,从而给制造商带来创纪录的15亿美元的收入。后来,这名德国人给欧莱雅做广告时,也发生了类似的情况。只要他对新的男用洗发水付以灿烂的微笑或说一句"我觉得值!"原来准备卖一年的商品就会在头一个月告罄。舒马赫还为菲亚特汽车公司做广告,不知道他的德国老乡们看到后会不会卖掉"奔驰"去买菲亚特?

(4)标识物形象策略。这一策略是指通过宣传广告主的标识物来塑造广告产品的形象。常见的标识物主要是一些动画人物、动物或植物,如我国海尔集团的大眼睛"海尔",国外的"忍者神龟""唐老鸭"等。

利用企业或产品的标识物不仅能加深媒体受众对广告的亲切感,而且还能促进广告产品的差异化。在广告宣传中利用标识物,尤其是利用卡通人物作为标识物,对媒体受众的行为具有重大的影响力。20世纪末,受到经济不景气的影响,我国台湾餐饮业大面积滑坡,但是比萨饼行业却异军突起,其销售额增长率超过了15%。其根本原因是台湾地区比萨饼利用了美国著名的"忍者神龟"这一标识物。在美国,"忍者神龟"可以说是家喻户晓,它像李小龙一样,会使用双节棍及中国功夫,打击坏人,行侠仗义。最吸引人的是,"忍者神龟"喜欢吃比萨饼。由此,通过传播媒体的推波助澜,该动画片在台湾地区播放之后,"吃比萨饼的忍者神龟"便成为媒体受众最流行的话题和注意的焦点。

2.品牌形象策略的构成要素。品牌形象是由包装、品牌名称和价格等

要素构成的。

(1) 包装。包装从视觉形式上看,具有形象感,它代表着品牌概念。如闻名于世的可口可乐瓶子,雷格丝女用裤袜的盒子等都是著名的品牌包装。许多广告经营者把品牌包装(Packaging)称为第 5 个"P",前 4 个"P"分别是价格(Price)、产品(Product)、地点(Place)和促销(Promotion)。创意良好的品牌包装能为媒体受众创造方便价值,为广告主树立良好的形象。各种因素已使品牌包装成为一种促销工具而加以利用。

第一,自助。越来越多的产品在超级市场上和折扣商店里以自助的形式出售。因此,品牌包装必须能够吸引媒体受众的注意力,说明产品的特色,使媒体受众产生信心,使品牌形成一个有利于销售的整体形象。

第二,媒体受众富裕程度的提高。媒体受众富裕程度的提高,意味着他们购买商品不仅是为了商品的使用价值,他们要求商品能够体现自己的社会地位和个性特征,因此他们愿意为良好包装带来的方便、美观、可靠性和声望多支付金钱。

第三,广告主或品牌的形象。越来越多的广告主已意识到,创意良好的品牌包装对于媒体受众迅速辨别出哪家公司或哪一种品牌具有重大作用。如胶卷购买者一般可以立即识别出为人们所熟悉的黄颜色包装的柯达胶卷。

第四,创新机会。品牌包装的创新可以给媒体受众带来极大的好处,也可以给广告主带来利润。

(2) 品牌名。品牌名是品牌中可被发出声音的,即可读出的那一部分,如雅芳、李宁、娃哈哈、雪佛莱等。

在美国,最早期的品牌发起者是药品生产商。品牌命名的真正发展始于美国的南北战争,那时,全国性的公司和广告媒体得到了发展。至今在美国市场上还依然存在着一些早期的品牌名,如博顿牌炼乳、魁克牌麦片、象牙牌肥皂等。

品牌命名的发展非常迅猛,以致今天很少有产品不使用品牌。如盐被包装在有醒目的生产商名称的包装物内,柑橘上有柑橘产地的名称,普通的螺帽和螺栓被包装在带有配销商标签的玻璃纸内,就连汽车的零配件如火花塞、轮胎和过滤器等都标有汽车生产商各自的品牌名称。

好的品牌名应该具有以下几方面的特征:

第一,应使媒体受众联想到产品的功能,如飘柔、雅美、海飞丝等。

第二,应使媒体受众联想到产品的效能和颜色等品质。如"杜兹"

(Duz,暗黑的)、"新奇士"(Sunkise,太阳照得熟透的果实)、"斯比克和斯班尼"(Spic and Span,崭新的)等。

第三,应易读、易记、易认。简短的品牌名称能给媒体受众留下深刻的印象。如汰渍、克雷斯、张裕、四通、普夫斯等。

第四,应别具特色,与众不同。如桑塔纳、索尼、可口可乐、柯达、埃克森等。

许多企业努力创造独一无二的品牌名,使之最终成为辨认这类产品的标志。这类品牌名的成功例子有弗雷捷达尔牌电冰箱、海尔冰箱、克里奈克斯牌面巾纸、Jell-O果冻汁、苏格兰磁带和玻璃纤维、康师傅方便面、孔府家酒、健伍音响等。

(3) 价格。产品的价格是产品价值的货币表现。一般人在难以评价产品的品质时,常将产品的价格等同于产品的质量。可见,产品的价格在品牌形象塑造的过程中有着重要的作用。

好的品牌形象是产品质量的保证,同时也是广告主的一笔无形资产,它为广告主发挥竞争优势创造了有利的条件。2019年1月22日,英国品牌价值咨询公司Brand Finance发布了《2019年全球品牌500强》报告,Amazon蝉联全球最具价值品牌榜首,达到1 879亿美元。Apple排名第二,品牌价值为1536亿美元,Google排名第三,品牌价值为1 428亿美元。表8-4是部分榜单。

表8-4 2019年全球品牌500强部分榜单

2019排名	2018排名	品牌	国家	行业	品牌价值/百万	提升度
1	1	Amazon	United States	Tech	$187 905	+24.6%
2	2	Apple	United States	Tech	$153 634	+5.0%
3	3	Google	United States	Tech	$142 755	+18.1%
4	6	Microsoft	United States	Tech	$119 595	+47.4%
5	4	Samsung	South Korea	Tech	$91 282	-1.1%
6	5	AT&T	United States	Telecoms	$87 005	+5.6%
7	7	Facebook	United States	Tech	$83 202	+8.7%
8	10	ICBC	China	Banking	$79 823	+34.9%
9	8	Verizon	United States	Telecoms	$71 154	+13.3%
10	11	China Construction Bank	China	Banking	$69 742	+22.8%

续表

2019排名	2018排名	品牌	国家	行业	品牌价值/百万	提升度
11	9	Walmart	United States	Retail	$67 867	+10.4%
12	25	Huawei	China	Tech	$62 278	+63.7%
13	13	Mercedes-Benz	Germany	Auto	$60 355	+25.9%
14	29	PingAn	China	Insurance	$57 626	+76.7%
15	12	China Mobile	China	Telecoms	$55 670	+4.6%
16	26	Agricultural Bank of China	China	Banking	$55 040	+47.5%
17	15	Toyota	Japan	Auto	$52 291	+19.7%
18	18	State Grid	China	Utilities	$51 292	+25.3%
19	17	Bank of China	China	Banking	$50 990	+22.1%
20	47	WeChat	China	Tech	$50 707	+126.2%
21	20	Tencent(QQ)	China	Tech	$49 701	+21.9%
22	27	Home Depot	United States	Retail	$47 056	+39.4%
23	—	Taobao	China	Tech	$46 628	—
24	21	T(Deutsche Telekom)	Germany	Telecoms	$46 259	+15.2%
25	30	Disney	United States	Media	$45 750	+40.4%
26	23	Shell	Netherlands	Oil & Gas	$42 295	+7.3%
27	22	Volkswagen	Germany	Auto	$41 739	+4.5%
28	19	NTT Group	Japan	Telecoms	$41 670	+2.0%
29	16	BMW	Germany	Auto	$40 501	-3.1%
30	14	Wells Fargo	United States	Banking	$39 948	-9.4%
31	32	Starbucks	United States	Restaurants	$39 268	+21.1%
32	42	YouTube	United States	Tech	$37 847	+46.2%
33	34	Petro China	China	Oil&Gas	$36 799	+18.0%
34	28	Bank of America	United States	Banking	$36 687	+10.2%
35	—	Tmall	China	Tech	$36 430	—
36	35	Citi	United States	Banking	$36 407	+18.3%
37	24	Chase	United States	Banking	$36 265	-6.6%
38	37	Coca-Cola	United States	Soft Drinks	$36 188	+19.1%
39	36	Marlboro	United States	Tobacco	$33 569	+10.0%

续表

2019排名	2018排名	品牌	国家	行业	品牌价值/百万	提升度
40	31	IBM	United States	Commercial Services	$32 854	+1.2%
41	39	Nike	United States	Apparel	$32 421	+15.7%
42	62	Boeing	United States	Aerospace & Defence	$32 022	+60.6%
43	44	McDonald's	UnitedStates	Restaurants	$31 487	+26.6%
44	74	UnitedHealthcare	United States	Healthcare	$30 577	+64.3%
45	54	Moutai	China	Spirits	$30 470	+43.4%
46	57	Deloitte	United States	Commercial Services	$29 633	+42.2%
47	70	Porsche	Germany	Auto	$29 340	+54.0%
48	52	UPS	United States	Logistics	$29 300	+33.2%
49	46	Sinopec	China	Oil & Gas	$29 147	+23.3%
50	51	Intel	United States	Tech	$29 113	+32.

（三）品牌联合策略

品牌联合策略是指分属不同公司的两个或更多品牌联系或组合起来，统一进行广告宣传的策略。

品牌联合很早就被应用于市场实践中。早在1961年，美国著名食品厂商贝蒂妙厨公司（美国通用磨坊食品公司）和新奇士公司就曾成功地执行了一项品牌联合。而福特汽车和凡世通轮胎的合作则可追溯到1908年。20世纪80年代以来，品牌联合在管理实践中得到了越来越广泛的应用。麦肯锡咨询公司1994年的一项研究表明，全球范围内实施品牌联合的品牌数量正以年均40的速度递增。Nutra Sweet，Microsoft，Intel等品牌都曾通过品牌联合取得了巨大成功。

品牌联合是一种重要的品牌资产利用方式，对于品牌联合的发起方来说，实施品牌联合的主要动机是希望借助其他品牌所拥有的品牌资产来影响消费者对新产品的态度，进而增加购买意愿，并借以改善本品牌的品牌形象或强化某种品牌特征。

根据国内六大视频网站2019年7月份的广告统计情况，整个品牌广告中88%是实体品牌与电商的联合广告，11%是电商和产品品牌合着一起做

的统一广告,另外1%是电商自身做的广告。主要形式有：

1. 渠道平台与产品生产企业的联合,例如天猫与德国精品超市ALDI、天猫与德芙、天猫与奥利奥、天猫双11与N品牌等;

2. 生活服务平台的联合,例如阴阳师与肯德基、饿了么与杜蕾斯、ofo小黄车与魅族、摩拜与奥妙等;

3. 平台与平台的联合,例如饿了么与网易新闻、天猫与苏宁易购、天天P图与QQ空间小学生证件照、网易新闻与探探、空巢青年画像等。

4. 实体与实体的联合,例如KENZO与H&M、Louis Vuitton与Supreme等。

5. 多品牌抱团形,例如知乎与N品牌微博、乐视视频"新宅节"与N品牌、腾讯互动娱乐与N品牌等。

在供过于求的环境下,品牌联合策略是广告宣传效果最大化的选择之一。品牌经营者可以选择适合自己的联合对象,以最低的成本投入获取最大化的广告宣传效果。

(四)定位策略

随着市场竞争的日渐加剧,广告经营者对广告品牌在媒体受众心目中的地位越来越关注。定位策略的要点是在细分市场的基础上,以媒体受众为中心,相对于竞争对手而言,具有一定的独特性。没有这两点,广告创意中的定位策略要么与独特销售说辞策略相雷同,要么与品牌形象策略相一致。

今天,广告业已进入一个新时代。一个企业要想在信息社会中取得成功,就必须在其潜在的顾客心目中创造一个位置。为此,企业不仅要考虑自身的优缺点,而且还要考虑竞争对手的优缺点。

广告业所进入的是一个以定位为主的时代。在定位为主的时代里,企业一定要把进入到潜在顾客的"心智"中去作为其首要任务。IBM并没有发明电脑,电脑是由兰德公司(Sperry – Rand)发明的,但IBM是第一个在潜在顾客心智中建立电脑位置的公司。

体现定位策略的广告创意很多。比较有名的是美国七喜饮料的"非可乐"广告语。它简洁有力地将自己推离了硝烟弥漫的"可乐圈",以清新的味道赢得了很多媒体受众。英国的罗可拉牌衬衫,为了在媒体受众心目中树立高档形象,广告标题为"当然它很贵,不过那是你的问题"。

广告主需要在目标市场的每个细分市场内制定定位策略。它需要向媒体受众说明本公司与现有的竞争者和潜在的竞争者有什么区别。定位是勾画广告主形象和所提供价值的行为,以此使细分市场的媒体受众理解和正确认识该广告主有别于其竞争者的特征。如美国米克劳(Michelob)啤酒定位就非常成功。它的广告语为"第一等啤酒是米克劳",将该品牌定位于美国酿制的高价啤酒。仅仅几年的时间,米克劳啤酒就成为美国销售量最大的啤酒之一。米克劳啤酒是美国国内第一个高价啤酒吗?当然不是。然而米克劳啤酒却在消费者心智中树立起"美国第一啤酒"的位置。

广告经营者在广告创意中运用定位策略时,必须注意以下几个方面的误区:

其一,定位过低。定位过低会使媒体受众对广告主的定位印象产生模糊感。他们看不出该公司与其他公司有什么区别。

其二,定位过高。定位过高会使媒体受众对广告主了解甚少,所以媒体受众可能以为斯迪奔公司(Steuben)只生产每只价值在1 000美元以上的高档玻璃器皿。实际上该公司也生产每只售价在50美元左右的物美价廉的玻璃器皿。

其三,定位混乱。定位混乱会使广告主(公司)在媒体受众心目中的形象混乱不清。如果向汽车买主询问他们对克莱斯勒汽车的印象,得到的答案可能五花八门,有的人说克莱斯勒汽车制造精良,有的人会说它粗制滥造,还有的人会说它容易驾驶,等等。

广告经营者在广告创意过程中,要根据广告产品在市场上的不同地位确定其定位策略。

1. 领导型品牌的定位策略。领导型品牌是指在同类产品中,该品牌占有40%以上的市场份额。这类品牌如可口可乐、宝洁(P&G)、松下等。实践证明,在同一行业中,领导型品牌的销售额与利润额要明显大于第二个品牌(即跟进型品牌)。通用汽车的销售量比福特汽车销售量大;麦当劳(McDonald's)比汉堡包(Burger King)卖得多;固特异轮胎(Goodear)比火石轮胎(Firestone)销售得多等。

对于可口可乐公司的经营者来说,他们从不为今年或明年的产品销售担忧,他们所操心的只是公司品牌的长远发展问题,即在未来的5年、10年间,公司如何才能确保其品牌的领导地位。概括起来讲,在广告创意中领导型品牌应采取以下几种定位策略:

（1）多品牌策略。在某一类产品中，领导型品牌应该用多个品牌来压制跟进型品牌的挑战。每一个品牌都在媒体受众心目中占据了独自的位置，媒体受众"先入为主"的观念是其他品牌进入目标市场的一个障碍。一般来讲，第一位恋人、第一位登上月球的宇航员常能给人留下深刻的印象。最先进入人脑的品牌的市场占有率比第二个品牌平均多一倍，而第二个品牌的市场占有率又比第三个品牌多一倍，这种关系是不易改变的。宝洁公司就是用多品牌策略针对不同的细分市场，创意了不同的品牌以满足不同的需求。在同类产品中，宝洁公司各种品牌产品的市场占有率达50%以上。有效地维护了其领导地位。

（2）增加广告产品的新用途。领导品牌的经营者通过增加产品的新用途也可以维护其领导地位。杜邦公司的尼龙就是一个开发新用途的典型事例。每当尼龙进入产品成熟期，杜邦公司就会为尼龙发现新用途，尼龙便进入了新一轮产品生命周期阶段。尼龙首先是用作降落伞的合成纤维；然后用来制作轮船用缆绳；之后用做女丝袜的纤维；再就是男女衬衫的主要原料；现在又成为汽车轮胎、沙发椅套和地毯的原料。每当发现一种新用途，就会开拓出一片全新的市场。

（3）扩大使用量。通过各种手段促使媒体受众增加使用该产品的次数，或者加大每次使用的数量，也可以维护领导品牌的市场地位。例如，美国佛罗里达州柑橘委员会（Florida Citrus Commission）在推销其水果饮料香橙汁时，其广告语为："它不再只限于早餐饮用了"，并在广告中强调该水果饮料香橙汁"供早餐、午餐、小吃时饮用"。从而有效地维护了产品的市场地位。

2. 跟进型品牌的定位策略。跟进型品牌是指在某一类产品市场上，领导型品牌以外的所有的品牌。跟进型品牌是市场中最常见的品牌，它们大多模仿领导型品牌的经营策略，追随它们进入新的市场，以获取一定的利润。有些广告经营者也将跟进型品牌称为"合乎时代潮流者"。

在广告创意中，跟进型品牌的定位策略主要是在媒体受众心目中寻找一个空位，即寻找空隙，然后加以填补。常见的市场空隙主要有以下几种：

（1）高价位的市场空隙。大多数媒体受众认为，有些产品的价格应该是大众化的，这类产品的"天价"对他们来说是不可思议的，因此在他们的心目中，就有一个高价位的市场空隙。

某类产品如果抢先在高价位的市场空隙上定位,那必将赢得"先入为主"的竞争优势。像4万美元的宝马635－CS(BMW 635－CS)汽车,5万美元的奔驰500－SEL(Mercedes Benz 500－SEL)汽车,以及每只1 500美元以上的杜邦打火机(S. T. Dupont)等,高价位的定位策略为它们赢得了市场上独一无二的成功的品牌形象。有些品牌几乎完全可以用高价位的定位策略来进行广告创意。例如:

"世界上最贵的香水只有快乐牌(Joy)"。

"为什么你应该投资于伯爵表(Piaget),它是世界上最贵的表"。

高价位市场空隙的定位策略不仅适用于汽车、香水、手表等奢侈品,而且也适用于酸乳酪、爆米花等一般产品。成功的关键在于抢先占据高价的市场位置,并且使媒体受众相信"高价"是有一定科学根据的,如产品的原料昂贵或工艺水平高等。否则"高价"则成为驱使媒体受众走开的原因。

(2)低价位的市场空隙。不采用高价位,而是以相反的方向,也会使广告产品成功。低价位定位策略常使媒体受众获得较多的"消费者剩余",对于像复印机、录像机这类产品,低价位定位策略能为企业赢得价格上的竞争优势。近年来,无品牌名称食品的上市,就是在超级市场内寻求低价位空隙的定位策略。

(3)性别的市场空隙。在广告创意中,性别是一个空隙。万宝路(Marlboro)烟是第一个全国性的男性香烟形象的品牌,这也正是万宝路香烟的销售量稳定上升的主要原因。

男性化给万宝路香烟带来了成功。以相反的方法,女性化的弗吉尼亚窈窕牌香烟(Virginia Slims)也开拓出相当大的市场占有率。广告经营者在寻找性别的市场空隙时,也可以反其道而行之。以香水为例,大多数人认为,香水品牌的名称越是优美、越是女性化就越会成功。可是,世界上销售量最大的香水品牌不是爱佩姬(Arpege),也不是香奈尔5号(Chanel No. 5),而是露华浓香水公司的查理(Revlon's Charlie,它是男子名Charles的昵称)品牌。

与"查理"香水的成功相反,美国蜜丝佛陀化妆品公司生产的女性香水就起了个纯女性化的名字"梦仙"(Maxi),其广告语为:"就叫我梦仙吧"(Just call me maxi)。结果落得惨败,公司总经理也因此而辞职。

(4)年龄的市场空隙。跟进型品牌的广告创意,也可以用年龄空隙定

位策略。美国洁丽陶养发剂（Greitol Tonic）就是针对老年人的特征而定位，一举获得成功的一个典型。美国瞄准牌牙膏（Aim）是针对儿童进行广告创意定位的，正因为如此，瞄准牌牙膏才能从被宝洁公司（P&G）的佳洁士（Grest）和高露洁（Colgate）垄断下的美国牙膏市场夺得了10%的份额。

（五）对比策略

对比策略是现代广告创意中常用的主要策略之一。对比策略主要有消费者使用广告产品前后情况的比较，本企业品牌与竞争品牌的比较两种。

第一，广告产品使用前后的比较。产品使用前后情况的比较是广告创意中常用的一种对比策略，通过运用广告画面鲜明的视觉艺术效果，突出广告产品的性能，以增强媒体受众对产品的信心。

第二，与竞争品牌的比较。在广告创意中，将本企业的广告产品与竞争品牌相比较，以突出本产品的特征，这种创意策略在美国最为流行，而在日本则很少运用。据调查，因为日本人不习惯公开、直接的相互攻击，不愿意让对手过于难堪。到1992年底，欧洲很多国家的广告法都禁止运用这种比较型广告创意策略，所以，这种创意策略在欧洲不多见。只有美国和英国的广告管理部门鼓励广告经营者运用该策略。

比较策略根据比较的程度不同又可分为明比、暗比和假设对象比较。其中竞争性最强的是指名道姓地直接与竞争品牌比较优势。

美国最有名的比较型广告，是万迪快餐连锁店为反击"汉堡包王"的广告宣传而做的比较广告。"汉堡包王"在其电视广告宣传中，嘲笑万迪快餐连锁店的汉堡包在味道、个头和制作工艺方面都不如自己。万迪认为有必要对此予以还击，因此他们做了题为"松软的小圆面包"的30秒钟的电视广告。片中，三位老太太在快餐店里议论桌上的小圆面包，语气诙谐幽默。当两位老太太都说小圆面包大而松软时，第三位老太太不断地追问"牛肉在哪里？"表情大惑不解。当特写镜头展示万迪汉堡包中厚厚的小牛肉时，暗示"汉堡包王"中的牛肉太少。"牛肉在哪里？"很快就家喻户晓，成为美国人的口头禅。连蒙代尔在竞选总统的演讲中，都用"牛肉在哪里？"来攻击执政党。

（六）幽默策略

幽默策略又称为情趣策略，是指通过运用富有情趣的幽默语言、图像，来感染媒体受众,使他们产生一种对该产品销售有利的情绪。幽默策略是一种典型的"软销"广告创意策略,它可以使媒体受众消除警戒心,增加亲切感,从而达到有效的心理渗透。但是,幽默广告成功的难度较大,搞不好会适得其反。

下面是著名广告专家威廉·伯恩巴克为大众汽车制造的一则名为"送葬车队"的电视广告。

解说:迎面驶来的是一个豪华型轿车送葬车队,每辆车的乘客都是以下遗嘱的受益人。

男声旁白:我,麦克斯威尔·E. 斯耐弗列,趁自己尚健在清醒时,发布以下遗嘱:

给我那花钱如流水的妻子留下100美元和1本日历;

我的儿子罗德内和维克多把我给的每一个5分币都花在了时髦车和放荡女人身上,我给他们留下50美元的5分币;

我的生意合伙人朱尔斯的座右铭是"花!花!花!"我什么也"不给!不给!不给!"

我的其他朋友和亲属从未理解1美元的价值,我就留给他们1美元;

最后是我的侄子哈罗德,他常说:"省1分钱就等于挣1分钱。"他还说:"麦克斯叔叔,买一辆大众车肯定很值。"我呀,把我所有的1 000亿美元的财产留给他。

这则广告以风趣幽默的形式,向人们传输了大众汽车经济实惠的信息,媒体受众对此非常容易接受。

(七)戏剧化策略

戏剧化策略就是将广告编成故事或连续剧,通过戏剧的形式向媒体受众传输产品信息。这种创意策略不仅要符合时尚,而且要有一定的戏剧趣味,使人容易展开联想。

早在20世纪80年代,在美国市场上速溶咖啡已经成为一种成熟产品,对广大媒体受众来说,以口味作为诉求点的广告创意早已丧失了吸引力,这就迫使速溶咖啡的广告经营者改变广告的诉求点,进行新的创意。1990年,美国麦克恩·埃里克森环球广告公司接受雀巢公司的委托,创作了一套名为"品尝者的选择"的电视广告。

广告片的主角是一对青年男女。1990年的一天，女孩偶然敲开了男士的家门，要借一点咖啡，男士欣然，俩人由此相识。第二个广告画面描述了女孩还咖啡的情景。在第三个广告片中，男士出现在女孩家中，俩人边喝咖啡边聊天。此片的结尾以女孩嘟起双唇的动作定格（这是女孩求吻的意思）。如此浪漫，接下去又会怎样？直到1992年9月17日，新的广告片又继续这个浪漫的故事。正当俩人的关系升温之时，突然闯进来另一个英俊男士，此人似乎对女孩一见钟情。这对热恋中的年轻人，是否能经得起第三者的冲击，只有看下一部广告片了。雀巢公司的营业部主任透露说，只要观众感兴趣，"品尝者的选择"将会继续下去。

（八）共鸣策略

共鸣策略是指媒体受众日常记忆中的生活体验，在其所记忆的场面重现时，提起产品，促使记忆该产品的一种广告创意策略。

使用共鸣策略的广告创意不是靠产品表述或产品形象，而是在创意中努力展现一种情景或情感，以期唤醒媒体受众置身于同样的情景或感情之中，即产生共鸣。例如，某电视广告展现在一个明朗的早晨，一位优雅的男士将牛奶类的食品倒入咖啡里的情景，这就是共鸣策略的一个典型例子。这种策略并非特别强调广告产品的利益，而是把产品使用的情景与媒体受众的生活体验相融合起来。

广告经营者在运用共鸣策略时，一定要详细了解目标市场上媒体受众的特点，如他们的生活方式、兴趣偏好以及掌握的信息状况、生活经历等，只有这样，广告中的内容才能引起受众的共鸣。美国通用磨粉公司的贝蒂·克罗克品牌，虽然通过品牌延伸策略已开发了130多种甜食，但在激烈的市场竞争中，"贝蒂·克罗克"几乎被逐出了市场。接受委托的美国哈帕暨斯蒂尔斯广告公司了解到该品牌的形象显得陈旧，需要更新。他们一方面重塑"贝蒂·克罗克"的形象，另一方面开展了详细的市场调查，了解美国妇女对甜食的态度。调查结果表明，人们喜爱甜食不仅是由于甜食好吃，而且是因为它带有浓厚的感情价值。

20世纪80年代初期，大多数美国妇女担负着社会和家庭的双重责任。她们不再像过去的家庭主妇那样在家庭事务上花费过多的时间和精力，针对这一情况，美国市场上出现了种类繁多的方便食品；然而她们毕竟还是妻子和母亲，要用自己的劳动来向家人表示爱心。甜食半成品正是一种同时能够满足精神和物质双重需要的产品。哈帕暨斯蒂尔斯广告公司正是基于这一认识,决定大肆渲染"贝蒂·克罗克"品牌贤妻良母般的品质,并借助它来向媒体受众表示,企业经营者理解并努力满足她们的需求。哈帕暨斯蒂尔斯广告公司制定的广告策略是:以独特的方式将"贝蒂·克罗克"与现代家庭妇女做甜食过程中的美好感觉联系起来。

经过全面的分析,广告语最终被确定为:"您和贝蒂·克罗克烤糕点,烤得全家乐融融"。这句话出现在所有报纸广告、杂志广告和招贴画广告的显著位置。他们还请音乐家为电视广告作曲,并配上动人的歌词和全家吃蛋糕的欢乐场面,以增强广告宣传的感染力。结果,"贝蒂·克罗克"又赢得了原有的市场份额。

思考与练习

1. 什么是广告定位?
2. 什么是广告主题?广告主题的基本要求有哪些?
3. 简述广告主题的范围。
4. 什么是广告创意?广告创意的特征有哪些?
5. 简述广告创意的程序。
6. 分析广告创意中垂直思考法和水平思考法的特征。
7. 进行广告创意时应该注意哪些问题?
8. 什么是广告创意的独特销售说辞策略?试举例说明。
9. 什么是广告创意的品牌形象策略?
10. 在进行名人广告宣传时,你认为应该注意哪些问题?
11. 什么是广告创意的对比策略?常见的广告对比策略主要有哪几种?
12. 在进行与竞争品牌对比的广告创意时,你认为应该注意哪些问题?
13. 什么是幽默化广告创意策略?试举出五个以上该类广告。
14. 什么是戏剧化广告创意策略?试举出三个以上该类广告。
15. 什么是广告创意的共鸣策略?
16. "鹿鸣"牌(虚拟的)果汁饮料(主要有橙汁、桃汁、苹果汁、葡萄汁、梨汁等温带水果汁)是一种中低档饮料,企业经营者计划进行大规模的电视广告宣传,试对其进行电视广告创意。

附：

全美广告公司协会《创意守则》

会员公认：

1. 广告在美国经济体系和国民生活方式中，负有双重职责。

对于民众，广告是大家了解自由企业的产品与服务的一个基本途径，是大家了解符合自己意愿与需求的商品与服务的基本途径。民众享有期望广告内容可靠、表现真实的权利。

对于广告主，广告是他们在社会激烈竞争中劝说人们购买其产品或服务的一种基本手段。他们享有将广告作为一种促进业务、获取利润的表现手段的权利。

2. 广告与美国民众的日常生活密不可分。它已成为广播电视节目的组成部分而进入家庭，面对个人甚或整个家庭；它在最受欢迎的报纸、杂志中亦占有一席之地；还向游客和居民展示自己。在上述种种展示中，广告都必须尊重大家的趣味与兴趣。

3. 广告针对的人数众多、目标广泛，人人口味不同、兴趣各异。因而，如同大众事业——从体育运动到教育，直至宗教一样，广告也难以讨得每一个人的喜爱。基于此，广告人公认，他们必须在美国的传统限制下进行运作；为多数人的利益服务；同时尊重少数人的权利。

因此，我们，不仅要支持并遵守有关广告的法律及规章，还要自觉地扩大我们的伦理范围，提高我们的伦理标准。特别是，我们不得故意制作含有以下内容的广告：

a. 以视觉或语言的形式，进行错误或误导性的说明或夸大；

b. 不能反映证言人真实选择的证言；

c. 误导性的价格承诺；

d. 不正当地贬低竞争对手产品或服务的对比；

e. 证据不充分的承诺，或由专业人员或科学权威人士所做的歪曲说明的真实含义或实际应用的承诺；

f. 有悖社会行为标准的说明、建议和图像。

我们公认，的确有些地区会对广告做出虽真实但却不同的转译与判定。口味是很主观的东西，因时、因人都会有很大的差异，而每个人接触广告信

第八章 广告定位与创意

息的频率也大不相同。

尽管如此,我们仍一致赞成,不向广告主推荐使用低级趣味或不健康的广告,或由于内容、表现形式或过分重复令人不快的广告。

对本守则的有意违犯,将交由4A董事会处置,其相应的处罚形式包括取消犯规者由宪法及细则第五条第四款所赋予的会员资格。

认真遵守本守则的文字和精神,将加强广告以及广告所立足的自由企业体系。

1992年4月26日通过

签　名

西部广告协会　美国广告联合会　农业出版商协会　商业出版协会
产业广告主协会　全国性广告主协会　杂志出版商协会　国家商业出版物
报纸广告行政协会　广播讯号审查会(全国广播者协会)　电台代表协会
电视讯号审查会(NAB)

第九章 广告文案写作

本章关键词

广告文案(Advertising copy) 广告标题(Advertisement headline) 广告文案写作(Copywriting) 文案正文(Main body) 广告标语(Advertising slogans)

本章学习重点

- ☞ 广告文案的概念及构成
- ☞ 文案标题的概念及作用
- ☞ 文案标题的具体形式
- ☞ 文案正文的结构
- ☞ 文案正文的具体形式
- ☞ 广告标语的种类及写作要求

广告的内容基本上是由文字和画面、声音三部分构成,其中文字部分就是广告的文案。广告文案是广告策划者按照广告主的意图以及广告目标的要求,用文字的形式将广告宣传的内容表达出来的一种方式。

广告文案由标题、正文、附文、广告语四个部分组成。

标题:指包含广告诉求的中心内容或最能引起受众兴趣的信息。标题位于广告文案最前面,是对全文起统领作用的语言或文字。

正文:指广告文案中传达大部分广告信息、居于主体地位的文字。

附文:又称随文,是广告文案的最末部分。它是传达企业的名称、地址、商品(或服务)的购买办法等附加性广告信息、位于广告文案结尾处的语言或文字。

广告语:又称广告口号、广告标语,指为加强受众对企业、产品(或服务)的印象而在广告中长期、反复使用,旨在向消费者传递一种长期不变的观念的语言或文字。

在不同类型的广告中,印刷广告的结构通常包括上述四个部分,最能体现广告文案结构的完整性;在电视广告文案中,文案标题常常被省略,附文常以字幕形式出现;广播广告文案的上述四个部分,都以语言形式出现。

要使广告策划活动取得良好的效果,广告文案的质量至关重要。广告文案是联系广告创意与广告设计过程的纽带。广告信息与广告信息表达形式的完美结合,是广告策划者撰写广告文案的主要目标。

第一节　文案标题写作

一、文案标题的概念与作用

文案标题在广告文案的最前面,对全文起统领作用。它概括了广告文案的中心思想,最能引起媒体受众的注意。广告不同于报纸杂志上的文章。受众在阅读广告信息时,选择性比较大,浏览性较强,因此,报刊广告如果没有醒目的题目,就很难引起媒体受众的注意。

广告专家大卫·奥格威认为:"标题是大多数平面广告最重要的部分。它是决定读者是不是读正文的关键所在。读标题的人平均为读正文的人的5倍。换句话说,标题代表着为一则广告所花费用的80%。在我们的行业中,最大的错误莫过于推出一则没有标题的广告。"由此可见,文案标题是非常重要的。

有人曾统计过,报刊广告效果的50%～70%依赖于文案标题的写作和设计。具体来讲,文案标题有以下作用:

第一,阐明主旨或目的。阐明广告的主要宗旨与目的,是文案标题的主要作用。文案标题以简洁、浓缩的语言阐述某则广告的目的,使媒体受众在瞬间就明白了广告的意图。例如,大卫·奥格威为"劳斯莱斯"汽车撰写的文案标题为:

这辆新型"劳斯莱斯"在时速100公里时,最大的声音是来自电钟

该标题直接告诉了媒体受众"劳斯莱斯"汽车的特点。

第二,吸引受众的注意力。常言道"看书看皮,读报读题"。媒体受众接触广告时,文案标题首先进入眼帘。如果标题没有吸引力,受众就不会读下去,广告宣传也就达不到预期的效果。醒目或非常有特色的标题,常能诱发媒体受众的好奇心。

第三,诱使受众产生阅读正文的兴趣。一则优秀的文案标题,常能以其高超的技巧诱发读者的好奇心。因为媒体受众的好奇心是潜在的,只有通过媒体的诱使才能使其外显化,促使他们产生"是什么""为什么"的疑问。例如:

星期天出门穿什么好?
我寻出了"琼"的底细
使得你所需的蛋白质成为一种乐趣

上述标题都能诱使媒体受众产生好奇心,促使他们接着读下去。

第四,激发受众产生购买欲望。好的标题,不仅能点明广告的主旨,而且能吸引媒体受众的注意力,使他们对广告产品产生购买欲望。特别是那些集标题、标语、正文于一体的文案标题,这一作用更为明显。

二、文案标题的类型

广告文案的标题主要有以下类型:

单词组标题,是指标题不是一个完整的句子,而是一个词或词组。此类标题常以产品品牌或产品的效用(特色)作为文案标题。如"现代生活""以旧换新"等。

单语句标题,是指标题本身是一个完整的句子,如"今天可以购买""美好的一天从雅黛开始"等。单语句标题是最常见的一种标题类型,与单词组标题相比,它包含有较大的信息量。

多词组标题,是指标题由两个或两个以上的词组构成,词组之间是并列、转折或递进的关系。如"终身维修"等。

多语句标题,是指标题由两个或两个以上句子构成,句子之间有一定逻辑关系或内在的联系。如"MCI 的半价优惠,让您以更少的花费,不断延续与远方亲友的故事"等。

复合式标题,是指一则完整的标题由引题、主标题、副标题构成。复合式标题是一组标题群,不同的构成部分在整个标题中所处的位置不同,发挥的作用也不同。引题通常在标题的最前面,用于交代该则广告的背景信息;主标题是复合式标题的核心,用于传达最重要的信息;副标题一般位于主标题的后面,对主标题起补充说明作用。下面是一则典型的复合式标题:

(引题)万科城市花园告诉您——
(主标题)不要把所有的鸡蛋都放在一个篮子里
(副标题)购买富有增值潜力的物业,您明智而深远的选择

三、文案标题的具体形式

文案标题按照诉求方式不同,具体表现为以下形式:

新闻型标题。带有强烈的新闻味道,但又不同于新闻报道的标题。它通过公布广告产品的特点、销售方式等媒体受众可能感兴趣的新闻,构成广告的标题。例如:

"新的经济繁荣和更严重的通货膨胀就在前头……你该怎么办?"
——储蓄广告

"商场开业一周年,有奖大酬宾:
500 万元秋季摄影双重大赠送"
——日本富士胶卷广告

悬念型标题。这种标题是通过提出一个奇怪的问题,或讲述一件离奇的事,来调动媒体受众的好奇心。例如:

"难道你不要脸吗?"
——新加坡美容广告

"你可能不相信,三个轮子的汽车也能跑"
——法国汽车广告

夸耀型标题。这类文案标题以夸耀广告产品的方式来达到广而告之的目的。广告策划者在撰写这类文案标题时,一定要以事实为基础,切忌漫无边际,否则,就会给人华而不实的感觉。这类文案标题的例子有:

"领导时代,驾驭未来"
　　　　　　　　　　　　　　　　　　　　　——奔驰汽车广告

"空杯尚留满屋香"
　　　　　　　　　　　　　　　　　　　　　——茅台酒广告

"福特汽车,一路领先"
　　　　　　　　　　　　　　　　　　　　　——福特汽车广告

"味道好极了"
　　　　　　　　　　　　　　　　　　　　　——雀巢咖啡广告

"世界品质,一脉相承"
　　　　　　　　　　　　　　　　　　　　　——广州本田汽车广告

叙述型标题。叙述型文案标题,是指以叙述的方式告诉媒体受众产品(或服务)的特点与性能。这种标题叙述的内容针对性强,包含的信息量较大。例如:

"给爱妻一份休闲"
　　　　　　　　　　　　　　　　　　　　　——洗衣机广告

"把美味和营养卷起来"
　　　　　　　　　　　　　　　　　　　　　——康莱蛋酥卷广告

"总统用的是派克"
　　　　　　　　　　　　　　　　　　　　　——派克钢笔广告

"力士香皂,国际著名影星的护肤秘密"
　　　　　　　　　　　　　　　　　　　　　——力士香皂广告

"蓝奇伸缩牛仔裤,收放自如贴身舒适,如第二层皮肤"
　　　　　　　　　　　　　　　　　　　　　——蓝奇牛仔裤广告

"生活艺术,唯你独尊"
　　　　　　　　　　　　　　　　　　　　　——BMW 汽车

询问型标题。这种标题用询问的方式进行撰写,以引起媒体受众的好奇心。多采用自问自答的具体形式。例如:

"你猜,法国'第一夫人'是谁?"
　　　　　　　　　　　　　　——雪铁龙轿车广告

建议型标题。这种文案标题是建议媒体受众注意或使用某产品(或服务)。在建议中一般包括广告产品的某些特征。例如:

"加点新鲜香吉士柠檬,让冰茶闪耀阳光的风味"
　　　　　　　　　　　　　　——香吉士柠檬广告
"冰了以后更好喝,喝了以后更凉爽"
　　　　　　　　　　　　　　——七喜广告

哲理型标题。这类文案标题以叙述的方式告诉媒体受众日常生活中的一个道理,以引起人们的共鸣,进而对广告产品产生兴趣。例如:

"心有多野,未来就有多远"
　　　　　　　　　　　　　　——千里马汽车广告
"有时候,男人更需要关怀"
　　　　　　　　　　　　　　——丽珠得乐广告
"听自己的,喝贝克"
　　　　　　　　　　　　　　——贝克啤酒广告
"勾勾手,做个朋友,乐百氏奶"
　　　　　　　　　　　　　　——乐百氏广告

诗歌型标题。借用和改用古今诗词原句,或者采用诗歌式的语言作为广告文案的标题,能收到醒目传神、绘声绘色的效果。例如:

"悠悠寸草心,报得三春晖"
　　　　　　　　　　　　　　——三九胃泰广告
"悬崖百丈冰,独有花枝俏"
　　　　　　　　　　　　　　——香雪海冰箱广告

四、文案标题的撰写要求

撰写文案标题要符合以下要求:

第一,强调商品的独特性能。文案标题应该是"独特的销售说辞",能够用简洁的语言说明广告产品(或服务)的个性。例如,美国广告设计专家罗瑟·瑞夫斯为M&M糖果公司设计的广告文案标题:"只溶在口,不溶在手"。上海通用LOVA乐风的文案标题:"出乎乐观,出乎想象"。

第二,突出广告商品的品牌。突出广告商品品牌的目的在于,使媒体受众在极短的时间内了解商品的特性,同时又有利于树立企业或产品的形象。例如:"飞亚达表,一旦拥有,别无所求","秀我本色想快乐,我QQ"等。

第三,简洁明了,容易记忆。在通常情况下,媒体受众浏览广告总是一扫而过,如果,文案标题冗长,不易在媒体受众的大脑中留下什么印象。文案标题既要高度概括,简洁明了,又要生动活泼,易读易记。

第四,题文相符,引人注目。广告文案标题要符合广告创意的整体内容,要符合广告创意的诉求点。不能因追求某种效果而使题不对文或题文相差太远;同时也要引人注目,以诱发媒体受众的好奇心。例如,克雷夫兰公司拖拉机广告的标题:"太简单了,连孩子也能驾驶"。孩子都能驾驶,大人就更不用说了。再如,前文列举的力士香皂文案标题:"力士香皂,国际著名影星的护肤秘密"。国际著名影星,多少人仰慕,多少人垂青!她们迷人的美貌和凝脂一样的肌肤,"秘密"何在呢?

第二节 文案正文写作

一、文案正文的概念

广告文案正文是广告文案的中心部分,它是指广告文案中除文案标题、画面、商标、广告主名称之外的说明性文字。

广告文案正文的作用是向媒体受众陈述购买广告产品的客观理由和主观原因,并做出承诺,诱使媒体受众对广告产品产生兴趣,最终完成购买行为。

文案正文在不同的媒体中以不同的形式出现。在印刷广告中,正文以文字叙述的形式出现,称为文稿;在广播广告中,正文以语言叙述的形式出现,称为脚本(或剧本);在电视广告中,正文通过语言和画面相结合来传播,称为故事版,等等。

二、文案正文的结构

广告文案正文通常由开端、中心段和结尾三部分构成。

开端。开端也称开头,是广告文案标题与广告文案正文衔接的部分,起承上启下的作用。因此,在文字上要求既能衔接标题,又能为后文的展开简明扼要地提出问题。

中心段。中心段也称文案主体,是整个广告文案的主要部分。其任务是根据广告创意的主旨来阐述广告产品的状况、品质及优点。但要注意,广告文案的中心段不是作一般性的描述,而是要突出广告产品的品质与特征,用关键性、有说服力的事实给以说明。这部分的结构,要按照说明问题的复杂程度及文字结构的特点进行安排,可以为一整段,亦可以分为几个段落。

结尾。广告文案正文的结尾部分是为诉求对象所选购的销售服务等方面的说明。有时也可以用标语式的语言文字概括广告信息的焦点,以加深受众的印象。

下面是几则广告文案的正文:

SEIKO 报纸广告文案

标题: 宁静的革命

正文: 1977 年,SEIKO 诹访工厂的一位工程师就有制作"持久耐用的手表"的构思。要实现这个梦想必须提升高级手表制作工艺的每一个方面,而更重要的是找到一种零件取代脆弱且不稳定的擒纵装置。

经过 28 年的研发,2005 年 Spring Drive 作为独一无二发条驱动机芯的高级手表在巴塞尔世界钟表展中浮出水面。

早在 1968 年,SEIKO 参加瑞士天文台竞赛,7 只机械表包揽了前 4~10 名,使得 SEIKO 公司的总成绩成为比赛第一名。这一捷报震撼了世界,也证明了 SEIKO 机械表制造技术已经达到了世界一流的水准。1969 年,SEIKO 开发了世界第一支石英手表,又震撼了世界,也让大家认识到了 SEIKO 的世界领先的电子制造技术。

Spring Drive 是 SEIKO 开发石英手表后的又一重大飞越。曾被视为难以突破的标准,SEIKO 终于实现了——将当今领先的传统机械与电子手表制造技术相结合,打造出"持久耐用的手表"——Spring Drive,这是手表制造史的重要里程碑!

Spring Drive 机芯不是机械机芯,也不是石英机芯。它 9 成以上属于传统的机械手表,是由主发条驱动的。主要的差异是放弃传统的擒纵装置,采用三级同步调制控速器,实现了秒针走的极致顺滑,没有分毫停滞。事实上,这就是时间的真谛。而且这三级同步调制控速器可达到非常高的精确度(±1 秒/天;±15 秒/月)。SEIKO 开发了独特的主发条和上链系统作为 Spring Drive 的机芯,实现了长时间能量储存(72 小时)和高效率的上链。

Spring Drive 的设计和制造与技术同样精湛。

表盘由 3 个圆组成,浑然一体,加之透明表盖清晰可见圆的运动:这是摆陀和滑动齿轮平稳流畅的转动。

Spring Drive 由 SEIKO 技术精湛的 5 位表匠全手工共同安装而成。

广告语: 无比纯粹、自然的时间表所在

三菱空调报纸广告文案

标题: 如果爱侣说:"这个真不错",我选择三菱电机的空调。

正文: 迅速地使房间每个角落都变得舒适,这就是世界上具有特色的"气流控制"。外出回来后按下键钮,迅速地使房间的每一个角落都变得舒适。三菱电机空调的先进气流控制,根据您的喜好和房间的特点,搭载有可选择的"自动"、"手动"、"摆动"三种气流控制的机能。不论是谁都认为舒适性非同一般,这就是世界一流水平。

广告语: 不同之处,在于世界水平——三菱电机

某品牌茶膏的报纸广告文案

标题: 源自普洱不是茶

正文: 关于茶膏的珍贵,有人概括:茶膏是"生在山里,死在梦里,埋在缸里,活在杯里,饮在口里,爽在心里,记在脑里,功在体里"。

茶膏究竟是何等尤物呢?

茶膏收藏者叶羽晴川说:"茶膏是 18 世纪的速溶茶。"普洱茶膏是从普洱茶中萃取的精华,它有很高的营养价值和品饮价值。清代药学家赵学敏在其著作《本草纲目拾遗》中明确指出:"普洱茶膏黑如漆,醒酒第一,消食化痰,清胃生津,功力尤大也。"证明了茶膏的珍贵价值。

普洱茶膏是经过 186 道烦琐工序、72 天的加工周期而锤炼出的茶中珍品。茶膏制作始于唐代,此后普洱茶膏以云南土司种植的云南乔木大叶种

茶叶为原料,采用大锅熬制的方法,小范围制作。到乾隆年间,清宫御茶房开始制作普洱茶膏。以云南顶级普洱茶为原料,经过精选,文火熬炼,反复过滤,收汁;继而冷淀、收膏,将压榨出的茶汁使用珍贵的花梨木制炭以恒温加热,最后凝结成茶膏.放入高档瓷瓶中。

一般30至40两普洱茶才能提炼制出一两普洱茶膏。相比普洱茶,茶膏汤色浓艳,呈宝石红,口感润滑厚重,便携性非常好,用开水冲泡即时溶开,过程简单。

与皇室同饮

普洱茶膏"非雅而不能赏",是皇家的专属贡品,是权力与地位的象征。由于它出品量极低,属于贡茶中的贡茶,享有"超贵族身份"。据说慈禧当年对茶膏甚是喜爱。

能够得到它只有一个途径:就是皇帝每年拿出极少部分赏赐身边有功大臣。而那些得到赏赐的大臣也轻易不舍得饮用,把它当成高级药材存放,只是在自己和家人偶感身体不适时,才拿出来饮用。

鲁迅茶膏卖天价

2004年,在广东大厦举行的拍卖会上,茶膏突然现身在公众面前,立刻震撼了茶界。更令人惊奇的是,这一小块茶膏居然是鲁迅的遗物。

鲁迅收藏的茶膏是清宫贡品,外包装是雕满龙纹的木盒子,里面用绘有龙纹的金色绸缎作衬,有39块茶膏,其中24块是完整的,约143克。每块茶膏规格、形状都相同,长4厘米、宽4厘米、高约半厘米,重3克。这批茶膏原本准备整体拍卖,底价定为30万元。国家博物馆闻讯而来表示有意收藏,鲁迅后人们决定只拍卖其中一块茶膏。

这块茶膏在现场备受追捧,几乎每个人都尽量把鼻子凑得更近,嗅闻茶膏的香气。在忙乱中,小小茶膏竟然被挤裂了一角,致使品相受损,幸好没影响拍卖。经过激烈争夺,最后以12 000元成交。3克茶膏抬出如此价格,在茶价中,已经算是天价了。

可喝的"古董"

上千年一路走来,传承古老的技艺,凝聚着中华民族的勤劳与智慧。经年累月寻觅、悠久历史、深厚文化的浓缩与集成是茶膏的根和魂。她就像一位饱经风霜而又依然风华绝代的茶国神女,从历史纵深处向我们款款走来。带着唐代的风韵,茶马古道的神秘,清朝的皇室气息!?轻尝一口,一种厚重的沉香顺喉滑落。第一口茶尚未入腹,第二口已经被吸进贪婪的舌间,整个

僵硬的胃好像已经被茶润化了。仿佛饮的并不是一杯简单的浓茶,而是千年的厚重,一生中所有的快意与忧烦、期望与失落、苦忍与解脱,尽数泡解在茶膏的沉香中,一口口饮落。

经典非只在既往,时尚不限于当下。当大多数人为潮流左右,潮流为时间左右时,普洱茶膏是一种永不落幕的经典时尚。

(资料来源:《北京青年报》,2008年12月6日,略有改动)

三、广告文案正文的具体形式

广告文案正文的表达形式主要有以下几种。

(一)对话体正文

对话体正文,是通过两个或两个以上的人相互对话来反映广告产品的特点、性能以及价格水平等。这种广告比平铺直叙式的广告更有趣味,更显生动。特别是可以对诉求重点进行强调、说明,以加深印象。例如,罗瑟·瑞夫斯(Rosser Reeves)为美国总督牌香烟撰写的广告文案的正文就是对话式的。

标题:总督牌能给你无过滤嘴香烟不能给你的东西
插话说明:只有总督牌香烟在每一支过滤嘴中给你两万颗过滤气瓣。当你吸食的浓厚的香烟味道透过时,它就过滤、过滤、再过滤。
男士:有那两万颗过滤气瓣,实在比我过去吸食没有过滤嘴的香烟味道要好。
女士:对,有过滤嘴的总督牌香烟吸起来是好得多……并且也不会在我的嘴里留下任何烟丝渣。
烟盒旁说明:只比没有过滤嘴香烟贵一两分钱而已。

(二)叙述体正文

叙述体正文,就是直接向媒体受众阐述广告产品(或服务)的功能与特点,用叙述的方法进行合乎情理的描写与渲染。例如,李奥·贝纳(Leo Burnett)撰写的一则广告文案正文:

标题:这里是一个一心一意戴着帽子吃凯洛格玉蜀黍片的年轻人

正文：这可以吗？妈妈哪里去了？她在别的地方，她是很放心的，不必管他。小孩子很快活。他舀出了牛奶，再把那些金黄色的玉蜀黍片用羹匙盛进去。

看起来这些东西他认为很好——发出沙沙的声音。他吃起来嘴里很舒服——既脆又薄。它们风味绝佳——一种甜甜蜜蜜的味道，这使他举起羹匙。凯洛格玉蜀黍片对小孩及大人都有引起食欲的力量，已有50年以上的历史。当洛克威勒替我们画这个小孩的时候，这就是他努力想捕捉的人。也许这会给你一个构想去查一下你所贮藏的凯洛格玉蜀黍片。你知道它是怎样的味道，一旦你拥有一满包，你所知道的——就是你把玉蜀黍片都吃光。

（三）幽默体正文

广告文案的幽默体正文以轻松的笔调、风趣优雅的语气书写广告内容，以吸引媒体受众的注意。这种广告文案正文具有较高的趣味性，能给媒体受众留下深刻的印象。美国渥史密特伏特加的广告正文就是一则典型的例子：

图一：
一瓶横放的渥史密特伏特加，瓶口对着一只橘子

正文：

渥史密特：可爱的女娃，我喜欢你。我够味道，我把你的优点提析出来。
　　　　　我们会使你出名。到我这儿来，吻我。

橘　　子：上星期和你在一起的那个番茄是谁？

图二：
一只柠檬、一只橘子、一只洋葱和一瓶直立的渥史密特伏特加

正文：

渥史密特：啊！她多可爱！
　　　　　如果，我今晚没有和柠檬约好的话。

柠　　檬：你说谁是番茄？
　　　　　渥史密特是我的，他够味！

橘　　子：他当然够味，
　　　　　他昨晚不是和我在一起吗？

小洋葱：看着我！渥史密特。
　　　　你晓得，我是你的小洋葱，

让我们一起调配好喝的马爹利酒。

图三：

一瓶渥史密特伏特加和一只番茄

正文：

渥史密特：你是优秀的番茄，

　　　　　我们俩可以合力制成"血腥玛丽"，

　　　　　我和其他那些家伙不一样。

番　　茄：渥史密特，我喜欢你。你够味儿！

（四）证书体正文

证书体正文又称证明性正文。它是以具有说服力的、由权威机构颁发的证明（如获奖证书、消费者来信等）作为广告的内容。

（五）新闻体正文

新闻体广告文案正文是以新闻报道的形式来宣传某种产品（或服务）。这类文案正文从表面上看是介绍产品的新闻报道，实为广告宣传，往往能收到良好广告的效果。因为，媒体受众在接触新闻时，通常注意力高度集中，在思想上没有对广告本能的逆反情绪。这样的广告宣传，会使媒体受众防不胜防，很快地接受传输来的广告信息。

四、广告文案正文的写作要求

广告策划者在撰写文案正文时，要注意以下几点。

（一）简洁明了，重点突出

广告文案正文一般不宜过长，否则就显得拖沓啰唆，容易失去媒体受众。这就要求广告策划者在撰写文案正文时，一定要突出重点，用简洁鲜明的语言概括出广告产品（或服务）的特点和性能。像"质量上乘"、"功能齐全"等模棱两可的话要尽量少用。

如果宣传的商品（或服务）是大家所熟悉的，正文的目的在于提醒，行文就要短小精悍，要有创造性，力求"语不惊人死不休"；如果广告中宣传的是新产品，则要用通俗的语言重点介绍产品的性能与特点，以形成鲜明的诉求点。

（二）真实可靠，有说服力

广告文案正文传输的信息要以事实为基础，切忌虚夸臆造，否则会破坏广告主的形象，给企业的营销活动带来不利影响。如果是证书体正文，有关证书必须具有权威性,有代表性,让绝大部分媒体受众知晓甚至了解,否则就有哗众取宠、夸大其词之嫌。

(三)要有趣动人

"感人心者,莫先乎情"。在媒体受众的心理活动中,情感是影响其兴趣、偏好、取向以及购买行为的主要因素之一。当情感因素达到一定强度时,就会形成动机,而动机往往会以激动、振奋或者反感、抵触等形式表达出来。广告文案正文可以通过有趣的语言来调动媒体受众的某种情感,以最终达到促使其购买的目的。

例如,台湾地区兰丽化妆品公司为了推出新产品,曾经在电视上做了这样一则广告:屏幕上首先闪出了七个醒目的大字"只要青春不要痘",紧接着一位苗条的少女从熙熙攘攘的人群中走出来,用扇子遮着脸。此时,一副标题出现在人们眼前:"青春是美好的,但恼人的青春痘却令人十分扫兴,既遮不住,又躲不掉"。这也正是少女的苦恼所在。它既说明了产品的特性,又抓住了媒体受众的心,新产品因此而畅销台湾地区。

(四)要有创造性

广告文案正文要在真实、客观的基础上,以创造性的语言、创造性的表达方式来有效地传输企业或产品信息。国际上一些经典广告之所以能为广大媒体受众长时间地津津乐道,其主要原因是其广告文案新颖,有一定的创造性。可口可乐的文案正文就是一个典型的例子。上百年来,可口可乐的策划者不断根据变化的营销环境撰写出富有创造性的广告文案正文,以迎合目标市场上消费者不断变化的偏好,从而确保了可口可乐在碳酸型饮料市场上领导型品牌的地位。下面是可口可乐在不同时期的广告文案(注:以下文案既是广告标语、口号,又是文案正文)。

"提神味美的新饮料"

——1886 年刚上市时的广告

"可口可乐,南方圣水"

——1907 年的广告

"要想提神请留步"

——1929 年的广告

"喝新鲜饮料,干新鲜事儿"

——1936 年的广告

"可口可乐,全球性的符号"

——1944年的广告

"恢复您的精神"
"好味道的标志"
"真正清凉的饮品"

——1953年的广告

"享受可口可乐"
"只有可口可乐,才是真正可乐"

——20世纪60年代的广告

"心旷神怡,万事如意,请喝可口可乐"
"喝一口可口可乐,你就会展露笑容"

——20世纪70年代的广告

"微笑的可口可乐"

——20世纪80年代的广告

"如此感觉无与伦比"
"挡不住的感觉"

——20世纪90年代的广告

"心在跳!我们努力活出精彩!"

——2000年的广告

"激情在此燃烧"

——2003年的广告

第三节　广告标语写作

广告标语也称广告口号,它是广告主长期使用的稳定的宣传用语。

一般来说,广告标语是相对不变的,其功能是让广大媒体受众永远记忆和留下印象。广告标语在广告主开展市场营销活动中,能够有效地成为目标市场消费者识别广告主或广告产品的一种符号,它有助于塑造品牌形象,是广告主企业文化的一种凝练。

一、广告标语与标题的区别

广告标语与广告文案标题有着明显的区别,概括起来可以归纳为以下几点:

第一,结构不同。广告标语只能是一句完整的、具有概括性的话,而广告文案标题可以是一个词或词组,如李奥·贝纳撰写的一则广告的主标题就是一个字:

主标题: 肉

副标题: 使你吸收所需要的蛋白质成为一种乐趣

广告文案标题也可以是一句话,如乔治·葛里宾撰写的一则广告的标题:

我的朋友乔·霍姆斯,他现在是一匹马了

广告文案标题采用哪种形式,要视文案正文以及广告宣传产品(或服务)的具体情况而定。

第二,用途不同。广告标语是企业文化的一种反映,它具有相对的稳定性,有利于塑造良好的企业形象和产品形象;而广告文案标题,是广告文案的组成部分,它的内容、形式要与广告文案正文相一致。因此它具有多变性,要随着广告文案正文的不同而不同。

第三,位置不同。文案标题只能放在广告文案最醒目的地方,这样它的作用才能有效地发挥出来;而对广告标语则没有特殊要求,通常是随机而定,有可能放在文案的中间,也有可能放在文案的结尾。

二、广告标语的种类

广告标语概括起来,主要有以下几种:

1. 强调商品特点式标语。这类标语以商品的性能特点为宣传对象,常用于新产品上市还不为目标市场上的消费者所认同的情况下。例如:

"多一些润滑,少一些摩擦"

——统一润滑油

"家有三洋,冬暖夏凉"

——三洋空调

2. 表现企业经营理念式标语。这种标语是企业文化的高度概括,它反映了企业在市场竞争中的经营价值观念。例如：

"做千百万生意,赚几分钱利润"

——美国奥尔巴克百货公司广告

"关爱生命、享受生活"

——沃尔沃(VOLVO)汽车

3. 反映企业技术水平式标语。这种广告标语主要告诉媒体受众广告产品的技术状况及在同行业中的地位。例如：

"福特汽车,一路领先"

——福特汽车广告

"成功与科技共辉映"

——奥迪汽车广告

4. 表现企业历史与传统式标语。这类广告标语将广告主的经营历史与传统告诉媒体受众，以促使媒体受众对广告主产生信赖感，从而实现促销的目的。广告主的经营历史与传统常常是独具风格的经营特色或骄人的经营业绩，它使广告主在市场竞争中显得与众不同。例如：

"单反相机的历史就是潘太克斯的历史"

——单反相机广告

5. 反映企业前景式标语。这类广告标语主要告诉媒体受众本企业的发展方向以及前景目标。创作此类标语要以良好的业绩为基础，否则可信度不高，因为媒体受众对此不了解，例如：

"突破科技,启迪未来"

——奥迪汽车广告

"领导时代,驾驭未来"

——奔驰汽车广告

三、广告标语的写作要求

一则成功的广告标语，大体上要符合以下要求：

1. 简洁易记。广告标语只有简洁易记,才能使媒体受众过目不忘,同时也便于刊登。例如:

"滴滴香浓,意犹未尽"
——麦氏咖啡广告

"德国汉高,优质生活保证"
——汉高化妆品广告

2. 节奏感强,富于韵味。广告标语要前后押韵,有一定的节奏感,读起来朗朗上口,既便于记忆,也易于流传。例如:

"你的世界,从此无界"
——福特汽车广告

"同声同气,酒逢知己"
——金牌马爹利广告

3. 亲切感人,生动有趣。在广告标语中采用人们生活中的日常用语、方言、俚语等,能增加亲切感和生动感。例如:

"不打不相识"
——德国打字机广告

"让汽车成为一个小家"
——雷诺汽车广告

"世界品质,一脉相承"
——广州本田汽车广告

4. 要有创造性,有新意。普通的话语常不为人们所重视,有创意的广告语才能吸引人,才能在广告"爆炸"的环境里引起人们的注意。例如:

"领先在于你的魄力"
——蒙迪欧汽车广告

"成长只有一次"
——雀巢儿童奶粉广告

思考与练习

1. 简述广告文案的构成。
2. 什么是广告文案标题?它有哪些作用?
3. 简述广告文案标题的种类。
4. 简述广告文案标题的具体形式。
5. 广告文案正文具体包括那些部分?
6. 简述广告文案正文的具体形式。
7. 写作广告文案正文时,应该注意哪些问题?
8. 什么是广告标语?
9. 广告标语与广告文案标题的区别是什么?
10. 广告标语有哪些类型?
11. 简述广告标语的写作要求。

第十章 现代促销广告(SP 活动)

本章关键词

促销(Sales promotion) 促销策略(Promotion tactics) 优惠券(Coupon) 折价(Discount) 赠送样品(Present) 中间商(Distributor) 广告津贴(Advertising allowance) 合作广告(Cooperative advertising)

本章学习重点

- 促销广告的概念及作用
- 促销广告的特征
- 顾客促销广告的形式
- 中间商促销广告的概念及目的
- 中间商促销广告的形式
- 推销人员促销广告的形式

第一节 促销广告的概念与特征

在广告计划中,销售促进(Sales promotion)是一个单独的题目,简称SP。但广告策划的成功多是由于各种广告与SP联合运用的结果,而不是某一单独的媒体广告或单项广告活动的效果所致。基于这一原因,我们认为在品牌推广活动中,SP是一个重要的构成要素,SP是广告策划的重要内容之一,应该纳入广告计划之中。

一、促销广告的概念与作用

(一)促销广告的概念

美国营销专家威廉·A.罗宾逊(William A. Robinson)认为:"SP 是对同业(指中间商)或消费者提供短程激励的一种活动,以诱使其购买某一产品"。

美国营销协会(AMA)为 SP 所下的定义是:"①在被限定的意义上,SP 系指展示、展览、示范表演等一般非常设的、非反复的销售活动。凡刺激消费者购买,加强卖店效果,除掉人的销售、广告、发布信息以外的各种活动皆属之。②在销售业务上,包括人的销售、广告以及发布信息,凡刺激消费者购买的各种方法均属 SP。"

结合上述概念,我们认为,促销广告是指以创造消费者需要(或欲求)为目的,企业所从事的各种活动。SP 广告是企业的一种营销艺术。

促销广告在现代企业广告策划活动中,并非一个新名词,它的产生可以追溯到 19 世纪中期。早在 1853 年,美国的一家帽子店就运用 SP 广告,成功地诱使人们购买了大批帽子。经营者提出:凡是购买本店帽子的顾客,均可享受免费拍摄一张戴帽子照片的服务。当时,照相机还是一种奢侈品,广大消费者普遍认为将自己的照片拿来给亲友们欣赏是一件值得自豪的事。因此,活动一开始就吸引了大批消费者,一些顾客甚至不远百里前来该店。一时间,戴该店的帽子成为当地的一种时尚。

促销广告的对象,不仅有消费者,而且也包括产品的经销商以及本企业的内部职工。因此,促销广告按照其诉求对象不同可以分为如下 3 种:对消费者的 SP、对中间商的 SP 和对业务人员的 SP。

(二)促销广告的作用

概括地讲,SP 的作用主要表现在以下几个方面:

1. 诱使消费者试用广告产品。SP 广告旨在对消费者或中间商提供一种短期的激励,如折扣、赠品等,促使消费者试用某一新产品或者向消费者提供既存产品的新功能,来达到促使媒体受众购买的目的。

2. 促使初次试用者再购买,使其产生重复购买行为。如果广告主实现了在广告中的承诺,通过 SP 活动,广告主就能获得消费者对广告产品的再购买。这有可能建立一种有利于广告主的消费者购买形态。如图 10-1 所示。

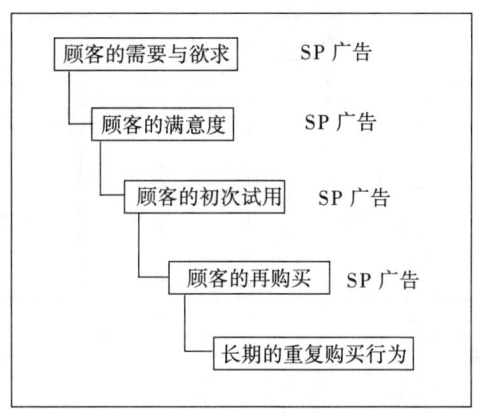

图 10-1　SP 所造成的消费者的购买形态

例如,一个持续的 SP 活动,要求消费者凭使用过的产品来换取赠品,就会促使他们产生重复购买行为,以至于形成一种习惯。

3. 增加媒体受众对广告产品的消费。通过 SP 活动,告诉媒体受众某一成熟产品的新用途或新功能,就会增加媒体受众对该产品的消费量,从而扩大产品的销售量。

4. 扩大产品线产品的销售。实践证明,SP 活动不仅能增加某品牌产品的销售,而且也能影响到产品线产品的销售。美国 AC 尼尔森国际媒介总部通过大量市场调查发现,用以支持某品牌餐桌用糖的 SP 活动,对薄烤饼粉料整个类别都有影响。如图 10-2 所示。

通过图 10-2 可知,两种产品类别第一周的指数都是 100,经过连续 8 周的分析后,会看到相似的趋势线。在此一时间间隔中,SP 活动对薄烤饼粉料产品的销售并没有明显的推广作用。然而第五周的销售情况与第一周相比,销售额竟增加了 67%。这都是由于在第三周至第八周这段时间里,对餐桌用糖开展 SP 推广活动所致。

5. 消除竞争品牌的影响。SP 常用来帮助广告主抵消竞争者的各种活动。例如,2010 年 3 月,北京的一家商场进行折让销售后,其他几家商场也纷纷采用这一促销活动。领导品牌的广告主,为了保护其市场地位,常采用与竞争对手所采用的相同的 SP 来抵消他们对市场的侵蚀。

二、促销广告的特征

促销广告与一般意义上的广告相比,具有以下几点特征:

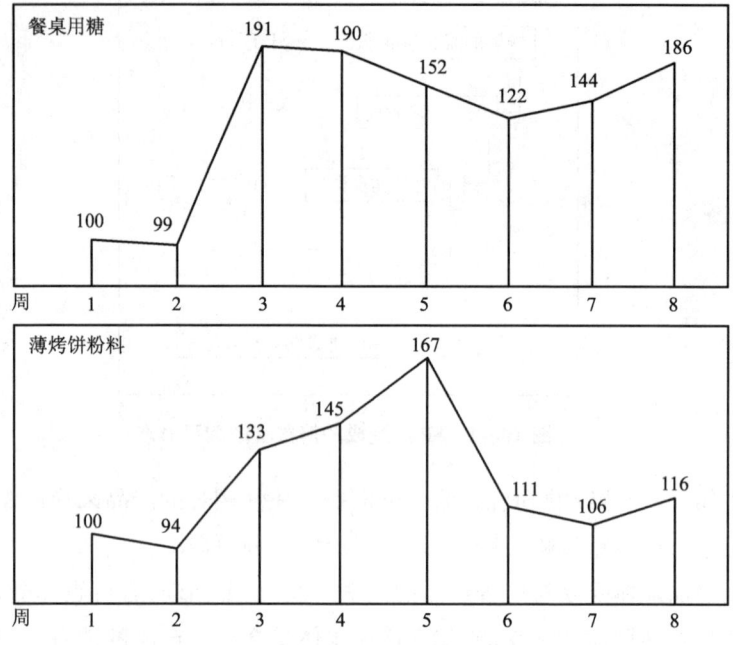

图 10-2　SP 对薄烤饼粉料销售量的影响

第一，SP 是在某一特定时间内对媒体受众提供的一个刺激，而一般广告则是向媒体受众传输有关企业或产品的信息。

第二，SP 活动要求媒体受众在特定的时间内，立即产生一定的购买行为；而一般广告则是广告主的一种较长期的投资，有可能不要求媒体受众产生即期的反应。

第三，SP 破坏品牌的忠诚感，而一般广告则塑造媒体受众对品牌的忠诚感。广告主通过 SP 活动，诱使顾客放弃消费其他产品，转而购买本企业的产品。但这只是一种短期的激励，它能够达成媒体受众对一种产品或服务的试用，可一旦 SP 活动结束，顾客的购买行为就有可能转向其他品牌。顾客对其他品牌的忠诚会在小范围内得以恢复。

第四，SP 活动的目标是为了获得产品（或服务）销售额即期的增加，而一般广告则为了给产品（或服务）塑造一种形象，或者赋予那些使用该品牌产品（或服务）的消费者一种情调、气氛或认同。

第五，SP 活动能够扩大产品的销售量，增加产品的销售额，而一般广告通常会增加品牌某些知觉上的价值，即品牌的附加值。如扩大品牌的知名度、提高品牌的美誉度、建立品牌固定的联想或标识物等。这些附加值，会长期有利于品牌的销售,会不断提高品牌的市场地位,为广告主赢得竞争优势。

第二节 顾客促销广告

当新产品上市时,顾客促销广告是最有效的营销手段之一。广告策划者可以通过分发样品、试用等形式,使媒体受众理解和体验广告产品,唤起他们的欲求与需要并诱使他们产生购买欲望,最终促使其产生购买行为。顾客促销广告几乎可以影响任何广告策划者所界定的目标市场。对广告策划者来说,要运用顾客促销推广产品,首先必须确定开展顾客促销活动所要达到的目的;其次要选择适合广告主经营特点的顾客促销形式,以使广告主通过有限的推广投入,取得最佳的经济效果。

一、顾客促销广告的目的

顾客促销广告的目的因广告产品的不同而异,但任何顾客促销广告通常都有不外乎以下几种基本目的之一。

第一,吸引新顾客。许多顾客促销计划的目的是吸引新顾客。吸引新顾客有两层含义:①给竞争品牌的消费者一定的刺激,诱使他们放弃使用原品牌,转而使用本品牌,以扩大该品牌产品的销售量;②通过向从没有使用过此类产品任何品牌的媒体受众提供短期的刺激,诱使他们产生欲求,从而产生购买欲望,最终达成交易行为。

第二,保持现有顾客。保持一个老顾客比争取一个新顾客可为企业多带来20%~85%的利润。假如令一个顾客满意且留住他需要花费10元钱的话,那么获得一个新顾客所支出的费用,就需6倍于留住现有的顾客。而大部分产品都是以有稳定的使用者为基础,来获得可观的利润。所以,保持老顾客与吸引新顾客是同样重要的事情。当竞争对手运用顾客促销来吸引新顾客时,广告策划者就必须调整其促销计划,以保持住广告现有的顾客。

第三,促使顾客大量购买。保持现有顾客的方法之一是促使他们大量购买某品牌产品,或者可以说"使他们离开某个市场一段时间"。这种顾客促销计划鼓励现有顾客购买某产品,购买数量多到足以使他们在近期内不会再购买该类产品。这样做的目的是:①由于顾客身边有足够的

产品可供使用,因而能确保他们在一段时间内能继续使用广告主的品牌;②因为顾客已购买了足够多的某类产品,他们对竞争品牌所提供的刺激就不会太感兴趣。这在一定程度上就减弱了竞争品牌的顾客促销活动效果。

第四,扩大品牌的知名度。在一定意义上说,顾客促销活动也能扩大广告主经营品牌的知名度。当然,这要求广告策划者将顾客促销广告与一般广告结合起来运用。例如,某品牌产品的电视广告在播放时,同时向目标市场消费者发放赠品。

第五,促使消费者使用更高品质的产品。使消费者购买比他们通常所使用的产品更为高级、昂贵的品牌或型号,是一些顾客促销广告的目的。一般情况下主要通过对某类产品实行优质减价的顾客促销来实现。例如,美国的许多汽车制造商常以减价或联合价格,用加装立体音响、空气调节器、单人圆背小折椅等方式来推广某一特设装备的车型。其目的是为了让顾客熟悉并习惯这些便利,从而在下一次购车时能以正常的价格成交。

二、顾客促销广告的形式

在现代市场营销活动中,最常用的顾客促销广告主要有折价券、赠送样品、竞赛与抽奖、提供退款保证、酬谢包装、包装赠品(包括包装内、包装上、包装外的赠品以及可再用的容器)、免费邮寄赠品、自偿赠品、赠品印花与持续计划等。

(一)折价券

折价券是广告策划者使用最广泛、最有效的一种 SP 形式。折价券的基本优点是广告主不必依赖零售店的合作就可以减低其产品一定额度的零售价。折价券习惯上被用于诱使消费者试用新产品,或者获得新产品与改良的产品。折价券有两种具体形式,即制造商发行的折价券和商店折价券。

1. 制造商发行的折价券。它是制造商对特定品牌产品的一种价格优惠凭证。持有这种折价券可以在出售该品牌产品的任何一家零售商店获得折价优惠。

2. 商店折价券。它与制造商发行的折价券在原理上基本相同,唯一的区别是消费者只有到提供这种折价券的商店里购买商品,才能获得价格折扣。例如，如果 A&P 连锁超级市场在其报纸广告中提供购买价值 0.10 美元的 Ragu 家庭式面条酱的折价券，则消费者只能在 A&P 购买该产品时才能获得价格折扣，在其他店中就不能。商店发行他们的折价券来促进商品的销售，或者在某种情况下与制造商联合起来进行推广搭配，以取得综合效益。

随着电子技术的进步，美国的消费者即使坐在家里，也可以索取折价券，这项技术称为电视双向互动系统。消费者在家里，只要利用一个特别的遥控器，就可以索取折价券。例如，美国的吉列刮胡刀（Gillette）、比萨世界（Pizza World）、旁氏（Chesebrough Pond's）化妆品等，就利用每周的资讯式广告（infomercial）时间，鼓励消费者用家中的遥控器参加有奖回答，并赠送美容手册作为纪念品。

（二）赠送样品

赠送样品，是指以赠品作为促销诱因所进行的活动。这种活动一般以媒体受众为对象，用赠品来刺激媒体受众采取购买行为。在下列情况下，多以赠送样品作为促销手段：①促使媒体受众转变使用品牌，使他们改用本企业的品牌；②保持本品牌的使用频率；③促使媒体受众试用新产品；④为了开拓新市场；⑤为了测试广告活动的效果；⑥为了广告主的企业节庆。

广告策划者可以采用多种方式来向媒体受众赠送样品。对价值比较低的产品，赠送的样品主要是赠送标准品；对单位价值比较高的或一次购买可以分几次使用的产品，赠送的样品应该是特制的小包装产品。例如，高露洁牙膏的赠品的容量是标准品容量的 1/3。

大量实践证明，样品促销成功之道在于产品本身，40% 的消费者试用赠品后会购买。产品类别可能是影响样品成功促销的关键，大热天在海滩做日光浴的人十之八九会试喝免费的汽水，六七成妇女会使用寄到家里的衣料精品。

研究显示，用折价券让消费者心动一试的促销成本为样品促销成本的 4 倍多，如果用折价券培养试用者变成忠实客户的成本为 6.50 美元，用样品只要 2.50 美元。

赠送样品的方式多种多样，但常用的主要有以下几种：

1. 邮政寄送。邮政寄送样品，就是通过邮电部门，将样品寄给选定的媒体受众。这种方式的优点是广告策划者能选择最佳的分发样品的时机与地

点,并能根据目标市场消费者的特征抽选典型的样本。缺点是花费时间长,所需费用多。

2. 送货上门。它是指广告策划者组织人员将赠品送到潜在消费者的家里。这种方式的最大缺点是费用大,上门的最佳时机不易掌握。

3. 样品附在包装上。它是指将赠送样品附在产品的包装上,消费者在购买产品时也获得了赠品。这种方式的优点是费用低,缺点是只能将样品分发给那些购买本产品的消费者。

4. 店内赠送样品。它是指广告策划者在销售本产品的商店里,向消费者赠送样品。在食品行业中,这种方式最为流行。策划者常在商店里设置一张桌子或一个摊位,随时向消费者分发样品。美国哈雷(Harley)摩托车公司就用这种方式,为其产品在美国市场赢得了一席之地。

(三) 竞赛与抽奖

竞赛与抽奖能诱使媒体受众对广告产品产生浓厚的兴趣。这种方式尤其适用于没有明显推广优点的产品。

美国温蒂速食汉堡连锁店曾经用3 000万美元,配合名噪一时的"牛肉在哪里?"的广告语,与美国棒球联赛合作举办抽奖活动。同年8月,温蒂连锁店印了1 300万张列有全国棒球队的名称的游戏卡,发行到全美所有温蒂速食汉堡连锁店里。顾客每购买一次该店食品,就可获得一张游戏卡,当场用硬物刮掉游戏卡上的空白格子,就显示出两支球队的名称,如果正好是下一场比赛的两个队,即可自动参加球赛抽奖活动。这次促销活动非常成功,温蒂的销售额当年就增加了20%。

(四) 提供退款保证

如果消费者能够出具多次购买商品的证据,广告策划者就可以向他们提供全部或部分购买商品的价款。提供退款保证也是广告策划者常用的一种促销广告。

许多广告主相信,提供退款保证能够建立起消费者对品牌的忠诚,因为如果消费者多次购买某产品,而能得到必要的购买证明去获得退款,这样会使他们养成购买某一产品的习惯行为或者对某一品牌有一定的忠诚感。同时,在消费者得到退款保证的利益时,广告策划者也掌握了这些人的具体情况,为以后开展营销活动奠定了基础。

这种促销方式的目的主要有三种:①使消费者获得试用产品;②酬谢顾客;③为某一品牌产品下一阶段的营销活动奠定基础。

在西方国家,常用的提供退款保证的形式是根据收回标签数目,或购买某品牌产品的单位数量的多少来提供不同的退款。如美国绿巨人公司向消费者提供退款保证单,消费者购买绿巨人的产品就可以获得部分价款。此外,为了刺激消费者,使他们多次购买公司的产品,绿巨人还提供多次退款保证。

提供退款保证,实际上是一种对产品价格的折扣。这种折扣大到足以引起媒体受众的注意。但是如果退款比例太大,则可能导致大部分退款流入现在使用者的手中,就实现不了扩大销售额的目的。因此,在运用这种促销方式时,一定要与其他促销方式相配合。

(五) 酬谢包装

酬谢包装是指以原价向消费者提供比标准包装容量更大的产品,或以原价向消费者提供标准包装和另外附加产品。这种方法在食品、保健品、美容品等类别产品的促销中非常有效。例如,一家生产番茄酱的广告主,在其标准的 30 克一瓶的番茄酱中再多装 5 克,而售价仍是 30 克的价格。

酬谢包装与减价一样,都是为了吸引消费者。酬谢包装是用以鼓励那些此前已购买了某一品牌产品的消费者,使用更多或另外使用该产品类的某一品牌,因而以此作为消费者购买产品的报酬。换言之,如果不是有酬谢包装,消费者就不会购买该品牌的产品。

由于酬谢包装常常需要特别的包装设计,在生产企业或零售商店里也需要投入更多的人力、物力和财力对它们实施额外管理,所以它的经营成本是非常昂贵的。但当广告策划的目的是以某品牌产品答谢现有的消费者时,对策划者来说,酬谢包装则是一种很有效的工具。

(六) 包装赠品

包装赠品包括包装内、包装上、包装外的赠品以及可再用的容器。

1. 包装内及包装上赠品。包装内与包装上赠品的唯一区别是,赠品在产品包装中的方式不同。如美国蜂房牌(Honeycomb)速食早餐谷物食品的包装,是在每盒早餐谷物中都有一包免费的无糖口香糖作为购物的奖励;而 Edge 刮胡膏,附在每筒刮胡膏上作为"包装上赠品"的是舒适牌双层刮胡刀,并有文字标明,以提醒媒体受众对该赠品要有所注意。

广告策划者运用这种促销方式,是要消费者为了得到赠品而去购买某一品牌的产品。赠品往往是诱使消费者产生购买欲望的诱饵,消费者由于

向往赠品而不得不购买产品,这样就达到了扩大销售额的目的。通常,赠品的成本是低廉的,或者计入某产品的零售价格中。

2. 包装外赠品。包装外赠品,是指消费者买了某产品就送给他赠品。例如,一家电视机的生产企业提出,消费者每购买一台彩电,就赠送给他一台收音机。包装外赠品是由制造商提供的一种外在的促销方式,它非常适用于单位价值高的产品。

3. 可再用的容器。完全把产品盛装在容器里,产品用完后,可以将容器作为他用。如速溶咖啡精美的包装盒,咖啡喝完以后,可以将包装盒当作茶杯。我国山东阿胶枣的竹制包装盒,用来盛装杂物,既实用,又雅致。

(七) 免费邮寄样品

免费邮寄样品,是指通过邮寄的方式向消费者免费提供赠品或礼品。在这种促销方式下,消费者要将已购买产品的证明寄回来作为凭证,才能得到免费的邮寄赠品。通常消费者要出具一个以上的购买证明才能得到赠品。

免费邮寄赠品不同于其他赠品方式,它的特点在于消费者接受的是一种延后的赠品,即消费者在购买产品后不能立即得到奖励,而只有在出具多次购买产品的证明后,才能得到延后的奖励。它是消费者购买某品牌产品的次数积累到一定程度的补偿。广告策划者运用这种促销方式,要求产品之间差别很小或者基本上无差别,只有这样,才有利于购买次数的统计。

(八) 自偿赠品

自偿赠品,是指广告策划者要求消费者寄来一定数量的购买某产品的证明和产品的部分价款,就可以将产品赠送给消费者的一种促销方式。

美国菲卑瑞公司(Pillsbury)就曾用"菲卑瑞最佳传统面粉罐"作为自偿赠品,成功地扩大了产品的销售额。公司规定消费者寄来两个容量在5磅以上的菲卑瑞包装袋并附2.5美元,就可以得到一个做工精良的面粉罐。面粉罐上的图案是最早纪念菲卑瑞"A厂"的海报的图案复制品,而"A厂"则是1879年菲卑瑞最佳面粉的诞生地。因而每当消费者从罐中取用面粉时,都会想起菲卑瑞公司的优良传统。

(九)赠品印花与持续计划

赠品印花与持续计划最早是由美国威斯康星州米尔瓦基市(Milwaukee)的一家百货公司提出来的。在该活动进行期间,消费者收集赠品印花和折价券收据,用来兑换免费或减价的赠品或奖励。

广告策划者鼓励消费者以正常的方式购买某品牌的产品,或使消费者到特定的零售商店去选购商品,以收集所需的购买证明,来履行他们的连续不断的促销计划。持续活动在有些超级市场、连锁店非常盛行,有些策划者甚至以整套的炊具、珠宝首饰等作为赠品。

美国通用食品公司(General Mills)就曾成功地运用赠品印花与持续计划方式来促销其产品。该公司以 Betty Crocker 折价券作为号召开展了促销活动。在公司生产的所有产品上,印有留给消费者的 Betty Crocker 折价券。消费者凭借这些折价券,就可以从供应商的产品目录上以极低的价格买到厨房用品。

赠品印花与持续计划的目的是为了鼓励消费者继续购买特定品牌的产品或到特定商店里去选购。这种促销活动对现有使用者最有效,但整个计划持续时间较长,消费者容易丧失耐心。

第三节 中间商促销广告

一、中间商促销广告的概念与目的

中间商是指联系生产企业与目标市场消费者的中间机构。美国著名营销专家艾尔·安塞利说:"中间商使商品和服务流通顺畅,为了把生产者生产的商品和服务分类与消费者需求分类之间的差距弥合起来,这一程序是必要的。这种差距是由于生产商一般生产大量的种类有限的商品,而消费者通常只要求数量有限的但种类繁多的商品这一事实造成的。"对中间商进行广告宣传,也是广告策划者进行广告活动的一项重要内容。

(一)中间商促销广告的概念

中间商包括销售代理商、寄售商、经纪商、批发商和零售商等。零售商又可分为专业商店、百货公司、超级市场、方便商店等。广告策划中的中间商促销广告,是指对上述各种类型的中间商展开的一系列广告推广活动。

中间商促销广告的瞄准对象是本品牌产品的各种销售者,令他们大量进货,其焦点在于提高中间商的进货意愿。如果零售店没有本品牌的产品,广告主的业绩就无从提升,更谈不上利润。中间商促销广告的作用主要有以下两点:①补偿中间商为某品牌产品在目标市场上或特定零售店中所做的销售努力;②作为对中间商购买某品牌产品的数量、购买特定产品种类,或一段时期内购买总量的一种补偿性津贴。

(二)中间商促销广告的目的

中间商促销广告的最普遍的目的,是为某品牌产品在零售店中取得、保持或增加货架空间。许多经营管理者认为,只要能把产品从生产车间运到批发商的仓库或零售商的货架上,推广活动就算是成功的。实际上,对中间商的促销推广只有在下述情况下才算是有效的:①对中间商销售了更多的产品,中间商又将这些产品成功地销售给最终消费者;②本次推广活动增加了特定品牌产品的配销数量,或者增加了它的货架空间。

中间商促销广告的目的多种多样,但归纳起来可以分为以下几种:

1. 获得中间商的支持。中间商直接联系着消费者,他们为目标市场上的消费者提供需求的商品,他们直接影响着产品价值的实现。因此,在很大程度上,中间商决定着企业广告策划活动的效果。获得中间商的支持,是中间商促销广告的首要目的。只有得到了中间商的配合,企业的促销广告才能顺利展开,也才能取得预期的推广效果。

例如,广告主可以提供一种特价包装,并通过一定媒体大力推广,以取得中间商对企业营销活动的支持。广告主也可以对中间商进行折让、发放店头宣传品、进行联合广告、开展竞赛、提高推销人员的佣金等,以培养中间商对企业品牌的忠诚感,使他们积极配合企业的推广活动。

2. 取得新配销。许多的促销广告是为了使中间商多销售广告主的产品或者销售本企业的新产品。有的新产品就是靠这种方法进入目标市场的。因为中间商有成熟的配销渠道,他们更了解消费者的需求,他们的触角遍及市场的每一个角落,新产品通过他们可以在最短的时间内与消费者见面,为广告主赢得竞争优势。

零售企业的销售货架空间有限,在一般情况下,他们只想销售那些获利最大、周转最快的商品。因此,针对中间商的折让品、针对消费者的包装品以及其他各种能为中间商带来丰厚利润的促销广告,都能调动中间商的积极性。

3. 鼓励中间商增加存货。货架上哪种商品多,就证明哪种商品畅销。因此,广告策划者要经常运用各种方式鼓励中间商多进货,多存货。这样不仅方便消费者购买,而且有利于产品的推广。

4. 与中间商建立良好的关系。对制造企业来说,与中间商建立良好的关系是至关重要的。制造企业与中间商"利益共享,风险共担"的内在机制,促使它们之间形成一个利益共同体,以保证企业产品销售渠道的相对稳定性,这不仅有利于成熟产品的销售,而且缩短了新产品的上市过程。

二、中间商促销广告的形式

中间商促销广告主要有以下几种形式。

(一)对中间商折让

对中间商折让是指在限定的期限内,给中间商比正常购买折扣更大的价格折让。为获得这种折让,中间商必须比平常多进货或进几种大小、款式、颜色不同的产品等。或者中间商不必做出上述努力,制造商给他们一定比例的价格折让,只是促使他们在指定的时期内降低销售给消费者的特定品牌产品的价格。大多数对中间商的折让,都是广告主促使中间商与其合作的一种激励方式。

提供给中间商折让的类型、大小,在一定程度上决定着广告主零售配销活动的成败,因而也影响着广告策划活动的结果。对广告主来说,进行中间商折让的主要目的是以特定价格取得中间商对本企业营销推广活动的支持。通过改变中间商折让的比例,广告主也可以有目的地控制投放市场的商品数量,从而掌握最佳的营销时机。

对中间商折让的主要缺点是,一旦开展了这一活动,中间商容易"成瘾",他们会期望以后有更大比例的折让。当广告主再想开展一次没有折让的促销活动时,中间商一般不愿意配合或者不情愿配合。因此,对中间商折让,只能是一种短期 SP 活动。

常见的中间商折让主要有以下两种:

1. 票外减价。它是指在一定时期内,给中间商的正常价格以外的折让。这种折让或依据最低购买数量、购买时间,或依据产品不同款式、包装等,以津贴方式给予中间商。例如,冰淇淋制造商可能在销售淡季鼓励零售商多进货,从本年的12月1日到次年的4月1日,每箱10元,作为票外津贴的号召对零售商折让。

2. 津贴。津贴是给零售商对零售商品减价的一种补偿性的折扣方式,作为零售商在当地开展推广活动的津贴。广告策划者最常用的津贴形式有广告津贴和陈列津贴两种。

(1)广告津贴。广告主付给零售商或批发商一定数额的现金,作为中间商就某品牌产品在当地媒体上进行广告宣传的费用。例如,某品牌冰淇淋制造商提出,在5月1日到11月1日期间,零售商每购买一箱该品牌的冰淇淋就可以得到5元钱,作为在当地进行产品推广的津贴。通常,零售商要拿出在当地进行广告宣传的证明,作为领取津贴的依据。

(2)陈列津贴。广告主付给零售商预先商定的津贴,作为零售商对某品牌产品进行POP广告宣传的补偿。如零售商为广告主的产品设计了陈列橱窗,在货架上采用了新颖的摆放形式等。

(3)提供免费赠品。许多制造商都喜欢为中间商提供免费的赠品。因为这种形式的成本要小于津贴形式。在制造商看来,免费赠品的价格只是产品的生产成本,而津贴则包括了生产企业的部分利润。因此,这种形式更受广告主的欢迎。

(二)合作广告

合作广告是指广告主与零售商经协商达成协议,零售商在当地刊播广告时广告主与零售商各自承担广告费用的一半,以支持经营品牌的宣传推广。合作广告多用于报纸广告。有些广告主的广告合作计划也包括广播广告合作,甚至也分担零售商发放宣传资料的费用。

在合作广告中,大多数广告主努力使零售商的当地媒体宣传成为其整体广告计划的构成部分,或者配合其全国性的、区域性的广告活动。零售商的广告多为地方性的特价促销广告,在销售额增加的基础上,广告主也能因此而受益。

合作广告的缺点是限制了广告主对中间商的有效控制。在合作广告中,外观不够标准的广告有时也会被刊播,或者将广告刊播在诉求受众与目标市场消费者的特征不相符的媒体上。这不仅削弱了广告主对中间商的控制力,而且也浪费了宝贵的广告费用。

(三)同业折价券

同业折价券是由零售商与制造商联合发行的对消费者减让价格的一种优惠购买凭证。同业折价券常被放置在零售商的促销传单里,或者印在零售商的报纸广告中,放在特定品牌的销售货架上。同业折价券与制造商发行的折价券的区别在于:同业折价券只可以在特定的零售地点兑换。

零售商非常喜欢同业折价券,因为它有利于他们展开竞争,能为他们赢得竞争优势。同业折价券也能使销售的商品得到不同程度上的暴露,也就起了广而告之的作用。

通常制造商与零售商在事前要协商确定兑换折价券的数目,或者确定折价券的总金额,以减少兑换过程中的误差。有时为了更有效地促销,零售商会在同业折价券的金额上再增加一定的折让比例。例如,如果制造商同意在产品价格上减少 0.20 元,零售商可能再将自己的部分利润(假如是 0.10 元)让渡给消费者,那么该折价券的优惠金额将是 0.30 元,这对理性的消费者来说吸引力将会更大。

(四)店头宣传品

店头宣传品也称为 POP 广告,它是广告主在销售地点散发的某品牌产品的各种宣传品的统称。常见的店头宣传品主要有以下几种:

1. 店面广告。有人将店面广告称之为店铺的表情,它可传达某些信息以及季节感等。例如,新年来临之际,可以用红色或黄色的缎带将店铺装饰起来,以增加节日的气氛。

2. 店面招牌,指摆放店铺名称的牌子。大多数消费者在购买商品时,首先看到的就是店面的招牌。店面招牌的设计要求在视觉上新颖别致,给人留下新奇而愉快的感觉。

3. 柜台式店面广告,主要指商店里柜台上的商品陈列。柜台商品陈列是吸引消费者注意力的焦点,顾客通过商品陈列可以直接确认商品的品质,从而产生购买冲动。

4. 悬挂式广告。这种广告是指从商店天花板的梁柱上垂吊下来的展示品,它高度适中,容易引起顾客的注意。商店内风力的强弱、方向不同,会造成不同的形态,具有一定的变化性。

5. 壁面店面广告。它主要是指海报、装饰旗、垂幕吊旗等。它有美化壁面、向顾客告之商品的功能。这类广告重视装饰效果。

6. 落地式店面广告。这类广告大部分放置在店铺内的地板上或外面的台阶上,以商品陈列架、销售柜台为多。在诱使顾客产生购买欲望方面效果非常显著。

7. 吊旗。吊旗常装饰在店铺内外用做展示或者促使整个广告宣传活动达到最佳效果,它常能营造一种有利于商品销售的季节气氛。短期的吊旗

常以一些布料制成。还有一种用布或纸制作的三角旗帜,悬挂在商店外,使各种展示活动显得活泼、生动。

8. 动态店面广告。这类店面广告是指用热气上升原理来带动的一种动态广告。制作者将马达放在作品里,马达带动机器产生气体,由于气体的温度不同使制品上下、左右运动,从而产生不同而有趣的造型,使人百看不厌。

9. 光源店面广告。在广告作品内放入各种光源,如利用荧光灯把商品的文字、图案照亮,以增强广告的吸引力。

10. 价目卡或展示卡。价目卡上写明商品的价格,展示卡上说明商品的功能、特性等内容。这类广告属于小型的店面广告,多放置在商品旁、橱窗内,或者直接与销售商品附在一起,以增强商品的视觉效果。

11. 贴纸。贴纸是指能够粘贴在墙壁上、玻璃上、商品上的小型印刷物。贴纸以平面印刷物为多。近年来,用合成纸压制成凸形或真空吸贴式的贴纸逐渐多起来。贴纸成本低廉、轻巧,能增加店铺的光亮度,给人以欢快的感觉。

12. 橱窗店面广告,是指放置在商店橱窗内的展示物或者具有装饰性的广告作品。这种广告重视艺术效果。

13. 指示性的标示。指示性标示多以箭头的形式出现,而箭头型标示又具有诱导、指示方向、引起媒体受众注意的功能。在大型零售店内,箭头标示是企业防止灾害的一个重要手段。它能使顾客安心购物,减少灾害时的伤亡。

14. 销售区域的标志牌。在大型商店内,商品类别繁多,常用标志牌将各类商品的销售区域区别开来。制作这种标志牌时必须运用统一的字体、统一的颜色、统一的材料,使媒体受众产生统一的感觉。

(五)经销商装货器

经销商装货器是指把产品装入一定的器具中,将器具连同产品一起送给经销商。如把产品装入精制的陶器或其他贵重的器具中,产品销售完时,经销商就可以得到这些器具。

采用这种促销方式,要求促销推广的产品单位价值较大,装货器对经销商有一定的吸引力。这也是刺激销售的一种方式。经销商装货器的价值与产品的价值要成一定的比例,否则就得不偿失。

第四节 推销人员促销广告

广告策划中的各种推广活动都要得到广告主、销售经纪人、独立的销售代表以及与销售有关的人员的支持。上述人员对广告策划的支持程度,在一定意义上也决定着推广活动的效果。

一、推销人员促销的目的

大多数针对推销人员的促销活动,主要目的是为了调动销售人员对广告主广告活动的热情,使他们积极配合广告主的各种推广活动。不同的企业,销售人员的构成各不相同。有的广告主的推销人员可能是由公司内部的职员组成;有的广告主可能是利用一些独立的中间经纪商;有的则利用收取佣金的业务代理,但这些代理也会同时代理与这家无竞争冲突的15到20家广告主的业务。

推销人员在推销商品的过程中对中间商的支持,可以通过许多方式来进行。例如,可以以从零售商那里获得一定数量的联合广告为目的,也可能是旨在获得若干数目的店中陈列面积,或者是为了在某一市场上赢得新的配销份额等。

不同的企业针对推销人员的促销广告的目的是不同的,但从推销人员的角度来考虑,促销广告的任务主要有以下几种:①从同业者那里获得额外的销售额;②从现有零售商或新零售商那里获得额外配销;③用联合广告或销售商品的形式,赢得零售商对广告推广活动的支持。

上述目标是最常见的、针对推销人员的促销广告的目的,广告策划者在制定广告计划时,必须明确其具体目标。

二、推销人员促销广告的种类

针对推销人员的促销广告有多种形式,但最常见的主要有以下几种。

(一) 销售手册

销售手册是一本帮助销售人员了解产品、熟悉销售环节的小册子。通常按照广告主的需求来设计。

销售手册中通常包括产品情况、广告主的背景资料、产品价目表、产品的外观形式、技术水平、工艺水平等内容。

(二)销售宣传资料

销售宣传资料是为销售人员外销活动而设计的,其形式可多种多样,有活页夹式、单页传单式、小册子等。

销售宣传资料的内容包括销售手册,也包括产品资讯、价目表、广告活动计划、产品的彩色图样、企业的经营历史等内容。销售宣传资料的形式要由目标市场的类型、销售人员的需要、广告策划的具体安排等因素综合决定。

在推广活动中,广告策划者通常被要求协助有关人员制作销售宣传资料,因为他们比较熟悉目标市场的特性,比较了解企业整体推广活动的全过程。

思考与练习

1. 什么是 SP 广告?
2. 简述 SP 广告的作用及特征。
3. 顾客促销广告的目的是什么?
4. 试列举出六种以上的顾客促销广告形式。
5. 什么是中间商促销广告?
6. 简述中间商促销广告的主要目的。
7. 试列举出三种以上的中间商促销广告形式。
8. 简述推销人员促销广告的目的及主要形式。

第十一章 现代广告制作(上)

本章关键词

电视广告(Television advertisement) 3B 表现形式(Beauty – Baby – Beast manifestation) 广播广告(Radio ads) 印刷品广告(Printed matter advertisement) DM 广告(Direct mail) 销售信函(Sales letter) 信函附属品(Letter gadget) 产品目录(Product catalog) 促销明信片(Promotion mailing card)

本章学习重点

☞ 电视广告制作的原则
☞ 电视广告的制作程序
☞ 广播广告的制作原则
☞ 广播广告的制作过程
☞ 印刷品广告的文字设计
☞ 印刷品广告的图形设计
☞ DM 广告的制作

第一节 电视广告的制作

电视广告具有视和听的双重效果。据统计,美国平均每一视听观众,一年要看上万部电视广告片。在我国,随着经济的不断发展,电视在大众日常

生活中的迅速普及,使电视越来越受到广告制作者的重视。

一、电视广告制作的原则

电视广告制作必须遵循以下原则。

(一)视觉中心原则

电视是一种视听效果综合的艺术形式。"视"可以给媒体受众带来五彩缤纷的画面,"听"可以给媒体受众带来逼真的声响效果。"视"与"听"是电视所具有的两个对等的功能。然而人们在消费习惯上,电视的画面效果远远大于它的声响效果。消费者购买电视,首先是因为它能够"看","听"只是"看"的辅助手段,是"看"的补充。人们通过"看"来了解人类历史发展的缩影,来了解生活中的冷、暖、甘、苦;而"听"只是为了了解得更具体、更透彻。正是由于这一特点,就要求电视广告制作要以视觉效果为中心,即在摄制电视广告时,必须以画面效果为设计的落脚点。

视觉中心原则还有一层意思,就是一则电视广告的整个画面中要有一个中心画面,也就是要有一个趣味中心或诉求中心。一则电视广告是由一系列画面构成的,不论是宣传产品(或服务)的广告,还是旨在树立企业良好形象的广告,电视广告都应该有一个中心画面,即主诉求点画面。只有这样,媒体受众才能领悟到该则广告的主旨。

(二)简洁短小原则

电视广告的成本明显高于印刷品广告,因此,从核算的角度考虑,电视广告的播出时间不宜过长。这就要求电视广告的剧情必须简短有趣,主题突出,语言精练,不拖泥带水。画面精简易于突出中心画面,使广告主题脱颖而出,媒体受众也容易掌握所传输的信息。

(三)自由创新原则

几乎所有成功的电视广告,在创意上或摄制手法上都具有突出的特点,都是不断创新的结果。创新是电视广告生命力的源泉。特别是现在,电视广告越来越多,人们看电视广告的时间越来越少,而且是在漫不经心的情况下收看。如果广告没有新意,没有突破性,则很难引起观众注意,更谈不上感染、诱导观众了。

(四)真实、艺术原则

真实是一切广告制作的一项基本原则。我国1987年颁布的《广告管理条例》第三条规定:"广告内容必须真实、健康、清晰、明白,不得以任何形式欺骗用户和消费者。"1993年颁布的《中华人民共和国反不正当竞争法》对广告的真实性也作了规定。1994年10月27日第八届全国人民代表大会常务委员会第十次会议通过的《中华人民共和国广告法》对广告的真实性作了更进一步的规定。广告的目的在于推销产品(或服务)，建立企业形象或品牌形象，这一切决定广告的内容必须真实可靠。许多电视广告都通过画面对产品(或服务)的客观性、真实性进行直观形象的证实，目的也就在于使媒体受众相信其真实性是毋庸置疑的。

电视广告是一门艺术，是要通过艺术的形式更有效地向媒体受众传输企业信息或产品(或服务)信息。因为运用艺术手段或方法，电视广告更具感染力，产生的视听效果更强烈。当然，电视广告艺术不同于绘画、雕塑等纯艺术形式，它是一种推销艺术，是一种手段，不是目的。只有把握住这一点，电视广告的设计才不会偏离主题。

总之，电视广告真实、艺术的原则，就是要求电视广告制作要在真实、客观的基础上，运用艺术的手段，来达到推销产品(或服务)的目的。

二、电视广告的制作程序

电视广告从制作技术上可以分为两类：一是胶片广告类，采用35毫米电影摄影机拍摄；二是录像广告类，用电视摄像机拍摄。这两类电视广告各具特色。目前，国内外流行的是胶片类广告。胶片类广告的制作程序一般包括以下阶段。

(一)策划创意阶段

策划创意阶段的主要任务是：广告公司在接受了广告主的委托以后，通过广告市场调研进行广告宣传定位，确定诉求点，并形成一个较完整的广告计划书。在此基础上，向广告制作人员提供一个创作的脚本。

(二)拍摄准备阶段

拍摄准备阶段的主要任务是：导演根据所提供的策划脚本的要求，勘察外景，挑选演员，让演员以及其他有关人员熟悉脚本内容，了解广告主旨与诉求点。在电视广告拍摄前，要将广告的主要情节绘制成故事版(Story board)，让广告主或拍摄人员了解广告的主要情节，有助于实际的拍摄。

(三)正式拍摄阶段

广告片进入拍摄阶段后，要随时对不正确或不满意的地方进行修改或补充，并根据需要修改脚本。拍摄的影像首先得到的是负片，即经过冲洗加

工后得到与摄体的明暗层次、色调截然相反的负像,也就是原始负片。它与其他胶片融接印刷,产生正片。这种正片用于试映和编辑加工,就形成了工作样片。通过工作样片的试映,就可以确认商品的色彩、形态等是否按广告主所期望的那样进行拍摄的。

在整个拍摄过程中,设计人具有无上的权威。他的知识越全面、经验越丰富,电视广告的拍摄效果就越好,拍摄中的条理性与和谐度也就越高。这些工作完成之后,就进入了后期设计阶段。

(四) 后期设计阶段

在拍摄阶段完成的录像片叫作"毛片"。这时广告片的图像和录音分别在不同的胶片和磁带上。到了后期设计阶段,才加入配音和音乐,经过转录制成声音负片,经过技术处理的原始负片,按照编辑加工好的工作样片同样的顺序组接出来,产生按广告片的实际长度完成的胶片,即画面负片。画面负片与音轨、字幕进行合成,才产生出正式的拷贝。在将拷贝拿到电视台正式播放之前,要先试看一下,分别用彩色和黑白电视机检查它的效果。至此,后期设计阶段才算完成。

(五) 审查发行阶段

拷贝出来以后,要进行审查,合格后才能正式发行、播放。审查要根据以下几点进行:①电视广告中出现的画面以及使用的形象,必须符合国家工商行政管理局颁布的《广告审查标准》;②要突出产品商标,要有利于树立产品的品牌形象;③诉求点要突出、明确,背景色调要单纯,画面要有动感,镜头衔接要自然、通畅。

三、电视广告画面的构成要素

电视广告画面主要由色彩、形状、线条和运动等要素构成。

关于色彩的基本理论,我们将在印刷品广告制作中作详细的阐述,这里不再赘述。

形状是构成电视广告画面的另一个因素。不同的物体有不同的形状,有的是规则的,有的是不规则的。不同形状产生的画面视觉感受不同。产品的形状一旦经媒体受众认同,就具有一定的相对稳定期。虽然产品的形状乃至外包装的形状不变,但电视广告却能通过画面使其形状发生变化。对绝大多数物品来说,由于观察角度不同,其形状也就发生了变化。许多电视广告采用不同的角度对产品进行展示,道理就在于此。被拍摄的产品的形状处理得具有鲜明特色和美感,它们的电视广告效果就会明显地增强。

线条本身并没有特别的含义,但是,由于它们在日常生活中反复出现,被用来构成人们传情达意的艺术品,注入了人们的意识、思想和情感,于是它们在人们心目中便具有了一定的含义,这就是线条象征意义的由来。

线条的含义是复杂的。不同的线条代表了人们不同的感情色彩,同时这种形象性又是相对的、变化的。同一种线条因时、因地、因人、因境遇的不同,其象征意义将会发生很大的差异,乃至相反。如曲线,在时装行业里表示纤弱、优雅、丰满等,而在心理学里则表示犹豫、痛苦以及悲哀等。

在对线条的研究中,以下研究成果(前人的)可供我们参考,见表11-1。

表11-1 线条的类型与意义

线条的类型	代表的意义
直线	果断、坚定、刚毅、力量、有男性感
曲线	柔和、灵活、丰满、美好、优雅、优美、抒情、纤弱、犹豫,有女性美
水平线	安定、寂静、宽阔、理智、大地、天空、死亡、有内在感
垂直线	崇高、肃穆、无限、悲哀、宁静、激情、生命、尊严、永恒、权力、抗拒变化的能力
斜线	危险、崩溃、行动、冲动、无法控制的感情与运动
参差不齐的斜线	闪电、意外事故、毁灭
锯齿状折线	紧张、压抑、痛苦、不安
螺旋线	升腾、超然、有脱俗之感
圆形	圆满、简单、结局,给人以平衡感和控制力
圆球体	完满、持续的运动
椭圆形	妥协、中和、不安定
等边三角形	稳定、牢固、永恒

在电视画面中,运动是一个特殊的要素,它不像其他几个要素形象且容易把握。电视画面的运动是通过对每一幅静止画面连续扫描,依靠人的视觉暂留现象而获得的。电视画面中的运动既可以是对实物实景活动情形的模拟再现,也可以是非常规的运动,如定格、慢动作、快进等。这些运动可以产生特殊的视觉效果。运动是电视画面独具魅力之所在。在电视广告制作过程中,人们常常忽略运动这个要素。

四、美女、小孩与宠物形象的运用

美女、小孩与宠物是广告中的3B(Beauty 美女,Baby 婴儿,Beast 动物)。

它们是国外广告公司电视广告制作人员在运用感情化策略时常用的三大法宝。把这些柔情、有趣味、受人爱怜的角色安排到广告画面中,更能使人动情、倾心,同时也能很好地传达真正的商品利益。

"美女"一般为人们所崇拜,为女性所模仿,为男性所追求,影响着人们的审美观,自然就成了社会注视的中心。有一项调查表明,美国广告中的人物,女性占70%。洗涤用品等广告上的人物全是女性,食品等广告上的女性比男性多,化妆品就更不用说了。

女性美的魅力是一种良好的情感设计元素,可以烘托一种梦幻意境,可以凭其特有的温柔细腻、浪漫多情的造型及心理特质,帮助塑造某些同性质商品的品牌形象。例如,新加坡航空公司、力士香皂、美的空调、雅倩保湿摩丝等的广告。

无论是化妆品系列还是家用涂料、动物食品、交通工具等广告,宠物都可作为一种奇妙的营造情感氛围的利器。西方一位广告制作专家曾说:"不要离开动物和小孩。"

女性角色主要出现在化妆品、医疗服务和药品广告中,而男性则在酒类和高科技产品中独占鳌头。女性在广告中往往是年轻漂亮、衣着光鲜,特写镜头往往对着她们的脸、口、头发、身体曲线和后背,旨在突出女性的性特征。对女性的生理特征的强调超过了男性,而对男性社会身份的强调超过了女性。

还有一种富有情感化倾向又常出现的形态是造型性细节、生活片断以及传达性细节的叠加。运用这种手法的广告要由生动、谐趣、浓情的生活中"永恒的瞬间"(伴随着商品特性的展示或纯艺术性,表达一种审美感)珍珠般地串联起来,在形式上富有型感(精美的构图、色彩组合、情调搭配等)。在第44届日本电通奖获奖作品中,有一则松下电风扇的广告,画面撷取了一组儿童在电风扇缓缓的微风中酣然畅睡的场面,告诉人们电扇可以带来步入梦乡一般的温柔。

在广告中,美女、小孩与宠物的运用要注意以下问题:

第一,电视广告画面中的美女、小孩与宠物形象一要适当,二要适量。适当就是在诸如女装、化妆品等妇女用品广告或航空公司的广告中,有相应的妇女形象出现则感自然,反之则有牵强之感;适量就是不要把美女、小孩与宠物作为电视广告的唯一手段或形式,不可滥用,要努力开阔广告表现的视野和手法,力求形式新颖多样。

第二,明确电视广告的目的性,要注意广告宣传的特点。美女、小孩与宠物不是一则广告的中心,只能烘云托月,而不可喧宾夺主,以云遮月。一定要突出广告商品的特点和效用,给广大媒体受众带来实惠以及精神上的享受。在这里,美女应该是一位真实可信的现身说法者(包括名人广告),而并非是卖弄风情的招揽者。

第三,选择的美女、小孩与宠物的形象要健康、美观,神态要自然、大方。同时格调要高,情调要正。美女与小孩的挑选要以典型性格、典型形象为标准,力求形神兼备。

第二节　广播广告的制作

广播广告的制作要经过规划、导播、录音、播音、乐队等多方面人员的相互分工与合作。但有些广播广告的制作比较简单,例如,现场直播形式,只要把广告文稿提供给电台的播音员就行了。广播广告的制作,应根据不同的广告文稿内容,加配不同的音乐和音响效果,选择不同的人来演播,采取不同的录制合成方式,这样才能起到较好的宣传效果。

一、广播广告的制作原则

(一)立足声音,塑造形象

广播广告要立足声音优势,塑造具体的、感人的广告形象。任何广告文稿都必然要转化为声音,只有通过声音才能为广告商品塑造出完整的产品形象。因此,每一则广告文稿的撰写,每一句广告词的播出,每一个音响的选用,音乐的配置,都要有利于塑造优良的产品形象,有利于扩大企业或产品的知名度。

(二)强调品牌,突出主题

一件产品可能有多种功能,但一则广告只能突出宣传产品的一个功能。要突出广告产品的主题,有一个明确的诉求点,只有通过强调品牌,树立品牌形象,才能有效地实现这一目标。

(三)注重开头,先声夺人

广播广告是依靠声音来取胜的,因此,它的开头就显得非常重要。只有好的开头,才能调动听众的好奇心,才能诱发听众听下去的愿望。广播广告一定要有一个好的开头,一定要先声夺人。广播广告的开头常采用以下几

种形式:

1. 悬念式或提问式。例如,新加坡的一则杂志广告标题是:"你难道不要脸",该题目使受众读了之后悬念丛生,立刻产生了无尽的好奇心。读下去,才知道是一则化妆品的广告。广告大意为:在风吹雨淋的侵蚀下,面部皮肤需要精心呵护。该则广告巧妙地利用了悬念的形式,诱使受众产生"读下去,听下去"的好奇心。

2. 组合式或复合式。根据产品的特点以及广告的诉求点,文稿开头可以采用朗诵、歌唱、对话、独白、演讲、报道等多种表现形式。如三菱汽车的广播广告用"有朋远方来,喜乘三菱牌"为开头,就产生了很好的先声夺人的效果。

3. 惊叹式或赞叹式。这类广播广告的开头多用惊叹的语气来表达一种信息。如西泠冷气机的广告开头:"西泠真够劲,谁都忍不住打喷嚏!"以引起听众的注意。

4. 刺激性音响式。这类广播广告通过用风雨声、马蹄声、鸟鸣声、叫卖声、敲门声、电话铃声、玻璃破碎声、火车驶过声、笑声、哭声等开头。例如,北京人民广播电台播出的万宝路的广告,那震撼人心的空旷原野上的万马奔腾声,使广大听众听后久久难以忘怀。

5. 音乐式。这种形式常以某种音乐开头,以营造气氛,渲染主题。常用的音乐包括:儿童音乐、宫廷音乐、足球赛场音乐、古筝曲、小号舞曲,以及京剧或地方戏曲中人物上场时的伴随音乐等。在选择音乐时,要选择那些典型音乐,以较快地营造出一种有利于渲染广告诉求点的气氛,否则,就达不到预期的效果。

(四)追求和谐,发挥整体效益

广播广告是由语言、音响和音乐等因素构成的。其中语言是主角,音响和音乐是配角。音响和音乐的作用在于增加语言的感染力,只有三者和谐一致,才能发挥一则广告的整体效益。

二、广播广告的制作过程

广播广告的制作过程大体上可分为两个阶段,即前期的文稿撰写阶段和后期的作品制作阶段。

(一)文稿撰写阶段

广播是纯听觉媒体。广播广告文稿一般没有明显的标题,通常只有正文和结尾两部分。广播广告文稿最初是以文字稿的形式出现,最后通过声音将其传播出去。正文与结尾在声音化的过程中没有明显的差别,它们的区别仅在于结尾是对正文必不可少的补充。

广播广告文稿的结构,一般可以分为单一式结构和复合式结构两种。

单一式结构。这种结构的特点是只有待转化为声音的文字,而没有音响和音乐两要素出现。这类广告因可采用直播形式,所以又称为直接广告。

复合式结构。这种结构的特点是不仅有待转化为声音的文字,而且还包括音响和音乐。它的各种要素要分别录制,然后再合成播出,因此也叫合成广告。这是一种比较复杂的广告形式,可以利用多声优势发挥广播广告的综合效果,因而在实践中被经常使用。

广播广告文稿没有固定不变的形式。广告制作人员应充分利用语言、音响、音乐三要素的优势,在实践中不断创新。在广播广告文稿的创作过程中,下列技法是非常有用的。

其一,反复。反复就是指在广告文稿中反复使用某一关键词、名称等,以突出广告诉求点,加强语气,加深留给听众的印象。在文稿转化为声音时,反复的字、词、名称一定要声音洪亮、清脆、易懂,只有这样才能达到预期的效果。

其二,押韵。押韵就是每句话的最后一个字的韵母相同或相近。这样读起来朗朗上口,悦耳动听,便于媒体受众记忆。

其三,对仗。对仗就是按照字音的平仄和字义的虚实做成对偶的语句。这种文稿继承了我国传统文化的特点,深受广大听众的喜爱;同时,通过对仗形式,广告文稿听起来也悦耳,节奏感强,易于记忆。

其四,照应。文稿的照应是指文稿首尾呼应,层次之间协调配合。广播广告文稿中的照应主要有两种形式:一是文稿中的关键字、词重复;二是文稿转化为声音过程中的歌曲、音乐或音响重现。照应能使整个广告前后连贯,形成一个整体,易于听众系统把握。

其五,妙用四字句。四字句短小精悍,读起来上口悦耳,节奏感强,充分体现了汉字的一种语言美。在运用四字句时,一定要客观、真实,不能通篇都是赞不绝口,否则就会落入俗套。

(二)作品制作阶段

作品制作阶段主要包括以下具体过程:

1. 校正、落实制作方案。要根据广播广告文稿风格、产品特点和媒体受

众的习惯,进一步落实已经编制好的制作方案,一旦发现有不实、不妥之处,要立即进行修改、校正,以确保方案的切实可行。

2. 检查、试验制作设备。广播广告的制作离不开录音机、调音台、卡座、功率放大器、监听扬声器等有关设备。因此,在制作时要对它们进行检查和调试,以确保它们处于正常的工作状态。

3. 选择播音员。播音员的音色,发音的抑扬、快缓等都会影响广告的播音效果,每个播音员的声音都有优缺点,选择时要注意一定的特色,即最适合于表现某一特定广告的声音,而不一定选择最悦耳的。

4. 排演、录制。上述工作完成后,就可进入广告片的排演、录制阶段了。直播式广告,播音员可以直接录制。对话体广告,演员之间要讲求相互配合,需要进行排练和试录。带表演性的广告,更需要有排练的时间,不仅要求演员全身心地投入,编排人员也必须精心策划、细心安排,不能有丝毫的马虎。需要合成的广播广告,要先分别进行录制,这就更要求有关人员通力合作,确保广告的艺术效果与促销效果的有机结合。

5. 广告作品试听阶段。为了检验广告是否具备易传、易听、易记等特点,广播广告录制合成工作完成以后,必须进行试听。试听者除了包括广告的专业设计人员、广告主以外,还要邀请部分一般听众,以检验广告的效果。试听结果如果满意,在选好的播出时间内就可以播放了。若有问题,对个别地方应作修改,满意后再播出。

第三节　印刷品广告的制作

印刷品广告主要是指报纸广告和杂志广告两大类。印刷品广告是最古老的一类广告形式,它们在现代广告家族中占有重要地位。报纸广告与杂志广告在许多内容上都是相同的,例如,字体的选择、布局的安排、颜色的搭配等。

一、印刷品广告的制作程序

印刷品广告的制作过程大体上可以划分为以下七个基本步骤:

第一步:设计初稿。在这一阶段,广告制作人员要将酝酿好的广告创意用草图的形式表现出来,并加上一个醒目的标题。然后征求广告主的意见。经同意后,再制成一个较详细的稿样。

第二步：文字设计。印刷品广告中的文字，具体有三种书写样式，即：①印刷体。印刷体包括宋体、仿宋体、正体、黑体、隶体等多种。报纸广告标题运用最多的是黑体和宋体。②手书体。手书体包括篆体、隶体、碑体、草体、行体、楷体，以及各种流派的手书体等。③各种美术体。

不同的字体有不同的"个性"。一般来讲，印刷体规范、正式、严肃；手书体富有人情味和生活味；美术体装饰性强。各种具体的字体，又各具特点。例如，黑体显得凝重有力；仿宋体优美轻灵；手书体中的隶书圆润生动；魏碑朴拙险峻；颜体肥而端庄，正大雄伟；柳体瘦而力健，劲紧秀丽；等等，无论采用哪种字体，其根本原则是：让字体的"个性"与广告商品特性、广告主题表现和广告的整体格调气氛保持和谐，不能随意化。

第三步：色彩设计。色彩是影响读者注目率的一个重要因素，不同的颜色会让读者产生不同的心理反应。西方发达国家，报纸多采用彩色印刷。据调查，与黑白广告相比，彩色广告注目率要高 10%～20%，回忆率要高 5%～10%。媒体受众对彩色广告的注目时间是黑白广告的 2～4 倍。在我国，随着经济的不断发展，企业的经济实力逐渐增强，套色、彩色印刷广告也开始多起来，但黑白广告仍占主导。对于黑白广告，如果能恰当地运用黑白的对比衬托，也能起到非常好的效果。

第四步：画稿设计。广告创作进入这一阶段，创作稿即可提供给印刷厂，让其做好拼版准备。同时，应将美工画稿和标题、正文排好，拼接在一起，完成画稿设计。画稿设计是确定广告各部分位置和尺寸大小。画稿制成后，一定要检查其与原稿是否一致，一致后，再次征求广告主的意见。必要时，要进行修改。

第五步：制版。将完成的画稿稿样送给有关制版部门制版，并印制清样。

第六步：校对清样。将制版后的清样与原稿进行对照，以保证画稿的质量。有时也可进行修改和补充，但只是局部的、个别的。

第七步：印刷。将校对无误的清样送交印刷厂印刷。印刷后即可投放市场。

以下我们沿着上述程序，对印刷品广告的主要设计内容展开详细的阐述。

二、印刷品广告的文字设计

文字设计是印刷品广告制作的重要部分。概括地讲，报纸广告和杂志

广告就是由文字与插图两大要素所构成,其中,文字设计的好坏直接影响广告版面的视觉传达效果。因此,文字设计是增强广告文字视觉传达效果,提高文案诉求力,赋予广告版面审美价值的一种构成技术。

(一)印刷品广告文字设计的要求

设计印刷品广告文字时,必须注意以下几点要求:

1. 观赏性要求。印刷品广告中文字的主要功能是在视觉传达中向媒体受众传达有关产品或劳务的信息,要实现此目的必须考虑文字的整体诉求效果,给人以清晰的视觉印象。因此在设计时要避免繁杂零乱,去掉不必要的装饰变化,使人易认、易懂,不能过分追求变化、造型,为设计而设计。

2. 个性化要求。广告经营者在设计印刷品广告文字时,要使设计服从于广告主或广告产品特性的要求,要与它们的风格相一致,不能相互脱离,更不能相互冲突,破坏了文字的诉求效果。如化妆品印刷广告,其广告的文字必须具有柔美清丽的特征,给人的印象要与该化妆品给人的印象融为一体。否则不仅会削弱文字的视觉传达效果,也不利于塑造良好的企业或产品品牌形象。

根据文字字体的特性和使用类型,可将其大致分为下列几种类型:

(1)端庄典雅型。字体优美清新,格调高雅,有华丽高贵之感,适用于女用化妆品、女用饰品等印刷品广告。

(2)坚固挺拔型。字体富于力度,有简洁爽朗的现代感,具有较强的视觉冲击力,适合于家用电器、仪表、摄影器材等印刷品广告。

(3)深沉厚重型。字体规整,具有厚重、雄伟、庄重感,给人一种不可动摇的感受,适用于工程机械、大型运载车辆等印刷品广告。

(4)欢快轻盈型。字体生动活泼,明快欢跃,有鲜明的节奏韵律感,给人以生机盎然的感受,适用于儿童用品、旅游产品等印刷品广告。

(5)苍劲古朴型。字体朴素无华,富含古韵,能给人一种对逝去时光的回味体验,适用于历史久远的传统产品的印刷品广告,如名酒等。

(6)新颖奇特型。字体造型奇妙,个性特征强烈,给人一种强烈的独特印象和刺激感,适用于新产品或时尚产品的印刷品广告。

3. 美感要求。印刷品广告中的文字,在信息传输过程中,具有传达感情的功能,因此,它必须给媒体受众以视觉上的美的感受,使他们忍不住"再看一眼"。字形设计良好、组合巧妙的文字能使消费者产生良好的心理反应。相反,丑陋粗俗、结构零乱的文字会使媒体受众看后产生不愉快的情绪,也难以发挥树立良好企业(或品牌)形象的作用。

4.创造性要求。根据广告诉求点的要求,设计出独具特色的字体、字形,给人以别开生面的视觉感受,将有利于树立企业或产品的形象。

在设计文字时要独辟蹊径,避免使用与竞争对手广告中相同或相似的字体。从文字的形态特征与组合构图上进行探求,不断修改,反复琢磨,创造出富有个性的文字,使文字外部形态和设计格调与广告产品的风格相一致,从而能唤起媒体受众愉悦的审美感受。

(二)印刷品广告文字设计的内容

印刷品广告文字设计主要包括商标文字设计、标题文字设计和装饰文字设计等内容,不同的部分具有不同的侧重点。

1.商标文字设计。也称合成文字设计,它是指组合两个以上的文字,用以构成商标或标志符号,或把文字变成一种装饰图形。设计商标文字一定要注意组合的两个文字各自的特异性和组合时的协调性,使其既协调又易于区别,在总体上能给人完整的视觉印象。

商标文字的设计要注意:

(1)文字造型要新颖别致,个性突出,给观众留下深刻的印象。

(2)能够直接表明广告主和广告产品的形象,使媒体受众产生亲切感。

(3)要具有较强的适应性,能够适用于不同的场所、不同媒体。

(4)字体造型要高雅、优美,具有鲜明的形式美。

2.标题文字设计。报纸、杂志广告的标题和口号是表达广告主题的重点,在广告版面中需要予以突出,使其具有强烈的视觉冲击力,能够引起媒体受众的注意。

根据标题应具备的功能,在进行标题文字设计时,应注意:

(1)在选择字形时,必须根据广告诉求点的特征和广告产品的属性,使形式与内容能协调一致。

(2)标题文字在广告版面上必须占有突出的地位。字体大小与版面的整体比例在视觉上必须协调一致,不能过大也不能过小。

(3)字体在造型上要简洁大方,有一定的灵气,以提高其感官上的可视性,因为只有这样才能产生较强的视觉冲击力。

(4)处于色彩画面中的标题文字,要注意底色与文字的色彩对比效果,一般应保持较强的对比度。对比过弱就会影响视认度,难以产生良好的视觉传达效果。

(三) 装饰文字设计

装饰文字设计主要指拉丁文和英文中的花体文字设计,即对文字进行装饰性处理使之图案化,具有雅致华丽的古典风格。装饰文字在欧洲产生和流行已久,主要为上层人士所运用,如用于签名、题词等。

装饰文字主要是指极具装饰性的拉丁文和英文字母的草书,对其全部或一部分用流行的曲线或花纹进行装饰。装饰文字包括以各种动植物变化来写成的文字,或在文字的部分笔画上进行纹样装饰。

装饰文字具有鲜明的图案装饰效果与较高的审美价值,它能营造一种特殊的审美情趣,并具有很强的实用性。如用于商标标志、化妆品和酒的广告,能产生一种古朴典雅的风格。

设计装饰文字时,要注意以下几点:

1. 装饰文字的设计一定要根据广告诉求点的需要,从广告主题出发,不能主观臆造。不能为了追求形式美而将广告中不需要进行装饰的文字进行了装饰性设计,这不仅无助于主题的表达,反而会产生视觉误导,使媒体受众抓不住诉求点。

2. 装饰文字的造型有多种变化,但其风格一定要符合特定的广告主题,不能使字体的格调与广告主题相互脱离。

3. 装饰文字的图案化处理,一定要把握分寸,不要让"唯美主义"破坏了促销的实质。过多的追求变化会使字体丧失视觉上的明快效果,不利于突出广告的诉求点。

三、印刷品广告的色彩设计

(一) 色彩设计的作用

在印刷品广告制作过程中,彩色广告的效果明显要胜过单色(黑白色)广告。广告色彩的作用主要表现在以下几个方面:

1. 彩色广告具有较强的吸引力。从视觉科学上讲,彩色比黑白色更能刺激视觉神经,更能引起媒体受众的注意,如每逢节日,各报报头套红,色彩夺目,使人顿觉眼前明亮,精神为之一振。

印刷品的加色广告,每加一色都要增加20%~30%的广告费,但广告效果也因此而大大增强。

2. 彩色广告使画面更真实。彩色能把商品的色彩、质感、量感等表现得极近真实,因而也就增强了媒体受众对广告商品的信任感。

3. 广告色彩对商品的象征作用。通过不同商品各自独特的色彩语言,使媒体受众更易辨识商品和产生亲近感。这种作用,在超级市场里特别明显:暖色系列的货架,放的是食品;冷色系列的货架,放的是清洁剂;色调高雅肃静的货架上,放的是化妆用品……这种商品的色彩倾向性,可体现在商品本身、销售包装及其广告上。有经验的人,一看广告的色调,就知道是哪一类商品的广告。这一点黑白广告是无法比拟的。

4. 彩色广告由于其装饰性效果强,能使人长时间地对其注目。有些广告,还长久地被人收藏和欣赏。

(二) 印刷品广告中的色调设计

一般说来,一张彩色的印刷品广告,其色彩通常由3部分构成:插图、底色和标题,而主调的决定部分在于插图的底色,因为是插图往往处于画面的中心和人们注视的中心。因此,对插图底色的选择要独具匠心,使之对插图起较好的衬托作用。

色调是表现一定的思想和情绪的,是为广告主题服务的。对不同色调的选择,是由于广告主题不同,商品形象不同,以及媒体受众对色彩的不同偏好等因素共同决定的。

其一,广告主题通常是由插图体现出来的,因此也就决定了采用哪种主色调。

其二,广告宣传的商品形象不同,通常表现在对底色的处理上。

其三,广告媒体目标市场的色彩偏好,也是决定主色调的一个重要因素。因为主色调如果不为媒体受众所喜爱,广告宣传必然达不到预期的效果。

在色调的调配过程中,必须注意以下两点:①符合用色的规定和惯例,尤其要注意不用国家或宗教的禁忌色;②灵活运用色彩心理学知识,掌握好色调的调配知识和技术。

例如,美国米勒啤酒的彩色广告将商品形象与主色调巧妙而艺术地融合在一起,产生了强烈的烘托效果:一只高脚玻璃杯盛满了泛着白色泡沫的金黄色啤酒,占据构图下方1/2强的面积,形成主色调及色块配置,十分突出醒目。构图上方1/4处,一片夕阳辉耀的金黄色天空,映衬出几个马背上牛仔的剪影,它与杯中的金黄色啤酒相互映衬,强化了主色调,营造出一种温暖、热烈和富丽堂皇的气氛。米勒啤酒的特色由此而得以充分的显示。构图的中间部分,暗色的原野里衬出一行米白色的广告语:"Miller Time"

(米勒时代),巧妙地嵌于金黄色的主色调之中,形象地表达了"米勒就是自由、豪放和高尚的生活"这一诉求点,鼓励人们开怀畅饮米勒啤酒。

这则广告的艺术效果极佳:金黄色的天空是底,马背上牛仔的剪影是图,它们与暗色的原野又共同形成底,而盛满米勒啤酒的高脚杯是图。前者是象征形象,后者是商品形象。主色调色块大而醒目、单纯,线条形式简练明快,活力中渗透出一种原野的宽广舒畅。这则彩色广告对媒体受众具有较强的震撼力,很值得欣赏和品味。

四、印刷品广告的图形设计

(一) 印刷品广告图形的设计原则

所有艺术形式的图形的设计法则,都离不开均衡、对称、变化、统一的要求。印刷品广告图形设计也不例外。但是,由于广告是一种传递信息的特种艺术,它的图形设计也就有一定的独特要求,概括起来讲,要符合以下基本原则:

第一,以少胜多的原则。这一原则就是要求印刷品画面要干净。一切扰乱媒体受众视线,分散对广告目标注意力的纯装饰性的花纹、边框、线条和颜色等,都应该坚决除掉。要做到"少至一笔不能再少"(增之一笔太多,减之一笔太少)。

第二,主次有序的原则。主次有序是指印刷品广告画面一定要线条流畅,主线条清晰,以确保整个画面的层次性。如果画面上东西堆得乱七八糟,文字排列得散乱无章,装饰花纹的颜色、线条杂陈在一起,就会让人眼花缭乱,产生烦躁情绪,也就没有兴趣去了解所要传输的有关商品或企业的信息。

第三,虚实相生的原则。中国画在章法布局中有一句处理虚实关系的名言:"密不通风,疏可跑马"。如中国画中的墨荷,有的墨色淋漓的荷叶浑然一体,可谓"密不通风";有的只有一两株荷花傲然挺拔,仰天展颜,而将近 2/3 的画面都是空白的,真是"疏可跑马"。虚实对比,可以使整个画面显得浑厚。这一原则也非常适用于印刷品广告的构图。在发达国家,成熟的广告画面设计,空白一般在 3/7 至 2/3 之间,当然也有更多者。DDB 广告公司为大众汽车公司设计的"想想小的好处"的画面,空白就占了近 9/10。

一般说来,尺寸较大的广告画面,留有较多的空白,将会给人以大公司,资本雄厚的感觉。因此,不少广告主就采用这种广告:大尺寸,大空白,有的半页或全页报纸广告，空白占据画面的1/2至3/5。

第四，活泼有致的原则。如果画面安排得绝对对称，四平八稳，固然不杂乱，但未免又使人感到过于呆板乏味。统一可以给人以整体感，但缺少生动活泼的变化——运动感、节奏感和韵律感，死板板的画面同样不讨人喜欢，而且会使人感到广告主没有创造性，没有活力。因此，要运用变化统一的法则，使画面中的文、图安排得活泼有致，有节奏感、韵律感和方向感。

一般说来，生产资料产品广告，诉诸理智者居多，图片本身往往缺乏生活气息和趣味性，广告文字也较长，画面设计易于平板沉默。所以这类产品广告的版面设计，固然应注意严谨、稳重，但也应在变化上下功夫，运用点、线、面的巧妙组合，尽量使画面在严谨、稳重之中现出生动活泼，以免画面过于呆板乏味。

消费品广告多诉诸人们的情感，图片富有浓郁的生活气息和情趣，广告文字一般也较简短，易于将画面安排得生动活泼。但如果缺乏统一的布局，往往又会显得零乱，所以要更多地在统一、协调上下功夫。如鞋、玩具、文具、各式餐具与食品等广告，往往品种、规格较多，色调不一，弄不好就显得十分零乱细碎。遇此情况，除在摄制图片时注意分类布局协调外，在整幅画稿构图时，则往往采用统一底色和格局划一的手法。

相反，遇到那些大幅的、较为单调和沉闷的产品照片，则往往采用分割法排版。即根据画面形象的可切割性，运用色线或白线，按一定的形状将彩色照片分割。在保持整体感与突出重点的前提下，这种分割能有效地打破单调、沉闷的感觉，取得活泼、丰富的画面效果。

（二）印刷品广告图形布局的种类

印刷品广告中的图形布局（即构图）直接决定着整个版面的结构形态。不同的构图具有不同的个性，以表达不同的感情特征。广告经营者在设计印刷品广告的图形时，要根据广告产品、宣传媒体的特征选择不同类型的构图，将企业或产品信息传输给媒体受众。印刷品广告中的构图有以下类型：

1. 标准型。标准型是印刷品广告图形设计中常用的一种简单的广告构图形式。其特点是：图片在版面上方，其次是标题，然后是说明文与标志图形。

这种构图具有良好的安定感。首先用图片吸引媒体受众的注意力，然后利用标题诱导他们注意广告中的说明文和标志。媒体受众的视线是自上而下地顺序流动，符合人们认识的心理顺序和思维活动的逻辑顺序。

实验证明,标题在图片的下方置于版面的中央位置,比将标题置于版面上方,能更好地引人注意并产生良好的阅读效果。

2. 标题型。这种类型的构图特征是:标题在版面上方,往下是图片、说明文与标志图形。

这种类型的构图让媒体受众先看到标题,以它作为图片的先导,留下明确印象,然后看到图片,获得感性的形象认识,激发起兴趣,再通过阅读版面下方的说明文和标志图形,使他们获得一个完整的认识。

3. 中轴型。它是一种对称的构成形态,标题、图片、说明文与标志放在轴心线的两边,版面上的中轴线在视觉上可以是有形的,也可以是无形的,以此变化来弥补由于对称造成的过分平稳感,从而吸引观众的视线。

这类构图具有良好的平衡感。在安排构成要素时,考虑了人们心理和生理上的习惯,把广告的诉求点放在左上方或右下方,以符合视觉流程的心理顺序,使观众的视线一开始就能投向版面的重心,抓住商品信息的主要部分,以此来开拓视线流动,获得完整的信息。

4. 斜置型。这是一种强力而有动感的构图,视线因倾斜角度由上而下,或由下而上流动。

在设计图形时,全部构成要素或主要构成要素向右边或左边作适当的倾斜。由于视觉心理所致,向右稍微倾斜,能够增加图形的触目率与活力。

设计图形中将构成要素主体作斜置,而将其他部分作水平配置,能产生一种对比效果,构图上也更富于变化,使整个版面既具有动感又具有一定的安全感,更适合人的视觉心理要求。

5. 圆图型。其构成要素排列的顺序与标准型相同,以正圆形或半圆形图片构成版面的中心形象,在此基础上安排标题、说明文和标志。圆图型使观众的视线首先被中心图片所吸引,然后才向其他部分流动。

在几何图形中,圆形是自然、丰满、具有生命力的象征。它给人以庄重完美的感受,具有向四周放射的动势,因而在画面上具有较高的引人注目和激发人们兴趣的心理价值。

这种构图适用于女性用品或着意表达一定情调的广告主题。在设计时要处理好图形与其他构成要素之间的关系,有时用半圆形来设计,可获得良好的视觉效果。

6. 全图型。它的特征是:用一张图片占据整个版面,图片可能是广告中的人物形象,或是广告创意所需要的特定场景,在图片的适当位置直接嵌入标题、说明文和标志,或用开窗形式安排其他构成要素,是一种具有现代感的构图形式。

这种构图的效果取决于表现广告创意的图片的选择与设计的艺术水平。构成要素在嵌入图片时,其位置的选择,大小的变化等均是需要认真对待并给予精心安排的,否则会前功尽弃,得不到完美的视觉效果。

7. 重复型。它是指在构图时将同一的构成要素在版面上作多次重复。重复的构成要素可能是图片,也可能是标题或品牌标志。重复的构成要素具有增强注意力的特殊功效,并使版面产生节奏感,增加了画面的情趣。

8. 文字型。这种类型是指以文字为主体构成版面,图片仅是版面的点缀。

图片是印刷品广告图形的构成要素,它可以促使观众在极短的时间内进行阅读,但对于某些特定的广告主题,却无法充分利用这一积极因素,如某些较为抽象的信息则无法用图片表现出来,只有用文字型的构成形式来进行设计。

9. 水平型。这种类型是将图片或产品形象水平置于版面,构图安定而平静,观众的视线会左右移动,能在极短的瞬间捕捉住整体印象。

水平构图不仅符合观众的视觉习惯,而且给人一种新颖别致的感觉,具有一种现代艺术感。如一瓶饮料垂直正置与水平倒置给人的心理感受就不一样,这种反常规的倒置会使人产生一种浪漫的情趣,使他们觉得亲切而有诱惑力。

10. 放射型。它是指将构成要素纳入一个呈放射状的结构中,统一于视觉中心。这种构图具有强烈的动态感,在视觉上有很强的刺激力度,能很快捕捉到人们的注意力。

这种构图在视觉上给人一种崭新别致的感受,具有鲜明的时代感,容易诱使媒体受众产生好奇心。这种构图被较多地用来表达现代产品的广告创意,能创造出不同于一般的构图效果,具有新颖的设计格调。

放射型构图由于本身具有强烈的向外辐射的动态感,因此,在安排其他构成要素时宜作平衡与点缀,不宜过多地重叠与交叉,以避免破坏构成动态感的单纯性,造成视线流动顺序的繁杂和混乱。

11. 平行型。它是指构图时将所有的构成要素或大部分构成要素作水平的组合,可以是垂直平行、水平平行、倾斜平行等。水平平行具有明显的水平方向的视线流动,比垂直平行更具有安全感;垂直平行具有上下方向的

视线流动;倾斜平行具有鲜明的动势感。

任何一种平行构图都会把版面划分成若干视觉区域,促使观众的视线进行阶段性的流动,造成视线流程的节奏性和明显的顺序性,有利于诱使媒体受众的视线按设计意图顺序地流动。

12. 棋盘型。它是指构图时将版面全部或部分作棋盘式设计,使版面全部或部分被分割成若干等量的方块形态,让它们具有明显的区域性。

这种构图适用于版面上需要安排许多分量相同的单元,如介绍一组系列产品或将其品牌作不同角度的反复展示,或用以介绍文艺演出中的一组人物角色,使用这种表达方式,容易取得理想的宣传效果。

上下左右相连的方块形态,可作有规律的黑白色对比处理,以增加版面的动感和韵律,深色区域可安排图片,白色区域可安排文字,也可把图片与文案字句安排在同一方块内。

这种构图由于过分规律容易造成视觉上的单调感,可在构图时采用部分的棋盘式,或将条块的大小与色彩进行适当的不规则变化,以不规则变化来构成版面的视觉中心,这样不仅增加了版面的趣味性,而且对视觉流程的顺序性有明确的起落点,具有良好的诱导作用。

13. 指示型。它是指版面构图中、结构形态上有明显的指向性。该指向性构成要素可以是图片作箭头型的指向构成,也可以是标题或广告形象的动势指向广告内容,如此起到明显的指示作用。

指示型构图有鲜明的视觉诱导方向,把观众的视线引导到广告的诉求点上,以使观众迅速、快捷地把握广告的宣传要旨,领会信息的内容。

设计这种图形时,一定要将广告的诉求点以简明的方式安排在指示的终点,使视觉流程的顺序终点与诉求要点相吻合。

14. 散点型。它是指在构图时,将构成要素在版面上作不规则的散点分布,形成一种随意的或不经心的视觉效果,使人感到轻松自如。

这种构图看似偶然得之,但实质上体现了设计者别具匠心的创造,在视觉传达中容易获得意外的视觉感受。

散点型在构图时要注意:虽然版面注意焦点分散,但在整体上必须统一,如统一的色彩主调或图形的相似性,不然就会显得杂乱无章。

15. 交叉型。它是指广告版面包含两个重要构成要素,即图片与标题,将其中一个重叠于另一个上面进行交叉。交叉的形式可以成十字水平,也可以作一定的倾斜,由于一个构成要素被另一个构成要素局部地遮盖,使两个交叉在一起的构成要素产生了前后层次感,增加了版面的视觉深度,两个构成要素交叉的部位即成为版面的视觉中心,这种巧妙的对比有利于吸引观众的注意力。

图片与标题哪个应该放在上面,要依据广告创意的需要来决定。一般将标题或品牌标志放在上面,用其简洁突出的形体来引起媒体受众的注意,进一步引导其将视线转向图片本身。

16. 图片左置型。如果图片具有直观的形象,在版面构图中占有重要位置,那么图片与广告文案的配合,一般常采用图片左置的构图,将一张或多张组合的图片成纵长型排列放在版面的左侧,使纵长的图片与横向排列的广告文字形成有力的对比。

由于人们的视线一般首先对准版面的左上方部位,因此,这种构图十分符合媒体受众的视线顺序,视线流程一般从左侧的图片开始,导入右侧上方标题字再进入说明文,最后到标志图形,很合理地完成整个过程。

17. 背景型。它是指在构图上首先以实物、纹样作为版面的全面背景,然后才把标题、说明文及标志重置其上,背景可以作由远而近的透视处理,以造成画面的一种纵深感。如时装广告可用呈现不同色彩的衣料为背景;巧克力广告可用众多的巧克力糖块不规则地排列在背景上;片状的药品广告可以用药片规则地排列在背景上,产生一种满底的图案效果。

用实物作背景烘托,能创造一种饱满丰富的特定气氛,具有很强的诱惑力,能很明确地将广告主题表达出来。

在这种构图中,实物不宜作跳动过大的变化,否则就会破坏"静"的形态,也就难以对置于其上的其他构成要素起到良好的烘托、对比和呼应作用。

18. 切入型。这是一种不规则的构图,在构图时可有意将不同角度的产品图形从版面的上、左、右三方不完全地切入版面,然后在空白处安置标题、说明文和品牌标志。

由于这种构图突破了版面的限制,在视觉心理上扩大了版面的空间,有一种空畅的感觉;同时由于产品图形不规则的切入,版面显得跳动活跃。

切入的产品图形是整体中的局部,所以会使媒体受众的视线对局部的内容更为留意,更能激发起消费者的购买欲望。

19. 字体型。它是指在构图中,对广告产品的品牌名称或文字内容进行放大处理,使其在画面上成为夺人眼目的视觉要素。如果条件允许,可将其个别字母转换为产品形象,这样就巧妙地突出了广告主题,给人留下深刻的

印象。

20.摆动型。它是指将那些要用多个版面表现的产品图形,在版面上作从上到下的连续横跨处理,并作向左或向右的迂回摆动,能吸引媒体受众的注意力,具有较强的视觉效果。

五、印刷品广告形式美的设计法则

我们在谈论印刷品广告美与丑的条件时,抛开其原有的意味以及内容,单从形式的角度去考虑、研究,称为印刷品广告的形式美设计法则,简称设计法则。在设计印刷品广告时应遵循以下设计法则。

(一)统一与变化

任何一个完美的印刷品广告,必须具有统一性。统一能创造和谐宁静的美感,使人产生畅快的感受,因此,要使印刷品广告设计美,必须使其统一,这是美的法则。如果只有统一,在视觉上形不成冲击,就会使人觉得单调呆板,因此要有一定的变化。

变化是各个组成部分的区别,统一是各部分之间的内在关联。完美的印刷品广告的整体设计,形成上要丰富而有条理,即对图形的大小、方圆、动静、强弱等方面的处理;组织上要有秩序,不单调、不混乱,即图形的主从关系、虚实关系、呼应关系等方面的处理。

(二)条理与反复

在印刷品广告整体布局的视觉美感中,反复是有规律的连续与延伸,有组织的变化与扩展并加以归纳、概括而富于条理性。例如,以一定比例、角度及方向,通过正反、回旋、转折、发射以及渐变等手法,构成有规律、条理化不同的变化形式,从而产生韵律感和节奏感。

条理与反复的设计法则是印刷品广告整体布局美的设计基础,是变化中的统一,也是运动发展求得协调一致的具体表现方式。

(三)对比与调和

对比是为了使印刷品广告的主题造型富有变化和生气。在印刷品广告的设计中,运用对比会产生强烈的视觉冲击。例如,利用形式的大小、方圆、曲直、疏密、交错、粗细,在空间上利用虚实、轻重、明暗、远近等突出主题,在反衬中可获得主次有序、黑白分明的效果。

调和即"整齐划一,多样统一"。调和是设计形式美的内容,具体有:表现手法的统一、形体的相通、色彩的和谐、线面的协调等。如果利用这些构成的差异性,采取不同的艺术手法,可以鲜明地突出印刷品广告的个性。调和可以使印刷品广告各部分相互之间具有一定的相关性,各部分又有明显的差异,即对比。因此,调和与对比是一对矛盾的统一,是相对的两个概念。

(四) 平衡与均齐

平衡与均齐是印刷品广告设计中求得重心稳定的两种组织形式。平衡是依据中轴和支点保持平衡。平衡在形式上要求自然、合理,它在本质上表现为等量不等形。印刷品广告设计者只要掌握了布局的中心,就可以使印刷品广告在整体布局上达到平衡。

均齐是指无论哪一个中轴和中心支点配置同形、同量的图形,一律要求整体结构严谨,形态整齐平稳。由此可见,平衡带有动感,显得灵活多变;均齐在图形构成上具有静态的美感。

(五) 比例与尺度

任何一个完善的印刷品广告都有一定的比例尺度。合理的比例关系,常为人们提供一种美的感受。印刷品广告设计者可以运用几何的数量逻辑,来表现印刷品广告的形式美。尺度是指事物局部与局部之间、局部与整体之间的恰当关系。

在印刷品广告设计中的比例常有:整数比、黄金比、等比级数比、向加级数比等。广告设计者只有掌握了这些比例,才有可能设计出理想的印刷品广告图案。

第四节 DM 广告的制作

一、DM 广告的种类与制作技巧

DM 广告在中国出现的较晚,而在欧美国家则得到了较充分的发展。自 20 世纪 90 年代以来,由于科学技术的迅猛发展,新产品层出不穷,营销技术与方法不断得到创新,DM 广告的形式更是花样迭出。下面将 DM 广告的种类、名称、特征以及在设计制作中应注意的问题进行详细阐述。

(一) 推销性信函

推销性信函(Sales letter)是指将产品销售的有关信息印刷在印有广告主名称的信纸上,装进公司特制的信封里,直接送给收信人的一种广告形式。在欧美企业中,人们普遍认为推销性信函是最有效的一种 DM 广告形式。由于

信封上印有收件人的名字,所以收件人一旦接到就会产生一种亲切感。

推销性信函的底色可以采用两种颜色或多种颜色,底色上面可印有文字或插画。在设计过程中,如果认为某一段有关产品信息的文字非常重要,可选用另一种有对比效果的颜色进行印刷,使该部分内容突显出来,以便引起收件人的注意。

推销性信函的内容可以是一页两面的,也可以是多页多面的。例如,第一页将产品信息的有关内容印在上面,第二页第三页则放置精美、雅致的插画。

(二)信函附属品

信函附属品(Letter gadget)是指附带在推销性信函信封内的小赠品。这些小赠品可以是平面的小贴画、图章、品牌标志物等;也可以是三维立体的,诸如透明的小恐龙、小动画人物、高尔夫球、飞机模型、汽车玩具等。

这些小赠品的制作工艺一定要精美,使消费者在一睹之下就爱不释手。许多消费者常常将其放在桌子上以供欣赏,或者给孩子作为玩具,它会发挥提醒消费者关注所推销的产品信息的作用。

(三)促销明信片

促销明信片(Mailing card)有两种形式,一种是专门介绍促销产品图案式明信片,上面有促销产品的图片资料:另一种是购买折扣券,不仅有促销产品的图片资料,而且注明持有该明信片在特定地方购买特定品牌的产品可以享受一定的价格优惠。

由于促销明信片上可利用的空间较小,因此有关产品信息的文字内容一定要简洁、精炼,不要有多余的一个字、一句话。

(四)说明书或小叶书

说明书或小叶书(Leaflet)是指在一张小型纸上将所推销的产品的有关情况进行详细的解释,折叠起来后与信函一起放进 DM 特制信封内,邮寄给目标受众的一种广告形式。在众多的 DM 广告中,说明书或小叶书是一种成本费用最为低廉的形式。实际上,说明书或小叶书是推销性信函的一种辅助形式,推销性信函上常常写一些问候的话,而说明书或小叶书上则阐述了所推销产品的主要性能指标。二者的诉求方式各异,但相得益彰,效果非常明显。

(五)折叠式说明书

折叠式说明书比说明书或小叶书的尺寸要大,所以纸张要厚一些,印制得更为精美。折叠式说明书可以是两折、四折或者更多折,由于篇幅大,所以可将广告产品的所有信息都容纳在其中。

折叠式说明书可以放进特制的 DM 信封中邮寄,也可以在其封面注明收件人的地址和姓名。在设计折叠式说明书时,要图文并茂,底色尽量用明快的调和色。如果其封面注有收件人的地址和姓名,可以选择烫金或凹压的形式,其外观新颖别致,使收件人在刚看一眼之后就会产生"尽快打开看一看"的强烈愿望。

(六)小册子

当折叠式说明书容纳不下广告产品的信息时,就可以选用小册子(Pamphlet)了。小册子是一种有多页内容的 DM 广告,内容少者有十几页,多者可达 100 多页。最常见的小册子的底色是黑白的,也有彩色的。小册子的内容可以分为文字和插画两部分。

小册子一般被放在特制的信封里邮寄给目标受众。

(七)目录

目录(Catalog)是企业编制的一种有关众多产品详细情况介绍的参考书,由于其制作精美,成本较高,通常只寄给有明显购买意向的潜在顾客。

目录中罗列的产品可多达数十种,甚至上百种。内容包括产品的样图、规格、价格、性能指标、使用方法等详尽资料。印制目录的纸张通常以铜版纸居多,产品图片多采用产品实物的彩色照片,文字介绍也采用多种形式。常见的主要有英文、日文、德文、中文等文字。顾客阅读目录时,就如同亲身到商店或工厂的展示厅观看了产品。许多具有多种产品线的跨国公司常常采用目录的形式来宣传产品。

二、DM 广告的要素

不论哪种形式的 DM 广告,都应该包括以下要素:①广告产品的具体效用;②广告产品的销售价格;③简洁的文字内容;④精致、优美的插图;⑤逼真、明快的实物图片;⑥新颖、别致的外观形式。

三、DM 广告文案的写作技巧

设计 DM 广告最重要的内容之一,就是撰写一份能够诱使受众产生强烈阅读欲望的广告文案。与报纸、杂志的广告文案相比较,DM 广告文案由于受篇幅小的限制,撰写时更应该遵循简洁、易读的原则,不能有多余的一个字、一句话,尽量使用口语化的语言。专业术语或指标也要简要地进行解

释,使读者一看就明白、一看就清楚。

大量实践证明,在设计 DM 广告的过程中,最困难的就是如何促使读者打开 DM 并且接着读下去。这就要求广告设计人员在撰写文案时运用一定的技巧,使读者产生"想了解""想知道"的兴趣,以便使他们一口气读完广告正文,进而才有可能产生购买欲望。我国台湾省著名广告专家樊志育先生根据自身的经验,将 DM 文案写作的技巧概括为十二秘诀,具有较高的实用价值和借鉴意义。表 11-2 就是这十二秘诀的具体内容。

表 11-2　DM 广告文案引人注目的十二秘诀

拉近读者的方法	实例	运用场合
用请求的口吻	请坐下来,欣赏这部世界上最好的书	阻力大而难销的商品
引用谚语、名句作为开头	"路遥知马力,日久见人心"出自元代无名氏	以动人心弦的词句,激发读者的情感,并以权威的口气,陈述所要诉求的内容
列举对商品有利的证据	如果推销药品,用权威医师的证言	用于推销昂贵的产品或劳务,例如,推销公寓、名牌轿车等
以引起读者共鸣作为开场白	当你烹调时,是否有久煮不烂的困扰?尤其当下班太晚,全家大小急着吃晚饭时	针对繁忙的社会,全家早出晚归,为省省烹调时间而推销的高压锅、电饭锅等
用假设的问句作为开头	假如你的上司叫你到他的办公室,突然宣布你被解雇,你该怎么办	针对前面的问句,影射到他自己身上。例如,促销洗发水,当你要参加聚会,但头发如乱麻,怎样办?
以幻想某种情景开头	你和你先生躺在柔软的沙滩上,享受日光浴,喝着高档饮料,丝丝凉风轻轻吹过……	销售昂贵的产品或服务,例如,海水浴场休闲娱乐用品
以讲故事的形式作为开头	我是一位专业钢琴家,在公开演出时,从没有出现失误尴尬的场面。最近却出现了失误,我忘记乐谱,无法演奏时,弄得全场哄堂大笑	推广"改善家居生活"或"增加个人知识"等工具套书
用命令式口吻作为开头	你不能忽视政府将制定并颁布遗产税法 用社会上大家公认的突发事件作为话题	推销竞争性较强的产品或服务

续表

拉近读者的方法	实　例	运用场合
你是第一个被选中者,用这种令收件人受宠若惊的语气开头	你是北京市第一位接受该礼品的人	所推销的产品确实价廉物美,而且对消费者非常重要(实用)
列出产品的优点	如果你驾临 A 商场购物,将享受以下优惠: ·物美价廉 ·服务周到 ·赢得赠品	向对竞争品牌具有较高忠诚感的顾客推销高度竞争性产品
灵活运用激情词句	当夫妇二人酣睡正浓时,婴儿突然因饥饿而大哭不已,睡意惺松的你可用盒装牛乳,来给婴儿喂食	以情绪诉求作为突破口,不必过多阐述产品的优点
用幽默的语句作为开头	例如用一则笑话作楔子	推销小件产品,或为了树立良好的公司形象

注:由于语言上的差异,文中内容略作改动。

资料来源:樊志育著:《广告制作》,上海人民出版社,1997 年版。

思考与练习

1. 简述制作电视广告时应遵循的原则。
2. 你对电视广告中的"3B"原则有何看法?
3. 简述印刷品广告文字的设计要求。
4. 简述印刷品广告图形的设计原则。
5. 在设计农药广播广告时,应该选择怎样的声音? 为什么?

第十二章 现代广告制作(下)

本章关键词

海报(Poster) 海报设计(Poster design) 店面广告(POP,Point of purchase advertising) 商品陈列(Commodity display) 橱窗设计(Show window design) 路牌广告(Advertising) 包装设计(Packaging design) 包装图案(Packaging pattern) 网络广告(Web advertising)

本章学习重点

☞ 海报(广告)的设计程序
☞ 海报(广告)的图形设计
☞ 店面广告的概念及作用
☞ 商品陈列广告的设计
☞ 路牌广告的制作要求
☞ 设计包装广告应遵循的原则
☞ 包装广告的图案设计
☞ 网络广告的形式及网页的设计

第一节 海报(广告)的制作

一、海报(广告)的发展

海报(广告)是一种古老的广告媒体,诞生于古希腊。早在12世纪,古希腊人在平整的石板上绘制出象形图案(文字)和绘画,用以告知人们某些事情,这就是最早的海报。17~18世纪,法国人开始用石板印刷彩色海报(广告)。由于石板印刷的产生,使彩色石板画逐渐普及起来,为早期的海报(广告)艺术奠定了发展的基础。

19世纪初,印有一定图案和文字的彩色海报(广告)在欧洲风靡一时,它已成了人们传达和获取信息的主要媒体。19世纪末期,欧洲工业革命使社会生产力得到迅猛的发展,"重农主义"学派逐渐被"重商主义"学派所取代,财富不仅来源于农业生产,而且更多地产生于贸易流通。海内外贸易的迅速崛起,促使市场竞争日渐加剧,人们逐渐认识到"需求"是决定生产的主导性因素。促销的重要性就显示了出来,海报(广告)也就成了厂商推销商品所必需的广告媒体。

现代意义上的海报(广告)出现在第二次世界大战以后,人们将现代美学原理运用于海报(广告),使海报(广告)的内容进一步完美起来。海报(广告)上的绘画艺术也逐渐由立体派向抽象派方向发展,以一种艺术作品的形式出现在人们面前。在现代社会中,海报(广告)在社会、经济、政治、文化等方面发挥了重大作用。在企业的综合广告计划中,海报(广告)如同电视、杂志、直接广告信函一样,已成为广告主必须考虑的媒体之一。

二、海报(广告)的设计程序

海报(广告)的设计大体上分为讨论、搜集资料、构想、绘制等阶段。

(一)讨论

在设计之初,广告经营者要与广告主进行讨论,详细了解该海报(广告)在企业综合广告策略中的地位,企业目标市场的范围,诉求对象的特点,他们的媒体习惯以及经济条件、家庭规模等,只有了解了这些情况,才能确定海报(广告)的特色和艺术风格,才能诱使媒体受众产生购买欲望。

(二)搜集资料

搜集广告主以往进行广告宣传的资料,例如,以往进行广告宣传所采用的媒体,广告的艺术风格,以往设计的图片资料,该类产品目前的广告情况,广告产品的经营历史,产品的特征,文化附加值以及市场定位情况等。

(三)构想

构想阶段也就是创意阶段。广告经营者想要诱使媒体受众产生购买欲

望,就必须认真分析所获得的资料,明确海报(广告)的诉求主题,通过一定的艺术形式来表现特定的诉求点。构想是一个"心智"阶段,构想的好坏决定着海报(广告)的艺术效果。海报(广告)是一种"看的"广告,因此,广告经营者的构想要以具有良好的视觉效果为出发点,通过一定的艺术形式使海报(广告)具有充分的视觉效果,以求给媒体受众留下深刻的印象。由于目标市场上消费者文化和消费习惯的差异,不同国家的海报(广告)在构想上不尽相同。欧洲海报(广告)侧重于幻觉艺术;美国海报(广告)着色强烈、鲜艳,巨形海报(广告)非常流行;日本海报(广告)比较保守,讲求一种含蓄美。

(四)绘制

绘制就是将创意通过一定的图案、颜色、文字等构成要素体现出来。绘制是一种设计技术,要求设计者有丰富的海报(广告)理论知识,能够灵活运用各种设计技巧,对色彩具有合乎理性的"美感"。绘制包括设计黑白稿、分色、挂网、拼版、配色、印刷、裁切等整个过程。每一个环节都影响着海报(广告)的广告效果,因此必须认真仔细。

三、海报(广告)的设计原则

广告经营者在设计海报(广告)时,必须遵循以下原则。

(一)简洁单纯原则

海报(广告)设计中的简洁单纯原则是指海报(广告)构图在布局、着色、文字等方面一定要简洁、精练,没有一处是多余的。"远见大效果,立知何信息"应该是海报(广告)必备的特征。海报(广告)画面的形式构成越简练、越单纯集中,宣传效果越好。

在设计海报(广告)的过程中,可运用"减法"原则,即对画面中一些扰乱视线、分散注意力的可有可无的字、线条与图形逐一减掉,达到简练的要求。另外,标题字和其他说明性文字,最好用印刷体。

海报(广告)画面的单纯、集中,就是指不复杂、不零乱。只有这样才易于深化广告主题。例如,一双眼、一只手的特写更能表现出深邃的神情和内心的颤动;一瓶香水、一个苹果更易于突出那诱人的色、香、味、形等。

(二)新颖独特原则

在短暂的一瞬间,如果海报(广告)不是异常有趣、新颖奇特或者关系人们厉害安危的事情,就很难引起媒体受众的注意。海报(广告)的作用也就很难发挥。在生活中,一些习以为常的东西常常被人们忽视,只有个性化异常突出,使人注意,其传输的信息也才能较大比例的被接受。

有一则音乐会的海报(广告)非常成功。这则海报(广告)在简短醒目的标题下面,绘有一尊洁白如玉的女子石膏头像,彩色的音乐五线谱悠然飘过她的双耳,她那表情含蓄的脸颊上,挂着一颗颤动的泪珠。这则海报(广告)的成功之处就在于使抽象的音乐,通过充满情趣的视觉化的具体形象,得到戏剧性的生动表现。它构思与表现的新颖,在于听了音乐后石膏人也流泪。这在现实生活中是见不到的,但却在艺术的情理之中:滴泪破题,情真意切,木石为之动情。

四、海报(广告)中的图形设计

图形设计、色彩设计和文字设计是海报(广告)设计的三个组成部分。由于海报(广告)的特点,使图形设计显得更为重要。

(一)海报(广告)图形的种类

图形是构成海报(广告)的主要因素。广告经营者由于个人性情、习惯以及文化素养的不同,而采用不同的图形表现形式。海报(广告)中图形的宗旨在于服从市场经济的需要,有明确的促进商品推销的目的,这就使绘画性的海报与书籍插图等绘画性艺术有着根本的区别。

在广告设计领域中,随着科学技术的进步,各种多姿多彩的摄影照片已逐渐取代插图的位置,占据视觉表现的主导地位。但手工绘制的插图仍然占有一定的位置,展示着独特的魅力。

多种艺术形式各有长短,在能否真实地反映对象方面,彩色摄影给人的可信度是其他艺术形式无法相比的,但在创造艺术形象的随意性和艺术的取舍与强调上,绘画的手法则大有自由驰骋的天地。它在创造理想、夸张及超写实的设计形象与意境方面,有自由构想、想象力的充分发挥和强调特点等表现上的优势,这些都是彩色摄影难以超越的。

海报(广告)中的图形可以分为插画和摄影两类。

1. 插画。插画是海报中最常见的一种图形,它包括以下三种具体形式:

(1)绘画。它是一种直观的视觉语言,具有自由表现的特征,创作余地较大,有利于营造一种理想的气氛,表达不同的意境与美感情趣,并且可以运用绘画将广告内容通过视觉化的造型表达出来。

(2)漫画。漫画是一种具有夸张和幽默感的艺术形式,诙谐风趣,使人看后回味无穷,留下深刻的印象。

(3)图表。用图形和数据等理性因素表达特定的广告主题,能够直接说明广告诉求的内容。图表常被用来说明广告产品的性能与结构,表达较为抽象的诉求信息。

广告经营者根据不同的广告主题选择不同的绘画手法,可以是写实的、夸张的;可以是幽默的、概括的、象征的;也可以运用不同的表现技巧,表达不同的审美内涵和画面效果。

2.摄影。利用各种摄影和暗房技巧,在视觉上给媒体受众一种信任感。摄影以线条、光线与色调为造型要素,以纯粹的形象语言开辟了一个新的视觉审美领域。摄影又可分为动态摄影、逆光像及投影摄影、广角镜头、连续摄影、背景银幕摄影等;暗房技巧包括蒙太奇、剪影、中途曝光、浮雕、黑白极端对比等。广告经营者可以根据广告产品的实际需要,选择具体的技巧,以突出广告产品的个性。

海报摄影是美术设计与摄影艺术相结合的实用造型艺术,是一种借助摄影特性和独特艺术语言进行宣传的摄影艺术体裁,是再现商品形象,传达商品信息最有效、最有说服力的表现手段。

目前,国外的海报(广告)已不像早期商品摄影那样,只是在画面上简单地再现商品的形象,而是着力于画面的质感、美感与意境的追求,因而具有强烈的艺术感染力。

海报(广告)中的摄影具有以下特点:

(1)效果逼真。摄影照片能够准确入微地再现实物的外貌与细节,具有高度的真实感和纪实性,尤其是彩色照片能细腻逼真地再现广告主体的原貌,对人们的视觉能产生强有力的吸引力与感染力。

(2)真实可信。摄影照片能客观公正地反映广告主体。照片是技术性的产物,因而容易从情理上取得人们的信赖,增强广告诉求的可信性,在心理上缩短广告与消费者的距离,使海报(广告)具有强烈的说服力。

(3)印象深刻。运用精湛的拍摄技巧与暗房技术制作出来的摄影照片,画面形象真实生动,富于感染力,能给人以强烈的视觉印象。尤其是创意巧妙、表现独特的彩色照片,更具有不可抵挡的视觉冲击力。

(4)利于推销。摄影照片由于能真实、形象地表现广告主体,营造特定的销售气氛,容易从视觉上诱使媒体受众产生购买欲望,达成交易行为。

(二)海报(广告)图形的设计要求

广告经营者在设计海报(广告)图形时,除了要遵守上述海报设计的基本原则以外,还必须注意以下具体要求:

1. 简洁明确,主题突出。成功的海报(广告)图形首先必须是简洁明确的,画面构成单纯集中,对准诉求目标。其次,一则海报只能有一个诉求点,这样观众才能在不经意地浏览广告画面时,很快抓住画面的重点,理解广告表达的主题。海报(广告)图形中的人物与场景,必须与目标消费者的心理特点和审美意识相符,以目标消费者最关心的人物和场景为诉求形象,这样才能使媒体受众产生预期的心理反应。

2. 创意新颖,形象生动。海报图形是广告创意的视觉化,是表现广告创意的重要手段。广告经营者应该对产品(或服务)进行深入的调研,针对目标受众的心态和产品的内涵,引发具有一定意义的意念,赋予产品(或服务)新的思想内涵或价值,这样,创意才能具有推销的力量,才能激发媒体受众对广告产品的兴趣。

3. 真实可信,情理交融。海报(广告)图形不仅要注意形象的感情心理效果,诱导消费者去接近产品(或服务),还要以表达正确的销售理念去说服他们,使其相信自己的选择是合理的。

海报(广告)图形还要做到"情"与"理"的统一。以"情"作为诱导因素,以"理"作为说服因素,把"理"融于"情"的艺术形象之中,才能以"情"动人,以"理"服人,使消费者为画面形象所感动,进而相信画面所表达的销售意念是真实可信的,以做出正确的抉择。

4. 情趣别致,手法多样。情趣是海报(广告)图形产生独特艺术魅力的重要因素。好的海报(广告)不仅要有情有理,情理交融,还要有理有趣,理趣统一。理是主题思想,趣是艺术情趣。有理无趣,枯燥无味;有趣无理,则空洞无物。

要使海报(广告)图形从一幅说明性的图片上升为具有感染力的诉求形象,就要对现实生活进行深入的观察与感受,将生活情趣升华为艺术情趣。这样设计出的图形才会使观众觉得趣味无穷,才会调动他们对广告产品的兴趣。

5. 图文呼应,协调一致。海报(广告)的作用就是用艺术的形式将广告主题视觉形象化;广告文案的作用则在于用文字的形式表达广告主题。二者在使用时的主次关系,因表达的需要不同而有所侧重。有时以图形为主,

用文字补充说明;有时以文字为主,配之以图形。因此,两者必须密切配合,使媒体受众见图晓文,见文知图。准确地向目标市场传输特定的信息。

五、海报(广告)的色彩设计

如果说图形是海报(广告)的五官,那么色彩就是海报(广告)的脸颊。海报(广告)是一种运用色彩的媒体。和谐的色彩搭配可以吸引媒体受众的注意力,增加海报(广告)的广告效果。在运用色彩时,要考虑广告产品的特性和媒体受众的色彩习惯,再确定是选用冷色调还是暖色调;是选用单色调,还是选用调和色。同时还要考虑色相和明度。

(一)海报(广告)色彩的种类

海报(广告)中的色彩基本上可以分为两种:

1. 象征性色彩。现代文化的发展经历了漫长的历程,经过数千年的历史沉淀,不同民族形成了不同的偏好与禁忌。在他们眼里,不同的颜色有不同的含义,以我国为例,红色代表喜庆,黄色代表尊贵、神秘,白色代表悲伤等。广告经营者在选用海报(广告)的色彩时,必须考虑目标市场的色彩习惯。

2. 诱惑性色彩。可以通过色彩与广告产品之间的联系,来刺激媒体受众的购物心理,从而达到促销商品的目的。例如,橘黄色能够刺激人们的食欲,绿色能使人们展开春天般的联想等。

(二)海报(广告)色彩设计的技巧

广告经营者在设计海报(广告)的色彩时,必须掌握以下技巧才能完美地表达广告主题。

1. "主调"技巧。画面的整体色调,是色彩关系的基调。海报(广告)中的色彩倾向,就像乐曲中的主旋律,是设计师给观众感受的重要因素,在营造特定气氛上能发挥主导作用,有强烈的感染力,对海报(广告)的风格具有明显的决定作用。

将互相排斥的色彩统一于一个有秩序的主调中,使人在统一的效果中感到一种和谐的美。一幅海报(广告)给观众什么样的感受,首先必须确定整体色调,这是色彩设计的前提。

2. "平衡"技巧。它是指视觉上感觉到的一种力的平衡状态,配色的平衡指两种以上的色彩放在一起,其上下左右在视觉上有平稳安定的感觉。

一般说来,色彩的明暗、轻重以及面积的大小都是影响配色的基本要素,其原则是纯色和暖色比灰调色和冷色面积要小一些,容易达到平衡。明度接近时,纯度高的色调比灰色调的面积小易于取得平衡,另外明度高的色彩在上,明度低的色彩在下,容易保持平衡。

为了突出一种新奇、特异的视觉特征,也可以采取反平衡的色彩效果,从而让观众获得一种特殊的心理上的平衡效果。

3."节奏"技巧。在色彩组合中,节奏表现在色彩的重复、交替和渐变等形成的空间性律动上,产生一种运动感。例如,疏密、大小、强弱、反正等形式的巧妙配合,能使画面产生多种多样的韵律感,给视觉上带来一种充满生气、活力、跳跃的色彩效果,减少视觉疲劳,使人们心理上产生快感。

从视觉心理来说,人们需要有变化、有规律的运动节奏,而厌烦单调杂乱。不同的节奏形式会使人产生不同的心理感受,激发人们的感情,产生共鸣。

4."强调"技巧。"强调"技巧在色彩设计中具有很高的表现价值,能破除整体色调的单调、平庸之感,有助于突出画面的视觉中心,加强主题的表现力。

在很小的面积上使用强烈醒目的强调色,可以形成画面的趣味中心,刺激人们的视觉,引起兴趣,产生生动的色彩效果。

5."分割"技巧。为了改变两个色面因色相、明度、纯度相似时显得对比软弱或对比过于强烈的现象,在色面之间以另一种色加以分隔,就称之为分割。分割可以使对比过弱的色彩效果清晰明快、对比过强的色彩和谐统一。

分割使用的色彩常用黑、白、灰色。金、银色也有良好的分割效果,运用得当,能取得华丽、明快的效果。

6."渐层"技巧。多色配合的阶段性层次变化,就像音乐中的音阶一样,使色调呈现逐渐变化的状态。渐层的色彩会使人们的视点由一端移位到另一端,具有明显的传动效果。

六、海报(广告)的文字设计

海报(广告)上的文字起画龙点睛的作用,要服从直接诉求的要求,要明确地表示出海报的目的。海报(广告)文字的字体一般要求用印刷体、黑体。有时也用手写体,手写体要用粗体字,要注意海报(广告)的"易读性"和"速读性"。并应将文字放置在醒目的地方,以突出海报(广告)的诉求主题。

第二节 店面广告的制作

一、店面广告概述

(一)店面广告的概念

店面广告简称POP(Point of purchase advertising),也称为售点广告,是指在商品购买场所,零售商店的周围、入口、内部以及有商品的地方设置的广告。根据定义,商店的招牌、门面装潢、橱窗布置、商店装饰、商品陈列等,都属于店面广告的范畴。

20世纪30年代,在西方发达国家经济处于大萧条之际,美国零售业的经营方式发生了巨大变化,一种新兴的零售方式——超级市场诞生了。它以开放式的货架取代了百货商店封闭式的销售柜台,面对货架上五彩斑斓的商品,消费者必须自己做出选择。在此情况下,店面广告作为一种促销手段日益引起经营者的注意。此后,英国、德国、法国、意大利等国家相继引进了超级市场,店面广告也随之获得迅猛发展。

我国店面广告起于何时,由于资料的限制,我们无法考证。但是早在唐朝,长安的店铺、客栈和茶馆里就有招牌、布帘、旗帜、灯笼等各种形式的店面广告。店面广告虽然是一个新名词,但它已有很长的发展历史了。

改革开放以后,随着社会主义市场经济体制的逐步确立,我国广告业获得了前所未有的发展,大量新媒体相继涌现,广告创意的艺术性不断提高,店面广告进入了一个新的发展阶段。上海、北京、广州、深圳、武汉等大城市的店面广告设计五花八门,各具特色,不但形式多样,而且富有民族色彩。随着"买方市场"在我国的大规模的出现,超级市场已逐渐成为零售业的主流,店面广告已成为商业企业开展竞争的一个重要手段。

(二)店面广告的作用

经过几十年的发展,实践证明店面广告是零售企业开展市场营销活动、赢得竞争优势的利器。它的作用具体表现在以下几方面:

1. 传输新产品信息。商店的货架上、橱窗里、墙壁上、天花板下、楼梯口处等都可以将新上市的商品全面地向媒体受众展示,使他们了解产品的功能、价格、使用方式以及售后服务等方面的信息。

2. 唤起媒体受众的潜在意识。广告经营者虽然可以利用报纸、电视、杂志和广播等媒体传达给消费者企业形象或产品特点,但当媒体受众走入超级市场、店铺时,面对众多品牌的商品,他极有可能将上述媒体广告传输给他的信息遗忘了,他不知道购买哪种品牌的产品。而张贴、悬挂在销售地点的店面广告则可以提醒消费者,唤醒他们对不同品牌产品的潜在意识,使他们根据自己的偏好选购产品。

3. 诱使媒体受众产生购买欲望。当媒体受众经过产品销售地点时,五颜六色的店面广告会使他们放慢脚步,在欣赏各种张贴画、彩带之后,他们会不经意地认为"这个牌子的产品看起来不错,我可以试一下"。这就是最初的购买冲动,当购买冲动积累到一定强度时,就会产生购买行为。

4. 能够配合季节促销,营造节日的气氛。店面广告可以配合不同的季节,展开促销活动。例如,在春节期间,如果商场挂满了红灯笼,则可以衬托出热闹、欢快的节日气氛,会使大多数消费者的精神为之一振,自然想到商场里走一走,看一看,顺便再买点东西。

5. 取代推销员,传达商品信息。推销商品的店面广告常以各种形式张贴在销售地点的墙壁上,或者悬挂在天花板下,传达广告商品的信息,刻画商品的个性。它们不会轻易擅离自己的岗位,因此被誉为"无声的推销员"、"最忠诚的推销员"。

6. 使消费者产生购买愿望,达成交易行为。商店是最能诱使消费者掏腰包买东西的地方。大多数消费者进入商店时,面对货架上琳琅满目的商品会感到迷惑,往日对不同品牌产品的印象立刻变得模糊了,他们不知道购买哪一种牌子的商品。这时如果能有一个店面广告来提醒,使他们大脑里原有的品牌印象清晰起来,就可以加速他们的购买行为。

7. 吸引媒体受众注意,引发兴趣。店面广告可以凭借其新颖的图案、绚丽的色彩、别致的造型等形式吸引顾客,使他们驻足停留,对店面广告"看一眼"甚至"看几眼",进而对店面广告中的商品发生兴趣。

8. 塑造企业形象,保持与顾客的良好关系。企业形象也称为企业识别系统(CIS),它包括企业理念识别(MI)、企业行为识别(BI)和企业视觉识别(VI)三部分内容,而店面广告是企业视觉识别的一项重要内容。广告经营者可以将企业的名称、企业品牌标志、标准字、标准色、企业形象图案、企业宣传标语和口号以及吉祥物等印刷在店面广告上,以塑造富有特色的企业形象。那些店面广告上经常出现的一些标志,会为广大媒体受众所熟悉,有些已成为企业的一种专有标记,如海尔集团、李宁牌运动系列、澳柯玛电器

公司的标志等,当媒体受众接触到这些图案时,就会立刻明白它们代表哪些企业。

9. 巧妙利用销售空间与时间,可达成即时的购买行为。据研究,20世纪80年代末期以来,对品牌持有忠诚感的消费者的人数已大大减少,受店面广告所陈列的商品诱惑而冲动购买的人数却在不断增加。广告经营者可以充分利用销售地点的过道、货架、墙壁、橱窗、天花板、展示台等空间进行广告宣传,为广告主赢得销售地点的空间优势。一定规模的广告宣传,可以调动媒体受众的情绪,使他们将潜在的购买力转换成即期的购买力,从而扩大广告产品的市场份额。

二、店面广告设计的原则

店面广告设计的要求就是独特。无论是采用陈列的形式,还是发放的形式,都必须新颖独特,能够很快地引起媒体受众的注意,激起他们"想了解""想购买"的欲望。具体来讲,广告经营者在设计店面广告时,必须遵循以下原则。

(一)造型简练、设计醒目原则

店面广告要想在琳琅满目的商品中引起媒体受众的注意,必须以简洁的形式、新颖的格调、和谐醒目的色彩突出自己的形象,否则,就会被媒体受众忽视。

(二)重视陈列设计原则

店面广告不同于节日的点缀,它是商业文化中企业经营环境文化的重要组成部分。因此,店面广告的设计要有利于树立企业形象,注意商品陈列、悬挂以及货架的结构等,要加强和渲染购物场所的艺术气氛。

(三)强调现场广告效果原则

由于店面广告具有直接促销的特点,广告经营者必须深入实地了解零售企业的内部经营环境,研究经营商品的特色(例如,商品的档次、品牌的知名度、质量、工艺水平、售后服务状况等)以及顾客的心理特征与购买习惯,以求设计出最能打动消费者的店面广告。

三、店面广告的设计制作材料

店面广告的设计制作材料来源非常广泛,从纸张、木料、液晶到金属、皮革、塑料等无所不包。随着科学技术的不断发展,新型材料大量出现,店面广告的设计制作材料也向多元化方向发展。最常用的设计制作材料主要有以下几种：

1. 各种类型的纸。纸是设计制作店面广告最常用的、历史最久远的材料之一。它的最大优点是成本低廉，质地稳固，便于印刷。广告经营者可以在纸上印刷各种图案，调配各种颜色，以突出广告宣传的视觉效果。新颖别致的图案、调和的色彩等都可以在纸上将广告经营者的创意淋漓尽致地展示出来。季节发生变化时，广告经营者又可以低廉的成本迅速更换店面广告。纸还有一定的可塑性，我国内地、台湾地区和日本的叠纸广告以及剪纸广告都非常具有特色，使欧美广告专家惊叹不已。

2. 皮革。皮革也是设计制作店面广告常用的材料之一。皮革具有质地稳定、便于雕刻等特点。用皮革设计的店面广告给人一种高贵、雅致的感觉，它能充分体现广告产品的个性，增加产品的文化附加值。在皮革上雕刻的店面广告还具有立体感。艺术品、一些高档商品的店面广告常用皮革来设计制作。

3. 木材。木材具有抗拒外力强、不易变形、可塑性强等特点。一些贵重木材，如楠木、花梨木、紫檀木等还具有木质匀称、便于雕刻等特点。这些木材由于价格昂贵，很少被用来作为设计制作店面广告的材料。用木材设计制作的店面广告具有陈列时间长、可反复使用等特点。木材中的天然纹理，可以给消费者一种自然的感觉，同时也可以体现广告产品的个性，符合追求"自然美"的趋势。用木材设计制作的店面广告给人一种厚重的感觉，它的陈列需要一定的空间，不如纸材料店面广告那么随意。

4. 金属。制作店面广告所用的金属材料包括铁、铜、铝、不锈钢等，这种材料具有硬度强、不透水、陈列时间长等特点。金属材料的成本也比较便宜，最大的缺点是视觉效果较差。金属材料制成的店面广告遇到风吹雨淋时，如果养护不当，就容易被侵蚀，广告表面会出现一层金属锈，严重影响店面广告的效果。

5. 布。在店面广告的发展历史上，布是最早的设计制作材料。在《清明上河图》上，有些店铺的幌子就是用布制成的。布具有成本低廉、易于染色、便于运输等优点，也具有印刷质量不尽如人意、图案效果差等缺点。布适宜设计制作"写意"式店面广告，不适宜设计制作"工笔"式的店面广告。

6. 塑料。与上述材料相比，塑料是店面广告材料家族中的"新秀"。塑料是一种合成树脂，具有防水、耐温、质轻、无毒、无味、不易破损等优点。塑

料的使用比较广泛,大多数商品的店面广告都可以塑料为设计制作材料。

四、商品陈列广告的设计

商品陈列广告是店面广告的重要内容。它包括橱窗陈列广告和店堂陈列广告两部分。

(一)橱窗陈列广告的设计

广告经营者可根据零售商店规模的大小、橱窗结构、商品的特点、消费需求等因素,选择具体的橱窗陈列广告形式。

1. 特写橱窗陈列广告,即运用不同的艺术形式和处理方法,在一个橱窗内集中介绍某一品牌的产品。例如,单一品牌商品特写陈列广告和商品模型特写陈列广告等,这类广告适用于新产品、特色商品的广告宣传。

2. 专题橱窗陈列广告,即以一个广告专题为中心,围绕某一特定的事情,组织不同品牌或同一品牌不同类型的商品进行陈列,向媒体受众传输一个诉求主题。例如,节日陈列、绿色食品陈列、丝绸之路陈列等。

3. 综合陈列橱窗广告,即将许多不相关的商品综合陈列在一个橱窗内,以组成一个完整的橱窗广告。这种橱窗广告由于商品之间差异较大,设计时一定要谨慎,否则就会给人一种"什锦粥"的感觉。

广告经营者在设计橱窗陈列广告时,应注意把握以下几点:

第一,橱窗陈列广告要反映零售商店的经营特色,使媒体受众看后就产生兴趣,并想购买陈列的商品。

第二,季节性商品要按目标市场的消费习惯陈列,相关商品要相互协调,通过排列的顺序、层次、形状、底色以及灯光等来表现特定的诉求主题,营造一种气氛,使整个陈列成为一幅具有较高艺术品位的立体画。

第三,要有一定的"艺术美"。橱窗实际上是艺术品陈列室,通过对广告产品进行合理搭配,来展示商品美。它是衡量商业经营者文化品位的一面镜子,是体现商业企业经营环境文化、经营道德文化的一个窗口;它是商店的脸谱,顾客对它的第一印象决定着顾客对商店的态度,进而决定着顾客的进店率。

(二)店堂陈列广告的设计

店堂陈列包括货位形式、货架陈列、柜台陈列等内容。

1. 货位形式。零售商店的货位主要有三种具体形式,即直线式、斜线式和曲线式。

直线式是货架和通道呈矩形分段布置(如图 12 – 1 所示)。这种形式的布局,顾客易于寻找货位的地点,但容易造成冷淡气氛,易使顾客产生被催促的感觉,顾客自由浏览受到一定的限制。

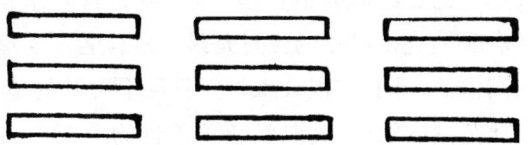

图 12 – 1　直线式货位

斜线式是货架和通道呈菱形分段布置(如图 12 – 2 所示)。这种形式可使顾客看到更多的商品,气氛也比较活跃,顾客的活动不受约束;缺点是不能充分利用场地。

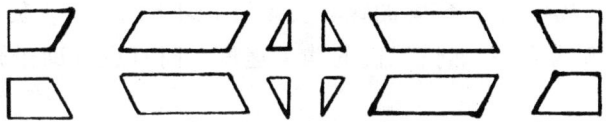

图 12 – 2　斜线式货位

曲线式货位呈不规则的通道,可任意布置货架(如图 12 – 3 所示)。开架销售常用这种形式,它能营造理想的购物气氛,便于顾客选购浏览,增加了随意购买的机会;缺点是对场地浪费较大,货位摆放有点零乱,顾客寻找货位不太方便。

2. 货架陈列。货架陈列可以分为柜台式销售的货架陈列与开架式销售的货架陈列两种。

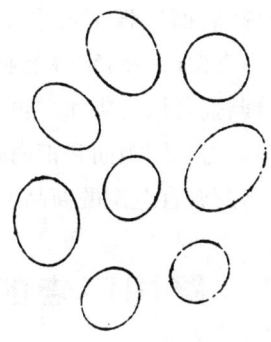

图 12 – 3　曲线式货位

柜台式销售的货架陈列,主要是利用货架顶端和上层陈列样品,以吸引顾客视线,促使他们产生购买欲望。

超级市场用的是开架式的货架陈列,这种方式主要是为了方便顾客选购商品。开架式销售的货架陈列的高度不同,其销售效果也会不同。一般说来,与顾客视线相平、直视可见的位置是最好的位置。货架上的商品陈列效果会因视线的高低而不同,在视线水平而且伸手可及的范围内,商品的销售效果最好。在此范围内的商品,其销售可能性为50%。随视线的上升或下移,销售效果会递减。

大量实践表明,在超级市场的卖场中延伸货架不仅可以扩大货架的陈列量,还可使商品强迫性地进入顾客的眼中。

卖场里伸出货架的标示牌,如果标明商品的价格和品牌,其促销效果可以增加125%;如果只标明商品的品牌,销售效果会提高18%。

在超级市场里购物,65%的顾客会参阅货架上的标价。货架上的标价有助于顾客选购商品,加快他们的购买速度。同时也有助于营业员快速补货。

超级市场里货架上商品陈列的高度非常重要,它决定着商品的销售额的大小。理想的位置应该是距离商场地面80～130厘米之间的部分。货架上距商场地面180厘米的商品的销售额只是95～115厘米处销售额的1/10。

实践证明堆放式陈列比其他形式效果更佳。它可以激发顾客的好奇心,诱使他们自己动手"去翻""去找"。广告策划专家曾在超级市场里的相似位置上,对这两种陈列形式的销售效果进行比较,结果发现,堆放式陈列的销售额高出一般陈列方式的一倍。

有人曾就店面广告的重要性进行过顾客问卷调查。结果表明:70%被调查者认为,对零售企业来说,店面广告至关重要,店面广告决定他们的购物地点;22%的被调查者认为店面广告对零售企业来说非常重要,但不是招徕顾客的决定因素;8%的被调查者认为店面广告可有可无。

3. 柜台陈列。柜台陈列是指利用柜面和柜内陈列商品。柜台陈列可以放置一些小架子,也可以直接摆放有造型的商品,一般以香水、小商品为多。

第三节　路牌广告的制作

路牌广告是指设置在人、车往来较集中的地方的大型广告牌。它比海报（广告）正规，常以图画或巨型文字为主。路牌广告比较醒目、美观，能够吸引行人，其成本比较低廉，可以经常更换。缺点是媒体受众有一定的局限性，广告的注目率低。

一、路牌广告的结构与制作材料

大多数路牌广告都采用活动板的形式，悬挂在固定的支架上。固定支架可利用一些建筑墙面或公共设施的表面，但一般都采用搭设钢架的方法，最简便的方法是使用建筑架管和扣件来组合。这种方法的优点是施工简单、快捷，即用性强，容易拆装，材料耗费低，可多次使用。缺点是外形不太美观，占地较多，所以一般多用于一些临时性的广告牌。

路牌广告的尺寸大小，由于具体设置的位置不同而各不相同。例如，一般的交通道旁的路牌广告高度为2.5米左右，有方形和矩形之分，而贴靠在高层建筑的前突或侧面部分的广告，其高度可达几十米。

路牌广告中的广告牌板是根据广告栏的具体尺寸，分割成若干面积相同的单板，绘制完成后，再组装到广告栏中的。广告牌板是用木材、金属等材料制成框架，再以层板、金属板或布蒙在上面，将底面处理后，便可在上面绘制图案了。

层板或金属板的表面比较平整，吸油性低或根本不吸油，画出的广告画光泽度高。但这两种材料的价格都比较高，尤其是层板怕水，缺乏耐久性。因而除经济发达的国家或地区外，一般广告经营者很少使用它们。通常较多采用木框或布来作为广告牌的材料。

二、路牌广告的制作要求

广告经营者在设计制作路牌广告时，必须注意以下要求：

第一，将重要的告知内容，醒目地安排在画面的视觉中心。在文图关系处理上，不论画面面积的大小，标题文字、广告产品品牌、企业名称等总是第一位的。

第二，要具有超脱环境的视觉效果。这里所说的环境一指邻近的广告牌，一指广告牌前的树木和周围的建筑物。如果画面的色调同左右邻近的广告画面，以及前后树木或建筑物类似，以至融为一体，那就失去了被行人一眼认知的机会。

不少广告牌画面设计恰恰犯了相互混同、与环境色调不分的错误。例

如,绿树丛中用绿叶色调;灰色墙前用泥灰色调;与邻近的路牌用同类色调,或都用类同的美女形象等。

克服这些错误的方法在于广告经营者在设计前要进行实地观察。在考虑表现广告诉求点的构图、色调和形象时,要将环境诸因素一并考虑进去。在不妨碍表现主题的情况下,力求同环境形成某种对比,相辅相成,取得烘云托月的效果。

三、路牌广告的绘制

将完成了底处理后的广告牌,按稿件的模数拼排在一起,立在绘制工场的固定架或墙面上,再搭上一定高度的脚手架,设计者就可以进行绘制了。

绘制的方法是:将同比例的稿件用投影仪放大于广告牌上,然后勾勒出初稿,再用油漆与油画颜料结合完成整个画的绘制。一般路牌广告的绘制不外是稿件的临摹复制,因此绘制的质量主要取决于稿件的设计水平和美工人员的绘制技术。

路牌广告除绘制以外,还有印制形式。在西欧一些国家,有些新推出的食品等大宗消费品,企业为在短时间内开展一次较大规模的推销活动,往往用塑性纸张(防雨淋)印刷一大批大型招贴,将4张或6张拼为一个完整的大画面,张贴在路牌上。这种方法快捷省工,然而必须是大批印刷和大量张贴才合算。

四、路牌广告的拼贴

拼贴是指上述路牌广告印刷形式的具体过程。许多发达国家的广告经营者近年来纷纷采用这种形式,实际上它是一种先进的网印技术。其操作过程如下:先将广告创意设计成摄影稿件,然后放大并分割成10大部分来制版印刷,印刷出10张一套的彩色成品,再按其分割的模数拼贴在大广告栏上,一幅完整的路牌广告就形成了。

这种形式的复制能力非常强,可以逼真地体现广告产品的风格。它可以绘制出一些手工无法绘制的高难度的光、色、形效果。此外,这种方法所采用的油墨、纸张都具有防晒、防水的功能,可以延长广告的使用时间。

目前,国外的印刷广告主要有三种国际通用的规格:

●高为2.64米,宽为5.95米

●高为2.92米,宽为6.59米

●高为 3.18 米,宽为 6.86 米

第一种和第二种分别称为 24 张贴和 30 张贴,它们的广告画边沿与广告栏框之间留有白边;第三种称为"出血版"(Bleed),广告画面装满广告栏边框内的全部版面,不留白边。

第四节　包装广告的设计与制作

一、设计包装广告应遵循的原则

中国有句俗话"人要衣裳,佛要金装",产品要讲究包装。在激烈的市场竞争中,产品包装不仅发挥着保护产品不受损坏、方便消费者使用的作用,而且还承担着将产品的有关信息传递给目标市场并且促使消费者产生购买欲望的使命。因此,从一定意义上来讲,产品包装就是产品的包装广告。包装广告的设计包括:产品包装物的造型设计、包装物上的图案设计以及包装物的色彩设计等内容。包装广告的设计应遵循以下原则:

(一)突出个性的原则

产品个性化是市场经济发展的必然产物,产品有个性才能在同类产品中脱颖而出,也才能留给消费者深刻的印象。这就要求广告策划者通过包装广告将产品的个性充分显示出来,即要通过包装物的形状、颜色和色调、配图以及包装材料的设计和选用来突出产品内在的特征。

包装广告在突出个性方面要注意以下几点:

1. 颜色是包装广告最有力的工具之一。通过对消费者眼球活动状况进行调查,结果显示:在各种包装广告的因素中,消费者对色彩的反应最敏感。

2. 三角形和其他有夹角的图形一向引人注意。消费者的视线易为三角形吸引,但并不等于他们就喜欢三角形。虽然最显眼的颜色是黄色,但某些产品的包装广告一旦用上黄色往往会产生相反的效果。

3. 柔性形状,例如圆形和椭圆形都象征着完美、接纳和包容,是多种包装广告的基调,因为这类形状具有正面含义。但如若用它来突出产品或品牌的个性,就必须与别的形象符号相互配合使用。例如,"汰渍"(Tide)洗衣粉包装物上的同心圆与粗体字形成对比;美国石油公司(Amoco)产品包装上的椭圆形用一个火炬分开,并填上公司的名称。

化妆品容器具有与产品同样的"高级感和梦境般的魅力"。以香水为

例,有一种叫"斋浦尔"的香水外形酷似结婚手镯。"斋浦尔"的名称取自印度拉贾斯坦邦首府斋浦尔。在那里,人们将结婚手镯赠给未婚妻是为了保护他们免遭毒眼的窥视,因为迷信的人认为被这种眼睛看了就会倒霉;而著名的"米斯·阿佩尔斯"香水瓶是按照尚未雕琢过的、不对称的钻石的样子浇铸而成的。

在古埃及和罗马,娇艳的女人都戴散发香气的护身符。在中世纪,他们在腰上或颈上挂着香袋,这种香袋的球形是用贵重金属制成,用来盛龙涎香、麝香或松香。亨利四世的情妇埃特雷曾有两条加香料的金链、一个散发多种香水的手镯和一些充满香气的扣子。受此启发,法国伊夫·圣洛朗公司用链条和水晶玻璃制作了1 000条项链,每条项链上系着一个香水瓶。这种别出心裁的产品已被收藏者竞相抢购,其售价最高达2 000法郎。有的企业还推出戒指香水瓶和手镯香水瓶等。

化妆品制造商还复制了文艺复兴时期由意大利穆拉诺的一位工人发明的一种玻璃制品,在玻璃珠里装满香水,这些用染成黄金色或白金色水晶玻璃制作的项链,其实都是香水瓶。妇女戴上这些饰物,稍微一动就会散发出一股清香。

(二) 新颖别致的原则

根据统计资料表明,一个消费者在一个超级市场购买商品时,在每个货架前平均只停留几秒钟。因此,顾客在很短的时间内不可能看完货架上的全部商品。要使顾客对某一品牌的商品在短时间内就感兴趣,广告策划者必须深思熟虑,把产品的魅力直接表现在新颖别致的包装广告上。

以可口可乐的瓶子为例。19世纪末的一个周末,美国一家制瓶厂的工程师鲁德,看到女朋友穿着一套膝盖以上部分较窄,使腰部显得很有魅力的裙子。他突发奇想,如果制成形态像这条裙子一样的瓶子,线条一定会非常柔美。经过半个月的研制,他终于设计出了这种瓶子。1923年,可口可乐公司花了600万美元买下了鲁德的这项专利,并一直沿用至今。这种瓶子有三个特点:

第一,外观别致新颖,线条柔美流畅。

第二,握着瓶颈时,瓶子不易滑落。

第三,瓶子中间突出的部分给人一种丰满的感觉,使里面所装的液体看起来更多一些。

包装广告要讲究新颖别致,但是也要考虑费用。包装费对企业经营者来说是可观的,有时可能达到产品成本的30%。

上面仅是产品包装广告设计一般应遵循的原则,不同的产品、不同的目标市场对产品包装的具体要求是不同的,例如在欧洲,对不同的产品有不同的包装法令。虽然要求的标准不一样,但对包装总体设计的要求则相同。欧洲的包装广告设计对以下八个方面十分重视:

1. 颜色。欧洲人对包装广告的颜色十分敏感,并且接受的程度不一样。一般说来,红色和黄色是欧洲人喜爱的,但如果将这两种颜色混合使用,西班牙人就难以接受;法国人、荷兰人都喜欢淡蓝色,但德国人却对此很反感。

2. 地理识别。包装广告应有醒目的地区识别标识或图案,使人一目了然。例如,意大利生产的一种乳酪和牛油,往往在包装上印有意大利的奶牛场风景,使人一看就知道这是来自意大利的产品,使消费者倍感亲切。因此,根据国家和地区的特征而在包装广告上设计醒目的地区识别标识是产品(或品牌)成功的关键。

3. 包装广告上的品牌名称。欧洲是一个多元化的市场,总的要求是品牌名称易懂、易记、易上口。宝马(BMW)车是最成功的范例,而雀巢(Nestle)咖啡,虽然已风行世界,但在德国必须改名为"BonKe"才能为德国人所接受。

4. 环保意识。目前,环保意识高涨已成为世界潮流,包装广告应考虑在人们使用后无污染,且易回收或分解,因此,解决包装的新技术与新材料尤为重要。

5. 创新求奇的倾向。新颖、离奇、创新和自然流畅的现代意识已明显地反映在包装广告上,防盗、防窃包装也不断出现。新颖的包装广告不仅是名牌老产品改变传统形象的手段,而且也为新产品争创名牌提供了机会。

6. 包装印刷。包装的印刷与设计越简单越好。但对于高档豪华产品也不能一概以简单概括,而应与产品本身的档次相适应。

7. 包装广告的外形一目了然。即使不必去仔细翻看,也要使消费者对其所关心的内容和产品特征了如指掌。

8. 包装广告传递的信息。包装广告是产品的广告,同时要使消费者产生一种信赖感,使其通过包装增加对产品信誉的了解。

二、包装广告的图案设计

产品包装广告的设计应从商标、形状、图案、色彩、材料五要素入手,在

考虑产品特性的基础上遵循包装设计的五项原则,使五要素协调搭配,以取得最佳的包装设计方案。如果从营销角度出发,包装图案和色彩设计是最重要的,因为在超级市场里,这二者是产品最好的"自我介绍"。

(一)包装广告图案的设计要求

包装广告图案中的产品图片、文字和背景的配置,必须以吸引顾客注意为中心,直接推销品牌。包装广告图案对顾客的刺激较之品牌名称更具体、更强烈、更有说服力,并往往伴有即效性的购买行为。因此,它的设计要求除了遵循上述基本原则外,还应该包括以下方面:

1. 形式与内容要表里如一、具体鲜明,一看包装广告即可知晓产品本身。

2. 要充分展示产品,可主要采取两种方式:

(1)用形象逼真的彩色照片表现,真实地再现产品。这在食品包装中最为流行,如巧克力、糖果、食品罐头等,逼真的彩色照片将色、香、味、形表现得令人馋涎欲滴。

(2)直接展示产品本身。全透明包装、开天窗包装在食品、纺织品、轻工产品中是非常流行的。

3. 要有具体详尽的文字说明。在包装广告图案上还要有关于产品的原料、配制、功效、使用和养护等的具体说明,必要时还应配上简洁的示意图。一般说来,文字说明有以下几种:

(1)日用品,要突出使用方法。

(2)纺织品,要有成分、特性、尺码、洗涤方法。

(3)食品,要有成分、重量、功效、使用剂量与方法、禁忌与有无副作用、有效期等。

关于出口产品包装文字的选择,一般使用进口国文字,但为了提高产品品牌在销售国家、地区的知名度,往往同时采用多种文字。

在包装广告的展示面上,偶然也有加注,诸如"5分钟即食""味道好极了"等类的标示语,形同广告标题,意在吸引顾客的注意力。但其后必有关于"5分钟即食"的详细说明或示意图之类。

4. 要强调产品形象色。有些商品不只是用透明包装或用彩色照片来表现产品本身的固有色,还应更多地使用体现大类产品的形象色调,使消费者产生类似信号反应一样的认知反应,快速地以色确知包装物的内容。例如,万宝路烟盒上身采用暗红色,下身是纯白色,色彩搭配醒目、突出,会使人联想到西部牛仔的阳刚之美。烟盒上方饰有烫金的菲利浦·莫里斯公司的标识:两匹骏马护卫着一顶金色王冠,再加上黑色的 Marlboro 商标,更使人觉得万宝路气度不凡。

5."名门家族"式的包装广告要将其重点体现在包装的主要展示面。凡是一家企业生产的或以同一品牌商标生产的产品,不论品种、规格,包装的大小、形状,包装的造型与图案设计,均采用同一格局,甚至同一个色调,可以给人以统一的印象,使顾客一望即知该产品系何家、何品牌。

（二）包装广告图案的设计手法

产品包装广告的图案是品牌的脸谱,它向人们展示产品,激发顾客的购买欲望;同时,包装广告图案可以其简单的线条、生动的个性人物、搭配合理的色彩等给消费者留下深刻的印象。以苏格兰威士忌酒中的皇家礼炮 21 为例。该酒是经过 21 年精心酿制而成的,用蓝、红、绿三种颜色的宫廷御用精制瓷瓶盛装,瓶身上刻有持剑跨马的圆桌骑士形象,商标图案上有两架礼炮,并配有苏格兰威士忌协会颁发的 21 年酒龄的鉴定证明。整个包装显得典雅、高贵,以至于有的人喝完酒后,将酒瓶细心地收藏起来。

在设计包装广告的图案时,要做到一个"巧"字,即将品牌产品的特征巧妙地体现在包装广告图案之中,通过对图案的艺术加工来增加品牌的吸引力,提高品牌的知晓度。当前,流行的表现手法主要有两种:

1.文化用语一体化。包装广告图案的标示语采用广告宣传上的标题或口号,甚至采用同一种字体和颜色。如某方便面的广告画面上有"5 分钟即食"的广告语,在产品包装广告的图案上,也以同一字形写上同一标题:"5 分钟即食"。将 5 分钟即可食的快熟保证印入消费者的记忆中。

2.包装形象生动化。即在包装广告的图案上装饰一些具有一定个性的人物或动物,以强化人们对包装的印象。例如,熊猫洗衣粉包装上画着一只憨态可掬的熊猫,以强化消费者对熊猫品牌的印象。

（三）包装广告图案设计的禁忌

不同的国家和地区有不同的风俗习惯和价值观念,因而也就有他们自己喜爱和禁忌的图案,产品的包装广告一定要适应这些,才有可能赢得当地市场的认可。包装广告的图案设计禁忌可分为人物、动物、植物和几何图形禁忌等。

1.人物图案禁忌主要有:

人体:阿拉伯地区禁止用美女图像的包装物,也不宜用男性人像作为装饰图案,因为当地妇女要佩戴面纱;英国忌用人像作为包装广告图案。

宗教人物:泰国禁用带有佛像图案的包装物;意大利禁用有修女像的包装物;非洲国家不喜欢面带笑容的老寿星。

2. 动物图案禁忌主要有:

老虎和狮子:中东伊斯兰教国家不喜欢用老虎和狮子作图案。

大象:在英国和英联邦国家,大象被认为是好吃懒做、大而无用的动物。

山羊:在英国,山羊既有"不正经的男子"的含意,也有"坏人"的意思。

孔雀:在英国人眼里,孔雀是灾祸的象征。孔雀开屏在英国被认为是自我炫耀的不良习性。西方有很多民族害怕"邪眼",而孔雀开屏正好显示出羽翎上"眼状"的花纹,好像许多"邪眼",所以招忌。

狗:在北非穆斯林地区,狗被认为是厄运或邪恶的象征。

猫头鹰:在瑞士、中国,猫头鹰被认为是死亡的象征。

狐狸和獾:中国人、日本人对饰有狐狸或獾图案的包装很反感,他们认为狐狸和獾是贪婪、狡猾的象征。

仙鹤:在法国,仙鹤是蠢汉和淫妇的代称。

鹿:在巴西,鹿象征同性恋。

蝙蝠:在美国,蝙蝠是凶神的象征,蝙蝠是与恐怖、死亡、不吉祥联系在一起的,连小孩子也知道蝙蝠是可怕的"吸血鬼"。

牛:在印度,包装图案上禁止用牛。

猫:比利时人视猫为不祥之物。

3. 植物图案禁忌主要有:

菊花:法国人、意大利人、西班牙人将菊花用于葬礼。

荷花:日本人忌用荷花,他们认为荷花意味着祭奠,是到极乐世界去的象征。

核桃:德国人视核桃为不祥之物。

黑桃:法国人忌用黑桃图案。

垂柳:在中东,垂柳表示悲伤与死亡。

白色百合花:在英国,白色百合花专用于葬礼。

4. 几何图形禁忌主要有:

三角形:国际上视三角形为警告牌标记,所以忌用三角形作为包装图案。

六角形:中东国家非常反感六角形,因为以色列国旗上有六角形的图案。

十字形：沙特阿拉伯严禁以十字架为包装图案。

三、包装广告的色彩设计

色彩在包装广告设计中占有特别重要的地位。在竞争激烈的产品市场上，要使产品具有明显区别于其他产品的视觉效果，更富有诱感消费者的魅力，刺激和引导消费，以及增强人们对产品品牌的记忆，都离不开色彩的设计与运用。

日本色彩学专家大智浩，曾对包装广告的色彩设计作过深入的研究。他在《色彩设计基础》一书中，曾对包装广告的色彩设计提出如下几点要求：①包装广告色彩能否在竞争产品中有清楚的识别性；②是否很好地象征产品内容；③色彩是否与其他设计因素和谐统一，有效地表示产品的品质与分量；④是否为产品购买阶层所接受；⑤是否有较高的明视度，并能对文字有很好的衬托作用；⑥单个包装的效果与多个包装的叠放效果如何；⑦色彩在不同市场、不同陈列环境能否都充满活力；⑧产品的色彩是否不受色彩管理与印刷的限制，效果如一。

这些要求，在产品包装广告色彩设计的实践中无疑都是合乎实际的。随着消费需求的多样化、产品市场的细分化，对产品包装设计的要求越来越严格和细致。为了更准确地掌握不同种类产品包装广告色彩设计的不同要求，大智浩将生活消费品划分为三大类别，分别提出了色彩设计的具体要求，现择要介绍如下：

1. 奢侈品。如化妆品中的高档香水、香皂以及女用服饰品等；男用如香烟、酒类、高级糖果、巧克力、异国情调名贵特产等。这些商品的包装广告特别要求有独特的个性，色彩设计需要具有特殊的气氛感和高价、名贵感。例如，法国高档香水或化妆品，要有神秘的魅力、不可思议的气氛，以显示巴黎的浪漫情调。这类商品无论包装体形或色彩都应设计得优雅大方。

再如，男人嗜好的威士忌，包装设计要有18世纪法国贵族生活的特殊气氛；香烟包装设计要求具有一种贵族的气质感。肯特（KENT）香烟的烟盒遍体为白色，一座金色的古城堡耸立在一片白色之中，再配以金光灿烂的"KENT"商标，会使人联想起古老的城堡里的贵族生活。骆驼牌（CAMEL）香烟盒的底色是淡黄色，暗喻广阔的沙漠。背景图案上的金字塔和棕榈树代表古老的东方，给人一种神秘的、原始的感觉。这类商品的包装都给人一

种高价、名牌的感觉。

2. 日常生活所需的食品。例如，罐头、饼干、调味品、咖啡、红茶等。这类商品包装广告的色彩设计应具备两点特征：

其一，引起消费者的食欲感。

其二，要刻意突出产品形象，如矿泉水包装采用天蓝色，暗示凉爽和清纯，并用全透明的塑料，充分显示产品的特征。

3. 大众化产品。例如中低档化妆品、香皂、卫生防护用品等。这类商品定位于大众化市场，其包装广告的色彩设计要求是：

其一，显示易于亲近的气氛感。

其二，表现出产品的优质感。

其三，使消费者在短时间内辨别出该品牌。

第五节 网络广告的制作

一、网络广告的概念及发展

网络广告又被称为互联网广告，是指以数字代码为载体，采用多媒体技术设计制作，通过互联网发布传播，具有良好的交互功能的广告形式。它是一种新兴的广告形式。

网络是基于计算机、通信等多种网络技术和多种媒体技术的广告形式，其具体操作方式包括：注册独立域名，建立公司主页；在热门站点上作横幅广告及链接，并登录各大搜索引擎；在知名的 BBS 电子公告板上发布广告信息，或开设专门论坛；通过电子邮件给目标消费者发送信息；等等。网络广告不但可以为不同的受众实施不同的广告宣传，还可以有效地将文本、声音、图像等结合起来，传送多感官信息，为消费者和广告主架起一座沟通的桥梁。

早在 1993 年，美国"国家信息基础结构"（National Information Infrastructure，缩写 NII，俗称"信息高速公路"）计划出台，互联网开始对公众开放。该计划引起了世界各国的普遍关注和跟进，掀起了建设"信息高速公路"的浪潮。自此，互联网开始走出单一的军事、科研用途，跨越了传统的文化、经济、政治的限制，逐渐成为全球最大的、最流行的、大众化的信息网络。

1994 年，美国著名杂志 Wired 推出网络版 Hotwired（www. hotwired.

com),其主页上开始有了 AT&T、IBM 和宝洁等 14 个客户的图像和宣传信息,这标志着网络广告的诞生。这是广告发展史上的一个里程碑,同时也使广告主、广告代理商以及网络开发商和服务商看到了一个充满潜力的巨大的市场。

1997 年 3 月,在我国的 CHINABYTE 网站上出现了第一条企业产品的网络广告,标志着中国网络广告的诞生。1998 年末到 1999 年初,许多计算机生产厂家大规模的网上宣传活动真正启动了网络广告,对互联网行业的发展起了至关重要的促进作用。

二、网络广告的特点

促使广告客户广泛使用互联网进行广告宣传的原因是多方面的,网络的普及使得越来越多的人从电视媒体转向互联网,这就给广告客户带来更多的接触目标消费者的机会。互联网具有传统媒体无法比拟的优势。正是这些优势使得许多经营者认为网络广告行业大有可为,前途一片光明。

(一)网络广告的优势

1. 网络广告具有广告信息传递的互动性。网络广告不同于传统媒体的信息单向传播,而是广告信息互动传播,这是网络广告区别于传统媒体广告的一个最明显的特点,也是网络广告所具有的强大优势所在。用户只需点击鼠标,通过链接就可以从厂商的网站中获取详尽信息,传播迅速,受众可以有选择地主动接收所需要的信息。而大众媒体广告,如电视、广播等具有单向强制收视的作用,网络广告可以使受众根据个人的偏好随意获取文字、图片、声音、影像等信息,而且没有时间限制,这就增强了消费者的主动性。另外,用户可通过广告位直接填写并提交在线表单信息,厂商可以即时得到用户反馈信息,缩短了企业和市场之间的距离。同时,网络广告还可以提供进一步的产品查询需求。

互联网提供了表达丰富的网络广告创意平台,互联网的互动特质是电视、广播、报刊等任何传统媒体都无法比拟的。随着中国互联网技术的发展,互联网的互动特质将在网络广告中得到充分利用。与传统的大众媒体(电视、报纸、广播、杂志)广告及备受垂青的户外媒体广告相比,互联网广告具有得天独厚的优势,是实施现代广告战略的重要一部分。

2. 网络广告传播范围非常广泛。网络广告可以通过国际互联网把广告信息全天候地传递到世界各地,不会受到时间、地域等的限制。由于网络

广告的传播对象是互联网上的所有计算机终端客户,因此,其全球性广告覆盖范围是其他广告媒体所无法比拟的,做到了真正的无国界投放。

3. 由于网络广告能进行准确的点击统计,所以其投放更具有针对性。目前在网络技术方面已经出现了可以分析网站访问者喜好,并据此精确定位以投放广告的技术,使广告效果大大提高。相比较,传统广告是通过并不精确的发行量、收视率等来统计广告的受众数量,而网络广告及时、精确的统计机制,可以帮助企业建立完整的用户数据库,包括用户的统计性特征以及地域分布等。这些资料可以帮助广告主分析目标市场,根据目标受众的特点,有针对性地投放广告,并根据用户特点进行定点投放和跟踪分析。

另外,网络广告还可以提供有针对性的信息内容。不同的网站或者是同一网站不同的频道所提供的信息服务是不同质且具有明显区别的,这就为密切迎合广告目标受众的兴趣偏好提供了可能。例如,某网站是专业的体育运动网站,那么,它的目标受众大都是体育爱好者。如果体育器材或运动服装的广告客户想要在网络上进行广告宣传的话可以优先考虑这类网站。将一定的产品在适合的网络媒体上进行广告宣传,会使广告信息与受众之间的相关程度大大提高,从而增加广告信息的注目率。

4. 网络广告制作成本低,灵活性强,因而就缩短了媒体投放进程。网络广告制作周期短,可根据客户的需求很快完成制作设计。另外,传统广告一经发布往往很难更改,而且改动成本高昂,而网络广告制作简单、成本低廉,容易进行修改。当然,随着网络技术的不断进步,网络广告的制作会越来越复杂,修改也会相应地提升成本。但从目前来看,修改一个网络广告的成本比传统媒体要小得多。

5. 网络广告的形式多种多样。网络广告在技术上可以用动画、flash、游戏等方式,在尺寸上可以采用旗帜广告、巨型广告等,在形式上可采取网络在线试听、试玩、收看、调查等,达到传统媒体无法比拟的效果。另外,利用超媒体链接技术,广告主可以向受众提供详尽的广告信息内容。例如,以前专注于报纸杂志广告的房地产开发商,已开始转向各大网站,利用图文并茂、层层连接并且还可以自由翻页的网络广告向客户提供详尽的物业信息。

6. 网络广告的播放具有可重复性和内容的可检索性。网络广告可以将文字、声音、画面完美地结合之后供用户主动检索、重复观看。与之相比,电视广告等却使广告受众被动地接受广告信息,一旦错过广告播放时间,就不能再得到广告信息。另外,显而易见,较之网络广告的检索而言,其他媒体广告的检索要费时、费事得多。

(二) 网络广告的不足

尽管网络的传播范围广泛,但其覆盖面积就目前来说还非常有限,互联网络的覆盖率远不如电视、广播、报纸等大众媒体,许多经济不发达的国家和地区由于电子计算机和互联网的普及率低,所以,网络广告的受众群体相对比较小。

由于网络本身是一种阅读浏览的随意性与自由性都很强的媒体,使得网络广告的效果没有一个统一的衡量标准,其评价方式也还不成熟。与传统的电视广告相比,网络广告是一种非强迫性的广告形式,其浏览率与注目率自然没有电视广告高。

网络广告除了存在以上局限以外还存在以下几点不足:

1. 网络广告缺乏成熟的管理模式。从网络广告诞生至今,互联网还未出现专业的、成熟的网络广告监督管理机构去专门从事网络广告标准的制定以及网络广告形式、内容、发布的审查、监测和管理。

2. 受众对网络广告的自主性选择影响了广告的注目率。虽然网络广告的自主性选择可以充分发挥顾客的主动性,加大了广告信息的传播力度,但是,在大多数情况下,受众一般都不愿意点击该广告。根据消费者心理学理论,只有消费者在对某产品产生购买欲望以后,才会主动搜集该产品的相关信息资料。在一定意义上说,广告又可分为有意注意与无意注意两种广告形式,网络广告就属于有意注意广告。在通常情况下,消费者不可能总是处在有意注意中,绝大多数消费者都没有具体的购买目标,广告的作用就是唤醒消费者潜意识里的购买欲望,使其转化为购买行为。由于网络广告的受众自主性特点,有时会影响消费者购买决策过程的正常实施。

3. 由于网络广告高科技含量自身的特点,降低了网络广告的传播效果。有些网络广告过分注重高科技含量的表现形式以及音频、视频效果,不能将鲜明的广告诉求内容与多媒体效果有机统一起来,除了在视觉、听觉方面使受众产生刺激外,很难给消费者以深刻的印象。另外,由于超链接技术的广泛使用,多个网络广告弹出式窗口模式出现时,不仅面积受限,传达的信息内容也受到影响,再加上网络垃圾众多,使得许多读者在浏览网页时借助一些 IE 助手直接将弹出式广告进行拦截或关闭,这就使得网络广告的效果大为降低。

三、网络广告的形式

网络广告采用先进的多媒体技术,具有灵活多样的广告投放形式。但是,目前全球网络广告的形式主要还是以横幅式广告(Banner)出现较多。具体来看,网络广告目前主要有以下几种投放方式。

(一)文本链接广告

文本链接(Text link)广告是以文字链接的广告,即在热门站点的 Web 页上放置可以直接访问的其他站点的链接,通过热门站点的访问,吸引一部分流量点击链接的站点。

文字链广告是以一排文字作为一个广告,点击进入相应的广告页面,主要的投放文件格式纯文字广告形式。

(二)品牌图形广告

品牌图形广告是网络硬广告最常见的表现形式之一,并且也是占市场份额最大的网络硬广告形式。它主要投放在综合门户网站、垂直类专业网站上,其作用是增强品牌广告的曝光率,与传统媒体时代的"广告标王"延续着同样的思路。品牌图形广告主要包括按钮广告(Buttons)、旗帜广告(Banner)、鼠标感应弹出框、画中画、摩天柱广告、浮动标识/流媒体广告、通栏广告、对联广告、全屏广告、视窗广告、焦点图广告、导航条广告、弹出窗口和背投广告等形式。

(三)富媒体广告

富媒体,即"Rich media"的英文直译,其本身并不是一种具体的互联网媒体形式,而是指具有声音、动画、视频和交互性的信息传播方法。富媒体是一种受众不需要安装任何插件就可以播放的整合视频、音频、动画图像、双向信息通信和用户交互功能的新一代网络广告解决方案。

富媒体广告主要包括插播式富媒体广告、扩展式富媒体广告和视频类富媒体广告等形式。它是一种由于信息技术的飞速发展而诞生的网络广告形式,是指综合运用多种声音、影像等特效媒体手段在网络上提供类似电视效果的广告。包含下列常见的形式之一或者几种的组合:流媒体、声音、Flash,以及 Java、Java Script、DHTML 等程序设计语言。富媒体可应用于各种网络服务中,如网站设计、电子邮件、Banner、Button、弹出式广告、插播式广告等。随着宽带的日益普及,富媒体广告的广泛应用使得网络媒体的元素日渐丰富,其表现力和冲击力给网络广告带来了新的动力。专业人士认为，富媒体广告的展现力会越来越接近电视广告，在媒体受众中的影响力会逐步提升，它作为传统电视广告一种延伸形式，在品牌企业中的使用将逐步增加，推动网络营销更具感染力。

（四）分类广告

分类广告，指将各类短小的广告信息按照一定方法进行分类罗列，以便用户快速检索的广告，一般集合放置于页面固定位置。网络分类广告类似于报纸杂志中的分类广告，是一种专门提供广告信息服务的站点。在站点中提供按照产品或者企业等方法可以分类检索的深度广告信息。

这种形式的广告为那些想了解信息的访问者提供了一种快捷有效的途径。分类广告的内容多为与消费者日常生活紧密相关的商业信息。由于分类广告最能体现互联网的搜索和交互功能以及跨地域的优势，其定向投放能力和受众区分能力都较普通的旗帜广告、巨幅广告更为出色，越来越多的消费者已经习惯在网络上查询分类广告，而原本以刊载分类广告见长的报纸媒体则逐渐失去了这部分市场份额。

（五）网络视频广告

网络视频广告是采用先进的数码技术将传统的视频广告融入网络中，构建企业可用于在线直播实景的网上视频展台。网络视频是以在线视频为载体的网络广告形式，包括嵌入式视频广告（间隙型广告、前置式广告、后置式广告）、视频冠名广告、频道页全背景广告等形式。这种广告的好处在于，只要广告主认同，可以将其作为电视广告的一部分，以减少广告主的支出。这种广告形式有一个关闭按钮，对于大部分不喜欢弹出式广告的用户能自主选择是否观看或关闭该广告，同时，网站也能控制广告的播放时间、位置和频率，以便能更好地与网民良性互动。到目前为止，视频广告的发展十分迅速，已被越来越多的广告主所选择。其中短视频尤其引人关注。最早引领短视频广告潮流的是 Google，2016 年 4 月份以来，Google 在 YouTube 上尝试 6 秒广告——短小精悍、信息集中，让人来不及选择"跳过"就播完了。六秒钟的视频广告的真正吸引力在于，它们有助于推动消费者深入到购买通道，这类快速提醒广告可以让消费者采取行动。

根据 Google 公布的数据，自 2017 年第一季度起，YouTube 上使用 6 秒视频广告的广告主的数量季度同比增长 70%。现在，有 1/3 的广告主会在 YouTube 上使用 6 秒广告。如今，广告策划者们已经形成了共识，即视频将会成为网络上最主流的内容形式。实践证明，在社交媒体中，人们更愿意观

看和分享时长短、脑洞大的视频。

(六) 插播式广告

插播式广告的英文名称叫"Interstitial Ad",中国互联网络信息中心将 Interstitial 定义为空隙页面,"空隙页面是一个在访问者和网站间内容正常递送之中插入的页面。空隙页面被递送给访问者,但实际上并没有被访问者明确请求过"(www.CNNIC.cn)。插播式广告的表现形式类似于电视广告,都是中断正常播放的节目,强行插入广告。插播式广告的大小有各种尺寸,有全屏的,也有小窗口的,而且互动的程度也不同,从静态到动态的都有。浏览者可以通过关闭窗口不看广告(电视广告是无法做到的),但是它们的出现没有任何征兆。

(七) 搜索引擎广告

搜索引擎广告是基于搜索引擎及其细分产品的各类广告,具体又分为排名类产品广告(竞价排名和固定排名)、内容定向广告(如百度精准广告)、品牌广告等。搜索引擎广告的表现形式为显示在搜索结果页面右侧的网站链接广告,属于按点击次数收费的类型。由于搜索引擎是网民查找信息最常用的手段,人们在查找信息的同时也给广告主推广产品和服务提供了大量机会。这种广告不易引起受众反感,因此成为许多广告主乐于采用的网络广告形式。

(八) 对话链广告

对话链(Chatwords)广告是指将用户在聊天过程中涉及的关键词转化为链接,可以直接指向相关网站。例如,用户在聊天过程中出现"免费邮箱"这个词后,就会实时转化为链接,用户点击后,可直接进入提供免费邮箱服务的广告主网站www.email.com.cn。这种新的对话链接广告形式,比传统的网络广告及最新的 Google Adsense 相关性广告而言,无论对网络广告受众还是投放企业都具有多方面的优势。与视频广告相似,用户可自主选择是否进入该网站。同时,用户在聊天过程中就可以随时对感兴趣的网站进行浏览,无须打开专门的搜索网页或安装相应的工具,从而大大方便了用户的使用。对于投放广告的企业来说,对话链广告在关键字范围、有效性、真实性等方面具有突出优势。

(九) WWW 主页形式

WWW 主页形式是指广告主独立建立网站,在 WWW 上构建本企业的网页。主页具有较大的空间,可以载入有关企业或产品的大量信息,并且可以充分展示企业的风格。大量实践证明,做网上广告的最根本手段就是建立企业的主页,而其他各种形式的网上广告仅仅是为了提供连接到企业主页的途径,以扩大企业网页的访问规模。

随着计算机网络技术的发展,企业的主页地址就如同企业的名称、地址、品牌、商标等一样,成为企业的标志。并且由于网址的独占性,不同网址传播能力的差异,使得主页网址成为企业的一笔无形资产。

(十)电子邮件形式

电子邮件(E-mail)就是通过因特网传递的个人信件。广告主可以利用电子邮件将广告信息发送给个人。电子邮件广告类似于传统的 DM 广告,即直接信函广告。

电子邮件广告的特点是:成本低,它的邮寄费用远低于普通邮件;传递速度快,它是通过电子线路或光缆进行传递的,只要线路畅通,即使是国际邮件也可以很快到达;反馈速度快,用户如果感兴趣的话,可以立刻用 Reply 形式回信答复。

制作电子邮件广告的关键是获取用户 E-mail 地址,企业可以通过四种途径获取用户的 E-mail 地址:①从专门出售用户 E-mail 地址的公司购买;②用户反馈的有关资料;③企业加入有关研讨会、讨论组;④通过一些免费服务项目获取。

(十一)附属形式

附属形式是指将本企业的广告信息与其他企业的信息一起在公共网站上发布,这种广告形式由于本企业的信息与其他企业的信息混杂在一起,使得受众的注意力被分散,本企业的广告往往容易被忽视。采用附属形式的网络广告需要选择合适的公共网站,常见的公共网站主要有:

1. 公共黄页。在因特网上有一些专门网站为读者提供检索查询资讯服务,著名的有 Sohu、goyoyo 以及广州的"网易",外商有 Yahoo Chinese 和 Sina 等。这些网站的网页如同电话簿的黄页一样,将登录的企业按类别进行编辑。用户只要在"Search"一栏中输入关键字,就可以查阅所需的资料。

2. 专业销售网。这是因特网上专门从事某一类产品销售的一种方式,消费者只需在一张电子表格上填上所需商品的规格、颜色、价格档次、品牌等信息,屏幕上就会出现满足顾客需要的商品,顾客再决定购买与否。

3. 网上报纸和杂志。现在世界上许多著名的媒体,如《时代》《幸福》等都在因特网上建立了自己的网页,需要进行广告宣传的企业可以付费使用。

4. 行业名录。一些因特网服务商(ISP)或政府机构将某些行业信息载

入它们的主页中。例如,香港商业发展委员会的主页就附有汽车配件商、代理商的名录,消费者可以通过连接直接进入该公司的主页。

(十二)其他形式广告

其他形式网络广告包括了数字杂志类广告、IM 即时通讯广告、游戏嵌入广告、互动营销类广告、下载软件广告、书签和工具栏广告、屏保广告、指针广告和无线网络广告等形式。

四、网络广告效果衡量

广告的根本目的是在于促成消费者购买产品,但是由于网络广告的作用是一个缓慢的过程,其效果也不仅仅表现为销售业绩,因此,应当将广告的心理效果、经济效益以及社会效果等几个不同的方面进行综合衡量。目前,比较常见的网络广告效果评价指标有以下几种。

(一)广告曝光次数

广告曝光次数是指网络广告所在网页被访问的次数,这一数字通常用 Counter(计数器)来进行统计。假如,广告刊登在网页的固定位置,那么,在刊登期间获得的曝光次数越多,就表示该广告被看到的次数越多,获得的注目率也越多。

因此,网页的曝光时间是影响横幅广告记忆的一个重要因素。简单来说,一个人停留在一个特定页面时间越长,则对网页上广告的记忆程度越深。为了达到一定的记忆深度,网页的曝光时间不能少于 40 秒,但曝光时间超过 40 秒以上,对广告的认知水平并无显著增加。用户的浏览模式对广告的记忆会产生很大的影响,目标导向型的用户与探索浏览型的用户相比,对广告的记忆和认知程度要更低。总的来说,得到一个广告曝光次数,并不等于得到一个广告受众的注意,只是从大体上反映其效果。

(二)点击次数与点击率

受众点击广告的次数就称为点击次数。点击次数可以客观、准确地反映广告效果。将点击次数除以曝光次数,就得到了点击率,这项指标也可以用来评估网络广告效果,是广告吸引力的一个指标。例如,若刊登某则广告的网页的曝光次数是 2 000,而网页上的广告点击次数为 400,那么点击率为 20%。

点击率是网络广告效果最基本的评价指标,也是反映网络广告最直接、最有效的量化指标,因为,如果某一受众只要点击了某广告,说明他已经对广告产品发生了兴趣。与曝光次数相比,这个指标对广告主来说其意义更大。不过随着人们对网络广告的不断深入了解,点击率有逐渐下降的趋势。因此,在某种程度上,单一的点击率指标已经不能全面、客观地反映网络广告的真实效果了。

(三)转化次数与转化率

网络广告的最终目标是促进产品销售,而点击次数与点击率指标并不能直接反映网络广告对产品销售的促进作用,于是出现了转化率指标。

转化率最早是由美国网络调查公司 AdKnowledge 在《2000 年第三季度网络广告调查报告》中提出的。"转化"被定义为:受网络广告影响而形成的购买量(额)、注册人数或者信息需求量。那么,转化次数就是由于受网络广告影响所产生的购买、注册或者信息需求的行为的次数,而转化次数除以广告曝光次数,就是转化率。转化率代表网络广告投放后产生的连带影响效果,包括产品的品牌效应等方面。怎样来监测转化率,在操作中还具有一定的难度。再者,广告商不能只考虑与点击有关的销售量而忽视品牌效应对产品销售的影响,若仅仅依赖点击率进行决策,广告主往往不能对他们的广告活动的效果进行正确的判断。

(四)互动性

互动性是由美国得州大学的专家 Chang Hoan Cho 在 2000 年提出的,用来衡量网络广告效果的指标。他认为,互动性是网络广告与传统媒体广告之间的本质区别。在传统媒体的广告中,信息传播是单向的,而网络具有信息双向传播的互动特点。实际上,在一对一营销的概念中,互动性被认为是最重要的特性。人们普遍认为互动性的两个主要方面是人与人之间的互动和人与信息之间的互动。前者是指信息在发送者与接受者之间的双向流动,比如,广告主向消费者发送信息以及消费者向广告主提供反馈意见。后者是指使用者可以通过修改产品的颜色、形状、图像、声音和顺序来表达和定制自己所需要的信息。

国外的一项研究表明,广告互动性越强,消费者的记忆程度越高,决策时越有信心。Chang Hoan Cho(1999)研究了两个问题:一是消费者为什么与广告商之间进行互动,二是什么影响了消费者与广告信息、广告商之间的互动。他通过大量试验得出以下几个结论:参与程度越高,消费者越愿意参与高水平的互动;消费者对个性化信息的认知程度越高,越愿意参与高水平的互动;消费者对广告宣传与广告产品之间的关系认识程度越高,越愿意参与高水平的互动;互动水平越高,广告的效果越好。

五、设计新颖的网页

新颖别致的网页常会给网上浏览者留下深刻的印象,这也就增大了他们再次访问的可能性。因此网页的设计决定着网上广告的传播效果。企业在设计网页时,应该注意以下问题。

(一)设计合理的网页结构

合理的网页结构应该是层次清晰、结构简单,顾客可以从主页的目录中明白自己要查询的内容,应避免结构模糊与重叠;所提供的资讯信息应尽量地全面,要涵盖顾客的搜寻范围,让顾客一次找足。一般的网页结构如图12-4所示。

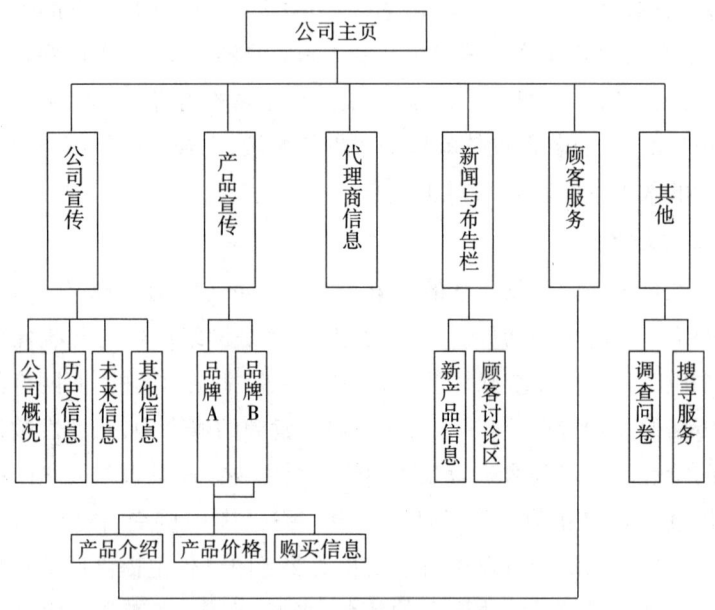

图12-4 常见的公司主页结构

(二)提供清晰的漫游指示

网页设计者的主要任务之一就是帮助浏览者在网页之间自由地移动,如果浏览者在漫游过程中难以发现他们需要的资料,他们就会对公司的网页失去兴趣。因此,网页设计者要为受众设计出明确的通道线索,使他们尽快地找到所需的信息。

(三)设计新颖别致的主页

主页是公司网站的门面,它决定了用户对公司网页的第一印象。因此主页的设计应遵循 KISS(Keep it simple and stupid) 原则,就是尽量使规则简单化,以至于"傻瓜"都能对其进行操作。在此基础上,应该标志新颖,使用户产生眼睛一亮的感觉,使他们产生浓厚的兴趣,诱使他们阅读下去。

(四) 创意设计

网络广告在讲求内容全面的基础上,也要重视一定的艺术性创意。目前,大多数公司的网页在形式上都非常相似,即左边是分类表格,右边是内容显示,上边是公司简介、产品、服务、搜寻等字样,下边是几个按钮。用户已经对其熟视无睹了。因此,设计人员应该在屏幕布局、关键颜色、字体等方面突出广告产品的风格与个性,以迎合用户普遍存在的求新、求异心理。

思考与练习

1. 简述海报(广告)图形的种类。
2. 你认为海报(广告)的标题字应该用哪种字体?
3. 什么是店面广告?它有哪些作用?
4. 简述店面广告的设计原则。
5. 简述路牌广告的制作要求。
6. 设计包装广告时应遵循哪些原则?
7. 简述包装广告图案的设计要求。
8. 简述包装广告图案的设计手法。
9. 试举出 20 个著名产品的包装广告。
10. 简述网络广告的特点。
11. 网络广告有哪些常见的形式?
12. 衡量网络广告效果的标指有哪些?

第十三章 广告效果测定

本章关键词

广告效果(Advertising effectiveness) 广告心理效果(Advertising mental effectiveness) 回忆法(Recollection) 专家意见综合(Expert opinions combination) 广告的感受性(Advertising susceptibility) 视向测验法(Eye camera test) 皮肤反射测试法(Galvanic skin reflex test) 广告可读性(Advertising readability) 雪林测定法(Schwerin test) 公益广告(Public service advertising)

本章学习重点

- 广告效果的特征
- 广告心理效果的主要内容
- 广告心理效果的事前测定
- 广告心理效果的事中测定
- 广告心理效果的事后测定
- 广告经济效果的测定方法
- 广告社会效果测定的内容及原则

第一节 广告效果测定概述

广告效果,是指通过广告媒体传播之后所产生的影响,或者说媒体受众对广告效果的结果性反应。这种影响可以分为对媒体受众的心理影响、对媒体受众社会观念的影响以及对广告产品销售的影响。

一、广告效果的特征

广告活动的效果与其他经济活动的效果不同,主要表现在以下方面。

(一) 时间的滞后性

广告对媒体受众的影响程度由经济、文化、风俗、习惯等多种因素综合决定。有的媒体受众可能反应快一些,有的则慢一些;有的可能是连贯的、续起的,有的则可能是间断的、迟效的。实际上,广告是短暂的,即便是招牌广告,由于媒体受众的流动性,广告留下的影响也可能是片刻之间的。在这短暂的时间里,有的消费者被激起了购买欲望,很快就购买了广告宣传的商品;有的则要等到时机成熟时才购买该商品。这就是广告效果时间上的滞后性。

时间的滞后性使广告宣传的效果不能很快、很明显地显示出来。因此,评估广告宣传的效果首先要把握广告产生作用的周期,准确地确定效果发生的时间间隔,区别广告的即时性和迟效性。只有这样,才能准确地预测某次广告活动的效果。

(二) 效果的积累性

广告宣传活动往往是反复进行的,所以某一次广告宣传由于其传播信息的偶然性与易失性,很难立竿见影,所以某一时点的广告效果都是这一时点以前的多次广告宣传积累的结果。

媒体受众由于多种因素的影响而没有很快产生购买行为,这段时间就是广告效果的积累期。广告主要反复进行宣传,突出广告的诉求点,以鲜明的特色来打动消费者,使他们产生购买欲望,最终达成交易行为。

(三) 效果的复合性

广告宣传活动由于媒体不同,其形式也就多种多样。随着经济、科技的不断发展,新的媒体大量出现,极大地丰富了广告市场。例如,动态看板广告就是一种新形式的广告。这种广告又称为互动广告,是一种浮在水面上可以漂动的广告。1996年3月29日,美国第一联美银行曾经进行过这种广告宣传,公司的动态看板广告驶过旧金山湾,广告上写着:"如果您对第一联美银行和富国银行合并不满的话,可以马上行动,换到格伦代尔联邦银行。"(注:格伦代尔联邦银行是第一联美银行的竞争对手,势力逊于后者)这一广告形式在当地引起了轰动,当地各大新闻媒体都对此进行了报道,起到了很好的宣传效果。

不同的广告媒体具有不同的特点,广告主可以综合加以利用,因而广告效果具有复合性,某一时期的广告效果也许是多种媒体广而告之的结果。在广告效果测定时,要分清影响广告效果或决定广告效果的主要因素,以确保测定的客观性与真实性。

(四)效果的间接性

广告效果的间接性主要表现在两个方面:受广告宣传的消费者,在购买商品之后的使用或消费过程中,会对商品的质量和功能有一个全面的认识,如果商品质量上乘并且价格合理,消费者就会对该品牌商品产生信任感,就会重复购买;另一方面,对某一品牌商品产生信任感的消费者会将该品牌推荐给亲朋好友,从而间接地扩大了广告效果。

(五)效果的层次性

广告效果是有层次的,即有经济效果与社会效果、眼前效果与长远效果之分。只有将它们很好地综合起来,才有利于广告主的发展,有利于塑造良好的企业形象与品牌形象。广告经营者在进行广告宣传活动时,不能只顾眼前利益而制作虚假广告,更不能只要经济利益而不顾社会影响。

二、广告效果的种类

根据不同的划分标准,可以将广告效果划分为不同的种类。①根据广告效果的层次,可划分为经济效果、消费者心理效果和社会效果。②根据广告活动的运行周期,可以划分为短期效果与长期效果。短期效果与长期效果的时间间隔,可根据广告宣传的时间长短以及具体要求来确定。③根据广告产品处于不同的生命周期阶段,可以分为导入期效果、成长期效果、成熟期效果、衰退期效果。④根据广告宣传活动的整体过程划分,可以分为事前测定效果、事中测定效果与事后测定效果。这是最常用的一种划分方式,其目的是为了随时了解广告的具体效果,并根据效果的不同,不断调整和修改广告计划。

三、广告效果测定的意义

广告宣传是企业在现代市场上开展的重要促销活动之一。广告宣传是企业的一项投资行为,它的产出状况直接关系到企业的命运。在市场经济条件下,企业是国民经济运行的基本细胞,是社会财富的主要创造者。企业的命运实际上也就是经济整体的命运。因此,广告效果也就与国民经济的整体运行有着密切的关系。除此之外,广告效果测定的意义还表现在以下几个方面:

第一,广告效果测定是对整个广告宣传活动的经验总结。广告效果测定是检验广告计划、广告活动合理与否的有效途径。在测定过程中,要求与计划方案设计的广告目标进行对比,衡量其实现的程度,从中总结经验,吸取教训,为下一阶段的广告促销打下良好的基础。

第二,广告效果测定是广告主进行经营决策的依据。某一时期广告宣传活动结束之后,必须客观地进行广告效果测定,检查广告目标与企业目标、目标市场、营销目标的吻合程度,以正确把握下一阶段的广告促销活动。如果对广告活动的成效胸中无数,就会使广告主盲目进行经营决策,误入歧途。

第三,促进企业改进广告的设计与制作。通过广告效果的测定,可以了解消费者对广告作品的接受程度,鉴定广告主题是否突出,广告形象是否富有艺术感染力,广告语言是否简洁、鲜明、生动,是否符合消费者的心理需求,是否收到良好的心理效果等。这些都为企业未来的广告活动提供了参考资料,并有助于企业改进广告的设计与制作,使广告宣传的内容与表现形式的结合日臻完美,从而使广告的诉求更加有力。

第四,促进整体营销目标与计划的实现。广告效果测定能够比较客观地肯定广告活动所取得的效益,也可以找到除广告宣传因素以外影响企业产品销售的原因,如产品的款式、包装、质量、价格等问题。企业可据此调整生产经营结构,开发新产品,生产适销对路的产品,实现经营目标,取得良好的经济效益。

四、广告效果测定应遵循的原则

为确保广告效果测定的科学、准确,在测定过程中必须遵循以下原则。

(一)针对性原则

针对性原则是指广告效果测定必须有明确而具体的目标。例如,广告效果测定的内容是经济效果还是社会效果;是短期效果还是长期效果;短期效果中是企业的销售效果还是消费者心理效果;如果是心理效果,是测定态度效果还是认知效果;如果测定的是认知效果,是测定媒体受众对产品品牌

的认知效果,还是对广告产品的功能特性的认知效果,等等。只有确定了具体的测定目标,才能选择相应的手段与方法,测定的结果也才准确、可信。

(二) 可靠性原则

广告效果只有真实、可靠,才有助于企业进行决策,提高经济效益。在广告效果测定的过程中,要求抽取的调查样本有典型意义和代表意义;调查表的设计要合理,汇总分析的方法要科学、先进;考虑的影响因素要全面;测定要多次进行,反复验证。只有这样,才有可能取得可靠的测定结果。

(三) 综合性原则

影响广告效果的因素多种多样,既有可控性因素,也有不可控因素。可控性因素是指广告主能够改变的,如广告预算、媒体的选择、广告刊播的时间、广告播放的频率等;不可控因素是指广告主无法控制的外部宏观因素,如国家有关法规的颁布、消费者的风俗习惯、目标市场的文化水平等。对于不可控因素,在广告效果测定时要充分预测它们对企业广告宣传活动的影响程度,做到心中有数。

在广告效果测定时,除了要对影响因素进行综合性分析外,还要考虑到媒体使用的并列性以及广告播放时间的交叉性。只有这样,才能排除片面性的干扰,取得客观的测定效果。

(四) 经常性原则

由于广告效果具有时间上的滞后性、效果上的积累性、复合性以及间接性等特征,因此就不能抱有临时性或一次性测定的态度。本期的广告效果也许并不是本期广告宣传的结果,而是上期或者过去一段时间内企业广告促销活动的共同结果。因此,在广告效果测定时就必须坚持经常性原则,要定期或不定期地测定。

(五) 经济性原则

进行广告效果测定,所选取的样本数量、测定模式、地点、方法以及相关指标等,既要有利于测定工作的展开,同时也要从广告主的经济实力出发,考虑测定费用的额度,充分利用有限的资源为广告主多办事、办好事,否则就会成为广告主的一种负担或者是一种资源浪费。为此,就要搞好广告效果测定的经济核算工作,用较少的成本投入取得较高的广告效果测定产出,以提高广告主的经济效益,增强广告主的经营实力。

五、广告效果测定的程序

广告效果测定的程序大体上可以划分为确定测定问题、搜集有关资料、整理和分析资料、论证分析结果和撰写分析报告等过程。

(一) 确定效果测定的具体问题

由于广告效果具有层次性的特点,因此,所测定的问题不能漫无边际,而应该事先决定研究的具体对象,以及从哪些方面对该问题进行剖析。广告效果测定人员要把广告主广告宣传活动中存在的最关键和最迫切需要了解的效果问题作为测定的重点,设立正式的测定目标,选定测定课题。

广告效果测定课题的确定方法一般有两种:一种是归纳法,即了解广告主广告促销的现状,根据广告主的要求确定分析研究的目标;另一种是演绎法,其基本思路是根据广告主的发展目标来衡量企业广告促销的现状,即广告主发展目标—企业广告促销现状—企业广告效果测定课题。

(二) 搜集有关资料

搜集资料阶段主要包括:制定计划、组建调查研究组、搜集资料等内容。

1. 制定计划。根据广告主与测定人员双方的洽谈协商,广告公司应该委派课题负责人,写出与实际情况相符的广告效果测定工作计划。该计划内容包括课题进行步骤、调查范围与内容、人员组织等。如果广告效果测定小组与广告主不存在隶属关系,就有必要签订有关协议。按照测定要求,双方应在协商的基础上就广告效果测定研究的起时、目的、范围、内容、质量要求、完成时间、费用酬金、双方应承担的权利与责任等内容订立正式的广告效果测定调查研究合同。

2. 组建调查研究组。在确定广告效果测定课题并签订测定合同之后,测定研究部门应根据广告主所提课题的要求和测定调查人员的构成情况,综合考虑,组建测定研究组。测定研究组应是由各类调查研究人员组成的优化组合群体,做到综合、专业测定人员相结合,高、中、低层次测定人员相结合,理论部门、实际部门专家相结合,老、中、青不同年龄的人员相结合。这种由不同人员组成的测定研究组,有利于理论与实际的统一,使课题分析比较全面,论证质量较高。在课题组的组建中,应选择好课题负责人,然后根据课题的要求分工负责、群策群力地进行课题研究,才能产生高质量的测定成果。

3. 搜集有关资料。广告效果测定研究组成立之后,要按照测定课题的要求搜集有关资料。企业外部资料主要是与企业广告促销活动有联系的政策、法规、计划及部分统计资料,企业所在地的经济状况,市场供求变化状况,主要媒体状况,目标市场上消费者的媒体习惯以及同行竞争企业的广告促销状况;企业内部资料包括企业近年来的销售、利润状况,广告预算状况,

广告媒体选择情况等。

(三) 整理和分析资料

整理和分析资料,即对通过调查和其他方法所搜集的大量信息资料进行分类整理、综合分析和专题分析。资料归纳的基本方法有:按时间序列分类、按问题分类、按专题分类、按因素分类等。在分类整理资料的基础上进行初步分析,摘出可以用于广告效果测验的资料。

分析方法有综合分析和专题分析两类。综合分析是从企业的整体出发,综合分析企业的广告效果。例如,广告主的市场占有率分析、市场扩大率分析、企业知名度提高率分析等。专题分析是根据广告效果测定课题的要求,在对调查资料汇总以后,对企业广告效果的某一方面进行详尽的分析。

(四) 论证分析结果

论证分析结果,即召开分析结果论证会。论证会应由广告效果测定研究组负责召开,邀请社会上有关专家、学者参加,广告主有关负责人出席,运用科学方法,对广告效果的测定结果进行全方位的评议论证,使测定结果进一步科学合理。常用的论证评议方法有:

1. 判断分析法。由测定研究组召集课题组成员,邀请专家和广告主负责人参加,对提供的分析结果进行研究和论证,然后由主持人集中起来,并根据参加讨论人员的身份、工作性质、发表意见的权威程度等因素确定一个综合权数,提出分析效果的改进意见。

2. 集体思考法。由测定研究组邀请专家、学者参加,对广告效果测定的结果进行讨论研究,发表独创性意见,尽量使会议参加者畅所欲言,集体修正,综合分析,并认真做好记录,以便会后进行整理。

(五) 撰写测定分析报告

广告经营者要对经过分析讨论并征得广告主同意的分析结果,进行认真的文字加工,写成分析报告。企业广告效果测定分析报告的内容主要包括:①序言。阐明广告效果测定的背景、目的与意义。②广告主概况。说明广告主的人、财、物等资源状况,广告主广告促销的规模、范围和方法等。③广告效果测定的调查内容、范围与基本方法。④广告效果测定的实际步骤。⑤广告效果测定的具体结果。⑥改善广告促销的具体意见。

第二节 广告的心理效果测定

广告的心理效果测定,目的是为了了解广告在知晓度、认知和偏好等方面的效果,即广告的沟通效果。

一、广告心理效果测定的内容

(一)广告知晓度的测定

广告知晓度是指媒体受众通过多种媒体了解某则广告的比率和程度。广告知晓度的计算公式如下:

$$某则广告的知晓度 = \frac{被调查者中知道该广告的人数}{被调查者总人数} \times 100\%$$

例如:广告公司发放对某则广告知晓度调查问卷10 000份,在10 000个媒体受众中,有8 000人知晓该则广告,那么该广告的知晓度为80%。在知晓该广告的8 000位媒体受众中,如果有3 000人对广告宣传的产品有较深的了解,那么该广告的了解度为37.5%。具体计算如下:

$$该广告的知晓度 = \frac{被调查者中知晓该广告的人数}{被调查者总人数} \times 100\%$$

$$= \frac{8\ 000}{10\ 000} \times 100\%$$

$$= 80\%$$

$$该广告的了解度 = \frac{被调查者中知晓并了解该广告的人数}{被调查者中知晓该广告的人数} \times 100\%$$

$$= \frac{3\ 000}{8\ 000} \times 100\%$$

$$= 37.5\%$$

当新产品上市时,广告宣传的目标只是为了告知媒体受众某品牌产品的存在。当产品处于成长期、成熟期或衰退期时,广告的诉求点则在于产品的功能及特性等方面信息的传输。广告知晓度和了解度正是用于测定不同阶段广告效果的有效指标和内容。

(二)对广告内容回忆状况的测定

对广告内容回忆状况的测定,是指借助一定的方法评估媒体受众能够重述或复制出其所接触广告内容的一种方法。"回忆"常被用来确定消费者记忆广告的程度。对广告回忆的方法,主要有无辅助回忆和辅助回忆两种。

1. 无辅助回忆(又称纯粹回忆)。这种方法是指让媒体受众独立地对某些广告进行回忆,调查人员只如实记录回忆情况,不作任何提示。如问:"请您想想在过去几周中有哪些品牌的方便面在电视上做了广告宣传?"

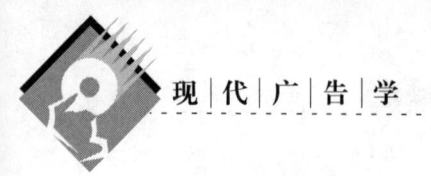

2. 辅助回忆。这种方法是调查人员在调查时,适当地给被调查者某种提示。例如,提示广告的商标、品牌。或色彩、标题,或插图等。如问:"您记得最近看过或听过康师傅方便面的任何广告吗?"辅助回忆法询问的项目或内容越具体,获得的信息就越能鉴定媒体受众对广告了解程度的高低。

(三)受众偏好状况的测定

偏好是经济学研究的重要问题之一。它是指在一些竞争产品中,消费者较固定地购买某品牌产品的心理特征。美国著名经济学家乔治·斯蒂格勒曾说:"趣味偏好是竞争中被筛选出来的。不是随意给定的,它们必须面临一个连续竞争的严峻考验。"这也就是说,偏好在一定时期内是相对稳定的。通过突出感人的诉求点,培养消费者的品牌偏好,对广告主来说是非常重要的。因为偏好一旦形成,在较长时期内将会产生一系列的重复购买行为。

二、广告心理效果测定的方法

测定广告心理效果根据所安排的时间不同可以分为事前测定、事中测定和事后测定。相应的,运用的方法也可以分为三种类型。

(一)广告心理效果的事前测定

广告作品心理效果事前测定的方法是:在广告作品尚未正式刊播之前,邀请有关广告专家和消费者团体进行现场观摩,审查广告作品存在的问题,或进行各种试验(在实验室运用各种仪器来测定人们的各种心理活动效应),以对广告作品可能获得的成效进行评价。根据测定的结果,及时调整广告促销策略,修正广告作品,突出广告的诉求点,提高广告的成功率。心理效果事前测定常用的具体方法主要有以下几种:

1. 专家意见综合法。该方法是在广告文案设计完成之后,邀请有关广告专家、心理学家和营销专家进行评价,多方面、多层次地对广告文案及媒体组合方式将会产生的效果做出预测,然后综合所有专家的意见,作为预测效果的基础。运用此法事前要给专家提供一些必要的资料,包括设计的广告方案、广告产品的特点、广告主生产经营活动的现状及背景资料等。专家们通过独立思考,对广告设计方案提出自己的见解。

专家意见综合法是事前测定中比较简便的一种方法。但要注意所邀请的专家应能代表不同的广告创意趋势,以确保所提供意见的全面性和权威性。一般说来,聘请的专家人数以 10~15 人为宜,少了不能全面反映问题,多了则花费时间。

2. 直接测试法。这种方法是把供选择的广告展露给一组消费者,并请他们对这些广告进行评比打分。这种评比法用于评估消费者对广告的注意力、认知、情绪和行动等方面的强度。虽然这种测定广告实际效果的方法还不够完善,但一则广告如果得分较高,也可说明该广告是可能有效的。

直接测试法常用的广告评分表格式样可参见表13-1。

3. 组群测试法。这种方法是让一组消费者观看或收听一组广告,对时间不加限制,然后要求他们回忆所看到(或听到)的全部广告以及内容,广告经营者可给予帮助或不给帮助。他们的回忆水平表明广告的突出性以及信息被了解或记忆的程度。

在组群测试中,必须用完整的广告以便能做出系统的评估。组群测试法一次可以测试5~10则广告。在调查中,通常询问的问题主要有以下几个:

表13-1 广告评分表

项目	得分
本广告吸引读者注意力的能力如何?	___(20)
本广告使读者往下继续阅读的能力如何?	___(20)
本广告主要的信息或利益的鲜明度如何?	___(20)
本广告特有的诉求效能如何?	___(20)
本广告建议激起实际购买行动的强度如何?	___(20)
评分标准	___合计
差 中等 一般 好 优秀 0 20 40 60 80 100	

注:表中每项得分为0~20分。

"您对哪几则广告感兴趣?"

"您喜欢哪一则广告?"

"这则广告宣传的是什么?您明白了吗?"

"您觉得广告中的文字和图案是否有需要改进的地方?"

"您看过广告后,给您最深刻的印象是什么?"

"看了广告后,您有没有产生进一步了解广告产品的兴趣,或者有近期购买产品的打算?"

4. 仪器测试法。随着科学技术的进步,伴随人类心理效应变化而产生的生理变化测试仪,也在不断地创新与完善。在广告领域,作为一种辅助手段,借助仪器测试广告作品效果的做法也多了起来。

(1)视向测验法。人们的视线一般总是停留在关心与有兴趣的地方,越关心,越感兴趣,视线驻留时间就越长。视向测验器(Eye camera),是记录媒体受众观看广告文案各部分时的视线顺序以及驻留时间长短的一种仪器。

根据测知的视线移动图和各部位注目时间长短的比例,可以预知:

第一,广告文案文字字体的易读性如何,从而适当安排文字的排列。

第二,视线顺序是否符合广告经营者的意图,有无被人忽视或不留意的部分,如果有,则要进行调整。

第三,广告画面中最突出或最吸引人的部分,是否符合设计者的意图,如果不符,应立即予以调整。

仪器测试法也有不少缺点:视线运动是根据眼球移动运动的,但不能确保视线运动与眼球移动完全一致;注目时间的长短,并不能完全说明消费者兴趣的大小。一目了然的事情,注视的时间自然短。费解的图文,往往要花费较多的时间去琢磨;测验费用高昂,并且不能保证被抽取的消费者都具有典型性、代表性。

(2)皮肤测试法。该法主要利用皮肤反射测验器(Galvanic skin reflex)来测量媒体受众的心理感受。运用此法的理论根据是:人在受到诸如兴奋、感动、紧张等情绪起伏的冲击后,人体的出汗情况会随之发生变化,根据这种变化,可测定其感情的波动。

皮肤测试法主要用于对电视广告效果的测定,其次是对广播广告的测定。根据测试的结果,可大体上确定最能激起媒体受众情感起伏的地方,以此检查此处"高潮"是否符合广告经营者的意图。

皮肤测试法也有一定的缺点:由于每个人的内分泌的情况各不相同,情绪反映也有快、有慢,因此必须事先加以测定,再根据实际反映情况进行修正,工作程序非常烦琐;情绪的波动,内心的冲动,每个人的情况各不相同。引起内心冲动的因素有的来自于音响,有的来自于画面色彩或表演等。情绪的波动,有的可能是积极的,有的则是消极的。因此,必须辅以其他的方法,进行全面的分析,才能得出正确的结果。

(3)瞬间显露测试法。这种方法是利用电源的不断刺激,在短时间内(1/2秒或1/10秒内)呈现并测定广告各要素的注目程度。瞬间显露仪的种类有文度式、振子式、道奇式和哈佛式等,常用的是哈佛式。

这种方法的作用与用途是:测试印刷品广告中各要素的显眼程度;测试各种构图的位置效果,以决定大标题、图样、文案、广告主名称的适当位置。利用实验与统计的方法,可将艺术效果计量化,并在某些情况下,区分出艺术效果与广告效果,以便在二者中有所调整和取舍。例如,大标题的功能,一般应是既抢眼又悦耳,但悦耳应从属于抢眼。在两者不可兼得的情况下,艺术效果应服从广告效果的需要;测试文案的易读程度,品牌的识别程度,以便使广告整体设计具有最佳效果,使人一目了然。

(4)记忆鼓测试法。记忆鼓是现代心理试验常用的一种仪器。在广告策划中,专用来研究在一定时间内,人们对广告作品的记忆程度。该方法是:被调查者在一定时间内,经由显示窗看完一则广告后,主持测试者立即用再确认法,测验被调查者对广告文案的记忆,从而评估出品牌名称、广告主名称、广告文案的主要内容等易于记忆的程度。

这种测试法所测结果使用价值的大小,与被测验者的精神状态和记忆力的强弱有直接的关系,而这两种因素又是很难分辨的。

(5)瞳孔计测试法。瞳孔受到明亮光线的刺激要缩小,在黑暗中要张大。对感兴趣的事物长时间的凝视,瞳孔亦愈张大。瞳孔计测试法,就是根据这个道理,用有关设备将瞳孔伸缩情况记录下来,以测定瞳孔伸缩与媒体受众兴趣反映之间的关系。

这种方法多用于电视广告效果的测定。但对所取得的测试结果也不能过分相信,因为瞳孔放大这种生理反应到底掺杂着多少感情和心理方面的因素是难以确定的。每个人不同的情感、心理作用的差异都是无法忽视的。比如,崇尚潮流、比较富有的单身女性与朴实无华的家庭主妇对法国香水广告的反应就会截然不同;那些所谓的"大款"与受过高等教育但薪金菲薄的职员对皮尔·卡丹西服的招牌广告的心理感受会大相径庭。前者必然是由于过分自信而引起瞳孔放大;后者则是由于过分"理性"而无动于衷。

(二)广告心理效果的事中测定

广告心理效果的事中测定是在广告已开始刊播后进行的。事中测定可以直接了解媒体受众在日常生活中对广告的反应,得出的结论也更加准确可靠。但这种测定结果对进行中的广告宣传的目标与策略,一般很难进行修改。只能对具体方式、方法进行局部的调整和修补。常用的广告效果事中测定法有以下几种:

1. 市场试验法。先选定一两个试验地区刊播已设计好的广告，然后再同时观察试验地区与尚未推出广告的地区，根据媒体受众的反映情况，比较试验区与一般地区之间的差异，就可以对广告促销活动的心理效果做出测定。

美国史达氏公司(Starth)与盖洛普·鲁滨孙公司(Gallap & Robinson，简称 G&R)是两家广泛运用出版物测试广告心理效果的公司。其做法是：先把测试的广告刊登在杂志上；广告登出后，便把杂志分发给消费者中的调查对象；随后公司同这些被调查者接触，并与之就杂志及其广告问题同他们谈话；回忆和认识的测试结果可用来确定广告效果。史达氏公司采用此法时制定了三种阅读评分标准：

(1) 注意分。即声称以前在杂志上看过这则广告的人数在目标读者中所占的百分比。计算公式如下：

$$注意分 = \frac{被调查者中看过某则广告的人数}{被调查者总人数} \times 100\%$$

(2) 领悟和联想分。是指能正确地将广告作品与广告主对上号的人，在读者中所占的比例。计算公式如下：

$$领悟和联想分 = \frac{被调查者中能准确叙述广告内容的人数}{被调查者总人数} \times 100\%$$

(3) 大部分阅读分。即声称读过广告文案一半以上的人在读者中所占的比例。计算公式如下：

$$大部分阅读分 = \frac{被调查者中知晓广告大部分内容的人数}{被调查者总人数} \times 100\%$$

G&R 公司在测定广告心理效果方面，做出了重大贡献。该公司曾经对 120 000 则印刷媒体广告和 6 000 则电视广告进行了效果测定。通过案例分析，我们可以归纳出 G&R 公司进行广告心理效果测试时的步骤为：①评估市场上各广告的表现；②分析整个广告策划活动及其策略的效果，并与该产品以前的广告宣传活动或者与其他相同产品的广告宣传活动作比较；③针对同一类型产品或某一行业销售效果进行评估。

G&R 公司的测试人员每次抽选调查样本约 150 人(男女均有)，年龄在 18 周岁以上，分布在美国各地。被调查者可以选择自己常看的杂志广告接受测试，他们必须看过最近四期(杂志广告)中的两期，但没有看过最新的一期。测试人员不事先告诉媒体受众测试的内容，同时要求被调查者不要在访问的当天阅读有关杂志。电话访问时，首先询问被调查者对某一杂志的所有广告，记得哪几则，以便确定这些广告的阅读率；媒体受众指出所记得

的广告后,就可以问他们以下问题:

- 该广告是什么模样?内容是什么?
- 该广告的销售重点是什么?
- 您从该广告中获得了哪些信息?
- 当您看到该广告时,心理有何反应?
- 您看完该广告后,购买该产品的欲望是增加了还是减少了?
- 该广告中,什么因素影响您购买该品牌产品的欲望?
- 您最近购买此种产品的品牌是什么?

广告经营者通过将上述问题的答案汇总、整理、分析、综合以后,就可以测定出该则广告的以下效果:①吸引读者记住(或想起)某则广告的能力(Proved Name Registration,简称 PNR);②媒体受众对该广告的心理反应,或对广告销售重点的了解程度(Idea communication);③广告说服媒体受众购买产品的能力(Persuasion),即媒体受众看了该广告后,购买该产品的欲望,受影响的程度。

对电视、广播广告效果的事中测定,可以用以下四种方法:

(1)家中测试。将一个小型屏幕放映机安置在具有代表性的目标消费者家中,让这些消费者观看电视广告节目。这种方法可使被调查者的注意力集中,但人为地制造了一种勉强观看电视广告的环境。

(2)汽车拖车测试。为了更接近消费者做出决策的实际情况,可在市郊商业区安置汽车拖车,以作为临时的工作试验室进行试验。在此模拟的购买环境中,向消费者展示测试的产品并给他们选择一系列品牌的机会,然后请消费者观看一系列电视广告片,发给他们一些在郊区商业区购买商品的赠券。广告经营者根据收回赠券数量的多少,判断广告片对媒体受众购买行为的影响力。

(3)剧场测试。被调查者被邀请到剧场观看尚未公开播映的电影片,同时插播一些广告片。在放映之前,请被调查者简述在不同商品类别中他们比较喜欢的品牌;观看之后,再让被调查者在不同类别商品中选择他们喜欢的品牌。被调查者偏好如有改变,则可表明电视广告片的效果。

(4)播放测试。这种测试是在普通的甚高频(VHF)电视台或有线电视节目频道中进行的。广告经营者将被调查者召集在一起观看播放的节目,其中包括观看被测试的广告片。在广告播放后,广告经营者与被调查者接触,并向其提出问题,询问他们能够回忆起多少广告片中的内容。

2.函询法。这种方法一般采用调查问题的形式进行。函询法一般要给回函者一定报酬,以鼓励他们积极回函反馈信息。调查问卷通常以不记名的方式,只要求被调查者将自己的年龄、职业、文化层次、家庭住址、家庭年人均收入等基本情况填在问卷上。调查表中要尽可能详细地列置调查问题,以便对广告的心理效果进行测试。常见的调查问题如下:

● 您看过或听过有关某品牌产品的广告吗?
● 您通过什么媒体接触到某品牌产品的广告?
● 该广告的主要内容是什么?
● 您认为该广告有特色吗?
● 您认为该广告的构图如何?
● 您认为该广告的缺点是什么?
● 您经常购买什么品牌的产品?
……

(三)广告心理效果的事后测定

广告心理效果的事后测定虽然不能直接对已经完成的广告宣传进行修改或补充,却可以全面、准确地对已做的广告活动的效果进行评估。因此,心理效果事后测定的结论,一方面可以用来衡量本次广告促销活动的业绩;另一方面可以用来评价企业广告策划的得失,积累经验,总结教训,以指导以后的广告策划。

广告心理效果的事后测定有两层含义:①一则广告刊播过程一结束,就立刻对其心理效果进行测定;②一则广告宣传活动结束后过一段时间,再对其心理效果进行测试。

通常,效果测定与广告刊播结束之间的时间间隔主要由媒体的性质决定,同时也要考虑目标市场上消费者自身的特点。如果进行测定的时间过早,广告的时间滞后性效果尚没有充分发挥出来,得出的结论就不准确;如果测定的时间过晚,间隔时间太长,广告效果就可能淡化,得出的结论也有可能不准确。

广告心理效果事后测定常用的方法主要有以下几种:

1.要点打分法。该法是请被调查者就已刊播过的广告的重要方面进行打分,各项得分之和就是该广告的实际效果。打分的具体内容见表13-2。

2.雪林(Schwerin)测定法。雪林测定法是美国雪林调查公司(Schwerin Research Co.)根据节目分析法的原理首创的测定广告心理效果的一种方法。该测定法又分为节目效果测定法、广告效果测定法和基本电视广告测验法三种。

(1) 节目效果测定法。即召集一定数量并有代表性的观众到剧场,广告经营者说明测验的标准以后,请观众按照个人的意见对进行测验的广告表演节目评分定级。

表13-2 广告心理效果打分表

打分项目	打分的主要依据	该项满分	实际打分
吸引力	吸引注意力的程度(创意)	20	
认知性	对广告诉求重点的认识程度	20	
说服力	广告引起的兴趣如何	20	
	对广告产品的好感程度	10	
行动力	由广告引起的立即购买行为	20	
	由广告唤起的购买欲望	20	
传播力	由广告文案的创造性而引起的传播程度	20	
综合力	广告的整体效果	20	

打分档次:

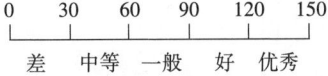

0　30　60　90　120　150
差　中等　一般　好　优秀

评分的级别通常是:a.有趣;b.一般;c.枯燥无味。这种测验完毕之后,再请观众进一步说明喜欢或讨厌广告节目中的哪一部分,并阐明理由。或者征求观众对广告节目的意见、建议。广告经营者对节目改进的意见进行统计、汇总,以作为今后设计或制作广告节目的重要依据。

(2) 广告效果测定法。广告效果测定法与节目效果测定法的内容基本相同,是通过邀请具有代表性的观众到剧场或摄影棚,欣赏进行测定的各种广告片。与节目效果测定法的不同之处是:在未看广告片之前,根据入场者持票号码,要求媒体受众选择自己喜欢的商品。这些供选择的商品品牌中,既有将在广告片中播放的品牌,也有主要竞争对手的品牌。广告片播放完以后,请观众再一次做出选择,如果此次对所测验的广告商品品牌的选择度高,高出部分就是该广告片的心理效果。

测试完成后,通常将媒体受众所选择的商品赠送给他们。如果商品单位价值高,可以赠送给他们其他一些礼品。

(3) 基本电视广告测验法。这种测验法的目的在于客观地评价和判断

电视广告片的优劣,以及用标准化的程序测验电视广告的效果。

基本电视广告测验的项目主要有:

第一,趣味反应。利用集体反应测定机,测定媒体受众对每一广告画面感兴趣的程度。

第二,回忆程度。运用自由回答法,让媒体受众回忆广告片中的产品品牌、广告主名称、画面内容以及标语、口号等。

第三,理解程度。运用自由回答法,了解媒体受众对广告内容的领悟程度。

第四,广告作品诊断。运用自由回答法,让媒体受众指出该广告片的特色,并提出修改意见。

第五,效果评定。采用问卷的形式,测验本广告片留给媒体受众的一般印象,即广告片的一般心理效果。

第六,购买欲望。让媒体受众说出有无购买广告产品的冲动或者欲望。

第七,广告片的整体效果。让媒体受众对广告片作整体的评价。

这种测验法的优点是客观、全面,能真正反映媒体受众的心理活动状况,取得的资料可信度高;缺点是操作技术性强,成本费用大,具体推行起来有一定的局限性。

第三节　广告的经济效果测定

广告的经济效果是广告活动最佳效果的体现,它集中反映了企业在广告促销活动中的营销业绩。广告经济效果测定是衡量广告最终效果的关键环节。研究广告心理效果有助于广告主评价广告的沟通效果,但其对销售的影响如何却揭示得很少。如提高了品牌知晓度20%和品牌偏好度10%,那么销售量因此而增加了多少呢?

一、广告经济效果测定的含义

广告经济效果测定,就是测定在投入一定广告费及广告刊播之后,所引起的产品销售额与利润的变化状况。

需要明确的是"产品销售额与利润的变化状况"包含两层含义:一是指一定时期的广告促销所导致的广告产品销售额,以及利润额的绝对增加量,这是一种最直观的衡量标准;二是指一定时期的广告促销活动所引起的相对量的变化。它是广告投入与产出结果的比较,是一种更深入、更全面了解广告效果的指标。这种投入产出指标对提高企业经济效益有着重大的意义。它要求:

第一,每增加一个单位产品的销售额和利润额,要求广告投入最小,销售增加额最大。

第二,每增加一个单位的广告经济效益相对指标,要求企业(即广告主)获益最大。即经济效益的提高要与企业形象、品牌形象的成功塑造相结合。

第三,这种相对指标的提高,要有利于形成一个良好结构与良性循环。良好的结构是指企业内在的生产经营结构与市场需求趋势以及消费者偏好相适应,从而有利于企业开展促销活动;良性循环是指广告促销活动有利于企业调整生产经营结构,开发新产品,生产出适销对路的产品,这一循环成为企业发展的一种内在的自律机制。

二、广告经济效果测定的方法

广告的销售效果一般比沟通效果难以测定,销售除了受广告促销的影响外,还受其他许多因素的影响,诸如产品特色、价格、售后服务、购买难易程度以及竞争者的行动等。这些因素越少以及可控制的程度越高,广告对产品销售量的影响就越容易测定。

常用的广告经济效果测定的方法主要有以下几种。

(一)广告费用比率法

为测定每百元产品销售额所支付的广告费用,可以采用广告费用比率这一相对指标,它表明广告费支出与销售额之间的对比关系。其计算公式如下:

$$广告费用率 = \frac{本期广告费用总额}{本期广告后销售总额} \times 100\%$$

广告费用率的倒数可以称为单位广告费用销售率,它表明每支出一单位的广告费用所能实现的产品销售额。计算公式如下:

$$单位广告费用销售率 = \frac{本期广告后销售总额}{本期广告费用总额} \times 100\%$$

(二)单位广告费用销售增加额法

单位广告费用销售增加额法的计算公式如下:

$$单位广告费用销售增加率 = \frac{本期广告后的产品销售额 - 本期广告前的产品销售额}{本期广告费用总额} \times 100\%$$

(三) 广告效果比率法

广告效果比率的计算公式如下：

$$广告销售效果比率 = \frac{本期销售额增长率}{本期广告费用增长率} \times 100\%$$

$$广告销售利润效果比率 = \frac{本期销售利润额增长率}{本期广告费用增长率} \times 100\%$$

(四) 广告费用利润率、单位广告费用利润率和单位广告费用利润增加额法

费用利润率、单位费用利润率和单位费用利润增加额法是一种综合方法，具体的计算公式如下：

$$广告费用利润率 = \frac{本期广告费用总额}{本期广告后利润总额} \times 100\%$$

$$单位广告费用利润率 = \frac{本期广告后利润总额}{本期广告费用总额} \times 100\%$$

$$\frac{单位广告费用}{利润增加额} = \frac{本期广告后利润总额 - 本期广告前利润总额}{本期广告费用总额} \times 100\%$$

(五) 市场占有率法

市场占有率是指某品牌产品在一定时期、一定市场上的销售额占同类产品销售总额的比例。计算公式如下：

$$市场占有率 = \frac{某品牌产品销售额}{同类产品销售总额} \times 100\%$$

$$市场占有率提高率 = \frac{单位广告费用销售增加额}{同类产品销售总额} \times 100\%$$

$$市场扩大率 = \frac{本期广告后的市场占有率}{本期广告前的市场占有率} \times 100\%$$

(六) 市场占有率与声音占有率法

市场占有率法主要用来评价广告开支是多还是少。声音占有率是指某品牌产品在某种媒体上，在一定时间内的广告费用占同行业同类产品广告费用总额的比例。假设以下公式成立：

$$广告费用占有率 = 声音占有率 = 注意占有率 = 市场占有率$$

换句话说，广告主广告费用占有率产生相应的媒体受众听见声音的占有率，并因此获得他们相应的注意占有率，从而最终决定他们的购买行为。美国广告专家派克·汉 (Peck Hem) 研究了几种产品消费的若干年声音占有率与市场占有率之间的关系，发现老产品的这一比例为 1:1，新产品的比例为 1.5~2.0:1.0。广告有效率等于市场占有率与声音占有率之比。计算

公式如下：

$$广告有效率 = \frac{市场占有率}{声音占有率} \times 100\%$$

例如，A，B，C 三家公司在某段时间的广告费用、声音占有率、市场占有率的情况如表 13-3 所示。

表 13-3　广告费用、声音占有率、市场占有率情况

公司名称	广告开支（万美元）	声音占有率（%）	市场占有率（%）	广告有效率（%）
A 公司	200	57.1	40.0	70
B 公司	100	28.6	28.6	100
C 公司	50	14.3	31.4	220

从表 13-3 可知，A 公司花费了整个行业广告开支总额 350 万美元中的 200 万美元，因而其声音占有率为 57.1%，但其市场占有率只有 40%，用声音占有率除市场占有率，得出广告有效率为 70%，这说明 A 公司广告开支不是过多就是分配不合理；B 公司花费了开支总额的 28.6%，并且有 28.6% 的市场占有率，结论是 B 公司的广告有效率高；C 公司只花费了广告费用总额的 14.3%，然而得到 31.4% 的市场占有率，说明该公司的广告效果非常好，也许应该增加其广告费用，扩大其广告规模。

（七）盈亏临界点法

盈亏临界点法的关键是确定平均销售广告费用率，计算公式如下：

$$平均销售广告费用率 = \frac{广告费用额}{产品销售额} \times 100\%$$

用符号代入推导：

$$L = \frac{X + \Delta X}{C} \Rightarrow L \times C = X + \Delta X$$

得出：

$$\Delta X = LC - X$$

式中：X——基期广告费用；

　　ΔX——报告期广告费用增加额；

　　C——报告期产品销售额；

　　L——平均销售广告费用率。

如果计算结果 $\Delta X > 0$，说明广告费用使用合理，经济效果好；$\Delta X < 0$，说明广告费用使用不合理，需要调整广告宣传策略，压缩广告预算规模。

（八）广告效果测定指数法

广告效果测定指数法是假定其他因素对广告产品的销售没有影响，只有广告促销与产品销售有着密切的关系。具体做法如下：

广告刊播以后，广告经营者对部分媒体受众进行调查。调查的问题是：

● 是否看过某则广告？

● 是否购买了广告宣传中的产品？

假定调查结果如表13-4所示。

表13-4 调查结果

项 目	看过某则广告	未看过某则广告	合计人数
购买广告产品的人数	a	b	$a+b$
未购买广告产品的人数	c	d	$c+d$
合 计	$a+c$	$b+d$	N

表中：a：看过广告而购买广告产品的人数；

b：未看过广告而购买广告产品的人数；

c：看过广告而未购买广告产品的人数；

d：未看过广告而又未购买广告产品的人数；

N：被调查的总人数。

从表13-4中可以看出，即使在未看过广告的被调查者中，也有 $b \div (b+d)$ 的比例购买了广告产品。因此，要从看过广告而购买产品的 a 人中减去因受广告以外影响而购买广告产品的 $(a+c) \times b \div (b+d)$ 人，才能得出真正因为广告而唤起的购买欲望的购买效果。用这个人数除以被调查者总人数，所得的值就是广告效果指数（Advertising Effectiveness Index）。这个指数常用AEI来表示。其计算公式如下：

$$AEI = \frac{1}{N}\left[a - (a+c) \times \frac{b}{b+d}\right] \times 100\%$$

例如，某糖果生产企业为自己的同一系列产品进行过两次电视广告宣传，经过调查，获得以下有关资料（见表13-5和表13-6）。

表13-5 某品牌产品的第一次广告宣传　　　　单位：人

项 目	看过电视广告	未看过电视广告	合 计
购买广告产品	50	28	78
未购买广告产品	70	92	162
合 计	120	120	240

$$\text{AEI}(第一次) = \frac{1}{240} \times \left[50 - (50+70) \times \frac{28}{28+92} \right] \times 100\%$$
$$= 9.17\%$$

表 13–6　某品牌产品的第二次广告宣传　　　　　　单位：人

项　　目	看过电视广告	未看过电视广告	合　　计
购买广告产品	60	18	78
未购买广告产品	55	107	162
合　　计	115	125	240

$$\text{AEI}(第二次) = \frac{1}{240} \times \left[60 - (60+55) \times \frac{18}{18+107} \right] \times 100\%$$
$$= 18.10\%$$

从两次计算结果可以看出,第一次广告效果指数为9.17%,第二次广告效果指数为18.10%,第二次比第一次提高了8.93%。如果两次的广告媒体选择、播放时间、广告预算总额相等同,那么就说明第二次广告策划明显好于第一次。因此,有必要对第一次广告策划进行策略性调整或修改。

第四节　广告的社会效果测定

一、广告社会效果测定的内容

广告宣传的社会效果是指广告刊播以后对社会某些方面的影响。这种影响既包括正的影响,也包括负的影响。这种影响不同于广告的心理效果或经济效果。广告经营者无法用数量指标来衡量这种影响,只能依靠社会公众长期建立起来的价值观念来对它进行评判。

我们认为,广告的社会效果应该体现在以下几个方面:

第一,是否有利于树立正确的价值观念。广告的社会效果涉及社会伦理道德、风俗习惯、宗教信仰等意识形态领域。例如,2006年3月,一则具有"危险性"的啤酒广告被英国广告监管部门禁止。针对Ruddles啤酒广告的投诉共有51起,在该广告中,一支猎枪从酒吧的两张桌子之间对准读者,旁白的文字是:"劳驾,我想那是我的座位。"这则广告刊登在报纸上,反对它的人说该广告是侵犯人权的、是不负责任的,因为它容忍用枪支进行威胁。酒吧联合会的发言人说,这则广告尤其令酒吧老板们不悦。

2006年3月首都女新闻工作者协会列出了歧视女性的6种广告的特点,具体为:以女性为招徕、女性是性对象、歪曲女性工作上的贡献、强调女性的从属角色、定位女性必然是"温柔、脆弱"、误导儿童理解男女特质等。

第二,是否有利于树立正确的消费观念。正确的消费观念是宏观经济健康发展的思想基础,也是确保正常经济秩序的基础。有一段时间,我国广告宣传倡导"超前消费",认为"超前消费"可以刺激国民经济的发展,加快国民经济发展速度。实践证明,"超前消费"只能带来较高的物价水平,扰乱正常的经济秩序。这种导向的广告宣传应该受到社会的谴责。

第三,是否有利于培育良好的社会风气。如重视教育、爱护环境、节约使用资源、遵守公共秩序、遵纪守法等。

二、广告社会效果测定的原则

广告经营者在测定广告宣传的社会效果时,应该遵循真实性原则和社会规范的原则。

真实性原则。真实性原则,即广告宣传的内容必须客观真实地反映商品的功能与特性,实事求是地向媒体受众传输有关广告产品或企业的信息。

广告传输的信息有单面信息和双面信息之分。单面信息是指只集中告知媒体受众有关广告产品的功能与优点,调动媒体受众的情绪,使他们产生购买欲望。但过分强调单面信息会使媒体受众产生逆反心理,有时甚至会产生怀疑;双面信息是指既告诉媒体受众产品的优点,同时也告诉他们广告产品存在哪些缺点或不足,使媒体受众认真对待。这种广告信息诚实可信,常能赢得媒体受众的好感。

社会规范原则。广告经营者在测定某一广告的社会效果时,要以一定的社会规范为评判标准,来衡量广告的正面社会效果。如以法律规范、社会道德规范、语言规范、行为规范等为衡量依据。

思考与练习

1. 简述广告效果的特征。
2. 测定广告效果有哪些现实意义?
3. 简述广告心理效果测定的主要内容。

4. 什么是广告心理效果的事前测定?
5. 什么是广告心理效果的事中测定?
6. 什么是广告心理效果的事后测定?
7. 什么是广告的经济效果测定?
8. 简述广告经济效果测定的主要方法。
9. 广告的社会效果应该体现在哪几个方面?
10. 测定广告的社会效果时应遵循哪些原则?

第十四章 现代国际广告

本章关键词

国际广告(International advertising) 跨国公司(Multinational corporation) 国际媒体(International media) 国际市场结构(Structure of international market) 国际市场拓展(International market expanding) 国际市场进入模式(International market entry mode)

本章学习重点

☞ 国际广告的概念及特点
☞ 国际广告调查的主要内容
☞ 国际广告调查的途径
☞ 国际广告信息策略

第一节 国际广告概述

一、国际广告的概念

国际广告是指广告主通过国外的或国际的传播媒体,对进口国家或地区的消费者所进行的有关商品、劳务、观念的信息传播活动。其目的在于通过各种适应国际市场特点的广告宣传,使出口商品能迅速地进入国际市场,创国际名牌,扩大商品销售。

国际市场与国内市场相比,在诸多方面有不同质的规定性,但这并不意味着广告的最终目的有所不同,而只是意味着由于市场环境的差异,广告策略、设计、创意以及制作等方面的不同。

随着中国经济的不断发展,国内巨大的市场吸引着众多外国企业,与此同时,国产商品也大量进入国际市场,与国外同类产品一争高低。虽然中国的许多名牌产品相对于国际市场而言,只是算做区域性品牌,但随着经济的发展与外贸体制改革的深化,中国产品在国际市场上的竞争力逐渐提高,中国的国际广告业也得到了相应的发展。从事国际广告经营的专业广告公司由过去1家发展到目前的数十家,专业广告公司和国外数百个传播媒介建立了广泛的业务联系与合作,对国内产品打入国际市场,起到了良好的促销作用,并摸索和积累了一定的广告宣传经验。

二、国际广告的特点

国际市场与国内市场有很大的差别,这种差别是不同国家或地区,不同的国际贸易体系,不同的经济、政治、法律和文化以及不同的贸易环境造成的。这些不同点综合起来,就形成了不同的市场特征。市场特征反映在广告活动中,也就使国际广告明显不同于国内广告。

(一)广告主性质不同

国内广告活动的广告主,主要是指实行独立核算的企业、事业单位和团体,其传播广告信息的范围主要在国内市场或国内的某一区域市场。国际广告主的宣传范围是国际市场或某一特定的产品进口市场。

1. 跨国公司。跨国公司是企业集团化的产物,它们凭借其经营实力开拓国际市场,销售本国产品,通过发挥区域性优势来获得一定的经济利益。跨国公司也是国际市场一体化趋势下的必然产物。

有些跨国公司是以支持本国产品出口为其经营目标,如壳牌石油公司、飞利浦公司、三星电子公司、雀巢公司、梅塞德斯公司、西门子公司、英国石油公司、尤尼莱佛公司、新日本钢铁公司以及三菱公司等。国际广告宣传是跨国公司开拓国际市场必要的国际营销手段。跨国公司广告主往往根据自己的经营规模和国际营销战略,选择合适的方式进行国际广告宣传。

(1)选择当地的广告公司。一般来说,产品(或服务)出口到某一两个国外市场的跨国公司,甚至在国外开办小型合资企业的公司,国外部分只是国内部分向外的延展,在国外的经营范围仍然非常有限。这类小型跨国公

司往往委托外国的当地广告公司为其代理。当地的广告公司由于谙熟本地环境和文化,广告宣传活动容易开展,并能取得较好的效果。

(2)选择国际广告公司。这是大型跨国公司常用的一种国际广告形式。它包括三种情况:

第一,跨国公司广告主的目标市场分散在世界各地。在地区化经营战略指导下,他们在产品、品牌、包装和宣传等方面,都搞当地化和差异化。这类跨国公司广告主不需要强劲的中央调控,常把广告业务委托给内部组织结构松散的国际广告公司,国际广告公司再将其委托给下属的当地广告公司,进行具体的广告策划。这些国际广告公司的下属公司,通常有能力为广告主提供全方位的服务,创造出高水平的当地化广告。

第二,有着统一包装、统一品牌、统一形象产品的跨国公司,一般选择内部组织紧密的国际广告公司为其进行广告宣传。这类国际广告公司对目标市场的营销形势和消费者状况了如指掌,并且有较好的公司信誉和企业形象。如可口可乐公司选择了麦卡恩·埃里可森广告公司,"力士香皂"选择了智威·汤普逊广告公司等。

第三,一些跨国公司内部往往有集中的、强劲的促销部门,这些部门的主要职责就是研究、拟定广告信息策略或广告宣传主题,并将既定的广告信息策略贯彻到世界各地的分部去。这类跨国公司允许各分部选择一些组织结构松散的国际广告公司的当地分公司或地方广告公司。例如IBM总公司就把既定广告创意的表现实施、广告媒体计划、刊播时间、版面购买等任务,都交给了地方分公司,由分公司委托地方广告公司或国际广告公司进行代理。实践证明,这种方法效益非常好,是一种理想的选择。

2. 出口商品的生产企业或经营企业。出口商品的生产企业是指直接从事对外出口商品的生产企业;出口商品的经营企业是指进出口公司。随着我国改革开放的不断深化,拥有自营进出口权的企业将会不断增加,原有的外贸代理制一统天下的局面将会被打破,这类企业的国际广告宣传也就成为企业开展经营活动不可或缺的重要促销手段。出口商品生产企业或经营企业进行国际广告宣传的途径主要有两种:

(1)选择当地的广告代理公司。这是一种比较好的形式。广告主将自己的意图、广告目标告诉当地的广告代理公司,由代理公司进行策划、设计、创意和制作,并通过一定的媒体刊播出去。

(2)由本国企业直接向国外目标市场实施广告宣传。这种形式风险较大。因为国外市场与国内市场差别较大,企业不熟悉国外市场的风俗习惯、宗教信仰等营销环境,广告策划难度大,搞不好会产生负面影响。

3. 进出口商品代理商。许多进出口商品在世界市场上都有代理商。代理商熟悉当地的法律规范以及风俗习惯、宗教禁忌等,并且有现成的营销渠道或网络,有利于国内产品打入国际市场,也有利于开展国际广告宣传。如果是独家代理,其效果会更好一些;如果是一般代理商,由于其代理业务多,精力分散,责任心不强,就会影响企业的国际广告效果。

(二) 广告产品需求不同

国际广告是面对国际市场并为出口商品营销服务的,而出口商品和内销商品在品种和质量上常常有不同的要求。这种不同既有消费习惯差别所致的品种多元化需求,也有消费水平差别而导致的对质量的不同要求。

大多数出口商品往往是在国内市场已趋于饱和的情况下,才开始开辟国际市场的。这类商品无论是质量还是技术水平都已达到国际同类产品的先进水平,生产工艺已趋于成熟。很难想象,某产品在国内市场上不受消费者欢迎,却能在国际市场上打开销路。其原因非常简单,国际市场上的竞争远比国内市场激烈。因此,只有那些在国内已经牢牢站稳市场,具有一定品牌声誉,且在国际市场上具有一定竞争力的产品,才具备进入国际市场的条件。一般来说,进入国际市场的产品要比国内市场的同类产品质量更高,花色品种更齐全。

(三) 媒体受众不同

媒体受众不同主要体现在文化背景上,以及消费心理和消费习惯上。通常,我国出口商品的对象大多是经济比较发达的国家或地区,这里的消费者远比我国国内市场的消费者更了解、更习惯市场经济及其运行惯例,也就更具有消费者权益的意识。据某报报道,我国一位学者在意大利访问期间,曾到当地一家大型商场购物,在将要步出商场时,商场一巡视人员非常随便地问:"先生,您付完款了吗?"中国学者用流利的意大利语回答:"付完了。"恰好一名意大利人在场,他建议该学者应该上诉,控告此家商店无端怀疑顾客,并且说他可以出来作证。但中国学者很礼貌地一笑,而且笑得非常茫然。这就是东、西方消费者自我保护意识的差距。

国外目标市场上的消费者,在长期较完善的法制环境的熏陶下,已熟练地掌握了用法律维护自身利益的技巧。因此,了解国际目标市场的法律规范以及生活习惯,在国际广告宣传中就显得非常重要。

国际市场是由各个国家与地区组成的。这些不同的国家或地区在文化背景与消费习惯上存在着明显的差异。例如,日本与美国都是我国产品的重要出口市场。美、日虽然都属经济发达国家,但二者在文化背景和消费习惯上却截然不同。美国由于具有混合民族的特征,使他们更加推崇个人主义、英雄主义,讲求个人成功,感情比较外露、热情。以汽车为例,美国产的汽车宽大、豪华、气派、油耗高;而源于农耕民族的日本人,既保留了儒家文化的精髓,又吸收了西方文化的现代思潮,在经济发达的今天,更加刻意讲求一种含蓄美。他们生产的汽车,在精致的外观下常具有节油、低耗损、舒适等特点。因此,对美国出口的商品广告就应具有豪迈、自信的风格,而对日本出口的商品广告则应力求含蓄、婉转。

三、国际广告的作用

概括起来,国际广告的作用主要有两个方面。

(一)开拓国际市场

国际广告是国内产品打入国际市场的重要促销手段。通过国际广告,可以使外国目标市场上的消费者了解国内产品的特性及功能,从而产生购买欲望,最终达成购买行为,同样也为国内产品树立了国际品牌形象,这有利于我国的区域性名牌产品发展成为世界性的名牌产品。国际广告活动通过国际市场调查,为广告主提供有关国际市场商品、环境和消费者的基本资料,及时调节国内生产结构,开发新产品,生产出适合国外消费者兴趣偏好的产品。通过国际广告宣传,使国外消费者了解国内有关产品,培养他们对国内产品的信任感和忠诚感,扩大国内产品的知名度及美誉度,从而扩大国内产品的销售。

联合利华(Unilever)在接管了宝洁(Procten & Gamble)公司之后,斥巨资对中国市场进行大规模广告宣传,以实现入主中国市场的目的。它的口号是"压过对手,让我们来洗更多中国人的头发"。百事可乐是世界著名饮料,当百事可乐将大瓶装饮料推向泰国市场时,同时也发动了耗资200万美元、长达3个月的广告宣传攻势。

(二)促进国内经济的发展

国际广告是国际市场营销的一种重要形式,它可以增强广告主的竞争力,为企业走向国际化经营创造条件。目前,我国出口商品品牌较多,而真正能与国际品牌抗衡的则寥寥无几。通过国际广告宣传,一方面可以将国内名牌产品推向国际市场,为国家多创汇;另一方面,可将国外的市场行情及时地反馈给国内生产企业,使他们及时了解国际市场现状,总结经验,找出差距,迅速调节企业的生产经营结构,增加花色品种,提高产品质量,恰当地处理产品中使用价值与文化附加值的关系,以增强产品在国际市场上的竞争力。

第二节　国际广告调查

国际广告宣传既是一项经济性活动,又是一项社会性活动。在制定广告活动计划时,必须调查和分析所在国的政治、经济、社会、文化、法律、科学技术、竞争机制等各个方面的状况。

一、国际广告调查的内容

(一) 经济环境

国内广告主在考虑国外市场时,必须研究每个国家的经济。分析一个国家作为出口市场有多大的吸引力,主要从三个方面考虑:

1. 国家的人口规模。在其他条件相同的情况下,对出口企业来说,大国比小国更有吸引力,媒体受众也多。例如,土耳其有8 232万人口,就药品广告而言,比起只有977万人口的匈牙利就是一个更有吸引力的市场。

2. 国家的产业结构。一个国家的产业结构决定了对产品和服务的需求、收入水平、就业水平以及广告行业的状况。产业结构一般可分为4种类型:

(1) 自给型经济。在自给型经济中,绝大多数人从事简单的农业生产,他们生产的产品大部分供自己消费,剩下的用来交换简单的产品和服务。广告宣传对他们来说,其影响微乎其微,最多只不过是增加他们对美好生活的一种奢望。

(2) 原材料出口型经济。这种经济类型的国家拥有一种或几种较丰富的资源,但在其他方面却匮乏。他们的大部分收入都来自资源出口。例如,智利(锡和铜)、扎伊尔(橡胶)、沙特阿拉伯(石油)。这些国家是采掘设备和工具及有关物资、原料处理设备和大型卡车的广大市场。

(3) 新兴工业化经济。在新兴工业化经济中,制造业在国民生产总值中占10%~20%的比例。例如,马来西亚和菲律宾。工业化的发展产生了一个新型的富裕阶层和一个人数不多但日益发展的中产阶层,他们需要新产品,其中有些产品只有通过进口才能得到满足。了解这一点,可以使国际广告宣传有明确的目标和较强的针对性。

(4)工业化经济。工业化经济国家是工业品和投资基金的主要出口国。这些国家之间相互买卖工业品,也向其他经济类型的国家出口工业产品,用来交换原材料和半成品。由于这些国家的生产规模大、形式多,并拥有人数相当可观的中产阶级,因而便成为各种产品的消费市场,广告宣传对他们来说,更具吸引力。

3. 家庭的收入水平。收入水平与一个国家的工业结构有关,但也受到政治体制的影响。国际广告界依据收入水平,通常将世界上的一些国家划分为五种类型:①家庭收入很低的国家;②大部分家庭收入低的国家;③家庭收入高低悬殊的国家;④家庭收入有低、中、高三类的国家;⑤大部分家庭收入中等的国家。

兰伯宁(Lunborgnins)汽车是一种高档豪华汽车,每辆售价达50 000美元。在上述第一种、第二种收入类型的国家,这种汽车的市场机会很小,因此兰伯宁汽车的经销商没有选择这些国家作为其广告对象。在葡萄牙,情况就不同了。葡萄牙属于第三种类型的国家,有许多富有而又注重社会地位的家庭,他们能买得起这种汽车,广告宣传对他们会起作用。实践证明,也确实如此。

在某些国家里,家庭主要生活费中包括相当大的非现金收入成分,很难用固定标准做定量分析,这时收入水平就无法精确表明这些国家的经济发展状况。因此,在开展国际广告调查时,这一情况也应考虑在内。

(二)政治法律环境

每个国家的政治法律环境都不大相同,广告主在决定是否到某个国家进行广告宣传时,应考虑以下四个方面的问题:

1. 对外国公司的态度。有些国家非常欢迎外国企业到本国投资,如墨西哥。多年来这个美洲国家通过采取鼓励投资和提供协助选择厂址等服务措施,不断地吸引国外投资者;而有的国家却非常敌视外国企业,对外国企业进入本国市场设置许多人为的障碍。

2. 政局的稳定性。稳定的政局是企业从事正常生产经营活动必备的条件之一。有的国家政权更迭频繁,甚至诉诸武力,经常没收外国企业资产,冻结外国企业的货币资金,使人心惶恐不安,外国企业的合法权益得不到保证与维护,对这样的国家进行广告宣传又有什么用呢?

3. 货币管理制度。这里的货币管理制度主要指外汇管理制度、结算制度等。自由的外汇兑换、进出口制度是所有外商希望的,因为只有如此,才能确保经营利润顺利转到他们的国家里,他们的利益才能得以充分保证,他们才能有信心开展业务,进行广告宣传。

4. 政府机构的工作效率。这主要指东道国政府机构协助外国企业开展有关业务的效率程度。如审批许可证程序所需的时间、办理海关手续的效率等。东道国政府机构办事效率高,外商就可以及时地把握市场机会,有效地开展广告宣传活动。一位美国公司的主管曾抱怨在葡萄牙做生意的困难:他曾度日如年地在葡萄牙首都里斯本等待了3个月,等葡萄牙国际贸易部对他的一项报价做出反应,而且他还不得不向某些官员支付适当的费用,才能尽快得到这些信息资料,而当他获得批文时,经营业务的旺季已经过去了。

(三)文化环境

每个国家都有自己的价值观、风俗和禁忌。如果广告主想提高广告效果,就必须全面了解东道国的文化和贸易习惯。

国际广告经营者在制定广告计划之前,必须了解国外对某些产品的看法及其使用方式。例如,普通法国男人使用的化妆美容品的数量几乎是他们妻子使用量的两倍;德国人和法国人食用的有包装、有厂牌的细通心粉比意大利人的食用量大;坦桑尼亚妇女不准小孩吃鸡蛋,担心他们吃鸡蛋会脱发;等等。

(四)贸易环境

各个国家的贸易形式和行为千差万别,国内广告主在与外国广告经营者谈判之前,必须简要了解这些情况。例如,在广告业务洽谈中,日本广告经营者对美国广告主的意见很少明确表态。美国广告主因此感到不知所措。美国人总是直截了当,开门见山;而日本广告经营者觉得那样咄咄逼人,令人不快。法国的批发商不重视促销产品,零售商需要什么,他们就提供什么。如果中国企业将其策略建立在谋求与法国批发商合作进行广告促销的基础上,就有可能失败。每个国家都有各自的文化和贸易传统、偏好和禁忌。对此,广告主必须加以认真研究。

(五)广告环境

国内广告主要了解东道国的广告媒体情况,包括有什么媒体,什么媒体最常用,什么媒体最适合等。因为各国使用的媒体方式各不相同。在欧洲,电视广告的时间非常有限;法国电视台每天可以播出4个小时的广告节目;

而在斯堪的那维亚国家的电视台,要做广告的企业必须提前数月预定时间,至于何时才能播出,他们根本无权过问。而且,互联网络、录像机、DVD 在欧洲的广泛使用,使电视观众进一步减少。另一种媒体就是杂志,其效果也是因国而异。杂志在意大利发挥了巨大作用,而在奥地利的影响却不大。英国的报纸可发行到全国各地,但是在西班牙,广告主只能在当地报纸上刊登广告。

(六) 国际贸易体系

国内企业若要在另一个国家进行广告宣传,销售产品,将会面临各种贸易限制,最常见的就是关税。征收关税的目的是要提高收入,或者是要保护国内的企业。出口商也能碰到配额这个问题。配额的目的就是要节省外汇,保护本地工业和就业机会。禁止输入是配额的极限形式,即规定某些种类的产品完全禁止进口。外汇管制也会对贸易起到限制作用,它规定了可使用的外汇额度和汇率。企业也可能碰到非关税壁垒。例如,对某个国家企业投标的歧视,制定歧视某国产品的产品标准。如荷兰政府限制进口时速超过 16.09 千米的拖拉机,这意味着大多数美国制造的拖拉机是被禁止进口的。

有些国家组成了共同体,其中最主要的是欧盟。其经济政策是取消成员国间的关税,建立统一对外的共同税率;对欧盟国家采取贸易保护主义政策;协调各成员国之间的经济及社会政策。除欧盟外,各地区还成立了其他一些经济共同体,主要有安第斯共同市场、北美自由贸易区、中美洲共同市场、东南亚国家联盟以及拉丁美洲一体化协会等。

二、国际广告调查的途径

国内广告主开展国际广告调查是制定国际广告目标、国际广告计划的前提。进行跨国度的广告调查活动的途径可概括为以下几种。

(一) 设立调查机构

设立调查机构是指企业直接在国际目标市场上设立自己的调查机构,从事广告调查工作。这种途径能够有效、及时地收集到企业所需的有关东道国同类产品的竞争状况、消费者的需求趋势、广告媒体状况等方面的资料。它是国内企业开拓国际市场的"探测器"。西方发达国家的一些公司,尤其是一些跨国公司都在国际目标市场设立了调查机构,收集他们所需的有关资料,如日本的三菱公司,美国的可口可乐公司、波音公司等,都在世界各地(包括中国)设立了这类机构。在国外设立调查机构需要国内企业有较

第十四章 现代国际广告

强的经济实力,经营规模大,业务量多,否则就不能承受高昂的费用。我国国内企业规模普遍较小,选择这种模式条件还不太成熟。

(二)委托专业调查公司

国内广告主可委托国际广告公司或国际调查公司对国际目标市场进行调查。由于这类公司在人力、物力、财力、经验、信息处理与设备方面具有明显的优势,它们常常能为国内广告主提供一条龙服务,即为客户提供市场调查、产品定位、广告定位、广告策划、广告设计制作、广告刊播以及广告效果测定等全方位的服务。这类专业公司谙知国际目标市场环境,已逐渐成为国际广告市场的主流。国际上著名的专业广告(或调查)公司有:BSB 公司、BBDO 公司、列奥·伯特公司、达西·马修斯·本顿-保利斯集团、DDB 尼浩姆公司、FCB 帕波利克斯公司、GGK 集团公司、格雷广告公司、林塔斯-爱米拉提公司、欧格威-梅瑟公司、萨奇和萨奇公司、J.华特·汤普森公司、扬-鲁比凯姆公司、麦堪-爱立克森公司等。这些广告公司在全世界 40 多个国家开展广告业务。

(三)委托有关机构进行国际市场调查

委托有关机构进行国际市场调查这种途径可以委托驻外使馆、领事馆的商务代办机构,但这类机构由于职能的限制,调查结果常常不尽如人意。

(四)派出业务人员实地考察、调查

企业根据业务需求,可派出一定业务人员对国外目标市场进行考察、调查,以获取第一手资料。通过这种途径调查国际市场,如果时间较长,则费用较大;若时间较短,则容易蜻蜓点水、走马观花,不能深入问题的实质。另一方面,由于语言的障碍,往往不能取得满意的调查结果。

第三节 国际广告策略

一、国际广告信息策略

国内广告主在国际目标市场上采用的广告信息策略大体上可以分为三种。

(一)出口式广告

出口式广告是指国内广告主将在国内用过的广告,用东道国的语言翻

译后在目标市场上刊播。广告中的图像、色彩、标识等都不改变。可口可乐公司曾经推出了一个以"Can't beat the feeling"为主题的电视广告片,在美国播放一年半以后,该则广告推向世界近百个国家。这一广告标语被翻译成不同的文字:

- 中国:"挡不住的感觉"
- 日本:"我感觉到Coke"
- 意大利:"独特的感觉"
- 智利:"生活的感觉"

广告片中年轻人随着主题歌拍节跳舞的情景,在各国都一样。只不过在非洲、加勒比海、南亚地区播放时,画面中的黑人增加了一些。法国香水在国际市场上促销时也常采用出口式广告信息策略。广告策划者将法文广告原作一点不动地照搬到国际市场上,以突出正宗法国产品的形象。法文广告语句,法式的产品包装,法国的浪漫情调,正是世界广大消费者梦寐以求的。

(二)模型式广告

模型式广告是指广告主根据从广告市场调查中了解到的国际市场的共性,明确地规定广告的基本模式和适合当地情况的要求,各地的分公司则据此而设计、制作具有地方特色的广告作品。仍以可口可乐公司的广告策划为例。可口可乐公司曾在美国邀请橄榄球明星格林拍摄一则名人广告。画面是:比赛中格林受伤休息,一个小球迷为他送来一杯可口可乐,格林深受感动,亲手将身上穿的运动衫签名送给了小球迷。这则广告形象地突出了"可口可乐给你带来欢乐"这一主题,给观众留下了深刻的印象。鉴于此,可口可乐公司计划将它推向世界,并且要求各地选择一项当地人喜爱的体育运动,挑选一位体育明星制作同样内容的名人广告。巴西、泰国、阿根廷、墨西哥等国都依此在当地电视媒体上进行了广告宣传。

(三)当地化广告

当地化广告是指根据文化的差异和生活习惯的不同,各地分公司因地制宜设计不同风格、不同主题的广告作品进行宣传。例如,美国斯文公司在美国以生活乐趣作为其自行车广告的主题,而在斯堪的那维亚则用安全作为广告主题。不同的国家或地区有不同的风俗习惯,当地化广告策略正是根据这一点而提出来的。例如,在日本,白色表示致哀;在马来西亚,绿色与森林疾病有关;在德语里,雾(mist)是指粪肥,斯高切(scotch 磁带)意味着

"笨蛋"(schmuch,德语);在西班牙,雪佛莱公司的Nava牌汽车被译为nova,意思是"跑不动"。有一则伊莱克斯公司(Electrolux)真空吸尘器的广告从瑞典语被译成了英语,刊载在韩国一家杂志上却变成了:"像伊莱克斯一样,什么都没有吸进去"。当地化广告能够较好地考虑到当地的禁忌,反映当地的社会价值观念,能取得较好的广告效果。美国佳美肥皂(Camay)的广告就采用了这一策略:在美国,电视广告画面上表现了一位美女正在沐浴;而在委内瑞拉,画面上看到的是一个男士在洗澡间里;在意大利和法国,只能看到一位男士的手;在日本,则看到一位男士正在洗澡间的门外等候。

二、国际媒体选择策略

随着经济全球化趋势的逐渐加剧,国际性媒体也日益增多。报纸、杂志等印刷品媒体常以特定阶层、特定兴趣人群为自己的读者对象。在此情况下,对于目标市场比较单一的广告主来说,针对进口商和经销商的刊物刊登广告是理想的媒体。在世界性商业日报中影响最大的是《金融时报》、《国际先驱论坛报》、《今日美国》和《华尔街日报》等。

国际性的商业杂志有《商业周刊》、《经济学家》和《幸福》等。全球性的综合性杂志有《读者文摘》、《时代》、《国家地理》和《新闻周刊》等。以英国杂志为例,据统计,英国有85%以上的成年女性和77%以上的成年男性是杂志读者,99%以上的企业主管会阅读相关行业的专业杂志。英国杂志市场正以每年1.6%的幅度持续增长。每年在英国境内发行的杂志有102类,700种以上。其中计算机类占6%,音乐和音响类占10%。在英国,杂志的读者群越明确,经营就越成功。因为杂志的生存并不依赖发行量的大小,杂志的读者群越明确,针对性越强就越能吸引广告商的注意。例如,《经济学家》这类的周刊,其读者群为政治、商业和社会精英,在英国本土每期只有12万册的发行量,但其读者群涵盖了世界各地政治经济界的决策者以及中产阶级的领袖人物,因此,它的广告费简直是天价。

虽然英国杂志种类繁多,但其主流还是女性杂志,年平均增长10.2%。英国女性杂志分为周刊与月刊两类。周刊多以家庭主妇及大众女性为目标读者群,内容侧重于真人真事的报道,讲述老百姓的故事。这类杂志全部彩色印刷,一般为70页左右,零售价格相对比较低廉。其中发行量最大的是《小憩》,每期平均发行量122万册,遍及英国的各个角落。

英国月刊类女性杂志则以铜版纸质、印刷精美为特色,零售价格比周刊贵得多。这类杂志一般分为三种：一种以已婚的中产阶级、有稳定社会关系、年龄在 35 岁以上的女性读者为目标受众的杂志，例如，《贝拉》(Bella)、《首席》(Prima)和《女性与家庭》(Woman and Home)等。这类杂志的内容通常包括母女谈心、作家访谈、重返职场或跳槽的秘诀、退休生涯规划等；第二种杂志如《淑女》(Lady)、《塔特勒》(Tatler)等，大量刊登影视明星、社交名媛的趣闻轶事，有明显的"追星"趋向；第三种是世界性的品牌杂志，例如《她》(Elle)、《美丽佳人》(Marie Claire)和《柯梦波丹》(Cosmopolitan)等。其中《柯梦波丹》目前在英国的发行量为 40 万份左右。英国"社会事务小组"的研究报告将该杂志的女性读者视为崭新的社会群体，称之为"杂志女性"。这种杂志受众定位以 20～30 岁的单身女性为主，内容涉及美食、保健、穿着、理财、床底情趣、女性解放等。

在电波媒体方面，最成功的国际性媒体是美国的有线电视新闻联播(CNN)。CNN 通过其先进的卫星系统，向美洲、欧洲、澳洲和亚洲进行传播。此外，有 4 个较大的国际性电视联播网可供广告主选择。它们是"英国广播公司(BBC)世界电视"、美国的"娱乐和体育节目联网"(ESPN)、纽约的"音乐电视"(MTV)、伦敦的"国际联播网"(MBC)。

思考与练习

1. 什么是国际广告？
2. 简述国际广告广告主的主要类型。
3. 简述国际广告的主要特征。
4. 简述进行国际广告宣传有哪些作用。
5. 简述国际广告调查的主要内容。
6. 简述国际广告调查的途径。
7. 简述国际广告信息策略的主要内容。

第十五章 广告公司与广告代理

本章关键词

广告部门（Advertising department） 美国广告代理商协会（4A, American Association of Advertising Agencies） 媒体型广告公司（Media advertisement company） 4A广告公司（4A Advertisement company） 广告代理商（Advertising agencies） 广告代理商佣金（Advertising agency commission） 广告研究基金会（Advertising Research Foundation）

本章学习重点

- 现代广告公司的发展与种类
- 现代广告公司的作用
- 现代广告公司的机构设置
- 广告代理的概念及作用
- 广告代理的业务流程
- 如何支付代理费

第一节 现代广告公司的发展

一、现代广告公司的发展

现代广告公司是社会生产力发展的产物。自从美国人帕尔默于1841年在费城开办世界上第一家专业广告公司以来，随着社会生产力的发展，广

告公司的数量逐渐增加,服务水平也有了一定的提高。到了21世纪,现代广告公司更是以迅猛的速度发展,公司数量不断增加,其服务功能不断完善,服务领域不断扩大,由国内逐渐走向国际。

我国的广告公司虽然在新中国成立前就已存在,但直到1979年,全国专业广告公司不足10家,电视、报刊、广播等基本上不经营广告业务。到了20世纪80年代,改革开放催生了一批广告公司,但其真正发展起来还是在20世纪90年代,尤其是在1993年和1994年。随着我国经济的持续快速增长,广告业也获得迅猛的发展。据国家工商管理总局的统计,2018年我国广告经营单位137.6万户,广告从业人员达558.2万人,经营额达7991.48亿元。这些数据表明,现代广告公司已成为我国经济发展不可缺少的组成部分,成为广告业发展的中坚力量。

第二次世界大战以后,美国的一些新技术行业和大众消费品公司迅速向海外市场扩展,其中包括通用汽车公司、福特汽车公司、宝洁公司等。到20世纪七八十年代,企业走向世界已形成潮流。随着经营战略的转变,上述企业从多国公司变成在全球范围经营和销售的跨国公司。广告公司正是伴随着企业国际化进程而走向国际化的。例如,美国DDB广告公司曾经承接了需在11个国家刊播大众汽车的广告。DDB驻这11个国家的分公司在按总部要求完成这项业务的同时,还承担着当地许多的广告业务。在世界范围的兼并风潮中,美国有不少广告公司与其他国家的广告公司合并或加盟广告公司大集团,从而变得更加国际化。例如智威·汤普逊公司和奥美广告公司加入WPP集团。20世纪末,世界最大的四个巨型广告集团公司是WPP集团、英特帕布立克集团公司萨奇集团和奥姆尼康集团。跨国巨型广告集团的形成,有利于广告公司节省经营费用,也便于避免同行业客户的业务冲突,以获取更多的利润。巨型集团还有条件对媒体版面进行集中购买,掌握主动权。

随着经济全球化的发展,广告客户更加集中。大型的跨国公司往往愿意选择那些有全球经营能力的跨国广告集团代理广告业务,以利于集中调控。例如,3M公司重审了它与60个零散的广告公司的业务关系之后,决定将广告业务集中交给3家广告公司代理。可口可乐公司多年来一直将麦卡恩·埃里克森广告公司作为全球代理。李奥·贝纳广告公司近40年来一直是飞利浦·莫里斯公司唯一的全球广告代理。有些企业正效仿它们,试图将广告业务委托给一两家大型跨国广告公司。飞利浦公司选择了奥美和

DMB&B 公司作为全球广告业务的主要代理。雀巢公司与 6 大广告公司协作,它们是奥美、麦卡恩·埃里克森、林特斯、智威·汤普逊、帕布里西斯和 BBDO 广告公司。广告业务集中化的结果,使越来越多的广告开支集中到大型跨国广告公司的手中。

二、现代广告公司的种类

美国广告协会曾认为广告公司是一个能创造性地致力于广告宣传的专家组织。现代广告公司具有的"创造性"特征,是划分它们的依据。现代广告公司,按其"创造性"的功能可以划分为综合型、部分服务型、广告代理商和广告制作机构。

(一) 综合型广告公司

综合型广告公司为广告客户提供系统的服务,包括从广告市场调研到广告设计、制作以及广告效果测定等一系列内容。

1. 产品研究。这是指对广告中所宣传产品的功能、特点、价格、包装、品牌等进行研究,同竞争对手相比较,以发现其有利条件和不利条件,为广告主提供制定广告计划的客观依据。

2. 市场调查及分析。这是指调查研究目标市场上消费者的动态及特点,了解谁是现实购买者,谁是潜在购买者,掌握他们的生活习惯以及偏好兴趣,以提高广告促销决策的针对性和准确性。

3. 产品销售分析。这是指对广告产品的销售渠道进行详细的研究,了解其流通环节的合理性,流通网络(或销售网络)设置的科学性等,使广告宣传能在分销网的建立健全和良性循环的基础上发挥作用。

4. 广告媒体调查。这是指广告公司除了具备有关媒体的理论知识以外,还要对具体媒体的覆盖面、广告收费状况以及在受众心目中的形象等情况进行调查,为正确地选择媒体提供客观依据。

5. 制定广告计划。广告计划是开展广告活动的具体安排。包括目标市场、媒体运用、广告预算、广告时间的安排、广告诉求主题、广告策划的人员安排以及广告效果的测定等内容。

6. 实施广告计划。广告计划经广告主同意以后,就要将它付诸实施,具体包括广告的设计、创意,广告文案的写作,广告的制作,购买媒体,广告的刊播,广告效果的测定等。

7. 与其他促销活动相配合。广告宣传是企业促销活动的一种,因此广

告公司要积极配合企业的产品促销、人员促销和公关促销,使广告活动发挥更大的作用,同时也有利于塑造广告公司的良好形象。

(二) 部分服务型广告公司

部分服务型广告公司只有一项或几项服务功能,经营面比较窄。如只负责承担广告的创作、计划、刊播等。如美国的路牌广告公司只承担简单的广告策划和广告调查。

(三) 广告代理商

广告代理商又称广告经纪商,他们介于广告主与广告媒体之间,为对方牵线搭桥,收取佣金。广告代理商不承担广告设计、制作和刊播的业务,其性质类似于掮客。

(四) 广告制作机构

广告制作机构,通常是一些美术、装潢、摄影、印刷等部门。它们也是法人实体,只负责广告的设计、创作和制作,靠收取制作费来营运。

第二节 广告公司的机构设置与经营原则

一、现代广告公司的机构设置

现代广告公司一般可分为部门型广告公司和分组型广告公司,两种类型公司的内部组织机构各有特色。

(一) 部门型广告公司的机构设置

部门型广告公司一般设客户部、市场部、创作部、媒体部和管理部等机构。

1. 客户部。它是直接与广告客户接触、联系的业务部门。它对内代表客户,对外代表广告公司,是广告公司与广大客户联系的纽带,主要负责联系客户、接洽客户、协调客户与广告公司之间的关系。

当广告客户要求广告公司为其提供专业服务时,客户部首先要与之接触,了解客户的具体意图,衡量客户要求的可操作性。通过双方协商,代表公司与广告客户签订广告合同,并根据客户提供的有关资料,如产品营销状况、市场态势、广告预算、市场规划等,同有关部门制定出广告计划,经广告客户同意后,由有关部门协作执行。在广告计划的实施过程中,要及时地与客户联系并进行信息反馈,转达广告计划的实施进展情况。同时,要对广告

的设计、创意、制作与刊播过程进行监督。对客户的有关信息资料要负责保管,严守商业秘密。

2. 市场部。市场部要根据客户的要求,进行产品调查、市场调查与预测,了解消费者的兴趣偏好以及趋势动态,测定广告效果等。市场部要为制定广告计划提供必需的背景资料,并就有关市场问题提供咨询建议,为广告策略的制定提供客观依据。

3. 创作部。创作部包括广告的设计、制作部门。根据客户的要求及媒体特点,选择广告色彩、撰写广告文案、设计图案、挑选演员、录音、合成等,制作出广告成品。

4. 媒体部。媒体部的责任主要有:负责制定广告的媒体策略,选择合适的媒体并进行组织搭配,以实现广告的预定目标;负责广告成品在选定媒体上的刊播,制定刊播计划以及媒体预算分配方案;负责与媒体联系,监督刊播计划的实施;代媒体收取广告费。

5. 管理部。管理部是为公司业务正常运转提供服务的部门,包括人力资源管理、后勤、财务、行政等具体部门。

(二) 分组型广告公司的机构设置

分组型广告公司按照内部业务的需要,分成若干专业性的小组,类似于工业生产过程中流水作业的每个相对独立的环节。这种类型的广告公司内设联络人员、媒体人员、创作人员、制作人员等。各小组单独与客户联系,并制定广告计划、制作广告作品、选择广告媒体等。这种机构设置形式适用于大规模、专业化水平较高的广告公司,其主要业务重点是广告活动的策划、方案的制定以及内外业务的协调计划等。

二、现代广告公司的作用

现代广告公司无论对企业或是对媒体来说,都具有重要作用。

(一) 广告公司对企业的作用

对于企业来说,通过广告公司为其提供广告策划、设计、制作等服务,有利于企业开展市场营销活动,有利于提高企业的经济效益,扩大企业的知名度,树立良好的企业形象。广告公司对企业的作用主要表现在以下几方面:

1. 广告调研及策划。包括代替广告主从事市场调研与预测,确定目标市场,制定广告计划,进行媒体选择。

2. 广告制作。在策划阶段制定了具体的设计方案以后,广告公司要将设计方案用文字、声音、图形、色彩、音乐、音响等要素的组合表现出来,同时还要突出广告的诉求点,使广告的促销性与艺术性完美地结合起来,形成创造性的广告形式。

3. 广告刊播。要确定广告接触人数、频率和效果,选择主要的媒体类型,选择具体的媒体载体,决定媒体的使用时机,将广告产品信息传输给广大媒体受众,刺激消费者的购买欲望,促使其产生购买行为。

4. 测定广告效果。广告刊播以后,要代广告主测定广告心理效果、经济效果和社会效果,并以报告的形式呈交客户,使广告主及时调整自己的生产经营策略。

5. 咨询服务。要为客户提供有关其他促销形式方面的信息和咨询服务。

(二) 广告公司对媒体的作用

对于广告媒体来说,广告公司是他们的业务来源。从一定意义上讲,广告公司是广告媒体生存、发展的基础。在西方发达国家,广告收入占媒体收入相当大的比例。广告公司对广告媒体的作用主要表现在以下几方面:

1. 争取客户。广告公司是媒体业务的主要来源。客户的多少直接关系到媒体经济效益的好坏,决定着媒体的发展规模。同时,通过广告公司争取客户,可以使广告媒体减少机构设置,节约经营费用。

2. 代理制作广告。广告是一门促销的艺术,它的制作涉及产品知识、广告理论知识,同时还要求有一定的艺术技巧。广告公司的技术力量一般来说比较雄厚,可以发挥自己的专业特长,制作出诉求点鲜明的广告作品,这样既满足了客户的要求,又弥补了广告媒体在这方面的不足。这本身正是社会化大生产和专业化分工原则在广告行业的具体运用。

3. 减少广告媒体的风险。实行广告代理制以后,就可以将媒体之间的竞争转变为一种通力合作的关系,减少了媒体的竞争风险;媒体与广告客户之间的债务关系也变成了广告公司与广告客户之间的债务关系,这就减少了广告媒体的资金风险;广告媒体与广告公司建立长期稳定的关系,有利于稳定广告媒体的业务来源,有利于提高经营管理水平,扩大经营规模,提高市场竞争力。

三、现代广告公司的经营原则

现代广告公司是独立的经济实体,是实行自负盈亏、自主经营、自我发展、自我约束的市场经济下的法人组织。结合它的特点,在经营活动中应坚持以下原则。

(一)合法经营原则

合法经营原则是广告公司开展业务活动时应遵守的第一原则。它主要有三方面的含义:

1. 广告公司的设置及运行要符合有关法律规范。例如,要符合《中华人民共和国公司法》《中华人民共和国民法通则》《中华人民共和国反不正当竞争法》等。

2. 代理的业务要合法。要符合《中华人民共和国广告法》、《广告管理条例》、《广告管理条例施行细则》、《广告审查标准》以及《消费者权益保护法》等。代理的业务必须是国家有关法律允许的正常业务。

3. 代理收费要合理、合法。要按照有关规定合理收取费用(或佣金),不能漫天要价,要有利于广告市场的稳定发展,要有利于广告市场供求机制正常发挥作用。

(二)经济效益原则

经济效益原则是市场经济中的基本原则,广告公司同其他经济实体一样都是经济运行中的基本单位,因此,主要目标应该是营利,讲求经济利益。只有以经济利益为主要目标,才能在"看不见的手"的有效引导下提高社会的整体效益。

(三)合同契约原则

合同契约原则是指广告公司在开展业务时要以合同的形式、契约的形式将委托双方的权利、义务和责任确定下来。合同一经签订就要完全执行,以维护合同的严肃性。广告公司与广告媒体之间也要以合同、契约的形式明确双方的责权,同时要与媒体之间形成利益共同体,共担风险、共享利益。从一定意义上来讲,市场经济就是法制经济,广告公司的经营活动坚持合同契约原则正是法制经济的具体体现,也是维护广告市场有序化的一种有效手段。

(四)信誉至上原则

信誉至上就是重信誉、守信用、创优质、重合同,要依靠全面、优质的服

务赢得客户的信赖，树立良好的企业形象。广告公司要真正做到客户至上，为客户提供全方位的、多层次的服务，以客户的满意度作为衡量公司工作好坏的标准。

（五）创新原则

创新原则是指广告公司在为客户设计和制作广告时要敢于突破旧形式，要以"新"取胜。千篇一律的广告创意很难引起消费者的注意，因此，广告形式、广告所要表达的意境要不断创新，给消费者耳目一新的感觉。同时，创新可以为广告公司赢得声誉，赢得良好的经济效益。

第三节 广告代理

广告代理是国际广告市场上通行的一种广告经营机制。广告代理是指广告客户委托广告公司实施广告宣传计划，广告媒体通过广告公司承揽广告业务的一种经营机制。在广告代理中，广告公司处于中介地位，为广告客户和广告媒体提供双向服务。

目前，我国试行的广告代理的基本内容及要求包括：

第一，广告客户必须委托有代理权的广告公司进行广告代理业务，不得直接在电视台、报纸和广播电台发布广告信息。但分类广告不在此限制之列。分类广告即客户发布的简短的礼仪、挂失、书讯、征婚、订婚、婚庆以及开业广告等。这类广告的业务规模都非常小，可直接到电视、报纸和杂志等媒体部门进行办理。

第二，兼营广告业务的电视、广播和报纸媒体在经营活动中，必须委托有经营资格的广告公司进行媒体代理，不允许直接承揽广告业务。分类广告不在此例。

第三，代理广告业务的广告公司应该向广告客户提供市场调研、广告宣传的整体策划服务，并且负责实施媒体计划。广告公司为媒体承揽广告业务，应有与媒体发布水平相对应的广告设计、制作能力，并能提供广告客户支付广告费用的经济担保。

第四，广告代理制实施以后，广告客户和媒体部门可以自主地选择理想的广告公司进行广告业务代理。

目前，我国广告代理制的试行范围包括电视、广播和报纸媒体。凡是在这三种媒体上进行广告宣传的（分类广告除外），都必须委托广告公司进行代理。如果在其他媒体发布广告信息,仍然可以直接委托媒体进行办理,也可以委托广告公司代理。

一、实施广告代理的作用

(一) 可以充分发挥广告专业人才的作用

广告公司集中了广告行业的大量专业人才,将他们的才华和技能组合起来,可以更有效地为广告客户开展市场调研,进行针对性较强的广告策划与实施活动,从而使企业的广告活动建立在科学性和计划性的基础上,真正为企业利用广告宣传来扩大品牌的知名度,树立企业的良好形象,为提高企业参与国际竞争服务。

(二) 有利于提高企业广告宣传的效果

目前,我国企业广告宣传的计划性较差,存在着严重的广告费用浪费现象。这不仅损害了企业的利益,也助长了社会上的不正之风。实施广告代理以后,企业可以将广告业务委托给理想的广告公司,由广告公司根据企业的情况制定广告计划,并负责广告计划的具体实施,这样就从根本上解决了广告费用开支的浪费、分散和失控等问题。有利于提高企业广告宣传的效果。

(三) 降低了广告媒体的经营风险

实施广告代理使媒体组织与广告客户之间的联系彻底断开了,广告媒体只与信誉良好的广告公司进行业务联系,即便出现了广告客户拒付或拖欠广告费的情况,由于广告公司是事先垫付广告费用的,媒体组织几乎不承担任何风险,这就大大降低了广告媒体的经营风险。另一方面,由于媒体组织与广告公司之间有了明确的专业化分工,使媒体组织可以集中精力搞好自身的发展与建设,设计出更好的、更有特色的节目和版面,提高媒体的注目率。

二、广告代理的业务流程

(一) 营销规划和广告决策过程

在开展广告宣传活动之初,广告代理商必须为广告客户进行营销规划和广告决策。

首先是资料收集与分析阶段。在这一阶段,广告代理商要了解产品的竞争状况、广告产品的目标市场的统计性特征、广告产品的主要竞争对手、

广告产品的优势和劣势,然后据此进行产品营销规划,再依据规划制定出广告宣传目标与策略。其简要过程如图 15－1 所示。

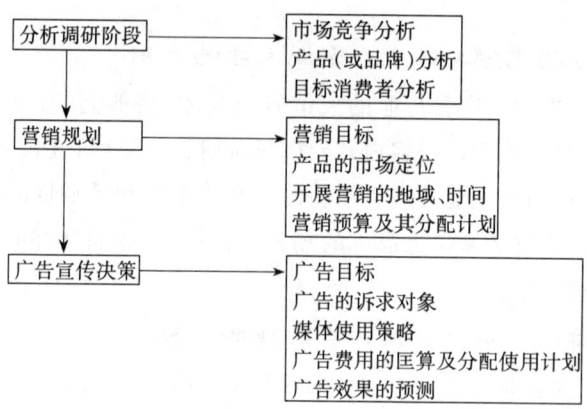

图 15－1 调研阶段的工作流程

(二) 广告策划的作业流程

在营销规划和广告决策初步制定以后,广告公司就可以进入广告策划的作业流程了。首先,由广告公司的市场部将广告产品的市场营销背景、营销规划方案、广告宣传策略等向设计、制作人员进行详细的介绍与说明,在尊重各方意见的基础上展开充分的讨论,再根据讨论结果对已拟订出的广告宣传决策进行完善与修改,制定出有说服力的广告创意和有效的媒体使用计划。

整个广告策划的过程大体上可以分为以下五个步骤:①介绍说明阶段;②广告创意发展阶段;③向客户提案阶段;④客户批准阶段;⑤执行阶段。具体情况见图 15－2。

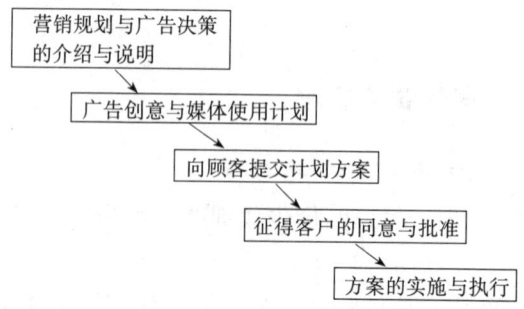

图 15－2 广告策划的作业流程

（三）广告创意的流程

有关广告创意的流程,我们已经在本书的第八章进行了详细的阐述,这里就不再叙述了,图15-3就是广告公司进行广告创意的具体过程。

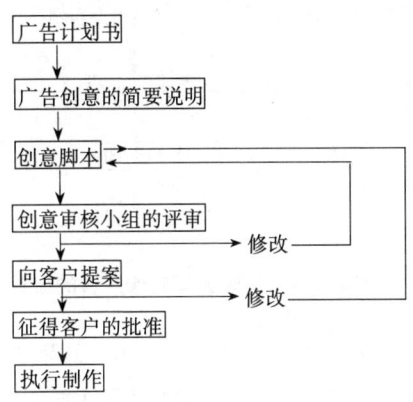

图15-3 广告创意的具体过程

这个阶段通常只用简单的脚本来表达广告创意的主要情节和构思。在规模较大的广告公司中,创意总监不会在最初阶段就参与广告创意的设计,他的任务是控制整个创意的品质与风格,所以他通常会领导创意审核小组,对广告创意作品进行评估与指导。

（四）广告制作的流程

美国广告公司的制作部门,分为图案和文案两大类别。设计人员既要负责电视广告的草案设计,也负责印刷品的草稿制作,文案人员也是如此。

创作人员具体负责广告作品的质量监督与控制。在开始制作广告之前,必须召开准备会议,与负责拍摄的导演和制片进行详细的协商与筹备,然后才进行具体的拍摄以及后期的合成。制成的样片或样稿要经过客户的同意,客户一经签字同意就可以递送给媒体部门,由媒体部门刊播发行。图15-4就是广告公司制作广告的流程。

（五）制定媒体使用计划的工作流程

制定媒体使用计划的工作也是由市场部开始的,在完成说明后,广告人员就开始收集有关媒体的资料,对媒体的影响力、受众、广告收费等情况进行分析、评估,然后制定出媒体使用计划。媒体使用计划一经客户的签字批准,就可以向媒体部门订购使用时间或版面。

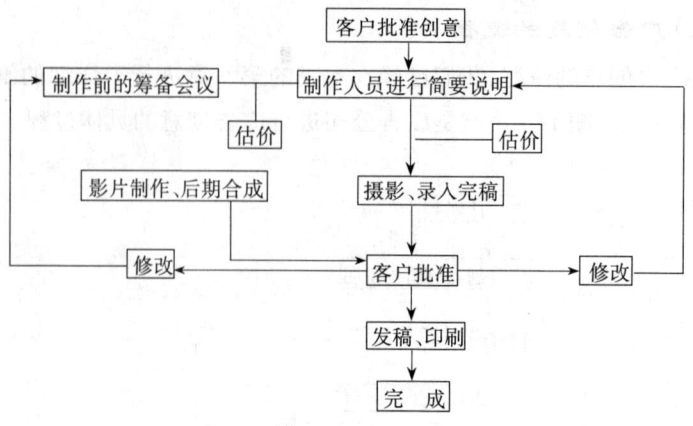

图 15－4　广告公司制作广告的流程

广告刊播以后,广告公司还要对广告的实施效果进行评估,并及时将评估结果汇报给客户。图 15－5 就是制定媒体使用计划的工作流程的具体内容。

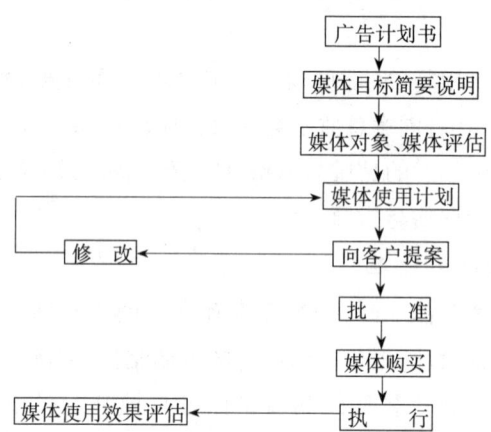

图 15－5　制定媒体使用计划的工作流程

三、如何支付代理费

广告公司作为代理商,其获取收入的途径主要有两种:通过佣金制向媒体组织收取佣金;通过收费制向广告客户收取服务费。

(一) 佣金制

早期的代理商代表媒体工作,并不是代表广告客户的利益。19 世纪以后,广告代理商作为杂志、报纸和招贴印刷人的业务代表发挥着功能。如果代理人将广告客户带到出版商那里,出版商就支付给代理人一定的佣金。支付这笔佣金的原因有两个:一是代理人将广告客户带给了出版商;二是代理人在准备文案时所做的工作。代理人通常要创作广告文案、进行广告创意与设计、安排广告作品的绘画等工作,这些工作为出版商节省了大量的时间。

随着广告重要性的日益增强,广告客户逐渐与数量越来越少的代理商开展业务往来,并最终与一个代理商签订代理合同。1901年,美国著名出版商克拉仁斯·科梯斯(Clarence Curtis)制定了向广告代理商支付15%佣金的制度。

在实践中,广告公司收入的3/4来源于受委托的媒体。在我国,凡是经过登记并合法经营的广告公司,经手刊登报纸广告和电视广告,一般可得到15%的佣金。例如,当一个电视广告花费100万元人民币时,代理商从广告客户那里取得了100万元,但付给电视台只有85万元,另外15万元则作为自己的佣金。

杂志广告的佣金,由于杂志发行机构的经营方针不同,其伸缩性非常大,一般来讲,代理商可得到20%~30%的佣金。

在美国,由于经济的不景气,电视、广播媒体委托人为了降低他们的经营费用,开始挤压15%的佣金空间。15%的佣金比例现在已经很少见了,有的媒体的佣金比例只有5%。然而,在一些地方,佣金比例又超过15%。例如,在澳大利亚,广告媒体认可的佣金比例是16%。在新西兰,媒体认可的佣金比例则高达20%。就世界广告行业来讲,人们普遍认可的佣金比例是15%,但是由于世界经济的不景气,委托人正在通过谈判努力降低佣金标准,以达到节省企业经费开支的目的。特别是大的委托人频繁地进行谈判以降低佣金的支付标准:1 000万美元以下的广告业务,广告公司的佣金比例最高为15%;1 000万~2 500万美元之间为12%;2 500万美元以上为10%。

(二)收费制

在西方发达国家,广告公司收入的1/4来自于广告客户。这种收入是广告公司为了广告客户的广告宣传,购买有关资料和提供有关劳务而收取的一定比例的服务费。广告公司为客户聘请演员、印刷广告作品以及提供其他劳务而收取的费用都属于服务费的范畴。

计算服务费的方法主要有两种:内挂比例和外挂比例。内挂比例=利

润÷成本,外挂比例＝利润÷营业额。例如,某广告公司正常经营年度的平均营业额为1 000万美元,利润为150万美元,成本为850万美元。收取费用的内挂比例为:150÷850＝17.64%,收取费用的外挂比例为:150÷1 000＝15%。在实践中,大多数广告公司都采用外挂比例向广告客户收取服务费用。例如,某广告公司受A客户的委托,进行总额为2 000万美元的广告宣传,采用外挂比例,该公司应该向A客户收取服务的费用为:2 000美元×15%＝300万美元。

第四节　网络广告联盟

一、网络广告联盟的概念

网络广告联盟,也称为联盟营销,是指集合中小网络媒体资源(又称联盟会员,如中小网站、个人网站、WAP站点等)组成联盟,通过联盟平台帮助广告主实现广告投放,并进行广告投放数据监测与统计,广告主则按照网络广告的实际效果向联盟会员支付广告费用的网络广告组织形式。

1996年,Amazon通过这种新方式,为数以万计的会员网站提供了额外的广告收入来源。目前,我国网络广告联盟还处于萌芽阶段。

网络广告联盟构成要素主要有:网络广告联盟广告主、联盟会员和广告联盟平台。

网络广告联盟的日常业务主要有:广告与联盟会员网站匹配、联盟广告数据监测与统计、联盟广告付费方式、联盟分成模式等。

网络广告联盟广告主是指通过网络广告联盟投放广告,并按照网络广告的实际效果(如销售额、引导数、点击数和展示次数等)支付广告费用的经营者。

与网络广告代理相比较,通过广告联盟投放广告的广告主多为中小型企业或者互联网网站,这些广告主制定的广告预算相对较少,通过广告联盟投放广告能节约广告费用,提高营销效率。

随着网络广告业的不断发展,软文广告联盟开始出现。软文是隐蔽了销售意图的宣传文章。顾名思义,软文广告联盟就是交易软文广告位置的广告联盟平台。通过这样的平台,网站平台可以用网站内成千上万的内页来承接广告主投放的软文广告,以获取经济收入。

二、网络广告联盟的形式

中小会员型主要是依靠中小会员网站来发布广告。例如 Google 广告联盟以及搜狗、百度、YAHOO！等广告联盟,基本上都属于这一类,他们自身没有广告发布平台,依靠庞大的中小会员的网站来刊播广告,广告联盟赚取佣金。

大型门户网站型。例如新浪竞价,他们的广告发布都是在新浪网站上进行的,广告联盟下面没有中小网站。

广告主按照网络广告的实际效果(如引导数、销售额等)向网站平台支付广告费用,简介方便,非常有利于提高品牌知名度,增加产品销售。

会员网站则通过广告联盟平台选择合适的广告主并通过播放广告来获取经济收入,也节约了大量的网络推广费用,轻松地将网站访问量转化成了经济收益。

广告联盟平台通过联结上游广告主和下游加入联盟的中小网站,通过自身的广告推广活动,为广告主提供高效的网络广告,也成为众多中小网站获取广告收入的平台。

三、网络广告联盟的广告形式

(一)弹窗形式广告

独立 IP 用户访问广告联盟旗下合作的网站时,弹出广告商的目标页面并据此计算广告费用的一种广告形式。对同一 IP 用户来说,同一广告 24 小时内反复弹出只计费一次,如果弹窗被浏览器拦截,将不会计费。

对于用户群较大的广告商而言,这种广告形式是一种性价比非常高的推广形式,在迅速提升了网站访问量的同时,也会增加用户数量,是初创网站非常理想的推广形式。弹窗形式广告的展现是通过直接全屏弹出要宣传的页面来实现的,计价模式为 CPM(Cost per mille;Cost per thousand;Cost per impressions),即每千人成本——广告投放过程中,听到或者看到某广告的每一人平均分担到的广告成本。

(二)点击形式广告

是指用户访问广告联盟旗下合作媒体的网站时,点击页面上用户所感兴趣的广告主广告条根,相同 IP 用户 24 小时内反复点击相同广告商广告条只计费一次。

这种广告形式可以比较精准的获取对广告产品感兴趣的用户,非常适用于品牌推广。

点击形式广告的展现是以网页固定或漂浮广告条以及文字链来实现的,计价模式为CPC(Cost per click)。在这种模式下,广告主仅为用户点击广告的数量付费,而不再为广告的显示次数付费。

(三) 注册形式广告

是指用户访问广告联盟旗下合作媒体的网站时,点击页面用户所感兴趣的广告商广告条根,根据到达相应的广告页面后并完成相应的注册或者信息提交要求来计费,相同IP用户24小时内反复注册或提交信息只计费一次。

这种广告形式可以最直接地让广告主获取用户或者想要用户提供的信息,一般适合阶段性的活动,对需要累积注册用户的广告商比较适用。

注册形式广告的展现是通过网页固定或漂浮广告条以及文字链来实现的,计价模式为CPA(Cost per action),即每行动成本。CPA计价方式是指按广告投放实际效果,即按回应的有效问卷或定单来计费,而不限广告投放量。

(四) 销售提成形式广告

是指用户访问广告联盟旗下合作媒体的网站时,点击页面上感兴趣的广告条根,根据到达相应的广告页面后并完成购买行为来计费。

这种广告形式最大限度地保证了广告主的推广要求,通常适用于电商类或有充值功能类的企业。

销售提成形式广告的展现是通过网页固定或漂浮广告条以及文字链来实现的,计价模式为CPS(Cost per sales),以产品销售实际数量来计算网站广告费用。

(五) 富媒体形式广告

是指用户访问广告联盟旗下合作媒体的网站时,网站右下角会出现带关闭按钮的浮动图片或者视频窗口,当广告展示完毕后,再根据独立IP展示广告的次数来计算广告费用,相同IP用户24小时内反复展示相同广告商广告条广告费用只计算一次。

这种广告形式最大限度地保证了客户广告的曝光量,对企业品牌推广和网站宣传效果非常理想,性价比较高。

富媒体形式广告的展现是以网页右下角跟随漂浮图片或视频的形式来实现的,它的计价模式为CPV,即每千次曝光的访问(Visit)的成本。

四、网络广告联盟的优势

(一) 广告投放的效率高

联盟营销是按效果付费,因此与不能够保障效果的、传统的购买广告位的做法不同,可以有效地控制广告费,实现广告费用与广告效果直接挂钩。广告主通过在具有潜在顾客的联盟会员网站上投放一定量的广告,诱使受众访问广告主网站及购买商品,只有当购买行为或注册会员等实际效果发生时才支付广告费用,从根本上杜绝了广告费用浪费的现象。

(二) 广告主和广告媒体业务选择的广泛性

无论是广告主还是联盟会员,在一个公共联盟营销管理系统平台上进行广告投放交易,都会扩大自己业务对象的选择范围。广告主可以根据联盟会员的网站排名以及拥有的潜在顾客的数量来选择适合自己进行广告宣传的网站;而联盟会员也可根据自己网站的文化风格来开展相应的网络广告。

(三) 节省大量的市场开拓费用

在具体经营中,如果广告主的网站在百度、Google 等搜索引擎的排名较低,而联盟会员网站的排名较高,那么,广告主就无须花费大量的资源来对自己的网站进行优化,并以此来吸引、增加用户。联盟会员可以充分利用网络广告联盟平台高知名度的优势,通过联盟会员网站上的链接(Link)和旗帜广告(Banner),就可以吸引大量的潜在客户。

(四) 广告主可以集中精力进行新产品研发和销售服务活动

由于网络广告联盟完全将广告投放任务委托给中间的联盟营销服务商,对于联盟会员和广告主双方来说,这既解决了网站访问量问题,又可从繁杂的市场推广业务中解脱出来,企业可以将更大的精力投发在产品开发、销售服务活动上来,更容易实现经营目标。

(五) 广告效果易于衡量

联盟网络营销广告"按效果付费"的支付方式与传统方式相比最大的优点就是:客户的每一个点击行为和在线活动都可以被管理软件记录下来,从而可以让广告主及时了解广告费用的投放状况,确保了每一分广告预算的投发效果;另一方面,联盟营销管理平台具有跟踪记录、分析记录的功能,这些记录分析是经营者开发新产品和制定营销策略的客观依据。

(六) 广告费用结算及时准确

广告资费行为是建立在准确的数据记录基础之上的,所有广告费用都

是在联盟营销管理平台上统一自动结算,无须人工操作。传统的结算模式是广告主与广告媒体单位一一结算的,整个结算过程烦琐、耗时,需要花费大量的精力和时间。采用中间管理平台后,中间管理平台完全按照各个联盟会员网站给广告主带来的广告效果统一结算广告费用,最后只需要广告主确认总的广告效果是否与广告费用相一致,即可解决与多数联盟会员网站的结算问题,结算程序简便、易行。

及时准确的广告费用结算系统也为联盟会员提供了佣金保障。由中间服务商全额定期预付给联盟会员佣金的信用金保证制度可以确保佣金收入,也就保障了联盟会员的相关权益。

思考与练习

1. 什么是综合型广告公司?
2. 部门型广告公司内部应该设置哪些机构?
3. 简述现代广告公司的作用。
4. 现代广告公司开展经营活动时应该遵循哪些原则?
5. 什么是广告代理?
6. 简述我国目前试行广告代理的基本内容。
7. 实施广告代理制有哪些现实意义?
8. 简述广告代理的业务流程。
9. 简述广告公司收费的途径。
10. 什么是网络广告联盟?
11. 简述网络广告联盟的主要形式。
12. 简述网络广告联盟的优点。

附：

广告经营许可证管理办法

中华人民共和国国家工商行政管理总局令 第16号
2004年11月30日

第一条 为加强广告经营活动的监督管理,规范广告经营审批登记,根据《中华人民共和国广告法》《中华人民共和国行政许可法》《广告管理条例》,制定本办法。

第二条 从事广告业务的下列单位,应依照本办法的规定向广告监督管理机关申请,领取《广告经营许可证》后,方可从事相应的广告经营活动：

(一)广播电台、电视台、报刊出版单位；

(二)事业单位；

(三)法律、行政法规规定应进行广告经营审批登记的单位。

第三条 本办法所称广告监督管理机关,为县级以上工商行政管理机关。

本办法所称广告经营单位,为依照本办法申请从事广告业务、并取得《广告经营许可证》的第二条所列明的各类单位。

第四条 《广告经营许可证》是广告经营单位从事广告经营活动的合法凭证。

《广告经营许可证》分为正本、副本,正本、副本具有同样法律效力。

《广告经营许可证》载明证号、广告经营单位(机构)名称、经营场所、法定代表人(负责人)、广告经营范围、发证机关、发证日期等项目。

第五条 在《广告经营许可证》中,广告经营范围按下列用语核定：

(一)广播电台：设计、制作广播广告,利用自有广播电台发布国内外广告。

(二)电视台：设计、制作电视广告,利用自有电视台发布国内外广告。

(三)报社：设计、制作印刷品广告,利用自有《××报》发布国内外广告。

(四)期刊杂志社：设计和制作印刷品广告,利用自有《××》杂志发布广告。

(五)兼营广告经营的其他单位:利用自有媒介(场地)发布××广告,设计、制作××广告。

第六条 国家工商行政管理总局主管《广告经营许可证》的监督管理工作。

各级广告监督管理机关,分级负责所辖区域内《广告经营许可证》发证、变更、注销及日常监督管理工作。

第七条 申请《广告经营许可证》应当具备以下条件:

(一)具有直接发布广告的媒介或手段;

(二)设有专门的广告经营机构;

(三)有广告经营设备和经营场所;

(四)有广告专业人员和熟悉广告法规的广告审查员。

第八条 申请《广告经营许可证》,应按下列程序办理:

由申请者向所在地有管辖权的县级以上广告监督管理机关呈报第九条规定的申请材料。

广告监督管理机关自受理之日起二十日内,做出是否予以批准的决定。批准的,颁发《广告经营许可证》;不予批准的,书面说明理由。

第九条 申请《广告经营许可证》,应当向广告监督管理机关报送下列申请材料:

(一)《广告经营登记申请表》。

(二)广告媒介证明。广播电台、电视台、报纸、期刊等法律、法规规定经批准方可经营的媒介,应当提交有关批准文件。

(三)广告经营设备清单、经营场所证明。

(四)广告经营机构负责人及广告审查员证明文件。

(五)单位法人登记证明。

第十条 广告经营单位应当在广告监督管理机关核准的广告经营范围内开展经营活动,未申请变更并经广告监督管理机关批准,不得改变广告经营范围。

单位名称、法定代表人(负责人)、经营场所发生变化,广告经营单位应当自该事项发生变化之日起一个月内申请变更《广告经营许可证》。

第十一条 广告经营单位申请变更《广告经营许可证》应提交下列申请材料:

(一)《广告经营变更登记申请表》;

（二）原《广告经营许可证》正本、副本；

（三）与变更广告经营范围、单位名称、法定代表人(负责人)、经营场所事项相关的证明文件。

第十二条 广告监督管理机关自受理变更《广告经营许可证》申请之日起,十日内做出是否准予变更的决定。经审查批准的,颁发新的《广告经营许可证》;不予批准的,书面说明理由。

第十三条 广告经营单位由于情况发生变化不具备本办法第七条规定的条件或者停止从事广告经营的,应及时向广告监督管理机关办理《广告经营许可证》注销手续。

第十四条 广告经营单位注销《广告经营许可证》的,应提交下列申请材料：

（一）《广告经营注销登记申请表》；

（二）《广告经营许可证》正本、副本；

（三）与注销《广告经营许可证》相关的证明文件。

第十五条 广告经营单位在取得《广告经营许可证》后,情况发生变化不具备本办法第七条规定条件,又未按本办法规定办理《广告经营许可证》注销手续的,由发证机关撤回《广告经营许可证》。

第十六条 广告经营单位违反《广告法》规定,被广告监督管理机关依照《广告法》第三十七条、第三十九条、第四十一条规定停止广告业务的,由发证机关缴销《广告经营许可证》。

第十七条 广告经营单位应当将《广告经营许可证》正本置放在经营场所醒目位置。

任何单位和个人不得伪造、涂改、出租、出借、倒卖或者以其他方式转让《广告经营许可证》。

第十八条 广告经营单位《广告经营许可证》发生损毁、丢失的,应当在报刊上声明作废,并及时向广告监督管理机关申请补领。

第十九条 广告监督管理机关应当加强日常监督检查,并定期对辖区内取得《广告经营许可证》的广告经营单位进行广告经营资格检查。广告经营资格检查的具体时间和内容,由省级以上广告监督管理机关确定。

广告经营单位应接受广告监督管理机关对其广告经营情况进行的日常监督,并按规定参加广告经营资格检查。

第二十条 违反本办法规定的,由广告监督管理机关按照如下规定处罚：

（一）未取得《广告经营许可证》从事广告经营活动的，依据国务院《无照经营查处取缔办法》的有关规定予以处罚。

（二）提交虚假文件或采取其他欺骗手段取得《广告经营许可证》的，予以警告，处以五千元以上一万元以下罚款，情节严重的，撤销《广告经营许可证》。被广告监督管理机关依照本项规定撤销《广告经营许可证》的，一年内不得重新申领。

（三）《广告经营许可证》登记事项发生变化未按本办法规定办理变更手续的，责令改正，处以一万元以下罚款。

（四）广告经营单位未将《广告经营许可证》正本置放在经营场所醒目位置的，责令限期改正；逾期不改的，处以三千元以下罚款。

（五）伪造、涂改、出租、出借、倒卖或者以其他方式转让《广告经营许可证》的，处以三千元以上一万元以下罚款。

（六）广告经营单位不按规定参加广告经营资格检查、报送广告经营资格检查材料的，无正当理由不接受广告监督管理机关日常监督管理的，或者在检查中隐瞒真实情况或提交虚假材料的，责令改正，处以一万元以下罚款。

第二十一条　广告监督管理机关工作人员在广告经营许可证管理过程中玩忽职守、滥用职权、徇私舞弊的，给予行政处分。构成犯罪的，依法追究刑事责任。

第二十二条　《广告经营许可证》正本、副本式样，以及《广告经营登记申请表》《广告经营变更登记申请表》《广告经营注销登记申请表》式样，由国家工商行政管理总局统一制定。

第二十三条　各级广告监督管理机关依据第五条规定核定的申请者广告经营范围、广告经营项目或业务类别，应与其具备的条件相适应。

国家有特别规定对广告经营单位的广告经营范围、经营项目、业务类别予以限制的，依照其规定。

第二十四条　有关广告经营许可的实施程序，除适用本办法具体规定外，还应当遵守《行政许可法》有关行政许可实施程序的一般规定。

第二十五条　本办法自 2005 年 1 月 1 日起施行。

第十六章 广告的宏观管理

本章关键词

广告管理(Advertisement management) 广告道德管理(Moral management of advertising) 广告管理机制(Advertising management mechanism) 广告管理体制(Advertisement administration system) 广告稽查机构(Advertising checking bureau) 广告审核机构(ACB,The Advertising Checking Bureau) 美国广告联合会(AAF,American Advertising Federation) 广告管理信息系统(Advertisement management information system)

本章学习重点

- ☞ 广告宏观管理的概念
- ☞ 广告宏观管理的对象
- ☞ 广告宏观管理的方法
- ☞ 消费者组织与广告管理
- ☞ ICC(国际商会)国际广告行为准则

第一节 广告宏观管理概述

广告管理从其内容上可以分为宏观管理和微观管理两种。宏观管理是指国家和社会对全社会广告活动的管理。这一管理活动主要以协调广告活动与社会经济、文化生活的关系为目标;微观管理是指企业或广告经营单位

对广告活动的内部管理,主要包括企业对广告活动所涉及的人、财、物的管理。

广告活动和一切经济活动一样,要受到相关法律和环境因素的制约。广告的宏观管理规定了广告经营者在广告活动中必须遵守的行为规范、义务和权利。广告主和广告策划者在开展广告宣传活动之前,必须对此进行了解。

一、广告宏观管理的概念

广告宏观管理有广义和狭义两层含义。

广义地讲,能够对从事广告宣传活动的组织、人员的行为产生监督、检查、控制和约束作用的法律、法规、社会组织、社会舆论和道德规范都构成对广告的宏观管理。

狭义地讲,广告宏观管理是指工商行政管理部门依据《中华人民共和国广告法》《广告管理条例》《广告管理条例实施细则》《广告经营资格检查办法》以及其他相关法规,对广告活动进行监督、检查、控制和指导。《广告管理条例》中规定:"广告的管理机关是国家工商行政管理机关和地方各级工商行政管理机关。"工商行政管理部门对广告的管理具有较强的强制性、直接性、及时性等特点。

对于广告宏观管理的认识如果仅局限于狭义的理解,则是不全面的。从发达国家对广告宏观管理的经验以及我国市场经济发展的实践来看,许多广告问题的最终解决是在强大的社会舆论的监督下,在消费者的主动行动中,在行业协会的协调下得以彻底实现的。因此,在对广告宏观管理概念的理解上,不应该将这部分内容排除在外。

二、广告宏观管理的对象

广告宏观管理的对象包括:广告经营单位、广告主、广告产品以及广告媒体。

(一)广告经营单位管理

经营广告业务的单位必须经过上级主管部门批准,并向当地工商行政管理局申请登记,方可开展业务活动。

广告经营单位必须端正经营作风,严格按照国家法规和广告管理条例进行经营活动。广告经营单位对广告主要求发布的广告应该严格审查,并提出修改意见,对不符合国家有关法规要求的广告,应该拒绝发布。广告经营单位和广告主之间应签订合同,对刊登播放、设置和张贴广告的时间、地点、频率、版面、形式等有关事项和违约责任等问题做出具体、详细的规定,以明确双方的权利、义务和承担的责任。广告经营单位代理或承接外商来华广告,应当遵守国家对外经济贸易、外汇管理、海关等有关规定;应当遵守国家对外经济贸易报价的规定。广告经营单位作为独立法人,在经营活动中必须遵照国家规定按期依法缴纳税金。

(二) 广告主管理

广告主进行广告宣传的目的是促进产品的销售或扩大企业的知名度,树立企业的形象,但一定要以客观事实为依据,广告要真实,不能欺骗或蒙蔽消费者。例如,利斯特灵漱口水广告就是一则典型的蒙蔽、欺骗消费者的广告。沃纳—兰博特公司是美国一家生产利斯特灵漱口水的企业。公司自1921年起就进行广告宣传。之后的50年,其广告主题始终是"含漱利斯特灵,就能防治感冒和咽喉肿痛"。该公司甚至声称自己的测试表明"成千上万的细菌触水(利斯特灵漱口水)即灭。"美国联邦贸易委员会(FTC)曾向沃纳兰博特公司提出质疑,但该公司却一意孤行。

到了20世纪70年代,FTC终于找到了能够证实该公司所谓的测试结果不真实的证据。在听证会上,FTC请了数位医学专家作证,他们一致认为利斯特灵没有防治感冒和咽喉痛的功效。含漱该水后,咽喉暂时得到的舒适感觉是使用盐水和热水也可达到的。况且就算利斯特灵能够杀灭细菌,医学研究发现感冒并非由口腔内的细菌引起,而是从鼻子、眼睛进入体内的病毒所致。沃纳—兰博特公司无以对答。于是,听证会结束后,FTC向该公司发布了停止刊播虚假广告的制裁令。命令指出,50年来消费者心中形成的有关利斯特灵能防治感冒和咽喉痛的信念,主要是由于广告主的欺骗性宣传建树起来的。命令沃纳—兰博特公司矫正广告,并且要求矫正广告的费用必须相当于1962年4月至1972年3月10年间的实际广告费总额,总计达1 020万美元。命令中还规定矫正广告的正文是:"完全与我们过去的广告宣传相反,利斯特灵对防治感冒、咽喉痛或减轻这类症状概无效力。"

广告主必须是持有营业执照的企业,他们向广告经营单位申请发布广告时,一般要分别持有主管或审批机构的证明,并按经营范围刊播、制作广告。广告主的邮寄广告应当持有当地工商行政管理局审查批准的证明,邮

件上还应按规定标明"邮寄广告"的标记。

(三) 广告产品管理

广告产品应该具有相应的证明。如食品广告要符合我国《食品卫生法》的规定,并出具卫生和质量主管部门的证明;药品要符合《药品管理法》的规定,并由省、市、自治区医药、卫生主管部门出具证明。标明质量标准的产品应注明是按某项标准(国家标准、部颁标准、专业标准、企业标准)生产的,并按规定出具质量监督检验机关的证明,没有质量监督检验的有关证明,要出具主管部门的证明。

西方各国大多制定了特别的法律并设有专门机构监察食品、药品、化妆品的广告。欧洲国家对食品广告表述的限制就非常严格。例如,美国凯洛格公司曾打算把凯洛格玉米片广告重新配音后在西欧国家播放。在改编时却发现原广告中的一些表述在西欧一些国家是违法的。因为,比利时、荷兰等国不允许在广告中称某食品"含维生素特别多"。在瑞士,只有在食品所含维生素量始终保持不变的情况下,才可声称某食品"含有维生素"。荷兰对糖果和甜食广告的规定更为严格,要求这类电视广告出现时,荧屏角上必须显示一把牙刷,以提醒观众吃完甜食后要刷牙。日本的《药物法》和《食品卫生法》规定,在推销药品或食品的过程中,如果广告有言过其实或虚假的表示,要分别判处3年以下劳役或50万日元的罚款。

(四) 广告媒体管理

报纸、杂志、招贴等印刷媒体的广告设计应当真实、简明、大方、美观,广告文案要符合我国国情和民族风俗习惯,要有利于精神文明建设。报纸、杂志上的广告不宜过多,各种报刊登载的商业广告的版面,一般不宜超过总版面的1/8;在传播经济信息的专业报纸中,刊登商业广告的版面平均不宜超过总版面的1/3。

凡是承印广告的工商企业,事先应该报经当地工商行政管理部门审核批准。国家对承接广告业务的印刷厂实行"定点管理"的办法,即在一个城市确定一定数量的印刷厂专门承接广告业务;印刷厂对承接的广告应该按照《广告管理条例》的规定代为审查;对违反条例的广告则不予印刷。同时,工商行政管理部门实行定点监督管理。

对电视、广播广告的要求是:电视台每个频道每日播放商业广告的时间,一般不宜超过播放总时间的8%,也不得中断节目播放广告。广播广告每日平均播放时间,不得超过广播总时间的6%,也不得中断节目而播放商业广告。

交通广告同户外广告的设置、张贴应当遵守城市管理机关的有关规定，不得妨碍交通、市容和风景地区的优美环境。在政府机关和有纪念意义的建筑物上以及重点文物保护单位，禁止设置或张贴广告。霓虹灯广告的设置应以安全可靠、美化市容、不影响交通为原则。

三、广告宏观管理的方法

政府对广告的管理方法很多，但大体上可以概括为以下几种。

（一）行政方法

行政方法，是指政府通过各级工商行政管理组织利用行政手段对广告业施加影响和进行控制。其具体做法主要是发布命令、指示、规定，带有权威性和强制性，广告经营者、广告发布者、广告客户都必须遵照执行。

行政管理方法是一种古老的、普遍的方法，无论哪个国家都在利用这种方法。行政管理方法由于具有强制性，就要求方法的制定必须依据客观事实。行政管理方法是必要的，但并不是唯一的，要与其他管理方法相结合，这样才能更好地发挥政府的宏观调控职能。过多的行政管理，常常会抑制广告市场的内在机制自发地发挥调节作用。因此，为了促进我国广告市场的健康发展，行政管理方法干预的范围越小、时间越短，干预的广告种类越少，才越有利于市场机制在广告业中发挥作用。

（二）法律方法

法律方法，是指政府通过制定广告方面的有关法律规定，按严格的司法程序对广告市场进行经常性的监督和管理。这里所说的法律主要是指《中华人民共和国广告法》《广告管理条例》《广告管理条例施行细则》《中华人民共和国个人信息保护法》《中华人民共和国数据安全法》《互联网信息服务算法推荐管理规定》《化妆品广告管理办法》《医疗广告管理办法》《药品广告审查办法》《酒类广告管理办法》《食品广告发布暂行规定》等以及其他有关的法律法规。

法律方法具有权威性、规范性和概括性的特点，主要适用于处理广告活动中带有共性的问题，以确保政府有关机构对广告主、广告经营者、广告发布者进行监督、检查、控制和指导时有法可依。

（三）经济方法

经济方法，是指政府通过税收及其他经济手段对企业或广告经营单位的广告活动进行约束和调节，以保证其适应社会经济发展的客观需要。经

济方法如果运用不当,会产生负面影响。例如,1987年,美国佛罗里达州为了增加州的财政收入,决定对当地和全国推销、制造商在佛罗里达发布的广告课以5%的税率。7月1日这一提案正式生效。许多大公司包括坎普贝尔汤料公司、宝洁公司、克劳克斯公司、卡拉夫公司和帕特公司立刻削减了在佛罗里达州的广告量。3个全国性的广告主:强生公司、金姆伯雷—克拉克公司和勒斯特—奥勒姆公司,命令联播网停播向佛罗里达州的广告。在事后的两个月里,佛罗里达州境内价值2亿美元的广告及有关的商业活动都被取消。像马里奥特这类大公司甚至宣布停止正在该州进行的饭店、旅游设施的建设工程。许多广告主干脆将广告预算缩减5%以抵消税额。全美广告主协会委托沃尔顿经济计量学会进行调研,研究结果表明,佛罗里达州因对广告征税而使46 000人失业。

(四)社会监督方法

社会监督方法是指消费者、消费者组织、新闻媒体、社会舆论对广告内容、广告组织、广告客户的广告宣传活动进行监督、管理。

(五)自律方法

自律方法是指从事广告的经营组织、个人在国家管理部门的指导下,根据行业特点自行制定公约、守则,进行自我约束,以确保设计制作、发布刊播广告的合法性和真实性。如日本广告社团的《日本广告协会代理纲领》,全美广告公司协会的《创意守则》,中国广告协会的《广告行业自律规则》和《广告行业岗位职务规范》等,这些公约,虽然不具有法律性质,但却起着职业道德准则的作用。

四、广告宏观管理的作用

广告宏观管理的作用主要表现在以下几个方面。

(一)维护广告的真实性

广告的主要作用之一,就是指导消费者如何选购自己满意的商品,因此,广告所传输的信息,应当是真实、可靠的,绝不能因为私利而做虚假广告,坑害消费者。对于虚假广告,美国联邦贸易委员会认为:广告的表述或由于未能透露有关信息而给理智的消费者造成错误印象的,这种错误印象关系到所宣传的产品、服务的实质性特点的,就是虚假广告。

在打击虚假广告方面,西方国家的有些经验可供我们借鉴。如美国《纽约时报》规定拒载某些形式的广告,见图16-1所示。

```
                ┌ 有诈骗嫌疑的广告
                │ 投机事业、商品无价值而做诈骗性广告
                │ 内容空泛,足以使人误解的广告
                │ 攻击他人的广告
     拒载的广告 ┤ 保证能治百病的广告
                │ 淫秽、粗俗、邪恶、憎恶或侮辱人的广告
                │ 以劣质商品欺骗的函购广告
                │ 有关相面、释梦、星象占卜的广告
                └ 对读者财产、健康、道德有损害的广告
```

图 16 – 1 美国《纽约时报》拒载的广告形式

(二)有利于社会主义精神文明和物质文明建设

通过广告的宏观管理,促使广告宣传以健康的形式向消费者展示良好的审美观、道德观和社会风尚,引导人们树立正确的价值观,促进社会主义精神文明的建设。因此,通过广告的宏观管理,可以查处、取缔不健康的,内容荒诞、淫秽的广告,维护民族尊严,树立民族自尊心,为居民生活以及国民经济的发展创造一个良好的文化环境。

(三)有利于促进合法竞争,维护正常的经济秩序

保护合法宣传,处罚和取缔非法广告宣传,是维护正常经济秩序的基本手段。随着我国经济的不断发展,买方市场在层次、规模上逐渐扩大,广告作为一种促销手段,其竞争也会日益加剧。在这些竞争中,难免会有一些企业利用广告宣传攻击、诋毁其他同类产品,假冒名牌以推销伪劣产品等不正当竞争手段的出现。这不仅危害了消费者的合法权益,而且也扰乱了社会经济秩序。另一方面,随着广告产业的不断发展,比较广告作为一种趋势会日渐频繁地出现在社会生活中(欧盟比较广告议案的说明是:任何广告无论以何种形式,或直截了当,或以间接方式,或以某种隐含暗指的手段,涉及自己的竞争对手,或提及了其产品和所提供服务项目,即构成了比较广告)。这种广告形式在以对比方式传输信息的过程中,很难做到完全的公平与公正,常会损害其他广告主的权益。只有通过政府的宏观管理,对广告中的不实或不良行为进行取缔和处罚,才能保护经营者的合法权益,维护正常的经济秩序,促进社会主义市场经济的健康发展。

第二节 消费者组织与广告管理

第二次世界大战以后,随着科学技术与经济的迅猛发展,许多国家的政

府部门日益重视消费者的权益和地位。先后有30多个国家成立了民间性质的消费者组织。这一组织使原本分散的消费者个人联合起来,为自己的权益与"市场溢出"现象斗争。实践证明,在促进市场经济健康发展方面,消费者组织发挥着明显的、积极的作用。

作为一种世界性潮流,许多国家的消费者组织在维权和管理方面的经验与措施是值得我们学习和借鉴的。

一、美国的消费者组织

美国第一个消费者运动发生于20世纪初期,该运动是由于生活品价格的普遍上涨、肉制品加工行业的弊端以及某些药品管制的丑闻而引起。美国第二个消费者运动发生于20世纪30年代,由于经济的大萧条,物价高涨,再加上药品管制方面的失信,使消费者运动如火如荼。1936年,美国成立了第一个消费者组织,在该组织的游说与奔波下,美国政府先后制定并颁布了《休曼法案》《克里顿法案》《联邦公正交易委员会法案》等,禁止不正当商业行为及取缔虚假广告,以保护消费者的权益。在众多消费者组织中,"经营改善协会"(Better Business Bureau,简称3B)是最为重要的一个组织。该组织在美国有100多个分支机构,对消费者的投诉与质询提供详尽的解答与全面的服务。

"经营改善协会"的主要职责为:①防止扰乱正常经济秩序,取缔虚假广告宣传,保护消费者的合法权益;②调查虚假、欺骗广告和促销手段,并予以揭发。为了完成上述职责,3B制定了严格的入会条件和准则:①独立的非营利性团体,不得成为政府或营利组织的一部分;②了解3B的工作目标与程序,并且能够遵照执行;③3B经营者成员与3B的资金来源不能有任何联系。

经过数十年的发展,3B组织已经成为美国保护消费者权益的核心机构,在此示范效应的影响下,墨西哥、英国、澳大利亚、智利、委内瑞拉、菲律宾等国家也相继成立了类似的组织。

20世纪90年代中期,美国联邦贸易委员向全社会公布了自己的网址,向消费者提供多种多样的产品知识和信息,提高消费者的自我保护能力。同时,还开通了消费者热线,鼓励消费者对虚假广告进行积极举报和投诉。通过在网上公布虚假广告主的黑名单,来提高消费者的警觉性。

二、英国、法国、德国的消费者组织

英国的"英国规格协会"(British Standars Institution)和"消费者协会"(The Consumers Association)是保护消费者合法权益的主要组织。"英国规格协会"一方面向企业界提供消费者的建设性的意见,另一方面也向消费者提供全面、客观的产品信息资料。

英国的"消费者协会"从1957年开始,就对广告产品进行检查性的试验,并将试验结果提供给消费者,以便消费者作为购买商品时的参考依据。

早在1951年,法国就成立了"消费者联盟"。该联盟由妇女同盟、工会、消费者协会以及家族团体等组成,该联盟对消费者质疑的广告产品进行调查研究,并向消费者提供产品质量、价格、使用方法等方面的资料,以提高消费者使用和鉴别产品等方面的素质。

此外,法国还成立了以广告主、媒体组织为主要成员的"广告审查局",对法国媒体上广告的真实性进行分析和评估,以维护广大消费者的合法权益。如果"广告审查局"认定某一则广告是虚假广告,就可以直接授权媒体要求其中止或拒绝刊播。

前联邦德国早在1953年就成立了"消费者团体联盟"(Arbeitsgemeinschaftder Verbraucherbande),主要以消费团体、主妇同盟为活动中心。"消费者团体联盟"设立了《购物指南》以及定期介绍消费者权益保护法律、法规的刊物。该组织常常通过电视、广播媒体向消费者普及商品知识,提高消费者的自我保护能力。

三、日本、新加坡的消费者组织

1961年,在日本政府的大力协助下,成立了"日本消费者协会"。"日本消费者协会"的基本业务主要有:产品检验、处理投诉事件、设立公用磅秤等。

"日本消费者协会"制定了消费者运动的六项原则:①确保公正的市场竞争;②确保消费者能够在购买商品时依据"自由选择"的原则;③向社会大众普及正确的商品知识;④尊重消费者的意愿;⑤不断完善消费者组织;⑥增强消费者的社会责任感。

"日本消费者协会"的成立推进了"消费者保护基本法"的制定与颁布。该法的重要性在于它在法律上制定了危害的防止、产品规格的标准表示以

及计量的标准化等。确保公正的市场竞争,对于提高消费者的自我保护意识,促进消费者组织化等有着重要的作用。日本"消费者保护基本法"同时也促进了广告媒体、广告主以及广告公司的自律运动。

"新加坡广告标准局"是由广告公司、广告主、广告媒体、消费者、有关行业协会和有关政府部门共同参与的政府与民间的混合体。会员包括以下机构:①新加坡广告主协会;②新加坡特许广告公司协会;③新加坡消费者协会;④新加坡广告媒体协会;⑤新加坡联合商会;⑥新加坡医药协会;⑦新加坡药剂师协会;⑧新加坡制药业协会;⑨财政部贸易局;⑩卫生部;⑪环境部;⑫文化部新加坡电台及电视台。

"新加坡广告标准局"的主要职责就是在新加坡政府的协助下,实现高水平的广告宣传,保护消费者和广告主的合法权益。其主要任务是受理消费者的投诉,提供有关广告宣传准则的咨询,监督各媒体发布的广告信息,停止不符合广告自律准则的广告。

四、我国的消费者组织

我国政府一贯坚持保护消费者权益的立场。1984年成立了中国消费者协会。它是由政府部门、社会团体和消费者代表组成的一个混合体。中国消费者协会的职责是:对广告产品进行监督,保护消费者的权益,指导广大消费者,促进社会主义市场经济的健康发展。中国消费者协会对消费者的合法权益进行了以下概括:

第一,要求安全的权力。消费者有权要求企业提供的商品或服务,符合保障人身安全、财产安全的需要。

第二,获知真实情况的权力。消费者有权要求经营者提供有关产品的价格、产地、用途、性能、主要成分、生产厂家、有效使用期限、检验合格证明、使用说明书、售后服务等方面的情况。

第三,自主选择商品或服务的权力。消费者有权自主选择经营者、商品或服务;有权对商品或服务进行比较、鉴别和挑选。

第四,享有对商品进行监督的权力。消费者有权对保护消费者权益的行为提出批评和建议;消费者有权检举、投诉损害其权益的不法行为。

1994年1月1日,我国以立法的形式颁布并实施了《中华人民共和国消费者权益保护法》,使得消费者权益的保护工作有法可依。

中国消费者协会定期出版《中国消费者报》,建立了"消费者权益保护监测信息网络体系",并将每年的3月15日定为消费者权益保护日。消费者协会通过多种形式向消费者提供各种产品知识和信息,普及有关消费者保护的法律法规,接受消费者投诉和举报,为规范我国的经济秩序发挥了积极的作用。

第三节 国外对广告的宏观管理

一、国外政府对广告的管理

在市场经济发达的西方国家,政府都有一整套比较健全的法规和管理机制,对广告业的健康稳定发展起了重大作用。

(一)美国政府对广告的管理

美国最早的广告法案是1911年通过的《普令泰克因广告法案》。该法案主要规定"凡个人、商店、公司、会社欲直接或间接销售,或用其他方法处理商品、证券、劳务及任何物品,或欲增加此项事物的消费量,或以任何方法诱使群众缔结契约,取得权利,或发生利害关系而制成的广告,揭载于本州各报或其他刊物,或发表于书籍、布告、传单、招贴、告白、通知、手册、书信者,凡其陈述之事实,有不正确、欺诈或使人误信者治罪。"

《普令泰克因广告法案》原为纽约州制定,后经多次修改,逐渐推广到其他州。

1914年,美国国会在《谢曼尔反托拉斯法》(1890年)和《克莱顿反托拉斯法》(1914年)的基础上,通过了《联邦贸易委员会法》,并据此成立了联邦贸易委员会(简称FTC)。现在美国政府管理广告的机构是联邦贸易委员会、联邦通讯委员会以及美国食品和药品管理局。FTC是美国政府管理广告最综合、最权威的机构。根据美国联邦贸易委员会的规定,凡是"广告的表达或由于未能透露有关信息而给理智的消费者造成错误印象的;这种错误印象又关系到所宣传的产品、服务实质性特点的"均属欺骗性广告。FTC管理广告的方法主要有以下几种:

第一,广告凭据(Substantiation)。即要求广告主在广告宣传前出具有关证明、凭据。如果没有,就不允许进行广告宣传。

第二,明确告知(Affirmative disclosure)。即对某些与健康、安全有关的产品,不仅要展示其性能和特点,而且要告知该产品的缺点与不足,使消费者掌握较充分的信息,理智地进行选择。

第三,沉默判决(Consent order)。对某些虚假广告由于技术条件的限制,难以及时取证,为了防止其影响进一步扩大、蔓延,在同意停播、停刊的判决令上不写明有问题广告的错误性质,广告主可以在不正式认错的情况下签字同意停播涉嫌广告。

第四,停止不正当竞争的命令(Cease and desistorder)。一旦证实某广告属欺骗性和误导性广告时,FTC 就可以签发"停止不正当竞争的命令",广告主必须无条件地承认错误,承担由不真实广告引起的一切后果。

第五,矫正广告(Corrective advertising)。在制定各种法案的同时,联邦贸易委员会的主要任务就是接受消费者对虚假广告的投诉,进行调查并进行法律起诉。一旦联邦贸易委员会判定某一则广告为欺骗性广告,它可以要求广告主立即停止刊播,并责令其发布更正广告。如果广告主继续刊播广告的话,播出一次罚款 1 万美元。对于更正广告,联邦贸易委员会要求更正广告刊播时间至少 1 年,而且更正广告的费用不能少于原广告的 1/4。同时,联邦贸易委员会可以向联邦地方法院进行起诉,法院有权冻结广告主的全部资产,以备将来对消费者进行赔偿。如果判决成立,广告主将面临经济赔偿,甚至是牢狱之灾。

(二)欧共体国家对广告的管理

欧共体(现欧盟)国家经济普遍发达,法律体系比较健全。早在 1904 年,德国就已通过了《禁止不公平竞争法》。英国于 1965 年通过了《食品和药品法》。法国于 1968 年制定了《限制诱惑销售以及欺骗性广告法》。同一时期英国还颁布了《医药治疗广告标准法典》。其他国家如比利时、丹麦、意大利、爱尔兰、卢森堡等国家纷纷在 20 世纪六七十年代制定了一系列法律来管制广告。这些法律多数涉及食品、药物、信息透露、禁止不公平竞争等,禁止不正当或欺骗性广告;禁止使用虚假或恶毒的、攻击性的广告用语;禁止使用未经证实或无法证实的广告叙述;禁止任何妨碍交通或对交通产生危害的广告;禁止治疗性病、减肥药和催眠术等方面的广告。英国法律禁止在 BBC 广播网和英国广播协会的电视广播网内进行广告宣传,经严格审查后的广告可在其他私人广播电台、电视台系统刊播。

在欧共体各成员国忙于制定广告法规的同时,欧共体也于 1975 年制定了第一个《欧共体关于误导广告和不公平广告的法令》的议案。其目的在于统一各成员国用以管制误导性广告和不公平广告的基本法规。经过多次修订,1984 年该法令正式更名为《欧共体部长理事会关于误导性广告的法令》。该项法令中对"误导性广告"进行了界定:"误导性广告系指以包括广告演讲说明在内的任何形式出现的,欺骗或有可能欺骗作为对象观众、听众的人,或者欺骗接触到的观众、听众的广告。这类广告也可指那些由于它内在的欺骗本质可能影响观众、听众的经济行为,或伤害及有可能伤害竞争者的广告。"

1991年5月,欧共体再次通过了一项规范比较性广告的法令。该法令于1993年1月1日正式生效。这样就使比较性广告的策划能够有法律依据地贯彻公平、公正的原则了。

(三) 日本政府对广告的管理

日本政府在广告的发展过程中,参照西方国家的做法逐步建立起了比较完善的法律法规体系。早在1934年,日本就制定了《非正当竞争防止法》。该法规定:凡商品或在商品广告中采用虚假的表示使人误认其为原产地的商品、质量、内容、制造方法、用途及数量的,处3年以下徒刑或20万日元以下的罚款。20世纪40年代,日本制定了《日本广告律令》、《广告取缔法》等,实行宣传管制。1962年,制定了《不正当赠品及不正当标示防止法》。20世纪80年代,颁发了《消费者保护基本法》、《药物法》、《食品法》、《户外广告法》以及《滞销商品及其不正当宣传防止法》等。日本法律关于广告宣传的内容可以概括如下:

第一,各类广告活动不得有不正当的表示,禁止提供过度的广告奖品。如1962年颁布的《不正当赠品及不正当标示防止法》中规定,禁止"不正当表示和提供过多赠品的做法"。

第二,禁止把不正当的引诱顾客行为作为竞争的手段。

第三,禁止广泛地告示他人使商品营业混淆的表示,以及使消费者对产品的产地、品质、内容、数量等有误解的广告。

第四,禁止在销售商品时进行欺骗性的、使人误解的广告宣传。

第五,禁止接受有关专刊和注册登记的虚假广告表现。

第六,禁止商品、医药外用品、化妆品、医药用具的虚假、夸大的广告宣传;禁止利用医师等人进行保证疗效的推荐性广告;限制特殊病使用药品的广告;禁止未获批准的药品进行广告宣传。

第七,医生、医院、诊所及助产院,只能作纯告知性的广告。

日本政府管理广告的组织是日本广告审查机构,成立于1974年。其主要负责对广告内容进行审查,对有问题的广告责令客户进行矫正性广告;并

受理消费者对广告主的投诉,维护消费者的利益。

(四)互联网使用中个人信息的保护问题

在互联网日趋发达的今天,人们普遍对作为互联网广告基础的信息数据收集系统的广泛使用产生了疑虑:第一,如何有效地保护消费者隐私。广告公司宣称他们不会将敏感的个人信息或健康信息用于广告目的,但在现实中却恰恰相反。第二,如何预防消费者数据信息的泄露。很多公司在授权第三方连接其数据库时都十分谨慎,以避免出现安全问题或者将信息泄露给其他竞争对手。普林斯顿大学计算机科学专业教授埃德·菲尔顿(Ed Felten)指出,随着Cookies及终端设备所包含的信息越来越多,识别用户身份将变得更加简单。菲尔顿教授已证明,运用一定的技术,就可以破解消费者匿名加密的信息资料。一项研究发现,只需两个数据点即可识别超过一半的用户身份。斯坦福桥大学计算机科学研究员乔纳森·梅耶尔(Jonathan Mayer)就表示:"在计算机科学领域,如果有人提出个人可识别信息无法识别,那真的是天大的笑话。"

当然,不同国家对于何种数据构成个人信息的标准亦不尽相同。在德国,未经当事人同意,不得向特定民族或持有特定政治立场的消费者开展任何形式的营销活动,但在美国就不存在这种情况。在欧洲地区,一封电子邮件或者一个IP地址都会被视为个人信息,在美国则不会,当地的数据收集及数字营销很大程度上都有效躲避了职能部门的监控。世界各国的广告管理部门都逐渐意识到,当前的科学技术已把他们甩出好远,他们正努力尝试进行追赶。在欧洲,一项正在编纂且极有可能在2016年正式公布生效的新隐私保护条例,将会引入严格制约数据收集行为的规则,该规则将适用于欧盟区的全部国家。许多网站已发出通告,告知用户第三方公司的Cookies正在追踪他们的网上数据信息。数字广告行业自律条例中规定,用户可以在上网的时候选择拒绝接受目标广告。在由签署自律计划的公司所发出的广告中,会含有一个"广告选择"图标,用户可以点击该图标从而拒绝上述行为。

美国广告业协会的许多专家认为,加强对互联网广告监管是大势所趋,特别是对第三方广告信息收集及数据代理公司来讲,更应该如此。英国欧华律师事务所全球数据安全业务的负责人之一,吉姆·哈尔伯特(Jim Halpert)表示:"其实监管工作并非针对广告行为本身,而是很多公司在当事人完全不知情的情况下就将关于他们的大量个人信息进行销售。"对于个人信息的使用方式及出售流向的监管几乎为零。哈尔伯特先生指出:每年对第三方数据收集公司进行审计工作应有助于确保个人信息得到正当使用,因为对广大消费者来讲,绝大部分消费者还没意识到自己在运用互联网时就已经被追踪了。

二、国外广告业的自律

自 1911 年美国倡导"广告真实运动"以来,广告行业自律随着广告业自身的发展以及保护消费者权益运动的日益高涨而蓬勃发展。1937 年,国际商会颁布了第一个正式的行业广告法规《广告实践国际法规》。该法规旨在为广告业提供自我约束的基本准则。从 20 世纪 40 年代末 50 年代初起,欧美国家纷纷建立广告自律机制。比利时、丹麦、法国、德国、挪威等国依据国际商会的法规,制定了本国的自律法规。

(一) 国外广告业自律的类型

国外广告行业自律可以分为三种类型,即纯粹型自律、协议实践法规型自律和公约型自律。

1. 纯粹型自律。它是指广告主、广告代理公司、广告媒体完全决定广告作品能否刊播出去,媒体受众的意见仅供参考。如美国的全国广告审查理事会(National Advertising Review Council)下属的全国广告部(National Advertising Divsion,简称 NAD)和全国广告审查委员会(National Advertising Review Board,简称 NARB)自律系统;德国广告协会(Deutscher Werberat,简称 DWR)等都属于纯粹型自律机构。

2. 协议实践法规型自律。它是指广告行业的自律性法规是由政府有关部门与广告组织共同协商决定。英国广告行业的自律性法规就属于这种类型。

3. 公约型自律。它是指广告行业的自律性法规及组织是在其他行业的建议或压力下颁布、建立的。例如,1981 年联合国世界卫生组织颁布了《国际代乳品法规》,西方发达国家的奶粉生产经营企业以及它们的广告代理公司,不得不承诺不再进行直接的有关奶粉产品的广告宣传。

(二) 国外广告业自律的典范

英、美两国广告行业的自律法规和自律机制是西方国家广告业自律的典型模式。

1. 英国的广告标准局(ASA)。20 世纪 60 年代初,英国制定了《英国广

告实践法规》(British Code of Advertising Practice),以此为基础,英国广告行业的20个协会组织加入了"广告实践法规委员会"(Code of Advertising Practice Committee,简称CAP)。1962年CAP集资组建了广告标准局(Advertising Standard Authority,简称ASA)。ASA监管除电视、广播以外的所有媒体广告。

ASA的经费来自于广告版面0.1%的附加费。ASA的职责是代表公众的利益,仲裁和处理所有广告申诉事件;与政府保持密切联系,向其通报广告行业的自律进展状况。

ASA的局长及12名理事会成员中的2/3都来自于广告业以外的行业,这样就确保了他们决策的独立性。

ASA的具体工作包括:审查所有的香烟广告以及食品、药品、化妆品、奶粉等特定类型产品的广告。同时也负责受理消费者的投诉。

2. 美国广告业的自律机构。1971年,美国广告行业成立了"全国广告审查理事会",其宗旨是促进广告真实、准确、健康地发展,培育广告行业的社会责任感和道德观。

"全国广告审查理事会"的理事会由美国营业质量促进委员会、美国广告公司协会、美国广告业联合会和全国广告主协会的4位代表组成,理事会下设全国广告部(NAD)和全国广告审查委员会(NARB)。

NAD的职责包括:监视、监听全国性的各种媒体广告;受理来自消费者、产品竞争者以及营业质量促进局等方面的投诉,并为投诉者保密。通过调查,如果投诉证据确凿,NAD就要求有关广告公司出示广告表述的凭据,据此做出相应的决策。

(1)广告公布前在收到NAD的质询单时,如果已经停止刊播被投诉的广告,NAD将不再进行任何跟踪调查。

(2)如果政府机关对此进行调查,NAD立刻停止受理。

(3)当上述两种情况不成立,被投诉的广告作品的有关证据确凿时,NAD责令广告主立即停止刊播。

NARB的职责是:仲裁经过NAD调查和调解后上诉的案件。NARB的委员会由50人组成,其中30人来自广告主企业,10人来自广告代理公司,10人来自其他行业。委员会主席常由50人中的5名成员随机担任。如果广告主对NARB的裁决不服,NARB则将其移交美国联邦贸易委员会,并同时将自己的裁决、NAD的裁决以及广告主不服的声明等有关资料公布于众。

思考与练习

1. 什么是广告的宏观管理？简述广告宏观管理的广义内容。
2. 简述广告宏观管理的对象。
3. 广告宏观管理的主要方法有哪些？
4. 你认为对广告进行宏观管理有必要吗？为什么？
5. 结合我国广告市场的现状，你认为虚假广告主要有哪些表现形式？
6. 什么是消费者运动？产生消费者运动的社会背景是什么？
7. 在《中华人民共和国消费者权益保护法》中，消费者都有哪些权益？
8. 在购买商品时，应该如何保护自己的合法权益不受侵害？
9. 你认为目前我国在保护消费者权益方面，还应该采取哪些措施以使其社会效果更加显著？
10. 你经常看电视吗？试举出一则虚假的电视广告。

附：

ICC(国际商会)国际广告行为准则

引言

本版《国际商会国际广告行为准则》(以下简称《准则》)依照已确立的ICC政策，通过对先行国家和国际法律框架起补充作用的各种自律准则，提高市场营销中的道德标准。

本准则首次于1937年公布，并于1949，1955，1966，1973和1987年修改。它表明商业社会承认，自己在商业信息流通领域中负有社会责任。世界经济的全球一体化和由此而来的激烈竞争，要求国际商业社会采取标准的规则。这些自律规则的采取，乃是一种最佳方式，借此商界领袖人物显示，社会责任感才是他们的工作动力，在市场日趋自由化的今天尤其如此。国际商会决定把以前的《ICC关于面向儿童的广告的指导原则》正式收入本版《准则》，表达了ICC对社会责任做出的承诺。

本版将过去的经验和当前的观念融为一体，这样做乃是基于以下认识：广告是销售者与消费者相互交流的一种手段。在这个方面，国际商会认为信息的自由交流(见《联合国国际公民和政治权利公约》第19款)是一项具有根本意义的原则。

《ICC准则》主要是作为自律文件推出的；但是，法院在适用的法律框架内亦可将之用做参考文件。

国际商会相信，新版《准则》将对商业信息交流中高标准的推行起促进作用；这样做，将导致有效的国际市场运作，同时给消费者带来显著利益。

《准则》适用范围

本《准则》适用于旨在推销任何产品或服务的任何形式的广告。它应与其他ICC运营行为准则一道实施，它们是：

ICC国际促销行为准则

ICC国际直销行为准则

ICC国际环境广告行为准则

ICC国际赞助行为准则

ICC/ESOMAR国际营销和社会调研行为准则

本《准则》确立的道德行为标准应被所有与广告有关的人遵守，无论他们是营销者还是广告主,是广告从业人员、广告代理公司还是媒体。它应该在适用法律的背景下执行。

解释

本《准则》无论在精神还是在实质上均应不折不扣地贯彻。

因为不同的媒体(报纸、电视、广播和其他广播媒体、户外广告、电影、直接邮购、传真、电子邮件、互联网和在线服务等等)特点各异,一种媒体能接受的广告另一种媒体可能无法接受。因此在考虑广告载体的同时,评判广告应当以广告对消费者造成的影响为标准。本《准则》适用于广告的全部内容,包括所有的文字和数字(口头和书面的)、视觉表现以及音乐和声音效果。

定义

与本《准则》宗旨相关的定义:

1. "广告":应在最广泛的意义上理解"广告"一词。无论广告被何种媒体刊播,"广告"一词均指对产品或服务的任何形式的广告宣传。

2. "产品":指任何产品或服务。

3. "消费者":指作为广告宣传对象的任何人,或者说一则广告按常规可望达到的任何人,无论他是最终消费者还是贸易消费者或使用者。

基本原则

所有广告均应做到合法、得体、诚实、真实。

制作每一则广告,均应负有相应的社会责任感,应该符合商界普遍接受的公平竞争原则。

任何广告均不得损害公众对广告业的信心。

得体

广告中不应出现违反公认体面标准的言辞或视觉表现。

诚实

广告不得造假,从而滥用消费者的信任或利用消费者对经验或知识的缺乏。

社会责任

1. 广告不允许任何形式的歧视包括种族、国别、宗教、性别和年龄歧视,也不得以任何形式损害人类尊严。

2. 广告不得渲染恐惧。

3. 广告不得容忍或挑动暴力,也不应该鼓励非法的或应受指责的行为。

4. 广告不得渲染迷信。

真实表现

1. 广告不得包含任何通过直接或暗指的手法和省略、含糊其辞或言过其实的手段使消费者可能被误导的言辞或视觉表现，尤其是在与下列情况有关的方面：

(1) 产品特征：产品性质、构成、生产方法和生产日期、使用范围、效力和性能、质量。

(2) 商业或地理原产地、环境影响。

(3) 产品价值和实际应付的总价格。

(4) 交货、交换、返还、维修和保养。

(5) 保证条款。

(6) 版权和工业产权如专利、商标、设计、样机以及贸易名称。

(7) 对产品的官方认可或批准，各类奖章、奖项和证明文件。

(8) 慈善事业的受益范围。

2. 广告不得误用研究结果或技术和科学出版物上的引语。不得利用统计数字夸大广告宣传的正确性。不得滥用科学词汇，造成广告宣传具有科学性的虚假印象。

比较

设计广告包含的对比，应该不产生误导，并应符合公平竞争的原则。对比点应该有充分事实根据，对比点的选择应当公平。

诋毁

广告不应该通过使其遭到公众蔑视或嘲笑或任何类似方式来诋毁任何公司、组织、行业或商业行为、职业或产品。

鉴定

广告不得包含或引用任何鉴定或赞同，除非该鉴定或赞同真实无误、可以证实、事实充分并以个人经历和知识为基础。不得使用业已过时或随时间流逝可能引起误解的鉴定或赞同。

描绘或模仿个人资质

除非事前已经得到允许，否则广告不应该描绘或提及任何人，无论当事人以私人还是公共身份出现；没有取得当事人事先许可，广告对个人资质的描绘或模仿不得制造当事人赞同广告宣传的印象。

利用善意

没有充分理由，广告不得使用其他任何公司、机构的名字、简称、标记或商标；不得以任何方式滥用其他公司、个人或机构的善意，用其名称、贸易名称或其他知识产权为己牟利；亦不得利用其他广告活动赢得的声誉牟取私利。

模仿

1. 广告不应该模仿任何其他广告的总体设计、文字、口号、视觉表现、音乐和声音以误导或迷惑消费者。

2. 广告主一旦在一个或多个国家发起了特色显著的广告活动，其他广告主不得在前者可能营运的其他国家中不适当地模仿这些广告活动，从而防止其他广告主在一个合理的时期内将其广告活动扩展到这些国家。

广告识别

无论采用何种形式，使用何种媒介，广告均须明显识别；当广告出现在包含消息或其他新闻题材的媒体上时，它应能被轻易地识别为广告。

安全和健康

在没有充分教育或社会理由的情况下，广告不得包含对危险行为或无视安全和健康的情况的任何视觉表现或描述。

儿童和少年

以下条款适用于面向在适用法律下是未成年人的少年儿童。

缺乏经验和轻信

1. 广告不得利用少年儿童缺乏经验和容易轻信的特点。

2. 广告不得缩小少年儿童使用或享受产品所必需的年龄或技巧。

（1）应精心保证广告明确注明产品的实际大小、价值、性质、耐用性和性能。

（2）如果需要额外物品（如电池）才能使用产品，或需要额外物品（如颜料）才能产生广告所展示或描述的效果，广告中应明确指明。

（3）如产品是系列产品之一，应在广告中明确说明获得整套产品的方法。

（4）广告中对产品结果的展示或描述，应当代表该年龄段一般少年儿童所能达到的合理的水平。

3. 标明价格不应使用"唯一"之类的词汇，从而使少年儿童对产品的真正价值产生错觉。不得暗示广告宣传的产品对所有家庭来说都能轻易承受。

避免伤害

广告不应该包含可能给少年儿童造成精神、道德或身体伤害的任何言词或视觉表现，不得将他们引入对他们的健康和安全产生严重威胁的活动

或形势中,亦不得鼓励他们陪伴陌生人或进入陌生或危险的地方。

社会价值

广告不应提示少年儿童只要拥有或使用某产品,就能在体力、社交或心理上对同龄人拥有优势,或者没有该产品就会产生相反的效果。

广告应充分考虑目前的社会价值观,不应损害家长的权威、责任、判断或口味。

广告不得以任何方式直接呼吁少年儿童说服父母或其他成年人为他们购买广告宣传的产品。

担保

广告中提出的担保,不得向消费者提供超过法律规定的任何权利。只有在以下情况下,广告中方可使用"保证"、"有保证"、"担保"、"有担保"或含义相同的其他词汇:广告明确说明担保的全部条件以及购买者可以采取的补救行动,在销售点用书面即可获得担保,或与供货同时提供担保。

非求购商品

不得利用广告介绍或支持以下行为,即要求人们接受送货上门的非求购商品,或者给人们留下有义务接受非求购商品并为之付款的印象(惯性销售)。

环境行为

对于同法律、自律准则或公认的对环境负责的行为标准背道而驰的行动,广告均不得赞成或鼓励。广告主应尊重国际商会在其环境广告行为准则中确立的原则。

责任

广告主、广告从业人员和广告代理商、出版商、媒体业主或承包商都有遵守《准则》的责任。

(1)广告主应该对其广告全面负责。

(2)广告从业人员或广告代理商应精心策划广告,其运作应使广告主能够履行其责任。

(3)发布、广播或散发广告的出版商、媒体业主或承包商应充分关注广告能否被接受及其在公众面前的表现。

公司或机构中符合以上三类的雇员和那些参与设计、创作、出版或传播广告的人,对保证法令得以遵守并付诸实施负有与他们的职位相当的责任。

第十六章 广告的宏观管理

适用于广告整体的规定

对遵守本《准则》所列规则的责任,涵盖广告的全部内容和形式,包括出自其他来源的鉴定、声明或视觉表现。部分或全部内容或形式出自其他来源不构成违背本《准则》的借口。

违规后果的纠正

即使广告主对违规广告的更正或纠正令人满意,也不能因此原谅他们原先违背《准则》的行为。

证实

与可核查的事实有关的描述、声明或图示必须能够证明。广告主应该准备好这样的证明,以便及时向《准则》实施机构提供。

尊重自律决定

任何广告主、广告从业人员或广告代理商、出版商、媒体业主和承包商均不得参与发布被自律组织判定为不可接受的任何广告。

实施

本自律《准则》应由实施本《准则》而设立的全国性机构实施;必要时,由ICC国际营销行为委员会实施。

参考文献

[1]艾丽森·芬德利.创意奇才——萨奇兄弟和广告公司[M].上海:上海译文出版社,1999.

[2]大卫·奥格威.广告大师奥格威[M].庄淑芬,译.北京:三联出版社,1998.

[3]大卫·奥格威.一个广告人的自白[M].林桦,译.北京:中国友谊出版公司,1991.

[4]樊志育.电视、广播广告[M].上海:上海人民出版社,1994.

[5]樊志育.广告效果研究[M].北京:中国友谊出版公司,1995.

[6]樊志育.广告学原理[M].上海:上海人民出版社,1996.

[7]何修猛.现代广告学[M].上海:复旦大学出版社,2005.

[8]吉·苏尔马尼克.广告媒体研究[M].刘毅志,译.北京:中国友谊出版公司,1995.

[9]杰罗姆·朱勒,鲍尼·朱奈尼.广告创新战略[M].傅如昕,等,译.北京:中国经济出版社,1999.

[10]雷吉夫·巴特拉,约翰·迈尔斯,大卫·艾克.广告管理[M].赵平,等,译.北京:清华大学出版社,1999.

[11]林恩·阿普绍.广告管理[M].戴贤远,译.北京:清华大学出版社,1999.

[12]刘毅志.中日广告比较研究[M].台北:台北国际工商传播公司,1997.

[13]孙有为.现代广告策划[M].北京:世界知识出版社,1991.

[14]约翰·菲利普·琼斯.广告何时有效[M].内蒙古:内蒙古人民出版社,1998.

[15]朱丽安·西沃卡.美国广告200年经典范例——肥皂剧·性·香烟[M].周白民,田力男,译.北京:光明日报出版社,2001.